Hace un mes pedimos a nuestro creativo una página de publicidad que explicara cómo el sistema de asientos móviles **Mutaflex** puede rentabilizar el espacio de cualquier tipo de sala.

Ayer se rindió y nos envió este link. **Dice que hay que verlo para creerlo.**

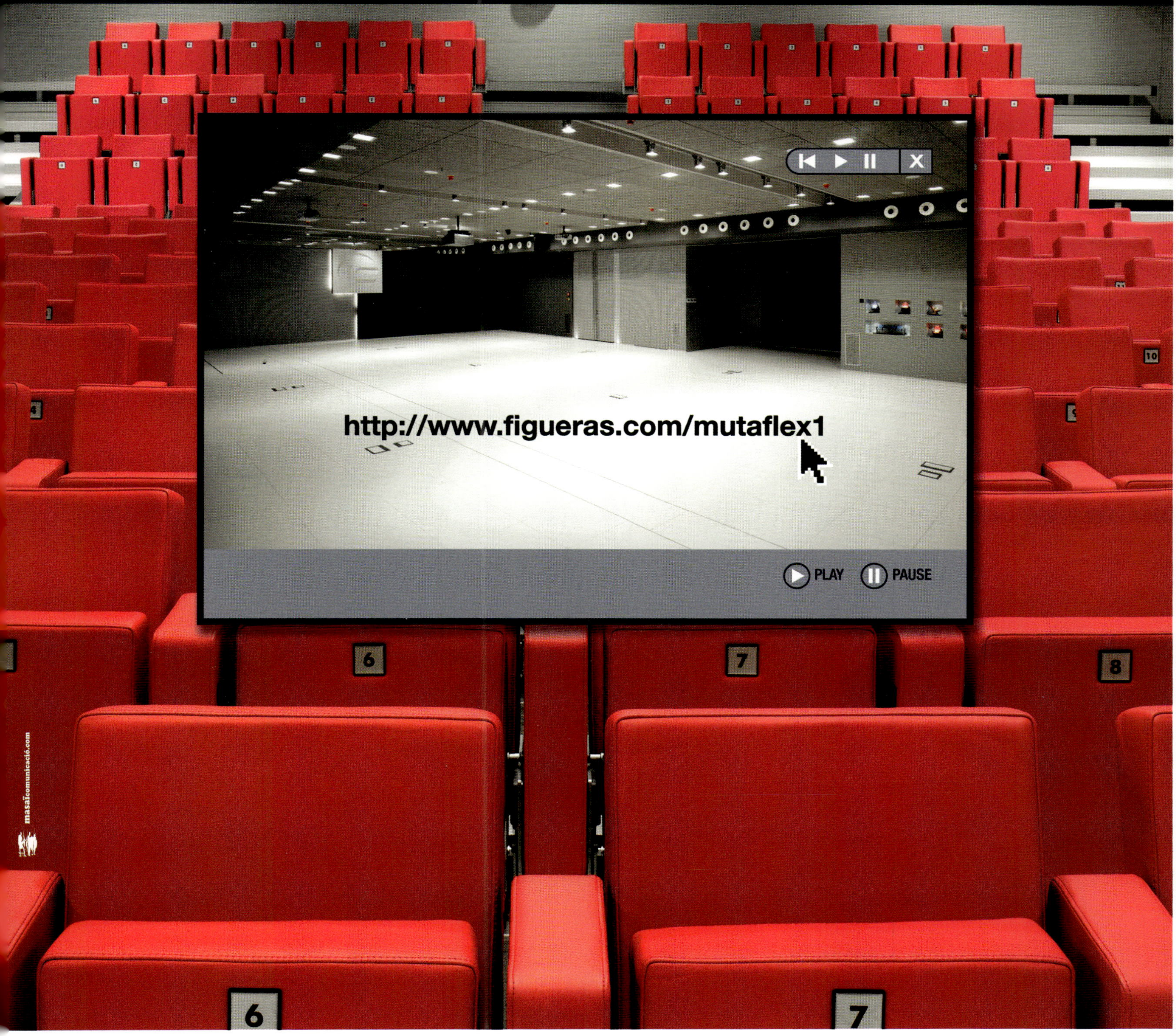

http://www.figueras.com/mutaflex1

www.figueras.com
info@figueras.com · Tel. + 34 938 445 060

INNOVATION FOR YOUR PROJECTS

Iluminación de emergencia y señalización |

Serie Galia

Galia Suspendido

 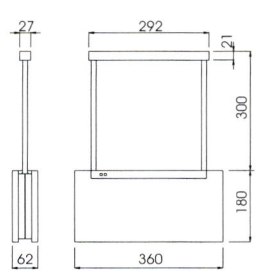

Galia Adosado

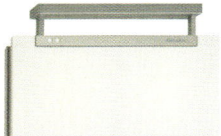 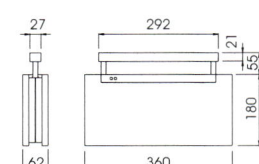

Soportes tubulares metálicos pulidos y pintados en gris plata RAL9006.

Soporte suspensión reforzado con fibra de vidrio.

Terminación embellecedor pintado en gris plata RAL9006.

DAISALUX, S.A.U. - Polígono Industrial Júndiz - C/Ibarredi, 4 / Apdo. 1578 01015 VITORIA (España)
Tel. (+34) 902 208 108 / Fax: (+34) 945 29 02 29 / e-mail: comercial@daisalux.com

w w w . d a i s a l u x . c o m

tune the light

Proyectores Cantax
Simplemente, el cono de luz perfecto: brillante, de claridad homogénea, con un borde suave. Sin deslumbramiento, sin luz dispersa. ERCO proporciona la tecnología: los innovadores reflectores Spherolit garantizan la máxima calidad de luz. «tune the light»: modifique las características de proyección cambiando los reflectores sustituibles sin herramientas. Están disponibles cuatro ángulos de proyección, desde narrow spot hasta wide flood, así como el exclusivo reflector Spherolit wallwash. Naturalmente, se utilizan lámparas y equipos auxiliares modernos y altamente eficientes. El diseño de Naoto Fukasawa: absolutamente simple, claro y reducido a lo esencial.

www.erco.com

ERCO

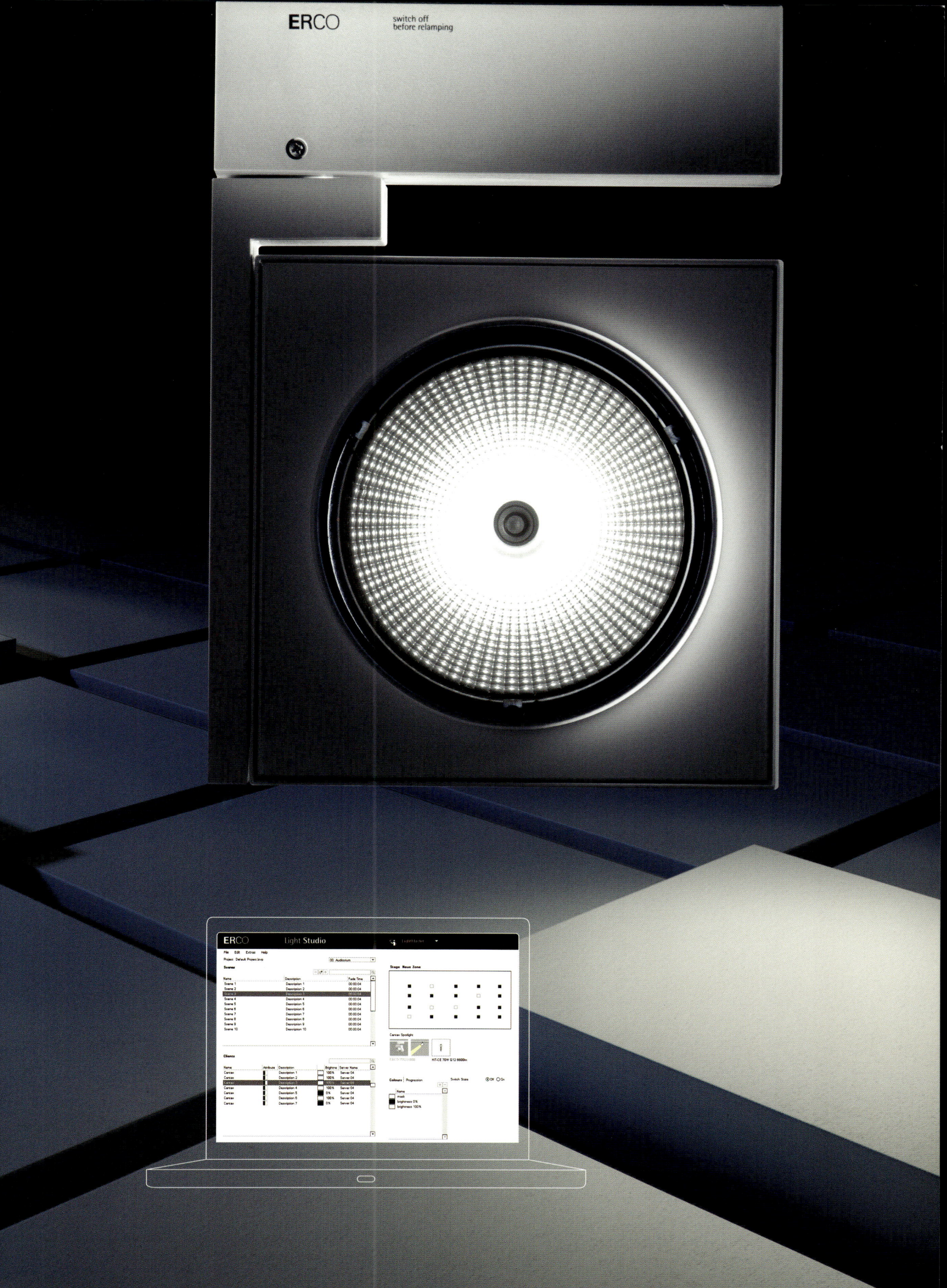

PREOCUPÁNDONOS POR EL FUTURO HOY

intemper lleva más de 35 años dando soluciones a la impermeabilización de cubiertas. La filosofía vanguardista de **intemper** se plasma en numerosos proyectos de investigación, que concluyen con el desarrollo de sistemas como:

- **CUBIERTAS CON LOSA FILTRÓN**
- **CUBIERTAS ECOLÓGICAS**
- **CUBIERTAS ALJIBE**
- **CUBIERTAS SOLARES**

www.intemper.com

Miembro de la Asociación Española de la Impermeabilización (ANI)

Bodegas Herederos Marqués de Riscal - Elciego (Álava)
Arquitecto: Frank O. Gehry & Associates Inc.

Iberostar City. Hotel Campo de Gibraltar (Cádiz)
Proyecto: Wertice Plus S.L.

Instituto Seguridad Social - Salamanca
Proyecto: Aepo Ingenieros Consultores, S.A.

Centro de Recursos para la Infancia - Rivasvaciamadrid
Arquitectos: Norberto Beirak y Bibiana Ulanosky

concurso de paisajismo / landscape architecture competition

madrid / spain PARQUE DE VALDEBEBAS

ideas para un nuevo parque urbano / ideas for a new urban park

www.concursoparquedevaldebebas.com

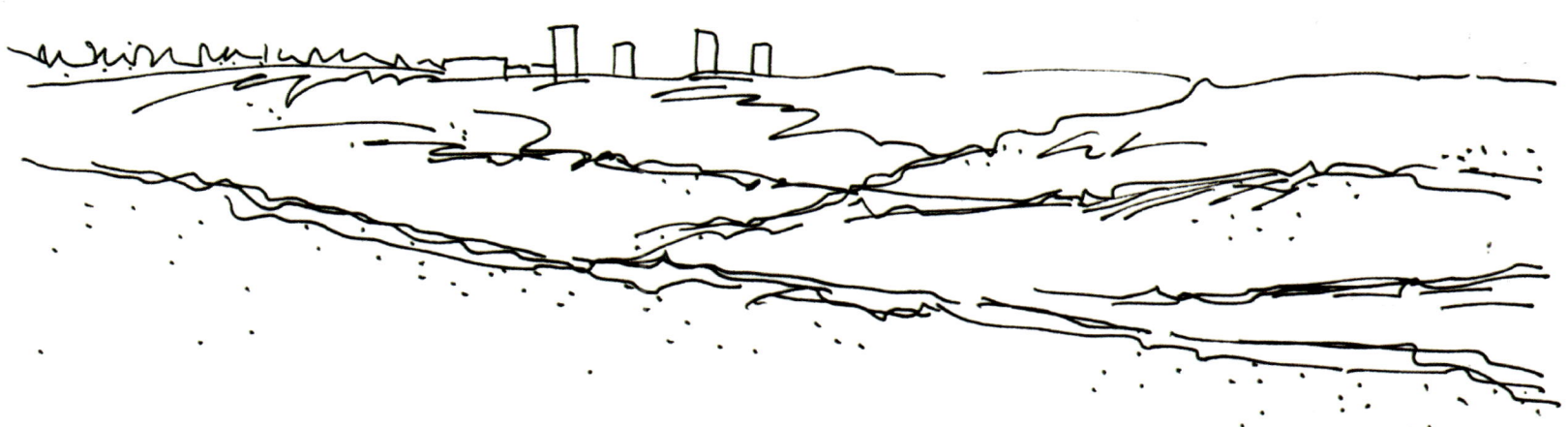

El objeto de la convocatoria es la selección de un equipo multidisciplinar para la ordenación y diseño de un nuevo parque urbano en Valdebebas de aproximadamente 80 hectáreas.

La propuesta debe resolver las conexiones y transición entre la nueva ciudad y el gran parque forestal, generar dotaciones y usos acordes con la escala del parque y, en general, aprovechar su gran potencial paisajístico, urbanístico, ambiental y social.

El Concurso se desarrollará por procedimiento abierto y en dos fases. En la primera fase se presentarán propuestas a nivel de estudio previo, de las cuales se seleccionarán seis finalistas que desarrollen sus propuestas a nivel de anteproyecto, en una segunda fase.

Primera fase:
Plazo presentación de propuestas: hasta el 16 de abril de 2009

Segunda fase:
Plazo presentación de propuestas: hasta el 30 de junio de 2009.

The aim of the competition is to secure the services of a multidisciplinary team that will plan and design a new urban park of approximately 80 hectares in Parque de Valdebebas.

The design should resolve the transition between the urban area currently being developed and the adjacent forest park. Of utmost importance will be the proposed uses and their suitability for the scale and location of the park. To this end the winning design will need to make the most of the planning, landscape, environmental and social opportunities offered by the site.

The competition is a two-stage process with an initial open call for proposals, at the level of conceptual design, from which six finalists will be chosen to develop design proposals in the second stage.

First phase:
Deadline for proposals: 16 April 2009

Second phase:
Deadline for proposals: 30 June 2009

ARQUITECTURA de FACHADAS

Una fachada ligera es mucho más que un mero revestimiento; mucho más que un sueño suspendido en el aire. Una fachada ligera constituye muchas veces el alma arquitectónica de la edificación, su armadura estética y funcional.

Nuestro Departamento de Arquitectura e Ingeniería contempla un área específica dedicada al análisis y asesoramiento en fachadas ligeras:

Cálculo de Inercias

Cumplimiento del CTE

Resolución de detalles y encuentros en obra

Diseño de soluciones a medida

fachadas@cortizo.com

www.cortizo.com
902 31 31 50

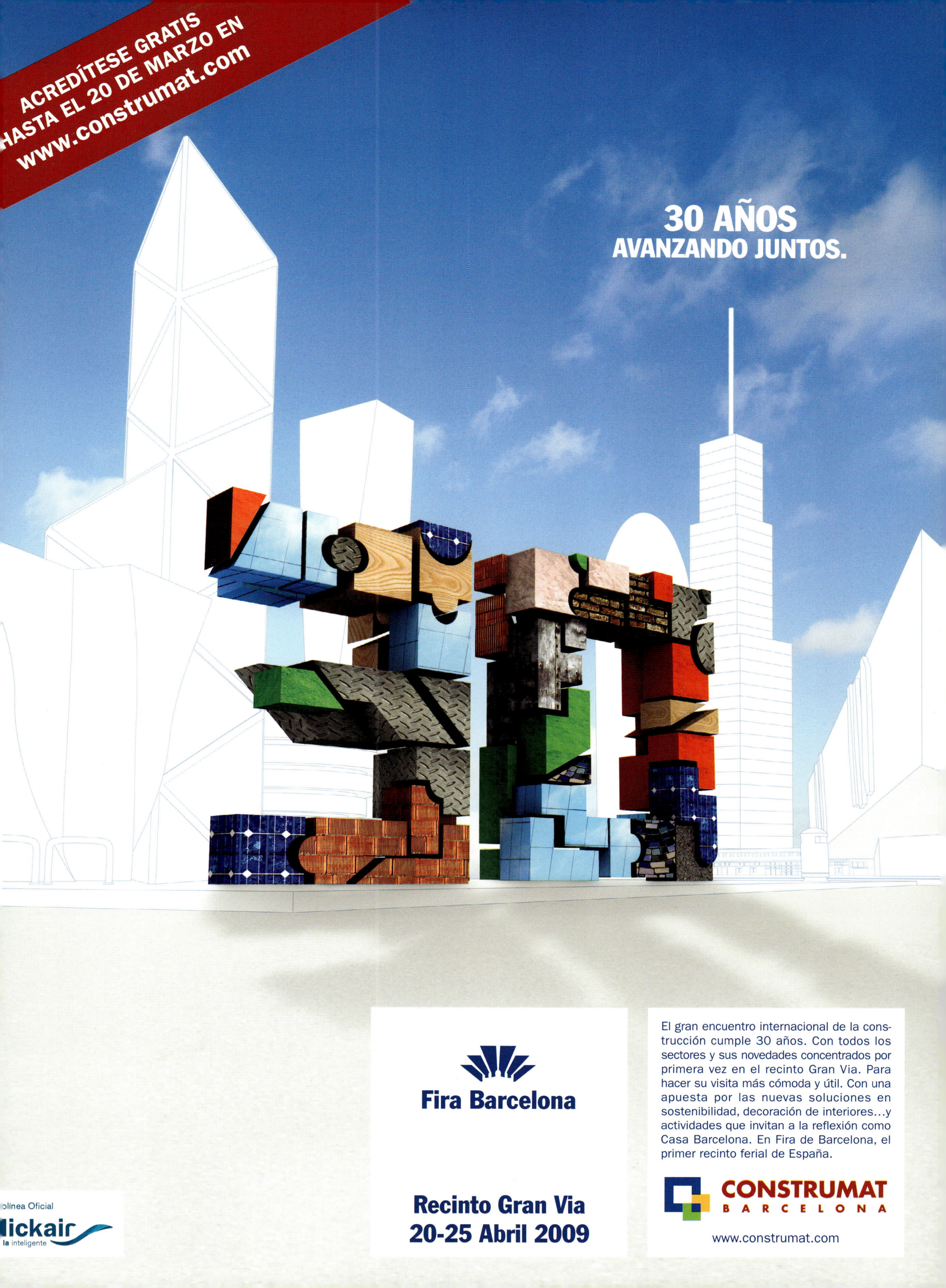

ACREDÍTESE GRATIS HASTA EL 20 DE MARZO EN www.construmat.com

30 AÑOS
AVANZANDO JUNTOS.

El gran encuentro internacional de la construcción cumple 30 años. Con todos los sectores y sus novedades concentrados por primera vez en el recinto Gran Via. Para hacer su visita más cómoda y útil. Con una apuesta por las nuevas soluciones en sostenibilidad, decoración de interiores…y actividades que invitan a la reflexión como Casa Barcelona. En Fira de Barcelona, el primer recinto ferial de España.

**Recinto Gran Via
20-25 Abril 2009**

www.construmat.com

Soluciones constructivas en gres extrudido

Piezas especiales

Las más de 500 referencias que ofrece Gres de Aragón facilitan soluciones constructivas donde se requiere un acabado perfecto en los tres planos coordenados.

Proyectos singulares

Gres de Aragón contribuye a la conservación y desarrollo del legado histórico colaborando técnicamente en proyectos de rehabilitación y manifestaciones artísticas.

Línea técnica

Con pasta porcelánica y las tecnologías más innovadoras, Gres de Aragón elabora los productos de su línea técnica cumpliendo los máximos niveles de calidad, seguridad y resistencia química exigidos.

Ctra. Escatrón, 9 · 44600 Alcañiz (Teruel) · Tlf.: (+34) 978 83 05 11 · Fax: (+34) 978 83 30 03 · gresaragon@gresaragon.com · www.gresaragon.c

Somos parte del paisaje®

Plaça de la sardana. Rubí. Barcelona

¡Visítenos!
Construmat'09
20-25 Abril BARCELONA
Recinto Gran Vía. Pabellón 4
Stand C 351

Solicite los catálogos de Breinco con completa información técnica sobre sus productos de PAVIMENTOS, MUROS, ARQUITECTURA y URBANIZACIÓN.

breincobluefuture

breincopavements

Ctra. Cardedeu a Dosrius, Km. 6,500
Apdo. 68 (Llinars)
08450 Llinars del Vallès. Barcelona
Tel. **938 460 951** / Fax 938 712 533
e-mail: comercial@breinco.com
www.breinco.com

Cerámicas italianas. Una belleza natural.

Elegir cerámicas italianas es una cuestión de estilo. La belleza por sí sola ya no basta, es necesario crear armonía que es belleza y respeto a la vez.
La belleza de un producto de calidad superior, unida al respeto por el ambiente y por las condiciones de trabajo de quien lo produce.

Ceramic Tiles of Italy

Para información: **Confindustria Ceramica** – Viale Monte Santo, 40 – 41049 Sassuolo (Módena) – Italia – tfno. +39 0536 818111 – fax +39 0536 807935
Ceramic Tiles of Italy, promovida por Confindustria Ceramica, es la marca de Edi.Cer. S.p.a., organizador de CERSAIE,
Salón internacional de cerámica para arquitectura y equipamiento de baño – Bolonia, Italia, desde del 29 septiembre al 3 de octubre 2009. www.cersaie.it

www.italiatiles.com
www.s-tiles.it

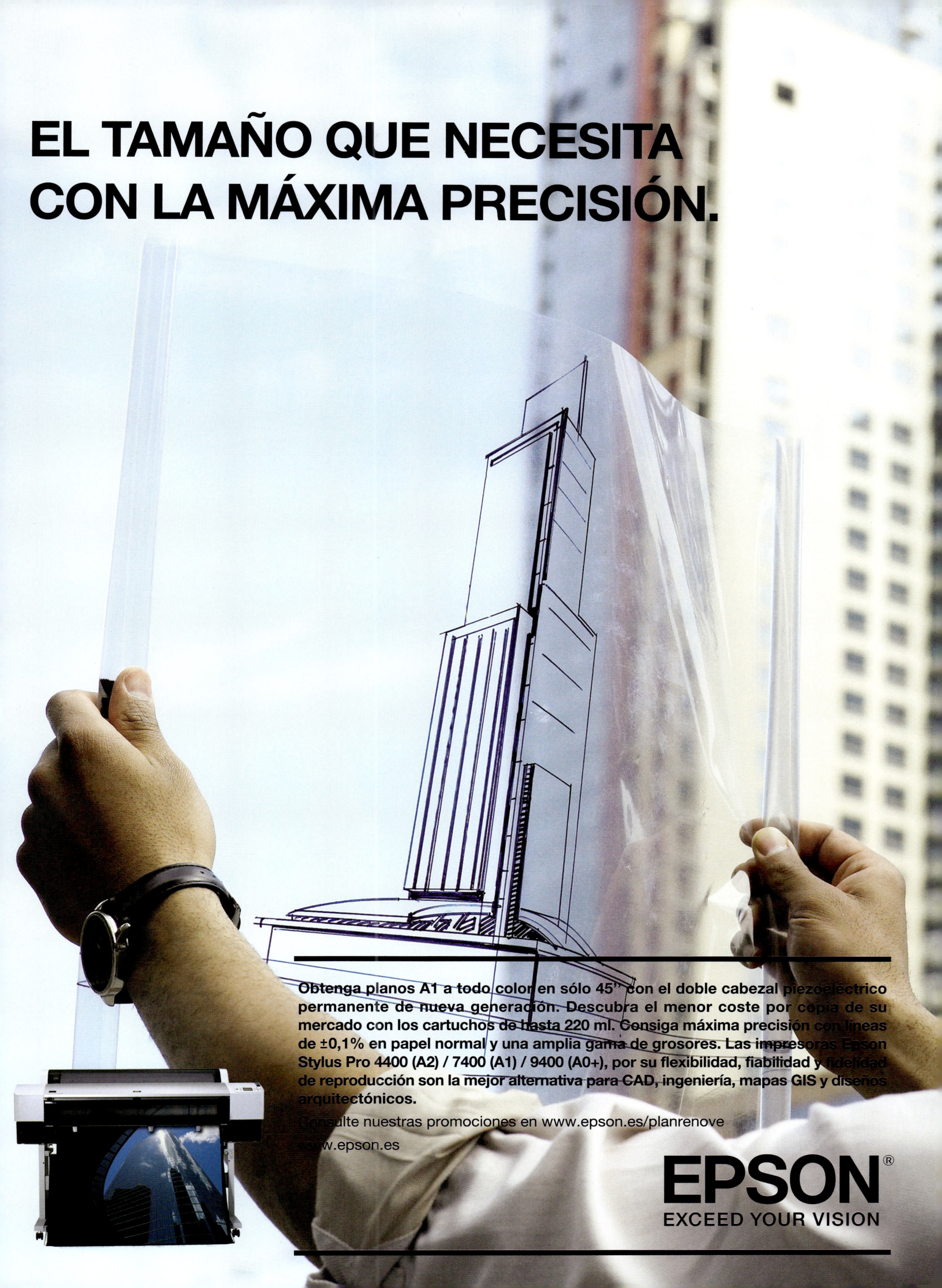

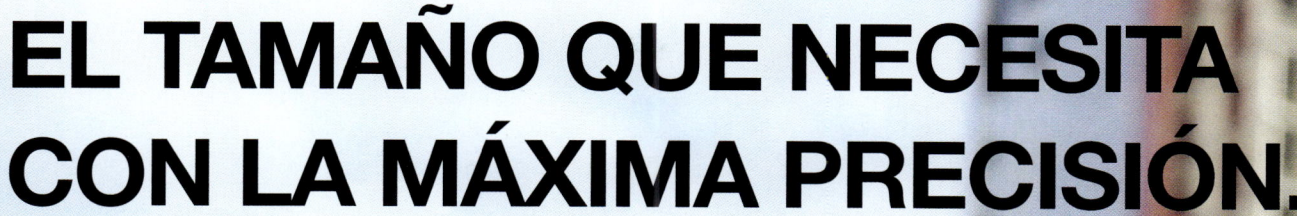

EL TAMAÑO QUE NECESITA CON LA MÁXIMA PRECISIÓN.

Obtenga planos A1 a todo color en sólo 45'' con el doble cabezal piezoeléctrico permanente de nueva generación. Descubra el menor coste por copia de su mercado con los cartuchos de hasta 220 ml. Consiga máxima precisión con líneas de ±0,1% en papel normal y una amplia gama de grosores. Las impresoras Epson Stylus Pro 4400 (A2) / 7400 (A1) / 9400 (A0+), por su flexibilidad, fiabilidad y fidelidad de reproducción son la mejor alternativa para CAD, ingeniería, mapas GIS y diseños arquitectónicos.

Consulte nuestras promociones en www.epson.es/planrenove
www.epson.es

EPSON®
EXCEED YOUR VISION

IN PROGRESS
EN PROCESO

exposición de maquetas en permanente evolución [VI]
model exhibition in constan evolution

ELcroquis

galería de arquitectura

Exposición / Exhibition 2004 → 2008:
PRÁCTICAS ARQUITECTÓNICAS / ARCHITECTURAL PRACTICES
maquetas de arquitectura / architecture models

de Lunes a Viernes / Monday to Friday
de 10.00 a 15.00 horas / from 10 a.m. to 3.00 p.m.
de 16.00 a 18.00 horas / from 4.00 p.m. to 6.00 p.m.
Sábados / Saturdays
de 11.30 a 14.30 horas / from 11.30 a.m. to 2.30 p.m.
[entrada libre / admittance free]

Dirección / Address:
**Avda. de los Reyes Católicos, 9
28280 El Escorial. Madrid**

Teléfono / Telephone:
(34) - 91 896 94 14
Fax / Fax:
(34) - 91 896 94 15
Correo electrónico / e-mail:
elcroquis@elcroquis.es
Internet / Web site:
http://www.elcroquis.es

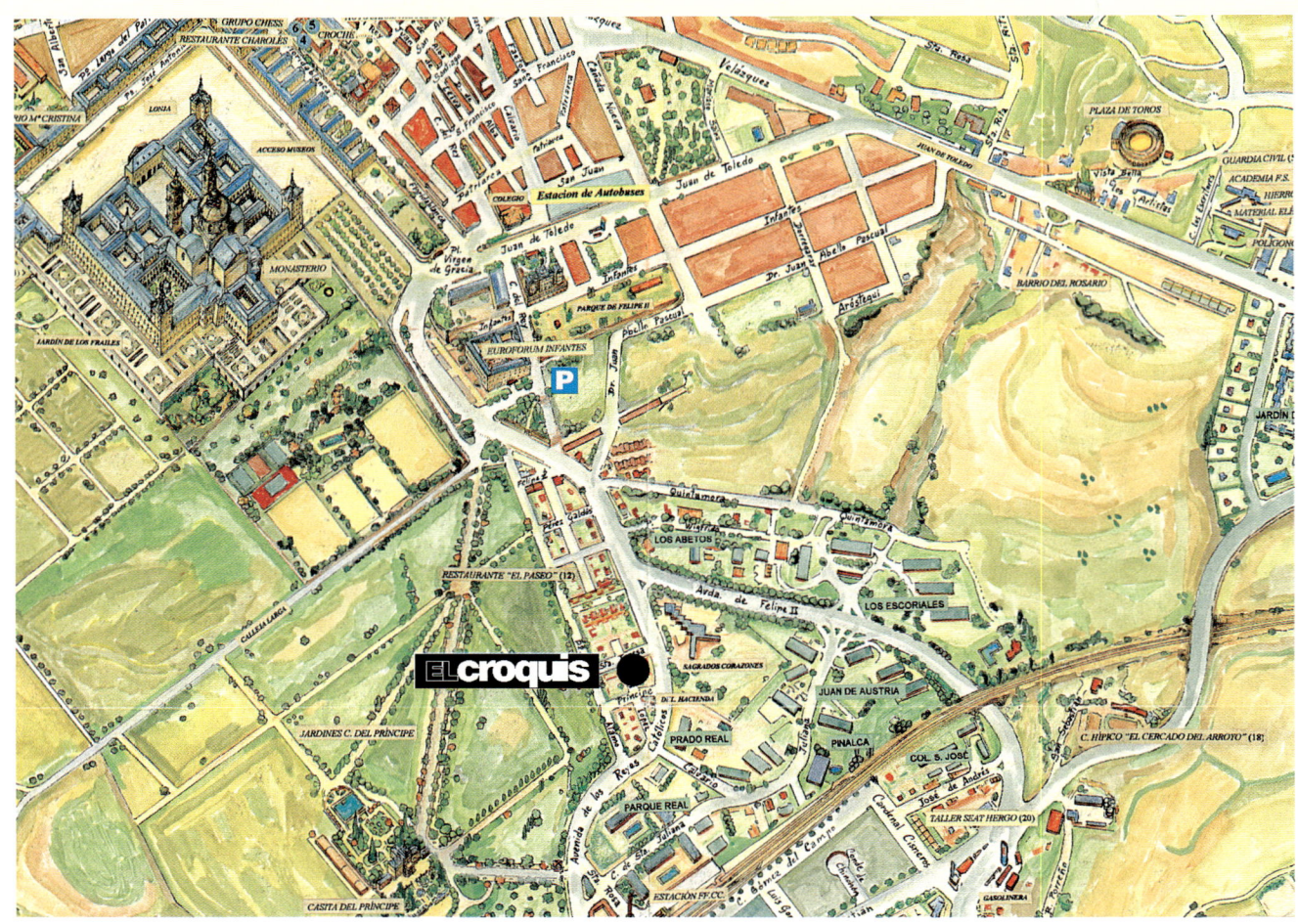

OMA AMO REM KOOLHAAS

1996 / 2007

DOS VOLÚMENES 852 páginas
TWO VOLUMES 852 pages

VOL. 1 VOL. 2

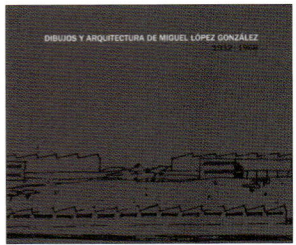

DIBUJOS Y ARQUITECTURA DE MIGUEL LÓPEZ GONZÁLEZ. 1932-1968
Andrés Martínez Medina
Justo Oliva Meyer
Colegio Territorial de
Arquitectos de Alicante, 2008
Texto en castellano / 175 págs.

Este libro trata sobre el arquitecto alicantino Miguel López González, cuya trayectoria profesional está ligada a la formación de la ciudad moderna en la que Alicante se habría de convertir, así como inevitablemente a las nuevas corrientes europeas del siglo XX.
De fuertes convicciones, hace que su arquitectura residencial urbana junto a la industrial sean las que mejor definen su vertiente moderna, siempre de formas claras, sencillas, funcionales y potentes.
Su notable aportación hace que persista su huella a través de distintas generaciones.

PAISAJE: PRODUCTO / PRODUCCION
Catálogo de la IV Bienal Europea de Paisaje. IV Premio Europeo de Paisaje Rosa Barba
Varios autores
Fundación Caja de Arquitectos, 2008
Texto en castellano / 335 págs.

El material presentado en este libro recoge lo que fue la IV Bienal Europea de Paisaje celebrada en Barcelona en marzo de 2006.
En este acontecimiento estuvieron presentes importantes profesionales que reflexionaron y debatieron sobre las nuevas y variadas aproximaciones a la naturaleza, con el objetivo de entender y aprender de su indiosincrasia, así como profundizar en las actitudes proyectuales que amplían los límites conceptuales del trabajo con los procesos naturales.

LIBROS
BOOKS

FREI OTTO. Conversación con Juan María Songel
Juan María Songel
Gustavo Gili, 2008
Texto en castellano / 96 págs.

Este libro recoge una conversación que Juan María Songel mantuvo con Frei Otto en su taller estudio de Warmbronn en 2004, junto a un elocuente texto, 'Fundamentos de una arquitectura del mañana', publicado en 1997.
El material reunido constituye una ocasión para conocer las posiciones teóricas del arquitecto alemán y descubrir su vasta y prolífica experiencia.
A lo largo del libro se abordan temas de indudable interés y actualidad, como los procesos físicos de generación de la forma y su vigencia respecto a las posibilidades de los ordenadores, o la investigación y la inter-

IDAS Y VUELTAS
Carlos Puente
Fundación Caja de Arquitectos, 2008
Texto en castellano / 235 págs.

La teoría de la arquitectura ya no posee la solidez ni la complicidad de los antiguos tratados. Su condición actual es más liviana y volátil y se manifiesta de un modo ocasional en artículos, debates, y entrevistas. Para evitar que ese saber se pierda y se disipe, la colección La Cimbrea desea recopilar las aportaciones de algunos autores que han desarrollado un pensamiento intenso en torno a la arquitectura, como es el caso de Carlos Puente en este libro.

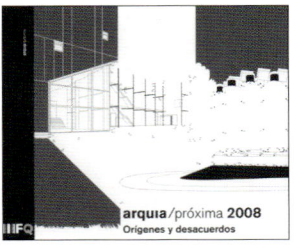

ARQUIA / PRÓXIMA 2008
Orígenes y desacuerdos
Varios autores
Fundación Caja de Arquitectos, 2008
Texto en castellano / 315 págs.

El Foro Arquia/Próxima, cuya primera edición tuvo lugar en 2008 en Valencia, reunió en un único evento varios programas que actualmente realiza la Fundación para los arquitectos noveles. Como un elemento central de difusión se ofrece el presente catálogo que recoge las 128 realizaciones seleccionadas por el Comisario y el Comité Científico de la Bienal de Arquitectura Española 2006-2007.
Esta sensibilidad de Arquia hacia los jóvenes arquitectos a través de estos programas sirve para impulsar y generar estímulos creativos y de conocimiento, y refleja al mismo tiempo el compromiso de Arquia con la arquitectura española del futuro.

ESQUINAS INTELIGENTES
La ciudad y el urbanismo moderno
Inés Sánchez de Madariaga
Alianza Editorial, 2008
Texto en castellano / 239 págs.

Este libro propone una mirada al urbanismo contemporáneo desde un punto de vista que aborda distintos enfoques que no suelen ser considerados conjuntamente por la literatura ni tampoco por la práctica profesional o institucional.
Este ensayo apunta algunas vías de futuro, contribuyendo así al esfuerzo todavía necesario por repensar el urbanismo ante los retos que plantean los nuevos contextos políticos plurales descentralizados, los papeles cambiantes jugados por el Estado y el mercado, y una ciudadanía cada vez más exigente.

EDUARDO SOUTO DE MOURA
Conversaciones con estudiantes
Anna Nufrio
Gustavo Gili, 2008
Texto en castellano / 95 págs.

Este libro recoge una conferencia y unas conversaciones que Eduardo Souto de Moura mantuvo con los estudiantes de arquitectura del Politécnico de Milán.
En un clima didáctico, el arquitecto portugués aborda temas importantes sobre la práctica profesional actual, como la relación de la obra con el contexto y su manera diacrónica de interpretar el lugar abstrayéndolo mediante un cuidado ritual de contextualización. Otro de los temas tratados es la recuperación de la tradición constructiva local gracias a algunos detalles, rituales domésticos o el empleo de ciertos materiales locales.

BEYOND THE BUBBLE
The new Japanese architecture
Botond Bognar
Phaidon, 2008
Texto en inglés / 241 págs.

Beyond the Bubble examina dos fases, igualmente extraordinarias, en la reciente historia de la arquitectura japonesa; por un lado la explosión de la burbuja de la era de los '80 y principios de los '90, y desde entonces hasta nuestros días.
El primer período —a menudo referido como los 'años de oro' de la arquitectura japonesa— es testigo de una proliferación de edificios inusuales y complejos urbanísticos en las grandes ciudades de Japón, mientras que el posterior se manifiesta con un mayor sentido de la modestia, la restricción y la innovación ambiental.

Construye soluciones de cara al exterior.

Envuelve tu obra en una fachada con muchos beneficios. Con más resistencia y durabilidad. Con rapidez y rentabilidad. Construye con sistemas Knauf de placa de cemento.

Sistemas Knauf.
Construye clientes satisfechos.

902 440 460 - www.knauf.es

KNAUF

EL croquis books

32/33 extended edition, 241 pages
(ONLY SPANISH VERSION), 37.00 euro

sáenz de oíza 1946-1988

44+58 extended edition, 439 pages
62.51 euro

tadao ando 1983-2000

65/66 extended edition, 344 pages
49.28 euro

jean nouvel 1987-1998

53+79 omnibus, 440 pages
75.00 euro

oma/rem koolhaas 1987-1998

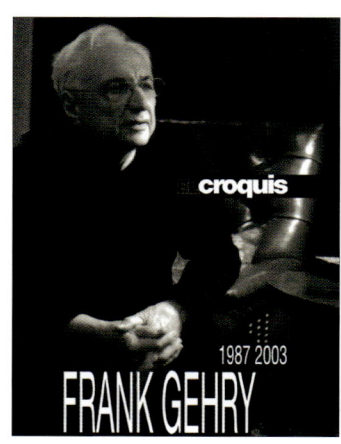

45+74/75 +117 revised and extended edition
601 pages
75.00 euro

frank gehry 1987-1996

78+93 +108 revised and extended edition
568 pages
75.00 euro

steven holl 1986-2003

52+73[I] +103 revised and extended edition
519 pages
75.00 euro

zaha hadid 1983-2004

20+64 +98 revised and extended edition
664 pages
93.00 euro

rafael moneo 1967-2004

texto íntegro en castellano e inglés
[ampliadas y revisadas]
encuadernación en tapa dura
reediciones especiales [monografías]

www.elcroquis.es

68/69+95 omnibus, 512 pages
75.00 euro

alvaro siza 1958-2000

60+84 extended edition, 415 pages
75.00 euro

herzog&de meuron 1981-2000

86+111 omnibus, 439 pages
65.00 euro

mvrdv 1991-2002

87+120 extended edition, 487 pages
75.00 euro

david chipperfield 1991-2006

**77[I]+99
+121/122** revised edition
655 pages
93.00 euro

sanaa 1983-2004

**30+49/50
+72[II]+100/101** omnibus
700 pages
100.00 euro

miralles/pinós 1983-2000

**96/97
+106/107** 704 pages
93.00 euro
in progress

spanish architecture 1999-2002

115/116[I]+[II]+[III] 646 pages
93.00 euro
+118 in progress [II]

spanish architecture 2002-2003

full text in spanish and english
[revised extended editions]
cloth binding hardback
special reprints [monographs]

 **102** gigon guyer 1989/2000
272 pages 39.07€

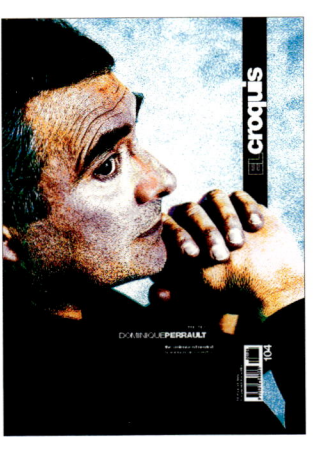 **104** dominique perrault 1990/2001
264 pages 36.06€

 **109/110** herzog & de meuron 1998/2002
368 pages 60.00€ cloth binding hardback

 **127** john pawson 1995/2005
191 pages 45.00€

 **128** josep llinás 2000/2005
224 pages 45.00€

 **129/130** herzog & de meuron 2002/2006
449 pages 63.00€

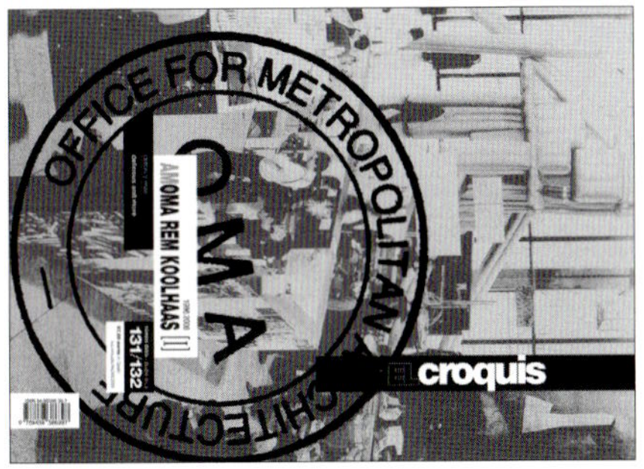

 **131/132** oma/rem koolhaas [I] 1996/2006
463 pages 67.00€

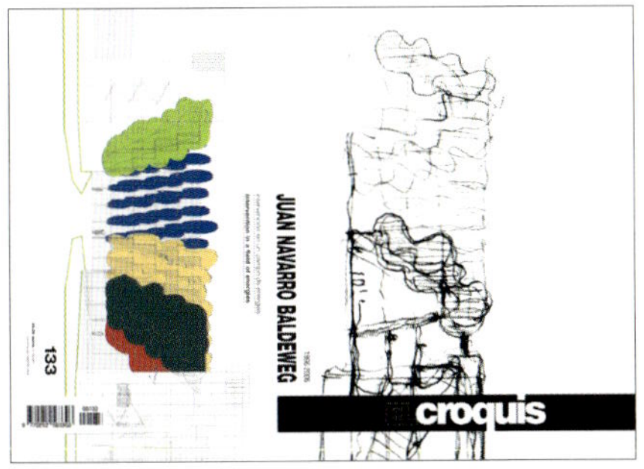

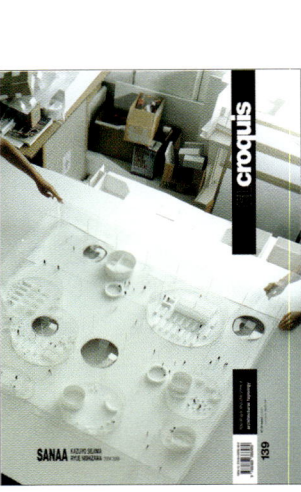 **133** juan navarro baldeweg 1996/2006
233 pages 45.00€

134/135 oma/rem koolhaas [II] 1996/2007
395 pages 69.00€

136/137 work systems [I] 2007
453 pages 67.00€

138 rcr arquitectes 2003/2007
315 pages 49.00€

139 sanaa 2004/2008
352 pages 57.00€

 **140** alvaro siza 2001/2008
321 pages 49.00€

 **141** steven holl 2004/2008
249 pages 49.00€

 **142** architectural practices 2008
313 pages 49.00€

 **143** gigon guyer 2001/2008
231 pages 49.00€

subscription card / order form
valid only for non-european union citizens, USA, CANADA, REST in 2009

NAME ....
....ADDRESS ....
....................................COUNTRY ....
TEL ....FAX ....
*E-MAIL ....
[*Compulsory field for reception of the digital edition included in your subscription]

Subscription:
I wish to subscribe to the magazine **elcroquis** starting with issue no. ....

Rates:	Europe	❏ 5 issues: 285.00 euro	❏ 10 issues: 534.00 euro
	North America	❏ 5 issues: 326.00 euro	❏ 10 issues: 600.00 euro
	Rest	❏ 5 issues: 347.00 euro	❏ 10 issues: 653.00 euro

(Messenger delivery included)

Back issues. I also wish to receive the following back issues:

❏102	[37.56 €]	❏129/130	[60.58 €]	❏138	[47.12 €]
❏104	[34.67 €]	❏131/132	[64.42 €]	❏139	[54.81 €]
❏109/110	[57.69 €]	❏133	[43.27 €]	❏140	[47.12 €]
❏127	[43.27 €]	❏134/135	[66.35 €]	❏141	[47.12 €]
❏128	[43.27 €]	❏136/137	[64.42 €]	❏142	[47.12 €]

Architecture students: **25%** discount on subscription and back issues
(Please send copy of the relevant document)

Please add the following **shipping costs** **per copy** to the cover price of back issues: (Messenger delivery in all cases)	Europe	22.00 euro
	North America	27.00 euro
	Rest	31.00 euro

Special reprints. I also wish to receive the following special reprints:

❏ TADAO ANDO	[60.10 €]	❏ H & dM	[72.12 €]	❏ SANAA	[89.42 €]
* ❏ ZAHA HADID	[72.12 €]	❏ JEAN NOUVEL	[47.39 €]	❏ STEVEN HOLL	[72.12 €]
❏ OMA/R. KOOLHAAS	[72.12 €]	* ❏ DAVID CHIPPERFIELD	[72.12 €]	❏ MVRDV	[62.50 €]
❏ SÁENZ DE OÍZA	[35.58 €]	❏ IN PROGRESS [I]	[89.42 €]	* ❏ RAFAEL MONEO	[89.42 €]
* ❏ ENRIC MIRALLES	[96.15 €]	❏ IN PROGRESS [II]	[89.42 €]	❏ FRANK GEHRY	[72.12 €]
* ❏ ALVARO SIZA	[72.12 €]				

Architecture students: **25%** discount on subscription and back issues
(Please send copy of the relevant document)

Please add the following *shipping costs* *per copy* to the cover price of special reprints:	Europe	27.00 euro
	North America	34.00 euro
	Rest	40.00 euro

(Messenger delivery in all cases)
[* Please contact us for specific transport cost]

Cost of additional copies + shipping:................+..................=..............euro

TOTAL COST (SUBSCRIPTION AND/OR INDIVIDUAL COPIES) ....EURO

❏ Bill me   ❏ Payment enclosed
Form of payment:
❏ Banker's cheque payable in the EU in euro
❏ Eurocheque
❏ Please charge my ❏ Visa ❏ MasterCard ❏ Eurocard ❏ American Express
Card number | _ _ _ _ | _ _ _ _ | _ _ _ _ | _ _ _ _ | Expiry date ....
Cardholder's name ....
Date...Signature ....

EL CROQUIS EDITORIAL
e-mail: suscripciones@elcroquis.es • http://www.elcroquis.es
Avda. Reyes Católicos, 9. E-28280 El Escorial. Madrid. Spain
Tel: 34-918969410. Fax: 34-918969411

---

subscription card / order form
valid only for european union citizens in 2009

NAME ....
VAT ID. NO ....ADDRESS ....
....................................COUNTRY ....
TEL ....FAX ....
*E-MAIL ....
[*Compulsory field for reception of the digital edition included in your subscription]

Subscription:
I wish to subscribe to the magazine **elcroquis** starting with issue no. ....

Rates: **European Union**   ❏ 5 issues: 285.00 euro   ❏ 10 issues: 534.00 euro
(Messenger delivery included)

Back issues. I also wish to receive the following back issues:

❏102	[39.07 €]	❏129/130	[63.00 €]	❏138	[49.00 €]
❏104	[36.06 €]	❏131/132	[67.00 €]	❏139	[57.00 €]
❏109/110	[60.00 €]	❏133	[45.00 €]	❏140	[49.00 €]
❏127	[45.00 €]	❏134/135	[69.00 €]	❏141	[49.00 €]
❏128	[45.00 €]	❏136/137	[67.00 €]	❏142	[49.00 €]

Architecture students: **15%** discount on subscription and back issues
(Please send copy of the relevant document)

Messenger delivery in all cases: Please add a **shipping cost** of **22.00 euro per copy** to the cover price of back issues

Special reprints. I also wish to receive the following special reprints:

❏ TADAO ANDO	[62.51 €]	❏ H & dM	[75.00 €]	❏ SANAA	[93.00 €]
* ❏ ZAHA HADID	[75.00 €]	❏ JEAN NOUVEL	[49.28 €]	* ❏ STEVEN HOLL	[75.00 €]
❏ OMA/R. KOOLHAAS	[75.00 €]	* ❏ DAVID CHIPPERFIELD	[75.00 €]	❏ MVRDV	[65.00 €]
❏ SÁENZ DE OÍZA	[37.00 €]	❏ IN PROGRESS [I]	[93.00 €]	* ❏ RAFAEL MONEO	[93.00 €]
* ❏ ENRIC MIRALLES	[100.00 €]	❏ IN PROGRESS [II]	[93.00 €]	❏ FRANK GEHRY	[75.00 €]
* ❏ ALVARO SIZA	[75.00 €]				

Architecture students: **15%** discount on subscription and back issues
(Please send copy of the relevant document)

Messenger delivery in all cases: Please add a **shipping cost** of **27.00 euro per copy** to the cover price of special reprints
[* Please contact us for specific transport cost]

Cost of additional copies + shipping:................+..................=..............euro

TOTAL COST (SUBSCRIPTION AND/OR INDIVIDUAL COPIES) ....EURO

❏ Bill me   ❏ Payment enclosed
[E.U. citizens should submit proof of professional or business accreditacion to avoid additional VAT charge]
Form of payment:
❏ Banker's cheque payable in the EU in euro
❏ Eurocheque
❏ Please charge my ❏ Visa ❏ MasterCard ❏ Eurocard ❏ American Express
Card number | _ _ _ _ | _ _ _ _ | _ _ _ _ | _ _ _ _ | Expiry date ....
Cardholder's name ....
Date...Signature ....

EL CROQUIS EDITORIAL
e-mail: suscripciones@elcroquis.es • http://www.elcroquis.es
Avda. Reyes Católicos, 9. E-28280 El Escorial. Madrid. Spain
Tel: 34-918969410. Fax: 34-918969411

---

www.elcroquis.es
2009
ELcroquis

Números disponibles
Issues available

Suscripciones y pedidos
Subscriptions and Orders

Edición digital
Digital edition

Colección Biblioteca de Arquitectura
Biblioteca de Arquitectura Series
(Spanish edition)

Relación de Distribuidores
List of EL CROQUIS distributors

Buscador
Search

Galería de Arquitectura
Architecture Gallery

---

boletín de suscripción / hoja de pedido
válido para el territorio español en el año 2009

Deseo suscribirme a la revista **elcroquis** a partir del nº................inclusive
NOMBRE ....
CIF/DNI ....
DIRECCIÓN ....
POBLACIÓN ....
CODIGO POSTAL...................PROVINCIA ....
TEL ....FAX ....E-MAIL* ....
[*Imprescindible para el envío de la edición digital incluida en su suscripción]

Suscripción. Importe: **España**   ❏ 5 números: **217.00** euro
                                        ❏ 10 números: **410.00** euro
(Gastos de envío incluidos)

Números anteriores: **Reediciones:**

❏102	[39.07 €]	❏134/135	[69.00 €]	❏ H & dM	[75.00 €]	❏ SANAA	[93.00 €]
❏104	[36.06 €]	❏136/137	[67.00 €]	❏ JEAN NOUVEL	[49.28 €]	❏ SÁENZ DE OÍZA	[37.00 €]
❏109/110	[60.00 €]	❏138	[45.00 €]	❏ TADAO ANDO	[62.51 €]	❏ STEVEN HOLL	[75.00 €]
❏127	[45.00 €]	❏139	[57.00 €]	❏ ZAHA HADID	[75.00 €]	❏ MVRDV	[65.00 €]
❏128	[45.00 €]	❏140	[49.00 €]	❏ OMA/R. KOOLHAAS	[75.00 €]	❏ RAFAEL MONEO	[93.00 €]
❏129/130	[63.00 €]	❏141	[49.00 €]	❏ FRANK GEHRY	[75.00 €]	❏ EN PROCESO [I]	[93.00 €]
❏131/132	[67.00 €]	❏142	[49.00 €]	❏ DAVID CHIPPERFIELD	[75.00 €]	❏ EN PROCESO [II]	[93.00 €]
❏133	[45.00 €]			❏ ALVARO SIZA	[75.00 €]	❏ ENRIC MIRALLES	[100.00 €]

Importe adicional números anteriores y/o reediciones ....euro

Estudiantes de arquitectura: **15%** de descuento en suscripción y números anteriores
(Adjuntar fotocopia de documentación justificativa)

TOTAL SUSCRIPCIÓN Y/O Nº S SUELTOS ....EURO

Forma de pago: ❏ Giro postal   ❏ Talón nominativo en euro
              ❏ Tarjeta de crédito: ❏ Visa ❏ MasterCard ❏ American Express
Número | _ _ _ _ | _ _ _ _ | _ _ _ _ | _ _ _ _ | Caduca final.............
Nombre del titular ....
CIF del titular ....Teléfono.............
        ❏ Domiciliación bancaria:
Banco/Caja...Entidad nº ....
Sucursal nº ....................D.C. nº ....Cuenta nº.............................
Dirección ....
Población ....
Titular de la cuenta ....
CIF del titular ....
Ruego se atienda anualmente en mi nombre el recibo de EL CROQUIS S.L.

Fecha............................Firma ....

EL CROQUIS EDITORIAL
e-mail: suscripciones@elcroquis.es • http://www.elcroquis.es
Avda. Reyes Católicos, 9. E-28280 El Escorial. Madrid. Spain
Tel: 918969410. Fax: 918969411

FOLCRÁ

Turning Torso — Santiago Calatrava
MALMO (SUECIA)

Aeropuerto de Barajas — R.Rogers/Estudio Lamela
MADRID (ESPAÑA)

Capitol Towers — Hazel/RMJM
DUBAI (U.A.E.)

FACHADAS INNOVADORAS CON GARANTÍA DE ÉXITO

GRUPO FOLCRÁ EDIFICACIÓN S.A.

CENTRAL: Camino Can Bros, s/nº • 08760 MARTORELL (Barcelona) • Tel. 93 776 60 36 • Fax 93 775 37 61 • E-Mail: info@folcra.com
DELEGACIÓN: C/ Ferrer del Río, 14, 5º A • 28028 MADRID • Tel. 91 361 44 64 • Fax 91 361 12 27 • E-Mail: folcra.mdr@mx2.redestb.es

editores y directores / publishers and editors
Fernando Márquez Cecilia y Richard Levene
arquitectos

diseño gráfico y maqueta / layout
Richard Levene

redacción editorial / editorial staff
Paloma Poveda
producción gráfica
Cristina Poveda
documentación
Beatriz Rico
fotografía
Hisao Suzuki
traducción
Jamie Benyei

galería de arquitectura / architecture gallery
Beatriz Rico

administración / administration
Mariano de la Cruz y Ana González
suscripciones
Yolanda Muela, Mayte Sánchez y Marisol García
distribución y departamento comercial
Ana Pérez Castellanos
secretaría
Fabiola Muela y Francisco Alfaro

diseño y producción / design and production
EL CROQUIS EDITORIAL
fotomecánica e impresión
DLH Gráfica / Monterreina
encuadernación
Encuadernación Ramos

publicidad / advertising
MEDIANEX EXCLUSIVAS, S.L.
Romero Robledo, 11. E-28008 Madrid
tel.: 34-915593003. fax: 34-915414269
e-mail: nexpubli@arquinex.es
[Publicación controlada por OJD]

distribución nacional / national distribution
EL CROQUIS EDITORIAL
Avda. de los Reyes Católicos, 9. E-28280 El Escorial. Madrid. España
tel: 34-918969413. fax: 34-918969412
e-mail: distribucion@elcroquis.es
A ASPPAN, S.L.
Pol. Ind. Sta. Ana. 28529 Rivas Vaciamadrid. Madrid. España
tel: 34-916665001. fax: 34-913012683
e-mail: asppan@asppan.com

© 2008 elcroquisSL
quedan expresamente prohibidas la reproducción, la distribución y la comunicación pública, incluida su modalidad de puesta a disposición, de la totalidad o parte de los contenidos de esta publicación, en cualquier soporte y por cualquier medio técnico, sin la autorización previa de esta editorial
any republication, reproduction, distribution, and presentation to the public, including facilitating the availability, of all or any part of the contents of this publication, in any technical format, without prior permission by this publisher is strictly prohibited

la editorial no se hace responsable de la devolución de cualquier documentación enviada a la redacción sin haber sido expresamente solicitado por ésta
the editors do not make themselves responsible for the return of material sent without having been expressly requested

El croquis editorial
Av. de los Reyes Católicos, 9. E-28280 El Escorial. Madrid. España

REDACCIÓN - tel.: 34-918969414. fax: 34-918969415
SUSCRIPCIONES - tel.: 34-918969410. fax: 34-918969411
DISTRIBUCIÓN - tel.: 34-918969413. fax: 34-918969412
e-mail: elcroquis@elcroquis.es
http://www.elcroquis.es

distribución internacional / international distribution

Germany, Austria, Belgium, France, The Netherlands, United Kingdom, Scandinavia, Switzerland, Central and Eastern Europe, Australia, Canada, United States, Japan, Taiwan, Hong Kong, Singapore, Pacific Rim
IDEA BOOKS
Nieuwe Herengracht 11. 1011 RK Amsterdam. Holanda
tel: 20-6226154/6247376. fax: 20-6209299
e-mail: idea@ideabooks.nl
Italia
INTER LOGOS S.R.L.
Via Curtatona, 5/2. 41100. Modena. Italia
tel: 39-059-412648. fax: 39-059-412441
http://www.libri.it. e-mail: commerciale@logos.net
Brasil y Portugal
A ASPPAN, S.L.
c/ de la Fundición, 15. Pol. Ind. Sta. Ana. 28529 Rivas Vaciamadrid. Madrid. España
tel: 34-916665001. fax: 34-913012683
e-mail: asppan@asppan.com
Argentina y Uruguay
LIBRERIA TECNICA CP67
Florida 683. Local 18. 1375 Buenos Aires. Argentina
tel: 5411-43146303. fax: 5411-43147135
e-mail: info@cp67.com
Argentina
LIBRERÍA CONCENTRA
Montevideo, 938. C1019ABT Buenos Aires. Argentina
tel/fax: 5411-4814-2479
e-mail: librería@concentra.com.ar
Colombia
DESCALA LTDA
Calle 30. Nº 17-52. Bogotá. Colombia
tel/fax: 571-2878200/571-2320482
e-mail: escala@col-online.com
Chile
EDITORIAL CONTRAPUNTO
Avda. Salvador 595. Santiago de Chile
tel: 562-2233008/2743707. fax: 562-2230819
e-mail: contrapunto@entelchile.net
México
G+A TOTAL BOOKS
7 Leguas/355. Col. Benito Juárez. 57000 CD Nezahualcoyotl. Mexico
tel: 01-55-27352955. fax: 01-55-57305464
e-mail: agtotalbooks@yahoo.com.mx
FERNANDO EDUARDO PÉREZ HERNÁNDEZ
Pº Eucaliptos Mz 7, LT 34, casa 5 Col. Arbolada Ixtapaluca. 56530 Estado de México
tel: 01-55-36196741
f_e_r_s_b@hotmail.com
Perú
LIBRERÍA ARCADIA
Alcanfores 295. of 17. Miraflores. Lima 18. Perú
telefax: 511241-7347
e-mail: libreria@arcadiaperu.com
Puerto Rico y Miami
COTI IMPORT, INC.
5849 NW. 112 Court. Miami FL 33178. Estados Unidos
tel: 1-305-7157354. fax: 1-305-4184978
e-mail: sales@onlyarchitecture.com
Venezuela
EUROAMERICANA DE EDICIONES
Avda. Francisco Solano. Edif. Lourdes, piso 4. Oficina 11. Sabana Grande. Caracas 1070. Venezuela
tel: 58-2-7612280. fax: 58-2-7630263
e-mail: gabosdante@cantv.net
Korea
M&G&H CO.
Suite 901. Pierson Bd. 89-27. Shin Moon Ro - 2 ka. Chongro-ku. Seoul 110-062. Korea
tel: 82-2-7328105. fax: 82-2-7354028
e-mail: distribution@mghkorea.com
Lebanon, Saudi Arabia, Egypt, Kuwait, Syria, Qatar, United Arab Emirates
ARCHITECTURE ASSOCIATION STUDIO
Bcd-Saifi-Debas. 164 Bldg. 3rd floor. Lebanon
tel: 961-1990199. fax: 961-1990188
e-mail: aastudio@inco.com.lb

ISSN: 0212-5633
depósito legal: M-115-1982
ISBN: 978-84-88386-52-6
impreso y encuadernado en Madrid
elcroquis es una publicación miembro de ARCE y de la Asociación de Editores de Madrid
Premio COAM Publicaciones 1985
Premio a la EXPORTACION 1992 de la Cámara de Comercio e Industria de Madrid
Medalla FAD [Fomento de les Arts Decoratives] 2004
Publicación controlada por OJD

Esta revista ha recibido una ayuda de la Dirección General del Libro, Archivos y Bibliotecas para su difusión en bibliotecas, centros culturales y universidades de España, para la totalidad de los números editados en el año 2008.

2001/2008
ANNETTE GIGON / MIKE GUYER

Biografía 4	**Tres Casas Unifamiliares en Hilera, Rüschlikon** 84
Biography	Three Single Family Row Houses in Rüschlikon
Una Conversación 6	**Edificio Residencial y Comercial en Almere** 94
A Conversation	Residential and Retail Building in Almere
HUBERTUS ADAM & STANISLAUS VON MOOS	**Edificio Residencial Neumünsterallee en Zurich** 102
Alto y Bajo 222	Neumünsterallee Residence in Zurich
High and Low	**Conjunto Residencial Brunnenhof en Zurich** 112
HUBERTUS ADAM	Brunnenhof Housing Complex, Zurich
	Conjunto Residencial Pré-Babel Ginebra 128
	Résidence du Pré-Babel, Geneva
	Centro de Arte Löwenbräu con Torre Residencial y Oficinas 142
	Löwenbräu Arts Centre with Residential Tower and Offices
Auditorio, Universidad de Zurich 24	**Oficinas 'Prime Tower' en Zurich** 150
Auditorium, University of Zurich	Office Building 'Prime Tower' in Zurich
Legado Albers-Honegger 30	**Museo Estatal de Arte e Historia Cultural de Münster** 158
Donation Albers-Honegger	State Museum of Art and Cultural History, Münster
Centro de Visitantes del Parque Nacional de Zernez 46	**Casa Unifamiliar en Küsnacht** 164
National Park Visitor Centre, Zernez	Detached House in Küsnacht
Casa Unifamiliar en Zúrich 50	**Casa Unifamiliar en el Cantón de los Grisones** 172
Detached House in Zurich	One-Family Home in the Canton of Graubünden
Ampliación del Kunstmuseum de Basilea 62	**Ampliación del Museo Städel de Frankfurt** 184
Extension to the Kunstmuseum Basel	Extension to the Städel Museum, Frankfurt
Remodelación y Ampliación de una Villa Histórica en Kastanienbaum 66	**Ampliación de la Kunsthaus de Zurich** 190
Remodelling and Extension of a Historical Villa, Kastanienbaum	Kunsthaus Extension, Zurich
Depósito de Arte de la Galería Henze & Ketterer 76	**Museo Suizo del Transporte** 198
Kunst-Depot Gallery Henze & Ketterer	Swiss Museum of Transport

ANNETTE GIGON

1959	**Nace en Herisau, Suiza**
1984	**Se gradúa por el Instituto Federal de Tecnología (ETH), Zurich**
1987-89	**Práctica arquitectónica independiente**
2001-02	**Profesora visitante en la Escuela Politécnica Federal de Lausana**
2008	**Profesora visitante en el Instituto Federal de Tecnología, Zurich**
	Está casada y vive en Zurich

ANNETTE GIGON

1959	Born in Herisau, Switzerland
1984	Graduated from Federal Institute of Technology, Zurich (ETH)
1987-89	Own architectural practice
2001-02	Visiting professor EPF Lausanne
2008	Visiting professor ETH Zurich
	A.G. is married and lives in Zürich

1989	**Establecen el estudio de arquitectura Gigon/Guyer**

MIKE GUYER

1958	**Nace en Ohio, EEUU**
1984	**Se gradúa por el Instituto Federal de Tecnología (ETH), Zurich**
1987-89	**Práctica arquitectónica independiente**
2002	**Profesor visitante en la Escuela Politécnica Federal de Lausana**
2009	**Profesor visitante en el Instituto Federal de Tecnología, Zurich**
	Está casado, tiene hijos y vive en Zurich

MIKE GUYER

1958	Born in Ohio, USA
1984	Graduated from Federal Institute of Technology, Zurich (ETH)
1987-89	Own architectural practice
2002	Visiting professor EPF Lausanne
2009	Visiting professor ETH Zurich
	M.G. is married, has children and lives in Zürich

1989	Establishment of joint architectural practice, Gigon / Guyer

	PRIMEROS PREMIOS EN CONCURSOS		FIRST PRIZES IN COMPETITIONS
1989	Museo Kirchner en Davos, Suiza	1989	Kirchner Museum Davos, Switzerland
1992	Centro Deportivo en Davos, Suiza	1992	Sports Centre in Davos, Switzerland
1993	Ampliación del Museo de Arte de Winterthur, Suiza	1993	Extension Winterthur Museum of Art, Switzerland
1993	Ampliación y Rehabilitación de la Colección Reinhart Römerholz en Winterthur, Suiza	1993	Extension and Renovation of the Reinhart Collection Römerholz in Winterthur, Switzerland
1996	Cabina de Señalización en Zurich, Suiza	1996	Signal Box in Zurich, Switzerland
1998	Centro de Mantenimiento Vial en Davos, Suiza	1998	Street Maintenance Centre in Davos, Switzerland
1998	Museo Arqueológico y Parque en Kalkriese, Alemania	1998	Archaeological Museum and Park in Kalkriese, Germany
1998	Conjunto Residencial Susenbergstrasse en Zurich, Suiza	1998	Housing Project Susenbergstrasse in Zurich, Switzerland
1998	Ampliación de los Talleres Appisberg en Männedorf, Suiza	1998	Extension of Workshop School Buildings Appisberg, Männedorf, Switzerland
1999	Conjunto Residencial Pflegi en Zurich, Suiza	1999	Housing Project Pflegi in Zurich, Switzerland
1999	Conjunto Residencial en Thalwil, Suiza	1999	Housing Project Thalwil, Switzerland
1999	Museo Suizo del Transporte en Lucerna, Suiza	1999	Swiss Museum of Transport Lucerne, Switzerland
2000	Museo para la Colección Albers/Honegger en Mouans Sartoux, Francia	2000	Museum for the Collection Albers/Honegger Mouans Sartoux, France
2001	Ampliación y Restauración del Museo de Arte de Basilea, Suiza	2001	Extension and restauration of the Art Museum Basel, Switzerland
2002	Conjunto Residencial en Rüschlikon, Suiza	2002	Housing Project in Rüschlikon, Switzerland
2002	Conjunto Residencial Grünenberg en Wädenswil, Suiza	2002	Housing project Grünenberg in Wädenswil, Switzerland
2003	Conjunto Residencial Brunnenhof en Zurich, Suiza	2003	Brunnenhof Housing Complex, Zurich, Switzerland
2003	Conjunto Residencial Neumünsterallee en Zurich, Suiza	2003	Residential housing Neumünsterallee, Zurich, Switzerland
2003	Conjunto Residencial Résidences du Pré-Babel en Ginebra, Suiza	2003	Housing Project Résidences du Pré-Babel, Genève, Switzerland
2003	Conjunto Residencial y de Oficinas en Baar, Suiza	2003	Office/Housing Project Railway Station Baar, Switzerland
2003	Conjunto Residencial Diggelmannstrasse en Zurich, Suiza	2003	Housing Project Diggelmannstrasse Zurich, Switzerland
2004	Oficinas/Galerías de Arte/Viviendas Löwenbräuareal en Zurich, Suiza	2004	Office/Art galeries/Housing Löwenbräuareal Zurich, Switzerland
2004	Oficinas 'Prime Tower' en Zurich, Suiza	2004	Office Building 'Prime Tower', Zurich, Switzerland
2005	Centro de Visitantes en Kalkriese, Alemania	2005	Visitor Center, Kalkriese, Germany
2005	Conjunto Residencial Zollikerstrasse en Zurich, Suiza	2005	Housing Project Zollikerstrasse, Zurich, Switzerland
2005	Conjunto Residencial Erlenhof en Dietikon, Suiza	2005	Housing Project Erlenhof, Dietikon, Switzerland
2005	Conjunto Residencial Goldschlägi en Schlieren, Suiza	2005	Housing Project Goldschlägi, Schlieren, Switzerland
2008	Conjunto Residencial Martinsberg en Baden, Suiza	2008	Housing Project Martinsberg, Baden, Switzerland
2008	Conjunto Residencial Luwa en Uster, Suiza	2005	Housing Project Luwa, Uster, Switzerland
	DISTINCIONES		AWARDS
2001	Premio del Cantón de Zürich, por el Conjunto Residencial Susenbergstrasse, Zurich	2001	Award of the Kanton Zürich, for the Housing Complex Susenbergstrasse, Zurich
2001	Premio del Cantón de Graubünden, por el Centro Deportivo en Davos	2001	Award of the Kanton Graubünden, for the Sportcenter in Davos
2001	'Auszeichnung guter Bauten der Stadt Zürich', por las Dos Viviendas en Zurich	2001	'Auszeichnung guter Bauten der Stadt Zürich', for the Two Houses in Zurich
2002	'Fritz-Schumacher-Prize' a la Arquitectura Ejemplar de la Fundación Alfred Toefper Stiftung F.V.S, Hannover	2002	'Fritz-Schumacher-Prize' for Exemplary Architecture (Alfred Toefper Stiftung F.V.S) Hannover
2002	'Niedersächsischer Staatspreis' de Arquitectura, por el Museo Arqueológico y Parque en Kalkriese	2002	'Niedersächsischer Staatspreis' for Architecture, for the Museum and Historical Park Kalkriese
2003	Premio BDA (Bund Deutscher Architekten) Niedersachsen, por el Museo Arqueológico y Parque en Kalkriese	2003	BDA Preis (Bund Deutscher Architekten) Niedersachsen, for the Museum and Historical Park Kalkriese
2005	'Auszeichnung guter Bauten der Stadt Zürich', por el Proyecto Pflegi-Areal, Zurich	2005	'Auszeichnung guter Bauten der Stadt Zürich', for the Pflegi-Areal in Zurich
2007	Premio de la Sociedad del Patrimonio Suizo, por la Ampliación y Restauración del Museo de Arte de Basilea	2007	Award Basel Swiss Heritage Society, for the Extension and Restauration of the Art Museum Basel
2009	Miembros del RIBA	2009	RIBA fellowship

[moverse entre extremos]
UNA CONVERSACIÓN
con Annette Gigon y Mike Guyer
HUBERTUS ADAM / STANISLAUS VON MOOS

[shifting between extremes]
A CONVERSATION
with Annette Gigon and Mike Guyer
HUBERTUS ADAM / STANISLAUS VON MOOS

HA: Ustedes fundaron su oficina en 1989, tras ganar el concurso del Museo Kirchner en Davos. Y son bien conocidos por sus museos y edificios residenciales. La estructura del estudio ha ido ampliándose para asumir cada vez más proyectos, algunos de ellos impulsados por promotores privados. ¿Cómo se asume esa evolución?

MG: Entre 1989 y 2000 construimos 17 edificios con un equipo de entre 15 y 30 personas. Nueve años más tarde, con un estudio de 60, hemos realizado un total de 40 grandes edificios, cuatro de los cuales están aún terminándose y 14 en fase de proyecto. Este crecimiento es el resultado de nuestra ambición por trabajar con un amplio espectro de encargos: museos, viviendas, escuelas y edificios asociados a infraestructuras; y con escalas que van desde la vivienda unifamiliar al rascacielos. También se debe a que esos concursos y proyectos de mayor tamaño ya no tienen Suiza como escenario único: hemos salido fuera de nuestro país. Con cincuenta años de edad, y en la mitad de nuestra carrera, estamos convencidos de que no es el tamaño ni el volumen de un proyecto lo más importante, sino su calidad.

HA: ¿Dónde ven ustedes el límite en cuanto al tamaño de su estudio?

AG: No sentimos la necesidad de crecer más. Pero a veces las cosas generan su propia dinámica. Al ganar la Torre Prime en Zúrich y al mismo tiempo tener la oportunidad de construir otros proyectos de concurso anteriores —incluido el Museo Suizo del Transporte en Lucerna—, el estudio duplicó su tamaño. Ello implicó cambios de organización y administrativos que en realidad no buscábamos. Lo que queríamos era tan sólo diseñar y construir, y para hacerlo hemos tenido que cambiar la estructura de la oficina. La posibilidad de contar con un equipo de arquitectos realmente bueno es sin duda una de las ventajas de ese crecimiento. Pero somos muy conscientes de que mientras más proyectos trabajemos simultáneamente, más difícil resultará para nosotros dos tener tiempo y energía, y ser autocríticos hasta persuadirnos de que lo que hacemos está bien.

HA: You founded your office in 1989 after winning the competition for the Kirchner Museum in Davos. You have become well known for your museums as well as for residential buildings. Your practice has grown and you are now working more and more on architectural projects backed by investors as well. How are you coping with this development?

MG: Between 1989 and 2000 we erected 17 buildings with a staff of 15 to 30; nine years later, with a staff of 60, we have completed a total of 40 larger buildings, 4 are still under construction and 14 projects in the planning stage. This growth is the result of our ambition to work on a wide spectrum of assignments: museums, residential buildings, offices, schools and infrastructure-related buildings, ranging from detached houses to high rises. This growth is also due to the fact that we are dealing with larger projects and competitions not only in Switzerland but also abroad. At fifty, we are now in mid-career and are convinced that it's nevertheless not the size and volume of a project that will be of prime importance but the quality.

HA: Where do you see the limit for the size of your practice?

AG: We don't feel the need to grow any bigger. But sometimes things develop a dynamism of their own. Since winning the competition for the Prime Tower in Zurich and at the same time being in a position to realise earlier competition projects that had been postponed —including the Swiss Transport Museum in Lucerne— our office has doubled in size. That brought organisational and administrative changes with it that we didn't actually seek. More than anything else we just want to design and build and we have responded to this with changes to our office structure. Being able to involve very good architects more closely and give them responsibility is undeniably one advantage of our present size. But we are well aware that the more projects we work on at the same time, the more difficult it will be for the two of us to invest our time and energy and be self-critical to the extent that we feel is right.

MG: Queremos proyectar edificios interesantes y más grandes, y somos conscientes de que si el año pasado hubiésemos ganado los concuros de <u>Ampliación del Museo Städel de Frankfurt</u> o la <u>Ampliación de la Kunsthaus de Zúrich</u>, tendríamos que haber aumentado el equipo de nuevo. El desafío es mantener la capacidad de diseño y creatividad con buenos colaboradores en una estructura de estudio que a la vez funcione.

SvM: Su trabajo es de socios por igual: un tándem. La idea de la arquitectura como producto de un solo talento no se sostiene cuando se trata de dos. Y ello plantea la cuestión de la imagen, que no puede identificarse con la del genio creativo único. En su caso no puede decirse quién es el responsable de tal o cual proyecto.

AG: Primero, y ante todo, nuestros proyectos son diferentes entre sí porque los enfoques conceptuales de cada uno de ellos varían; y sólo secundariamente se debe a su distinta autoría. En los primeros momentos de nuestra asociación profesional, cuando los encargos que teníamos eran pocos y más pequeños, podíamos trabajar juntos de forma estrecha. En el proceso de búsqueda del concepto clave para un proyecto determinado no es relevante de quién es la aportación más innovadora o factible, ni para el proyecto mismo ni para nuestra imagen pública.

Cuando trabajamos juntos en un proyecto lo discutimos y lo definimos con precisión, adoptando un punto de vista desprejuiciado pero crítico, nos damos apoyo mutuo, además de intercambiar ideas que podríamos usar en otros casos. Sobre quién recae la responsabilidad última de un determinado proyecto es otra cosa, y tiene que ver con nuestra capacidad personal y con los clientes en cada caso. La división clara de los proyectos y concursos no se produjo hasta después de ganar el de la <u>Torre Prime</u>. Pero no nos parece que esta situación suponga una desventaja; depende de cómo se miren las cosas. Lo que importa es que nos mantengamos siempre abiertos a la crítica y a las sugerencias del otro.

MG: It's our aim to design interesting, major buildings and we know that if, last year, we had won the competition for the <u>Extension of the Städel Museum in Frankfurt</u> or for the <u>Kunsthaus in Zurich</u>, for example, we would have had to increase our staff again. The challenge is to maintain sufficient capacity for designing and creativity by having good teams within an office structure that works.

SvM: You work as equal partners. The hypothesis that architecture has something to do with the ideas of a lone fighter does not hold true in the case of a twosome. This poses the question of image— which cannot be integrated in one creative genius. In your case, I can't tell who is responsible for which project.

AG: First and foremost, our projects vary due to the different conceptional approaches which we work out in each instance and, only secondly, due to their different authorship. In the early stages of our office partnership when we were working on fewer and smaller projects, we actually were able to work together more closely. During the wider search for a conclusive concept for a project for a particular site it is not of any overriding importance whose contribution proves to be the more innovative or workable— neither for the project itself nor for our public image.

When working together on a project, we discuss and define it more precisely, take an unbiased but critical look at our work or give each other mutual support— as well as exchanging ideas that could well be used for further projects. Who ultimately is responsible for the organisation of which project is another matter and has to do with our personal capacity and with the clients in each case. It was only after the <u>Prime Tower</u> competition that projects and competitions were divided up more clearly. We didn't find that only to be a disadvantage— it depends rather on how you look at things. What is important is that we are always open to each other's critical appraisal and suggestions.

MUSEO KIRCHNER DAVOS
KIRCHNER MUSEUM DAVOS
Switzerland, 1989/1992. Competition, First Prize

AMPLIACIÓN DEL MUSEO DE ARTE DE WINTERTHUR
WINTERTHUR MUSEUM OF ART EXTENSION
Switzerland, 1993/1995. Competition, First Prize

HA: La 'leyenda del artista' se basa en el principio del espíritu o del genio creativo y, hoy día, se refleja en el victorioso avance de una arquitectura estelar global.

MG: Nuestro perfil realmente no encaja con el de la arquitectura del *star system*. El proceso de diseño tal como lo entendemos no está condicionado por la idea genial que surge al principio y que acaba por dictar y condicionar todo lo que sigue. Nosotros somos más abiertos, más experimentales, más impredecibles. A menudo, el resultado final no está claro en los primeros momentos. Ambos tratamos de integrar nuestras mejores ideas para que el diseño vaya poco a poco afinándose y tomando forma a base de trabajar sobre él una y otra vez. Cada proyecto tiene un contexto histórico propio que lo hace singular y único. Si se miran nuestros proyectos en retrospectiva se pueden observar ciertas similitudes a pesar de su variedad. Todos comparten un mismo espíritu y hasta, a veces, ciertos paralelismos estilísticos. Y algunos aspectos se recuperan para desarrollarlos más adelante.

HA: The 'legend of the artist' is based on the principle of the ingenious creative spirit and, today, is reflected in the victorious progress of a global star architecture.

MG: In keeping with our character, star architecture is not really our world. Our design process is not conditioned by the ingenious sketched idea at the outset which then dictates everything that follows. We are more open, more experimental, more unpredictable. Often, the final outcome isn't clear from the start. Both of us endeavour to integrate our best ideas before the design is slowly honed into shape by incessantly working over it time and again. Every project has its own potted background history that renders it individual and unique. If you look at our projects over the years, they are somehow similar despite their variety. The same spirit breathes within them and, in some cases, they also have stylistic parallels. Certain points are picked up time and again and developed further.

PARQUE-MUSEO ARQUEOLÓGICO DE KALKRIESE
KARKRIESE ARCHAEOLOGICAL MUSEUM PARK
Germany, 1988/2001. Competition, First Prize

HA: Algunos arquitectos llevan tan lejos un tema en un determinado proyecto que no pueden avanzar más allá. Veo su trabajo más bien en la línea de la filiación tipológica.

AG: ¿Temas que no pueden desarrollarse más? Me parece imposible. De hecho, construimos edificios en los que intentamos profundizar en la singularidad de un determinado material, o de un principio constructivo de una forma comparativamente 'monotemática': como el uso del hierro o el acero para el Museo Arqueológico de Kalkriese, el del hormigón para el Conjunto residencial 'Pflegi' o el del vidrio para el Museo Kirchner. Hemos incluso construido edificios que son menos 'puros', cuando el concepto requiere estrategias distintas. Y una y otra vez nos hemos atrevido también a usar materiales menos refinados alentados por otros, los hemos aplicado de forma diferente y descubierto para ellos nuevos usos, como por ejemplo en el caso de las hojas metálicas 'Tetra' para el Depósito de Arte de la galería Henze & Ketterer en Wichtrach,

HA: There are some architects who push a subject in a project so far that it cannot be taken any further. I see your work more along the lines of affiliated building types.

AG: Cannot be taken any further? I don't believe that's possible. In fact, we erect buildings in which we try to plumb the depths of one particular material or construction principle in a comparatively 'mono-thematic' way: such as the use of iron or steel for the Museum of Archaeology in Kalkriese, concrete for the 'Pflegi' Residential development, glass for the Kirchner Museum. We have however also erected buildings that are less 'pure'— when the concept called for different strategies. And time and again we have also dared to use less-refined materials spurned by others, have applied them differently and discovered new uses for the material— as for example Tetra sheet metal used in the Henze&Ketterer Gallery project in Wichtrach, external insulation for Broëlberg 1 and the Two houses in Zurich, for the residential building in Rüschlikon and on Neumünsterallee, or profiled glass used in industrial buildings for the

CONJUNTO RESIDENCIAL BROËLBERG I
RESIDENTIAL COMPLEX BROËLBERG I
Kilchberg, Switzerland, 1994/1996

DEPÓSITO DE ARTE DE LA GALERÍA HENZE & KETTERER
KUNST-DEPOT GALLERY HENZE & KETTERER
Wichtrach, Switzerland, 2002/2004. Commission

el aislamiento exterior para el Conjunto Residencial Broëlberg 1, las Dos casas en Zúrich, el Edificio residencial en Rüschlikon y el de Neumünsterallee, o el del vidrio perfilado habitual en las construcciones industriales que empleamos para la Ampliación del Museo de Arte en Winterthur y para el Museo Suizo del Transporte en Lucerna. En el último caso incluso recurrimos a materiales de desecho y reciclados, como por cierto hicimos en el Museo Kirchner. Nos interesa el día a día, y es ahí donde querríamos aportar algo. El mundo no está hecho sólo de 'templos'. Ésa es una de las razones por las cuales nos hemos volcado más en los concursos de edificios residenciales.

Hay sólo un número limitado de tipos de material que pueden emplearse para construir, y sólo un número limitado de tipos de edificio, así que automáticamente surgen familias de edificios o se desarrollan filiaciones entre tipos de edificio. Eso también es aplicable a ciertos conceptos de construcción que permanecen en el tablero durante algunas 'generaciones de concursos' y que únicamente se aplican, en caso de hacerlo, en un estado ulterior. El muro de hormigón 'sedimentado' es uno de esos casos en los que finalmente fuimos capaces de materializarlo por vez primera en el Auditorio de la Universidad de Zúrich; o la idea de trabajar con muros 'sólidos' hechos de pavés y hormigón, como en algunos de los concursos de museos que hemos hecho. El aspecto concreto de 'vestir' los edificios está también bajo este encabezamiento: las 'cortinas' de vidrio hechas con cables del concurso del Hyatt, del museo para Kansas City, o ahora en el edificio de oficinas del solar de la estación central suroeste de Zúrich; o las 'cortinas' de hojas de metal plegadas o plisadas del concurso del Museo Städel de Frankfurt, que era una versión más avanzada de las hojas 'Tetra' de la galería en Wichtrach. Hay técnicas de construcción muy interesantes y menos difundidas que representan asimismo evoluciones en nuestro trabajo: las propuestas de concurso para el Museo Suizo de Lucerna o el 'simulador de vuelo' para la Expo'02, que nunca se materializaron; o lo que era la *loggia* filigrana de la ampliación del Kastanienbaum. Además, continuamos con el tema de la retícula en los concursos de Museo Folkwang en Essen y la Ampliación del Museo de Arte de Basilea, pero también la segunda versión del edificio dedicado al tráfico rodado en Lucerna. Dependiendo de sus dimensiones adoptan la imagen de rejillas de seguridad, espalderas o pantallas antisolares, y pueden ser desde elementos estructurales hasta textiles.

SvM: Los proyectos residenciales asumen los estándares de neutralidad, anonimato y representatividad de la arquitectura institucional. El edificio propuesto para el emplazamiento interior del 'Pflegi' es una continuación alternativa del vecino hospital diseñado en la década de 1930 por los hermanos Pfister (los máximos representantes de 'la corriente tradicionalista del primer movimiento moderno suizo') y, a su manera, irradia una suerte de monumentalidad urbana.

Museum Extension in Winterthur and the Swiss Transport Museum in Lucerne. In the latter case we even used waste and recycled materials, as we did for the Kirchner Museum by the way. We are interested in the everyday as well— and this is where we also want to make a contribution. The world is not just made up of 'temples'. That is one of the reasons why for example we have also turned more to competitions for residential buildings.

There are only a limited number of types of material which you can use for building and only a limited number of different building types so that automatically families of buildings occur or developments of affiliated building types, to use Hubertus' expression. That also applies to certain construction concepts which remain on the drawing board over several 'generations of competitions' and which are only put into practise at a later stage, if at all. The 'sedimented' concrete wall is one such instance which we were first finally able to build in the subterranean Auditorium at Zurich University, or the idea of working with 'solid' walls made of glass bricks and concrete as in some of our museum competitions. The explicit subject of 'clothing' buildings also comes under this heading, with glazed 'curtains' with a wire fabric used in the Hyatt competition, the museum in Kansas City or now with the office building on the Southwest central station site in Zurich, or 'curtains' of folded or pleated sheet metal as in the competition for the Städel Museum in Frankfurt— a more advanced development of the perforated Tetra sheeting in the gallery in Wichtrach.

Exciting construction techniques left exposed also represent further developments in our work— the competition designs for the Swiss Transport Museum in Lucerne and the 'flight simulator' for Expo '02 which were never built, or the filigree loggia on the Kastanienbaum extension which was. We also pursued the subject of the grid in our competition designs for the Folkwang Museum in Essen and the Extension to the Art Museum in Basel, but also in our second design for the road vehicles' hall. Depending on their dimensions, they figure as safety grills, trellises or sun blinds and they range from the structural to the textile.

SvM: Your residential buildings take on the habitus of neutrality, anonymity and monumentality found in institutional architecture. The building on the 'Pflegi' inner site is a staggered continuation of the neighbouring hospital building from the '30s, designed by tne Pfister Brothers (major proponents of 'a traditionalist trend in early Swiss Modernism') and, in its character and habitus, exudes a type of urban monumentality.

CONJUNTO RESIDENCIAL 'ZENTRUM FARB' EN THALWIL
HOUSING PROJECT 'ZENTRUM FARB' IN THALWIL
Switzerland, 1998, 2005/2008. Competition, First Prize

CONJUNTO DE VIVIENDAS PFLEGIAREAL ZURICH
HOUSING COMPLEX RENOVATION PFLEGIAREAL, ZURICH
Switzerland, 1998/2002. Competition, First Prize

Este tipo de relación —de naturaleza casi clásica— en un espacio caracterizado por bloques es algo que encuentro fascinante y asombroso en sus propuestas residenciales. Por el contrario, los proyectos de museos no se esfuerzan por dotarse de ese tipo de monumentalidad —aunque sea en parte por razones funcionales—, sino que exhiben una imagen relativamente etérea en el paisaje urbano. Hay menos elementos clásicos en sus edificios públicos que en los privados.

MG: En el caso de los edificios residenciales —y en la línea de las filiaciones entre tipos de edificio—, estamos investigando sobre la variación de la unidad de habitación, que gana cierta neutralidad cuando se duplica. Y obtiene su 'riqueza' una vez que se habita. Los pisos como contenedores apilados uno sobre otros mantienen su cohesión mediante distintas fachadas con estructura reticular que unifican las diferentes vidas de los residentes en los espacios individuales. El <u>Proyecto residencial Farb Centre en Thalwil</u> y el <u>'Pflegi' en Zúrich</u> cristalizaron a través del cambio de uso de un emplazamiento industrial y hospitalario a uno mixto de oficinas y viviendas. En los nuevos edificios se repite la escala de las grandes construcciones existentes, y por eso tienen cierto carácter monumental y urbano, con sus fachadas pintadas o de hormigón visto.

This relationship —in an almost Classical style— to an urban space characterised by blocks of buildings is something I find fascinating and striking about your residential projects. By contrast, the museum projects do not strive for this type of monumentality —although this is partly for functional reasons— but display a comparatively ethereal presence in the cityscape. There are fewer Classical elements in your public buildings than in the private ones.

MG: In the case of residential buildings —and in keeping with the idea of affiliated building types— we are dealing with the variation of the living unit that gains a certain neutrality when duplicated. It gains its 'richness' once occupied. Flats like containers piled one on top of another are held together by various façades with grid-like structures which unify the different lives of the residents within the individual spaces. The <u>Farb Centre residential project in Thalwil</u> and <u>'Pflegi' in Zurich</u> came about through the change of use from an industrial and hospital site into a mixed residential/work district. The buildings repeat the scale of the large existing structures and, as a result, have a somewhat monumental and urban character with their painted façades of exposed concrete.

CONJUNTO RESIDENCIAL GRÜNENBERG
HOUSING PROJECT GRÜNENBERG
Wädenswil, Switzerland, 2002/2007. Competition, First Prize

Pero al mismo tiempo que trabajábamos en la imagen de solidez de los edificios comenzamos a emplear el vidrio de distintas formas: como revestimiento de los muros exteriores, en balaustradas y en forma de paneles correderos para los balcones. El vidrio, con sus propiedades de reflexión de la luz, puede tener un gran impacto visual. O también puede ser opaco o pintado en su cara interior; si es laminado puede colorearse, pero conservar su transparencia o claridad; y en múltiples capas puede mostrar una inesperada opulencia. La base del <u>Edificio residencial y comercial en Almere</u> se reviste con vidrio coloreado y espejeante, un tipo de material que se usó después en las balaustradas de las viviendas situadas en la plantas superiores.

At the same time as working on the solid-looking buildings we started using glass in various ways: as cladding for insulated external walls, as balustrading and sliding panels for balconies. Glass, with its light-reflective properties, can be given a high visual impact. Glass can be opaque or paint-sprayed on the reverse; as laminated glass it can be coloured but still transparent or clear and, in multiple layers, can develop an unexpected visual opulence within. The base of the <u>Residential and retail high-rise in Almere</u> is clad in coloured and mirrored glass— a feature that is further developed in the horizontal glazed balustrading in the residential storeys above.

CONJUNTO RESIDENCIAL DIGGELMANNSTRASSE
HOUSING PROJECT DIGGELMANNSTRASSE
Zurich, Switzerland, 2003/2007. Competition, First Prize

CONJUNTO RESIDENCIAL PRÉ-BABEL GINEBRA
RÉSIDENCE DU PRÉ-BABEL, GENEVA
Switzerland, 2004/2008. Competition, First Prize

Los paneles de vidrio multicapa del Conjunto residencial Brunnenhof en Zúrich crean una alargada y exquisita banda de color junto con el revestimiento vítreo que se encuentra detrás. En el caso de los Tres bloques de Diggelmannstrasse, las bandas cromáticas horizontales formadas por el revestimiento y las balaustradas transparentes enfatizan los compactos espacios intermedios entre esa composición.

Y es fácil entender cómo esas construcciones en particular pueden considerarse más llamativas que, por ejemplo, Thalwil o el Conjunto Residencial Pré-Babel en Ginebra, las cuales, de un modo más clásico, poseen cierta condición sólida. El Edificio residencial en Neumünsterallee, con su tipo especial de planta baja y los volúmenes diferenciados que resultan, está a medio camino entre ambas opciones. Las fachadas enlucidas en gris oscuro y plateado con las balaustradas reflectantes que dan a los patios vinculan todas las piezas para crear una entidad a la vez que otorgan al conjunto una evidente ligereza.

Sliding, multi-layered balcony panels on the Brunnenhof Housing complex in Zurich form a long and exquisite band of colour together with the glazed cladding behind. In the case of the Three blocks of flats in Diggelmannstrasse, the coloured, horizontal bands formed by the cladding and the translucent balustrading emphasise the compact interim spaces between the configuration.

And it is easy to understand how these buildings in particular can be seen as being 'louder' than for example Thalwil or the Résidence du Pré-Babel in Geneva which, in a more Classical manner, are more of a solid nature. The Residential building on Neumünsterallee, with its special type of ground plan and the resultant differentiated volumes is somewhere in between. The dark-grey and bright silver plastered façades with their reflecting balcony balustrading facing the courtyards link the complex volumes to form one entity while lending it a noticeable lightness.

EDIFICIO RESIDENCIAL Y COMERCIAL
RESIDENTIAL AND RETAIL BUILDING
Almere, The Netherlands, 2002/2007

EDIFICIO RESIDENCIAL NEUMÜNSTERALLEE
NEUMÜNSTERALLEE RESIDENCE IN ZURICH
Switzerland, 2003/2007. Competition, First Prize

AG: El comentario de Stanislaus, acerca de que nuestros museos no son generalmente urbanos o monumentales, sino que ofrecen una imagen etérea, me parece acertado. Ese aspecto tiene que ver con el tipo de emplazamiento, ya que los museos están a menudo rodeados de zonas ajardinadas o parques. Pero también se debe al hecho de que suelen ser piezas relativamente pequeñas que buscan dotarse de una apariencia distinta a la de la piedra sólida para poder desplegar su efecto de 'elementos primarios'. La Ampliación de la Kunsthaus de Zúrich, el concurso para el Museo Estatal en Münster y también el de Ampliación del Museo Rietberg juegan con la solidez y la monumentalidad, aunque, paradójicamente, al mismo tiempo lo hacen también con la transparencia y el reflejo. Fueron intentos de crear edificios robustos, sólidos, en un contexto urbano o, en el caso del Rietberg, en un lugar topográficamente confinado; museos que, como lugares para contemplar y percibir, otorgan una gran importancia al tema de la transmisión de la luz en el edificio concebido como un todo.

AG: Your comment, Stanislaus, that our museum buildings are generally not urban or monumental but seem ethereal is correct. It has to do with the immediate surroundings of the museums which are often in landscaped and park-like settings. But it also has to do with the fact that they are usually relatively small volumes which call for a different appearance than a solid stone one to be able to unfurl their effect as 'primary elements'. The design for the Kunsthaus in Zurich, the competition for the State Museum in Münster and also the competition design for the Extension to Rietberg Museum play on solidity and monumentality—although rather paradoxically on transparency and reflection as the same time as well! They were attempts to create a robust, non-fragile building in an urban context or —in the case of Rietberg Museum— on a topographically confined site, a building in which, as a museum, as a place of perception and seeing, the transmission of light becomes a subject for the building as a whole.

AMPLIACIÓN DEL MUSEO RIETBERG
EXTENSION TO THE RIETBERG MUSEUM
Zurich, Switzerland, 2002. Competition

LEGADO ALBERS-HONEGGER
DONATION ALBERS-HONEGGER
Mouans-Sartoux, France, 1999/2003. Competition. First Prize

El Legado Albers-Honegger en Mouans-Sartoux —esa estructura de hormigón, a modo de torre, situada en un terreno boscoso y escarpado, en el parque del castillo— es, sin embargo, una excepción. Su aspecto es monumental, aunque no sea especialmente grande, y también se trata de una excepción desde el punto de vista del color utilizado. Ambos aspectos —forma y color— son el resultado de su singular ubicación en una zona arbolada, y pretenden hacer referencia al contexto natural y, al mismo tiempo, a su alienación.

EL POTENCIAL DEL COLOR

HA: El uso más radical del color es el que se hace en el proyecto de Diggelmannstrasse, en Almere y en Brunnenhof, todos ellos de coste relativamente bajo. En otros proyectos el papel que juega el color es mucho más discreto.

MG: En esos tres proyectos el color se desarrolló en colaboración con el artista Adrian Schiess; y él siempre trata de producir el máximo impacto visual con sus composiciones cromáticas. El vidrio es el medio óptimo para el color: lo protege, intensifica sus efectos, puede aplicarse en capas y es capaz de superponerle los reflejos del cielo y del entorno. Es el material más receptivo a la luz; el que visualmente cambia más. A primera vista, el color de los edificios acristalados puede parecer intenso, pero al reflejar los alrededores 'reacciona' bien en su contexto. Los tonos minerales de las fachadas de hormigón son, en cambio, más reservados, aunque también dicen mucho de sí mismos.

SvM: El uso del color en Diggelmannstrasse y Almere es hasta cierto punto comparable. En Almere el color tiene virtualmente el carácter de arreglo floral de mesa: es una bocanada de aire fresco en una situación de homogeneidad cotidiana. Y sólo los espacios interiores son relativamente neutros. De forma parecida, en Diggelmannstrasse la acumulación de color crea un efecto que, en un primer momento, se percibe como vigoroso. En todo caso, parece que sus proyectos recurren al color sobre todo en la periferia, no en el centro. Y podríamos preguntarnos si la arquitectura residencial es el lugar idóneo para experimentar con el efecto estimulante del color. ¿No sería más apropiado hacerlo en los edificios públicos? ¿No deberían ser los edificios residenciales más contenidos para que los residentes pudieran mostrar sus propias preferencias estéticas?

MG: En la Diggelmannstrasse, un barrio residencial de la década de 1950, mucha gente consideró una provocación el uso del color. Ponía en cuestión un contexto conocido: la composición cromática es audaz y supuso una respuesta crítica a la normativa urbana y de integración óptica de los edificios. Elegimos realizar ese experimento visual con Adrian Schiess fijándonos en la influencia que las tres construcciones poligonales podían ejercer unas sobre otras. En Brunnenhof no es así de forma explícita.

The Donation Albers-Honegger in Mouans-Sartoux, that tower-like concrete structure on a steep, wooded site in the castle park, is however an exception. It seems monumental although it's not actually particularly big. It's also an exception from the point of view of the colour used. Both aspects, its shape and its colour are due to its unusual siting in the immediate vicinity of trees; both form analogies to its natural context and at the same time to its alienation.

THE POTENTIAL OF COLOUR

HA: Your most radical use of colour can be seen in the Diggelmannstrasse project, in Almere and in Brunnenhof. These are relatively low-cost projects. Your use of colour in other projects is much more reserved.

MG: With regard to the colour schemes, all three buildings were developed together with the artist Adrian Schiess. He always aims at the maximum visual impact with his colour compositions. Glass is the optimum medium for colour: it protects them, intensifies their effect, can be applied in layers and is overlapped by reflections of the sky and the surroundings. It is the most light-receptive material, one that changes visually the most. At first glance, the colour of the glazed buildings may appear intensive, but by reflecting their surroundings they 'react' well in their context. The mineral-based colours used on the concrete façades are, by contrast, more reserved, but also allude very much to themselves.

SvM: The use of colour in Diggelmannstrasse and Almere is to a certain extent comparable. In Almere, the colour virtually has the character of a flower arrangement on a hall table: the colours bring a breath of fresh air into an everyday situation and it is only really the internal spaces that are relatively neutral zones. Similarly, in Diggelmannstrasse, the accumulation of colour creates an effect which, at first sight, could almost be felt as loud. Either way, its appears that you use colour on the periphery in particular, not at the centre. One could also question whether a residential building is a suitable place at all for experimenting with the striking effect of colour. Wouldn't colour be more appropriate on public buildings? Shouldn't residential buildings be more subdued places where residents can demonstrate their own aesthetic preferences?

MG: In Diggelmannstrasse, surrounded by residential developments from the '50s, the use of colour is seen by many people as provocative. It questions a familiar environment: the colour composition is bold and the regulations on the urban, optical integration of buildings is given a good shake. We chose this visual experiment together with Adrian Schiess, looking at the influence the three polygonal structures have on one another. In the Brunnenhof residential development this is explicitly not the case.

CONJUNTO RESIDENCIAL BRUNNENHOF EN ZURICH
BRUNNENHOF HOUSING COMPLEX, ZURICH
Switzerland, 2003/2007

AG: En el interior de muchos edificios de vivienda —al contrario que en las casas unifamiliares— hemos sido bastante moderados con el uso del color. El color dentro de las viviendas es parte de la vida de quienes residen en ellas, como las colecciones de arte en los museos. Sin embargo, a pesar de la cantidad de color que usamos en Brunnenhof, el edificio parece bastante apagado desde la calle. Adrian Schiess hizo que el color explotara en la fachada que da al parque. Su composición siempre me ha recordado *Los nenúfares* de Claude Monet, donde la pintura se torna estallido cromático estático. Concebido como una 'montaña pintada', y sobre el telón de fondo de un gran espacio abierto, parece un paisaje pictórico cuando se contempla desde el parque. Pero los colores no están ahí por sí solos; asimilan todo lo que se ha considerado desorden en la arquitectura clásica. La riqueza del juego de color incluso se acentúa más cuando los vecinos cuelgan la ropa para que se seque o llevan a cabo otras tareas domésticas. Y no es sólo que eso resulte aceptable, sino que realmente queda mejor así. Creo también que para quienes no tienen mucho poder adquisitivo, el aspecto de sus casas es especialmente importante: es algo que puede contribuir de manera positiva a construir su identidad. Así que nos parece más apropiado trabajar en estos casos con materiales atractivos y de cierta sofisticación, que experimentar con materiales baratos y de fabricación industrial. Después de todo se trata de construir un *heimat* arquitectónico.

AG: Inside multiple occupancy buildings —as opposed to detached houses— we have been very reserved with our use of colour. Colour inside residential housing is part of the residents' lives— just as art is in a museum. However, despite the amount of colour we used in Brunnenhof, the building looks quite subdued from the road. Adrian Schiess added the striking colour scheme on the side facing the park. The design has always reminded me of Claude Monet's *Water Lilies* in which the paint turns into one ecstatic blast of colur. Seen as a 'painted mountain' and built backdrop to the extensive open space, a kind of expanded landscape painting has been created when viewed from the park.

But the colours are not just there for their own good, they really do assimilate everything that was perhaps seen as untidy in Classical architecture as well. The richness of the play of colour is exaggerated even more by washing hanging out to dry and other household items on the balconies. However, this is not merely to be tolerated but is welcomed.

I also believe that for those who are not blessed with financial means, the way their home looks is particularly important: it is something that can contribute towards a positive identity. For us, it seems more appropriate here to work with materials that are appealing and have a certain sophistication rather than experimenting with cheap industrial products. After all it is a question of building an architectural *heimat*.

HA: Las oscilaciones entre alto y bajo que caracterizan muchas de sus obras es algo que encuentro particularmente excitante. En el ámbito de los museos, el uso de materiales banales se realza sencillamente a través de la condición representativa del contexto. Mientras los edificios para museos del pasado seguían una tipología representativa clásica, en estos momentos las estrategias relacionadas con la presentación y los materiales establecen el tono: las naves de producción industrial han llegado a convertirse en los espacios perfectos para la exposición del arte moderno. En Almere, por otra parte, se ha recurrido a la estrategia inversa para hacer brillar con luz propia una promoción residencial y comercial. Para la ciudad, la torre es un auténtico monumento que puede verse desde lejos en el nuevo centro diseñado por Rem Koolhaas. Monumentalidad y fragilidad coinciden cuando el edificio parece torcerse desde ciertos ángulos. Stanislaus ha empleado con acierto la expresión 'arreglo floral': Bruno Taut dijo una vez acerca del color en la arquitectura que era algo 'puramente festivo'. El color es inherente a ese carácter festivo: es exuberancia en sentido positivo.

SvM: Almere se acerca a la idea de Taut de algo fresco, franco y vital. En cambio, lo que resulta hermoso y fascinante del uso del color en Brunnenhof es que acaba siendo un acorde de fondo en un contexto lírico. Los diferentes tipos de color que aparecen en sus obras son sorprendentes: casi constituyen un laboratorio de reflexión cromática.

HA: The oscillation between high and low that characterises many of your works is something I find particularly exciting. In the museum sector, you enhance the use of banal materials simply through the representative nature of the context. Whereas museum buildings in the past followed a classic representative typology, today other presentation and material-related strategies set the tone— industrial production halls have advanced to become the perfect space for exhibiting modern art. In Almere, on the other hand, you have used the reverse strategy to enhance a residential and commercial property. For the town, the tower is really a monument that can be seen from a long way off within the centre planned by Rem Koolhaas. Monumentality and fragility come face to face as the building looks crooked from certain angles. Stanislaus' use of the expression 'flower arrangement' is appropriate: Bruno Taut once referred to colour in architecture as a 'purely festive thing'. Colour is inherent in this festive character; it is exuberance in a positive sense.

SvM: Almere comes closest to Taut's idea of a fresh folklore and vitality whereas what is beautiful and wonderful in your use of colour at Brunnenhof more or less turns out to be a base chord in a lyrical situation. The different types of colour that appear in your work are surprising. They are quasi a laboratory for reflections on colour.

AMPLIACIÓN Y REHABILITACIÓN DE LA COLECCIÓN O. REINHART
EXTENSION AND ALTERATION TO THE O. REINHART COLLECTION
Winterthur, Switzerland, 1993/1996

OFICINAS 'PRIME TOWER'
OFFICE BUILDING 'PRIME TOWER'
Zurich, Switzerland, 2004-. Competition, First Prize

AG: De hecho consideramos nuestras distintas incursiones en el mundo del color como exploraciones de una dimensión 'adicional'. Y generalmente, pero no de forma exclusiva, colaboramos con un artista para que nos guíe. Por eso el uso que hacemos del color varía tanto de un proyecto a otro. Además, la reacción de un mismo artista a proyectos distintos cambia, más incluso cuando hay varios artistas implicados: Adrian Schiess, Harald Müller o, últimamente, en Wädenswil, Pierre-André Ferrand, quien trabaja con colores mucho más tenues.

Recurrimos a la dimensión adicional del color cuando vemos que no nos resulta posible conseguir el efecto y la atmósfera deseados únicamente con medios arquitectónicos. En los museos, su manejo suele ser diferente; como el color es un elemento primordial del arte, suele estar muy presente en lo expuesto. Podría haber sido un sacrilegio colorear el <u>Museo Kirchner</u>. Ya he mencionado la excepción de <u>Mouans-Sartoux</u>, cuando respondimos a un entorno boscoso con una capa de pintura amarilla verdosa, o la <u>Ampliación de la colección Oskar Reinhart</u>, donde quisimos adaptar el nuevo edificio desde los puntos de vista conceptual y visual al entorno de la villa histórica añadiendo al hormigón elementos de cobre oxidado para crear una 'pátina alquímica instantánea'.

AG: We really do see our various excursions into the realm of colour as explorations into an 'additional' dimension. And normally, but not only, we take an artist on board as a guide. For this reason our use of colour also varies considerably from project to project. On top of this, the reaction of the same artist to individual projects varies, even more so when several different artists are involved —with Adrian Schiess, with Harald Müller and recently, in Wädenswil, with Pierre-André Ferrand— who works with much more subdued colours.

We employ the additional dimension of colour when we see that we can't achieve the intended effect and atmosphere simply by architectural means. With museum buildings, the handling of colour is generally different; colour is the prime artistic element there and can be found in the exhibits. We would have found it sacreligious to have made the <u>Kirchner Museum</u> colourful. I have already mentioned the exception at <u>Mouans-Sartoux</u> when we responded to the wooded location with a greenish-yellow coat of paint or the <u>Extension to the Oskar Reinhart Collection</u> where we wanted to adapt the new building conceptually and optically to the Historicist villa by adding oxidising copper elements in the concrete to create an alchemistic 'instant patina'.

TRES CASAS EN HILERA EN RÜSCHLIKON
THREE SINGLE FAMILY ROW HOUSES IN RÜSCHLIKON
Switzerland, 2002/2005. Competition, First Prize

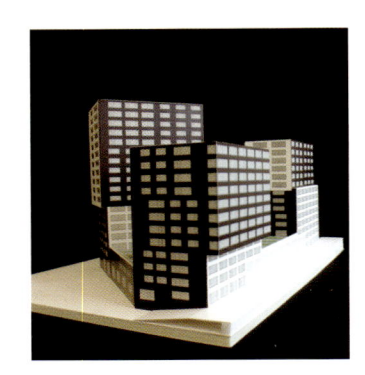

CONJUNTO DE VIVIENDAS DE DRIEHOEK
HOUSING PROJECT DE DRIEHOEK
Amsterdam, The Netherlands, 2004-

MG: También nos interesa el potencial de la arquitectura sin color, como en el <u>Edificio residencial de Neumünsterallee</u> o las <u>Tres casas en hilera en Rüschlikon</u>. En ambos casos, el juego de luces y sombras en los volúmenes del conjunto y los espacios exteriores se intensifica por los brillantes, reflectantes y excepcionalmente oscuros tonos de blanco y negro. Nuestros experimentos en esa dirección se han llevado al extremo en el caso de <u>Tres torres residenciales para el distrito este de Amsterdam</u>, donde hay zonas de ladrillo blanco y negro. El complejo residencial es como una maqueta, parece una escultura suprematista; en realidad, la luz diurna que lo baña podría transformar los dos extremos del blanco y el negro en un abanico de grises.

MG: We are also interested in the potential of an achromatic architecture, as in the <u>Residential building on Neumünsterallee</u> or the <u>Terraced houses in Rüschlikon</u>. In both cases, the play of light and shadow in complex volumes and external spaces is intensified by bright, reflecting and dark exceptionally matte shades of white and black. Our experiments in this direction have been taken the furthest in the case of the <u>Three residential high-rises in the east of Amsterdam</u> with areas of black and white bricks. As a model, the residential complex looks like a Suprematistic sculpture; in reality, daylight falling on it would turn the two extremes of black and white into a range of different shades of grey.

OFICINAS 'PRIME TOWER'
OFFICE BUILDING 'PRIME TOWER'
Zurich, Switzerland, 2004-. Competition, First Prize

En el caso de la Torre Prime, el vidrio verdoso es también suficiente para conceder al edificio una presencia escultórica que modela la luz, distinta desde cada lado. En el vestíbulo de entrada, la intervención de Shiess con el color oscila entre la obra de arte autónoma y el ingrediente consustancial a la aquitectura. El espacio poligonal, con sus variaciones de profundidad y su gran altura, resulta impresionante y representativo. Desde el fondo del vestíbulo, una zona coloreada brillante e iridiscente, situada en la parte alta de la pared de piedra natural, cambia desde el rojo al verde oscuro conforme se transita, siendo además distinta desde el resto del espacio o fundiéndose con él, en función de dónde se esté.

El tema del color y el espacio tiene una expresión más intensa en el Auditorio de la Universidad de Zúrich. Cuando algo se cierra al mundo exterior se convierte en el mejor laboratorio de interacción entre espacio, color y luz. El diseño interior y las superficies pueden armonizarse cuidadosamente unas con otras y definirse mediante la luz artificial porque no existen influencias exteriores ni factores de distorsión.

En mi casa y en la Casa en Küsnacht continuamos el experimento a escala más reducida. ¿Cómo funcionarían una pared o un techo pintados? ¿Qué efecto tendría el color si cambiara de tanto en tanto? ¿Qué aspecto ofrecería un mismo color en, por ejemplo, acabados opuestos, totalmente mates o de un brillo intenso?

HA: ¿Cada cuánto tiempo cambia el color de las paredes de su propia casa?

MG: Este año vamos a cambiar el color del espacio superior, la principal zona de estancia, por segunda vez. Cada cambio implica abandonar algo y, simultáneamente, aceptar algo nuevo. En la vida cotidiana, una pared pintada es como una lección subsconciente de apreciación visual: se aprende a captar nuevos fenómenos y se reconocen cosas sabidas casi desde siempre.

With the Prime Tower as well, greenish glass is sufficient to lend the tower a sculptural appearance crafted by light which looks different from all sides. In the entrance foyer, Schiess' coloured intervention oscillates between the status of an artwork in its own right and an integral part of the architecture. The polygonal space with varying spatial depths and its great height is impressive and representative. A classic dark-green, heavily structured granite on the walls dominates the space. From the depths of the foyer, a glossy, iridescent coloured area in the upper section of the natural stone wall changes from dark red to dark green when walking by, and either becomes distinct from the rest of the foyer or merges into it, depending on where one is.

The topic of colour and space was most intensely dealt with in the Auditorium at Zurich University. When the outside world is shut out, internal rooms become the best laboratories for the interaction between space, colour and light. The interior design and the surface areas can be carefully matched to one another and defined using artificial light since there are no external influences or disturbing factors.

In my house and the Detached house in Küsnacht we continued experimenting on a smaller scale. How does a painted ceiling or wall work? What effect does colour have if it is changed periodically? What does the same colour look like in deep matte or, by contrast, with a high-gloss finish?

HA: How often do you change the colour scheme in your own house?

MG: This year we're going to change the colour of the top space, our main living area, for the second time. Each change means letting go of something and simultaneously accepting something new. In everyday life, a painted wall is like a subconscious lesson in visual appreciation: one gets to know new phenomena and revises things one has come to know from earlier on.

ARQUITECTURA Y ARTE

HA: ¿Qué hace que sea tan interesante para ustedes el trabajo con artistas plásticos, y qué esperan ellos obtener a cambio?

MG: Trabajar con artistas permite llegar a soluciones visuales y arquitectónicas a menudo únicas y que habría resultado difícil conseguir por nuestros propios medios. Para los artistas es interesante ver cómo las ideas que se ensayan en un estudio pueden aplicarse a escala arquitectónica. La experiencia que se gana al completar un proyecto constituye una base común para el siguiente.

ARCHITECTURE AND ART

HA: What makes working with an artist so interesting for you and what does the artist stand to gain?

MG: Working together with artists produces visual and architectural solutions that are often unique and which we would otherwise hardly reach on our own. For artists it's interesting to see how ideas tried out in a studio can be applied on an architectural scale. The experience gained from a project that has been completed form a common basis for the next project.

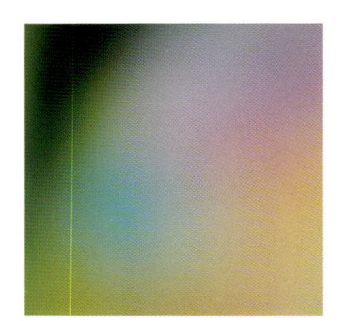

CASA UNIFAMILIAR EN KÜSNACHT
DETACHED HOUSE IN KÜSNACHT
Switzerland, 2005/2007

CONJUNTO RESIDENCIAL BRUNNENHOF EN ZURICH. Pruebas de dispersión de color
BRUNNENHOF HOUSING COMPLEX, ZURICH. Studies of dispersion of colour
Switzerland, 2003/2007

SvM: ¿Dónde encontrar en última instancia la obra de arte en, por ejemplo, la Torre Prime? ¿En la tensión entre la intervención de Adrian Schiess y el espacio creado por usted? O dicho de otro modo: ¿En la amplificación cromática del espectáculo espacial, o en la creación plástica de la parte superior de la pared, es decir, en el objeto autónomo? Tengo la impresión de que aquí tenemos la pista de un concepto artístico adecuado para la era de las instalaciones, donde la frontera entre arquitectura y arte ha dejado de estar clara. Al mismo tiempo, en los museos la arquitectura puede verse como un marco dentro del cual el arte alcanza un considerable grado de autonomía.

AG: Es cierto que siempre entendemos nuestros museos como contenedores, como marcos para el arte, por muy distintos que sean sus diseños. Y a la inversa, los artistas nunca han reivindicado su autonomía en los proyectos que hemos hecho juntos; por eso creo que ven nuestra arquitectura como algo más que un simple telón de fondo para sus intervenciones con el color. La arquitectura permite al artista trabajar en dimensiones comparativamente mayores, y todos ellos están genuinamente interesados en ampliar en ella su campo de acción. Harald F. Müller continúa sus experimentos a base de pigmentos para cubrir soportes de distintas dimensiones y materiales cuando colabora con nosotros; Pierre André Ferrand quiere averiguar cómo se comportan los colores al aire libre, con la luz del sol y la incidencia de la lluvia; y Adrian Schiess dice que uno de los principales objetivos de su arte es investigar la dispersión del color.

Lo que resulta curioso es la diferente escala de las contribuciones artísticas en el 'Pflegi', desde el color de las fachadas a la pintura de un bufete de abogados en el viejo edificio, pasando por las obras fotográficas de Schiess en pequeño formato para las entradas; y todas recíprocamente autónomas desde el punto de vista de la autoría.

MG: El uso que Adrian Schiess hace del color en la Torre Prime se ve de forma parecida: se trata de una obra de arte y, al mismo tiempo, los colores cambiantes intensifican la percepción del espacio y dan cuenta de su relación visual con la piedra natural. En la mayoría de los casos las aportaciones artísticas se integran plenamente en nuestra arquitectura de modo que el edificio funciona como un todo y el efecto de las partes singulares simplemente se percibe, aunque cada una de ellas sea claramente legible. Si para nosotros como arquitectos lo que se ve es arquitectura o arte tiene poca importancia. Lo que nos motiva es la búsqueda de nuevas experiencias espaciales y visuales haciendo un uso totalmente creativo del potencial de cada proyecto, tanto si colaboramos con artistas como si lo hacemos nosotros solos.

SvM: Where ultimately is the work of art to be found in, for example, the Prime Tower? Is it the tension between Adrian Schiess' intervention and the space you created, in other words the chromatic amplification of the spatial happening, or the work high up on the wall, namely the autonomous object? It seems to me that there is the hint of an artistic concept here that is suitable for use in the age of the installation, where the borders between architecture and art can no longer be clearly defined. At the same time, in the museum sector, you see architecture as a framework, within which art can gain a considerable degree of autonomy.

AG: It's true that we have always seen our museum spaces as containers, as spatial frameworks for art, as different as their designs may be. Conversely, artists have never staked their claim to an artistic autonomy on the projects we have worked on together; by that I mean they saw our architecture not merely as a background for their coloured interventions. Architecture enables artists to work in a comparatively huge dimension and they all have a vested interest in extending their working environment onto architecture. Harald F. Müller continued his experiments with pigments to cover supports of different dimensions and materials when working with us, and Pierre André Ferrand is interested in how colours work in the open air in sunlight or rain. Adrian Schiess described one of the main objectives of his art as being his interest in the dispersion of colour.

What is interesting is the differentiation in the scale of the artistic contributions in the 'Pflegi' project, from the colour of the façades to the painting of a legal practice in the old building, to Schiess' small-format photographic works in the entrances— with a reciprocal autonomy of authorship.

MG: Similarly, Adrian Schiess' use of colour in the Prime Tower is seen as a work of art in its own right while, at the same time, the changing colours intensify one's perception of the space and test its visual relationship to natural stone. In most cases, the artistic contributions are fully integrated in our architecture so that the building works as a whole and the effect of the individual parts can simply be sensed, although each contribution is clearly legible. Whether this is seen as architecture or art is of little concern to us as architects. What spurs us on is our search for new spatial and visual experiences; making full creative use of the potential of every project— sometimes with artists and sometimes on our own.

OFICINAS 'PRIME TOWER'
OFFICE BUILDING 'PRIME TOWER'
Zurich, Switzerland, 2004-. Competition, First Prize

EDIFICIO DE OFICINAS 'SIHLPOST'
OFFICE BUILDING 'SIHLPOST'
Zurich, Switzerland, 2005-

SvM: La arquitectura es una forma de arte. Y en una época en la cual la definición de arte es más abierta, al menos las fronteras han llegado a ser más permeables —como es el caso de las instalaciones o del arte conceptual, donde la verdadera 'obra' es el diálogo—. En ese sentido hay una coautoría artística.

AG: Para la obra en cuestión, sí; pero si nuestra obra es arte o 'simplemente' arquitectura depende —por los actuales puntos de vista de este discurso— de la opinión de cada cual y de sus intenciones. Cada vez hay más artistas que trabajan autónomamente en el campo de la arquitectura: Jorge Pardo, Gregor Schneider... Como arquitectos, nosotros tenemos más ataduras funcionales. Eso implica una pérdida de libertad completamente diferente, una forma de trabajar y unas prioridades distintas a las de los artistas. Desde luego que también trabajamos con materiales, colores, formas, volúmenes y proporciones; igualmente dibujamos, hacemos croquis y construimos maquetas. Y sin duda lo que hacemos tiene que ver con lo que vivimos y experimentamos, con nuestra fascinación por lo relacionado con la materia, el aire y la luz, o con la interacción entre el cielo y el suelo. Pero en cualquier caso, siempre y ante todo, tenemos un programa, normativas, costes, plazos que cumplir y cuestiones funcionales que resolver. Y debemos responder a todos esos requerimientos. A pesar de ello, con nuestros edificios intentamos alcanzar algo más que el simple cumplimiento de esas obligaciones; algo que para nosotros y para los demás suponga un desafío y sea enriquecedor al mismo tiempo.

MG: Necesitamos emplear mucha energía y poder de persuasión para transformar el encargo de un inversor en arquitectura 'con alma'. Así que la aportación de alguien que es libre de trabajar como le gusta, sin ataduras, puede ser muy valiosa para nosotros. Por otro lado, las exigencias en cuanto a costes y eficiencia —por ejemplo, en el caso de la Torre Prime— tienen, claro, una incidencia directa en el proyecto. Los avances en el revestimiento de fachada con el desarrollo de una solución monocapa de huecos practicables se deben a razones económicas, y al hecho de habernos cuestionado las ventajas de los edificios totalmente equipados con aire acondicionado frente a las necesidades de los ocupantes.

HA: ¿Podría ser contradictorio trabajar con un artista en la envolvente exterior de un edificio si ésta tiene una forma tan especial? ¿Podría el color aminorar ese efecto? El rasgo más sobresaliente de la torre es que se ensancha conforme asciende y que parece diferente en función del punto de vista. ¿Se buscaba eliminar el efecto del edificio de Almere, que se refleja a sí mismo y es estilísticamente distinto debido al uso del color?

SvM: Architecture is one form of the arts. And in an age in which art is defined more openly, the borders at least have become more fluid, as in the case of the installation or in conceptual art in which the dialogue is the real work of art. In this sense you have to be partly responsible for the artwork.

AG: As far as the work goes, yes; but whether our work is a work of art or 'merely' architecture that is —by today's point of view in this discourse— really simply a question of one's conception of oneself and of one's declared intention. More and more artists are working exclusively and autonomously in the field of architecture— Jorge Pardo, Gregor Schneider... As architects, we are however more strongly bound to the functional level. This results in a completely different lack of freedom in how we work and in our focus than that of artists. Of course we also work with materials, colours, shapes, volumes, proportions and we draw, sketch and build models. And, of course, our work also has to do with our existence, our fascination in dealing with matter, air and light, and the interaction between the sky and the ground, but in each case —first and foremost— we have an agenda, regulations, costs, deadlines and functional questions that have to be addressed. Our issues are at best on a par with all these requirements. Nevertheless, with our buildings we try to achieve something more than just a fulfilment of our obligations, something that gives others and ourselves a challenge but is enriching at the same time.

MG: We need a lot of energy and persuasive power to turn the task defined by an investor into architecture 'with a soul'. The input from someone who is free to work as he likes and is not tied in any way can, therefore, be very valuable for us. On the other hand, stipulations about costs and efficiency, in the case of the Prime Tower for example, had a direct impact on new, innovative ground plans and sections which, to date, have worked out very well with regard to the individual adaptations made by various tenants. Advances made in developing the façade into a single-layered solution with opening window elements came about due to economic reasons and by questioning the advantages of fully air-conditioned buildings compared to the occupiers' requirements.

HA: Would working together with an artist on the outer shell have been contradictory to its special shape? Would colour lessen its effect? The outstanding feature is the fact that the building widens the higher it gets and looks different depending on where it is viewed from. Did you particularly not want the effect of the Almere building that reflects itself and is stylistically different due to the use of colour here?

NUEVO MUSEO DE ARTE CONTEMPORÁNEO DE NUEVA YORK
NEW MUSEUM OF CONTEMPORARY ART IN NEW YORK
USA, 2003. Competition

MUSEO DE ARTE, ORANGE COUNTY
ORANGE COUNTY MUSEUM OF ART
Newport Beach, California, USA, 2006. Competition

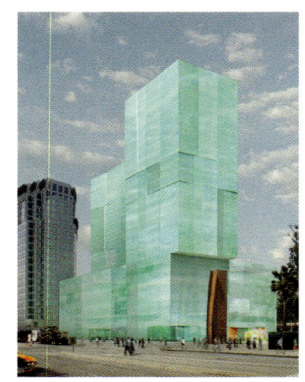

AMPLIACIÓN DEL MUSEO FOLKWANG-ESSEN
EXTENSION TO THE MUSEUM FOLKWANG-ESSEN
Germany, 2007. Competition

MG: El volumen cristalino y milimétricamente calculado de la torre, con sus dobleces, proyecciones y revestimiento verdoso, es en sí mismo una escultura abstracta. Nunca discutimos si necesitaba más color, y de cualquier forma no habría sido posible debido a los requerimientos técnicos de los elementos de acristalamiento. Las superficies coloreadas y espejeantes intensifican el efecto de las fachadas que se enfrentan unas a otras en los ángulos, inclinándose y doblándose hacia dentro y hacia fuera. El edificio tiene su propio impacto visual porque se refleja a sí mismo y sus diferentes recovecos. Y así refleja el carácter del nuevo espacio urbano con su particular estructura.

MG: The tower's crystalline, precisely calculated volume, with its folds, projections and its greenish glazing is an abstact sculptural figure in itself. There was never any discussion about any further coloration and it wouldn't have been possible anyway due to the technical specifications of the glazing elements. The coloured and mirrored surfaces intensify the effect of the façades that face each other at angles, leaning and folding inwards and outwards. The building has its own visual impact through mirroring itself and its different recesses. As such, it reflects the character of the new city space with its own characteristic urban structure.

ZÚRICH Y EL MUNDO

MG: Cuando comenzamos construimos una serie de museos, varios proyectos residenciales y algún edificio público. En esas obras pudimos mantener el control sobre todos los aspectos del proceso, desde el tablero a la ejecución. A continuación se presentó la ocasión de trabajar fuera, en Almere, Kalkriese y Mouans-Sartoux. La experiencia de construir en paisajes culturales de Holanda, Alemania y Francia ha sido importante para nosotros y nos ha enseñado muchas cosas nuevas. Empezamos a ser más abiertos en nuestro enfoque de los concursos cuando el cliente era el promotor y el proyecto estaba vendido antes de construirse. Aquello nos ofreció la posibilidad de diseñar proyectos de mayor escala.

Después de hacer estos proyectos empezamos a trabajar junto con contratistas generales porque los clientes exigían garantías de precios fijos y cumplimiento de plazos. Eso significa que ahora no estamos tan pendientes de la ejecución pero, a cambio, podemos abordar mayor cantidad de proyectos significativos al mismo tiempo. Además, desde el año 2000, colaboramos en una iniciativa para construcción de viviendas respaldada políticamente por el Ayuntamiento de Zúrich desde la que se han organizado innumerables concursos. Por eso acabamos mudándonos a Zúrich, así que ahora podemos construir en la ciudad en la que vivimos y trabajamos. Los grandes proyectos para los emplazamientos de la <u>Torre Prime</u> (Maag), <u>Löwenbräu</u> y la <u>Estación Central Suroeste</u> nos mantendrán ocupados en un futuro próximo.

HA: Pero el estudio también ha participado en varios concursos de museos en los Estados Unidos; en algunos se han obtenido segundos y terceros premios, pero ninguna de las propuestas presentadas ha conseguido ganar. Otros arquitectos europeos han recibido los encargos. ¿Cómo se explica eso?

ZURICH AND THE WORLD

MG: When we first launched our careers we had the possibility of building a number of museums, together with several residential buildings and later a few public structures. With all these buildings we were able to keep a check on everything, from the drawing board to the projects' execution. Then we had the opportunity to work abroad, in Almere, Kalkriese and Mouans-Sartoux. The experience of building in Dutch, German and French cultural landscapes has made an impact and taught us many new things. We became more open in our approach to competitions where the client was the developer and the project had been sold on before its execution. It also gave us the opportunity of designing projects on a larger scale.

After the realisation of such projects, we began to work together with general contractors because a guarantee on the fixed price for the construction was needed by clients as was a completion date. That meant that we were not so close to the execution but had the possibility of dealing with several major projects at the same time. In addition, we started to participate in the City of Zurich's politically backed housing construction project that has been running since 2000 with its countless competitions. This development led, at long last, to our becoming established in Zurich. We can now also build in the city in which we live and work. The major projects on the <u>Prime Tower</u> (Maag), <u>Löwenbräu</u> and <u>Southwest Central Station</u> sites will keep us occupied for the near future.

HA: In the meantime you have taken part in various museum competitions in the USA, finished several times in 2nd or 3rd place but ultimately none of the projects have been successful. Other European architects have been given commissions. How do you think this can be explained?

AG: Una explicación posible podría ser que siempre trabajamos desde un punto de vista contextual, como hacemos en los proyectos que tenemos aquí en Suiza, y en otros lugares de Europa. Aquellos concursos nos dieron la posibilidad de descubrir y plantear algo acerca de un lugar, de interpretarlo arquitectónicamente, de 'reflexionar' sobre él. Y puede que ese *modus operandi* se haya interpretado como llevar leña al monte. Dos ejemplos: en nuestra propuesta para el New Museum en Nueva York trabajamos con secuencias emergentes de vidrio espejo para el revestimiento de la fachada, y con vidrio grabado para los lucernarios. Debido a los intervalos alternos entre cada planta, este rascacielos en miniatura podría, hasta cierto punto, haber dado la sensación de que se 'disolvía' en la ciudad reflejada y se 'desdibujaba' con las nubes. En el caso del proyecto para el Orange County Museum (OCMA), se trataba de proyectar un museo combinado con pisos de lujo. Del volumen del museo y su 'cañón de luz' emergían dos torres residenciales cristalinas con superficies ligeramente compensadas de vidrio laminado verdoso: 'la ciudad esmeralda', de hecho. Pero para ser exactos, a veces tampoco tuvimos suerte en Alemania, Zúrich o Basilea, porque quedamos en segundo lugar, o incluso cuando fuimos primeros. La 'metamorfosis' del proyecto ganador para la Ampliación del Museo de Arte de Basilea al final nos llevó a realizar un examen profundo del monumental edificio de Christ/Bonatz. Lo tratamos con una delicadeza y un respeto exquisitos, e intervinimos en él con una meticulosidad que rayaba en lo 'invisible'.

AG: One attempt to explain this is that we always work from a contextual point of view— just as we do for the various sites here in Switzerland and for our European projects. Those competitions give us the possibility of finding out something about a place and making a statement about it, to interpret it architecturally, to 'reflect' on it. This modus operandi could be seen as carrying coals to Newcastle. Two examples: for our design for the façade of the New Museum in New York we worked with merging sequences of mirrored glazing for the cladding of the façade and etched glazing for the museum overhead lights. Due to the alternating intervals between each storey, the miniature high-rise would, to a certain extent, have had the effect of 'dissolving' in the mirrored city and a 'blurring' with the clouds. In the case of the project for the Orange County Museum of Art (OCMA), the specification was for a museum combined with exclusive freehold flats. From the volume of the museum and its 'light canyon', two crystalline residential towers emerged with slightly offset surfaces of greenish laminated glass— 'Emerald City' in fact! But to be accurate, we were also out of luck several times in Germany, Zurich and Basel too, landing in second place or even when we were first. The 'metamorphosis' from a competiton win for the Extension to the Art Museum in Basel into a conversion project ultimately wrested a profound examination of this monumental building from us. We treated the Christ/Bonatz building with extreme reserve and respect and operated with a meticulousness bordering on the 'invisible'.

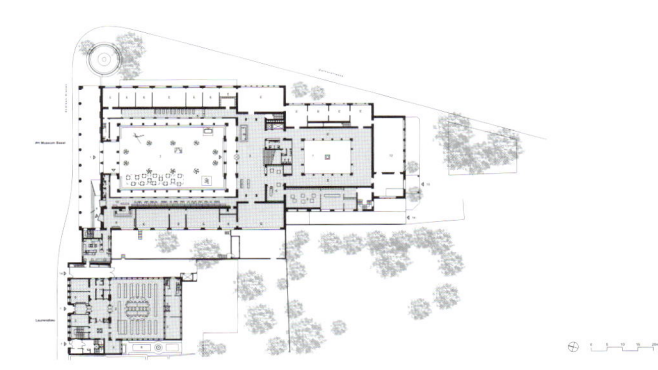

MG: Una de las razones por las que no hemos tenido suerte en los Estados Unidos es sin duda que los concursos de ámbito global para ese tipo de proyectos implican también una mayor exigencia. En América, las instituciones culturales se financian en su mayor parte con fondos privados. De modo que son los consejos de administración los que toman las decisiones a la hora de construir nuevos museos, y normalmente quieren que esas nuevas construcciones formen parte de su estrategia frente a otros museos. Por eso allí tanto la espectacularidad y el atractivo del proyecto como quién sea su autor tienen más importancia que en Europa.

MG: One reason for the lack of success of our projects in the USA is certainly that competitions on a global level for such architectural projects are also more challenging. In America, cultural institutions such as museums are largely financed privately by benefactors. Consequently, it is the Board of Trustees that takes the decision on a new museum building and such bodies particularly want to position the new structure in line with their strategy vis-à-vis other museums. A design's spectacular impact and appeal as well as its authors play an even greater role that for example in Europe.

AMPLIACIÓN DEL KUNSTHAUS DE ZURICH
KUNSTHAUS EXTENSION, ZURICH
Switzerland, 2008. Competition

HA: Pero también tiene que ver con la situación concreta de las ciudades americanas, en las cuales cuando se trata de revitalizar zonas o barrios, los puntos neurálgicos de la vida cultural deben ser llamativos. Es una situación distinta a la de Zúrich, que no necesita un elemento espectacular para probar su atractivo ni subrayar su importancia.

AG: Después de observar el desarrollo de mi ciudad favorita durante los últimos treinta años, he llegado a la conclusión de que Zúrich no desea en realidad nada espectacular, y que tampoco lo necesita. Una arquitectura espectacular que reúna a su favor las aspiraciones de los distintos estamentos para poder ser construida es virtualmente inconcebible en Zúrich. El perfecto equilibrio de su estructura democrática evita que esto ocurra.

SvM: Podría decirse algo así como que la cultura de Zúrich es también la de la renuncia cultural.

AG: Lo culturalmente emocionante —y no es que haya escasez de eso aquí— puede encontrarse donde es menos obvio, o donde no se precisan mayorías. De cualquier modo, adoro esta ciudad; soy zuriquesa por elección.

SvM: La propuesta presentada al concurso para la Ampliación de la Kunsthaus de Zúrich muestra una detallada aproximación a las cualidades específicas del enclave. Este tipo de consideraciones no tienen por qué tener prioridad a la hora de tomar una decisión en el caso de los museos americanos. La Kunsthaus de Zúrich está en la frontera del centro histórico, en un lugar donde el apretado tejido de la ciudad vieja da paso a un conglomerado menos compacto de edificios aislados de distinto tamaño. Esta relativamente azarosa y holgada estructura urbana se refleja en el proyecto con una claridad que primero hay que 'leer' para después entender la relación contextual.

MG: En nuestro trabajo no todo es siempre inmediatamente obvio; uno ha de mirar con más detenimiento. En el mundo global se piden declaraciones taxativas; las posiciones cambiantes que no están absolutamente claras rara vez triunfan. Muchos de los estudios que tienen éxito en todas partes se orientan en función de esas circunstancias. El resultado es una 'arquitectura global' que parece, en parte, muy similar, aunque proceda de países y culturas distintos.

HA: Eso suena casi absurdo: el objetivo es conseguir algo totalmente particular y propio y, sin embargo, todo el mundo se va pareciendo cada vez más al resto. Todos los arquitectos desean tener un perfil claro, una firma distintiva, pero llegando a un cierto nivel todo se va haciendo cada vez más similar.

HA: But it also has something to do with the specific situation in American cities in which, in the course of revitalising urban environments, the focal points of cultural life should be spectacular. That's a different situation to the one in Zurich that doesn't need the spectacular element to prove its appeal and underline its own importance.

AG: After observing developments in my favourite city over thirty years I have come to the conclusion that Zurich doesn't really want anything spectacular, nor does it really need it. Spectacular architecture which rallies the enthusiam of the various fractions in its favour so that it can be built, is virtually inconceivable in Zurich. A perfectly balanced out democratic structure prevents that.

SvM: You could put it like this: Zurich's culture is also one of cultural relinquishment.

AG: What is culturally exciting —and there is no shortage of that here— can be found where it is less obvious, ephemeral, or where no majority is needed. Nevertheless, I'm devoted to this city— I'm a real 'Zurich-er' by choice.

SvM: Your contribution in the competition for the Extension to the Kunsthaus in Zurich demonstrates your detailed appraisal of the specific quality of the site. Such considerations are not necessarily given priority when deciding on a museum building in the USA. The Kunsthaus in Zurich is on the edge of the Old City, at a place where dense inner city development gives way to a less compact conglomeration of larger and smaller individual buildings and schools. This relatively loose, randomly formed structure is reflected in your project with a clarity which one first has to 'read' to understand the contextual relationship.

MG: In our work, not everything is always immediately obvious— one has to look more closely. In the global world, definite statements are called for; a shifting stance that's not absolutely clear seldom succeeds. Many practices that are globally successful orientate themselves around these circumstances. The result of this is a 'global architecture' that is, in part, very similar, although it comes from different countries and cultures.

HA: That sounds almost absurd: the aim is to achieve something extemely distinctive and yet everyone is getting more like everyone else. Every architect wants to have a clear profile, a distinct signature, but everything on a certain level is becoming more and more similar.

EDIFICIO DE OFICINAS 'PLATFORM'
OFFICE BUILDING 'PLATFORM'
Zurich, Switzerland, 2007-

COMPLEJO RESIDENCIAL Y DE OFICINAS EN LA ESTACIÓN DE BAAR
OFFICE/HOUSING PROJECT RAILWAY STATION BAAR
Switzerland, 2003/2008. Competition. First Prize

AG: La arquitectura de firma y los estilos no nos interesan en absoluto. Nuestro enfoque está siempre 'en esto y en aquello', en los opuestos, en lo moderado y lo llamativo, en lo grande y lo pequeño, en lo excepcional y lo cotidiano. En el concurso de la Kunsthaus nos empeñamos especialmente en unir los dos extremos. Buscábamos averiguar cómo reaccionaría un contexto severo y pétreo frente a una envolvente exterior acristalada y translúcida pero sólida. Además, intentamos que los lucernarios fuesen pequeños al tiempo que creábamos un gran volumen. Moverse entre extremos es emocionante y nos apasiona. Si intentamos hacerlo habremos conseguido nuestro objetivo, ¡aunque fracasemos!

SvM: Me parece que otro ejemplo típico de todo esto es la Estación en Baar. El edificio es un poco estación, un poco vía y, al mismo tiempo, integra el espacio público. Son complejidades que no se pueden transmitir con un solo dibujo.

MG: Sí, es verdad. La rotunda pero serena apariencia del edificio, de 300 metros de longitud, con sus bandas horizontales de elementos de hormigón rojo, reacciona frente a la variedad de estilos arquitectónicos de su entorno, y unifica la plaza de la estación para formar un espacio público singular.

AG: Signatures and styles really don't interest us. Our focus is always on the 'both-this-and-that', on opposites, on the restrained and the conspicuous, large and small, seldom and everyday. In the Kunsthaus competition in particular we tried to unite the two extremes. What interested us was to react to the stoney severity of the context with a glazed and translucent but robust outer shell. And, on the other hand, we attempted to keep the overhead light superstructures small in scale while creating an extremely large volume. We find the shift between extremes vibrant and exciting. If we manage to do that then I think we have reached our goal— and have been defeated!

SvM: Another example that is typical of this, I think, is the Station in Baar. The building is a bit station, a bit track and, at the same time, integrates the public space. These are complexities that cannot be transmitted in one rendering.

MG: Yes, that's true. The bold but composed appearance of the 300m-long building with its horizontal bands of red concrete elements reacts to the variety of architectural styles around it and unifies the station square to form one distinct public space.

DIVERSIFICACIÓN DE LOS PROYECTOS CONSTRUIDOS

HA: ¿Qué tipo de edificio entre los que hasta ahora no ha desarrollado el estudio les resultaría interesante construir en el futuro?

MG: Nos atrae la posibilidad de diseñar un gran edificio institucional en el que tuviéramos que ocuparnos hasta del amueblamiento interior. Podría ser un centro de congresos, una biblioteca, una iglesia, un estadio o una nueva estación central.

SvM: Esa alusión a la 'estación central' resulta interesante porque nos hace volver a un tipo de arquitectura urbana de la que se espera cierta dosis de monumentalidad. ¿Se siente el estudio atraído por proyectos en los cuales es primordial ese carácter institucional? ¿Se corresponde eso con su tendencia hacia la urbanidad y el 'clasicismo'?

MG: Yo lo llamaría más bien autenticidad. Un proyecto arquitectónico siempre tiene que surgir a partir de una convicción y una energía internas. Así que esa especie de clasicismo de nuestros edificios podría ser lógico —como si se hubiesen construido para durar— y por eso urbano, dicho con otras palabras.

DIVERSIFICATION OF BUILDING PROJECTS

HA: What kind of building project that you haven't worked on to date would appeal to you in the future?

MG: What would appeal to us is to be able to design a large institutional building right down to the interior furnishings. It could be a congress centre, a library, a church, a stadium or a new main station.

SvM: That you've just mentioned a 'main station' is interesting. That brings us back to a genre in urban architecture where a certain monumentality is expected. Are you attracted by projects in which the institutional quality is paramount? Does this correspond to your trend towards urbanity and 'Classicism'?

MG: I would rather call it authenticity. An architectural design always has to come from an inner truth and energy. That you attest our buildings with a certain Classicism would seem logical, just as they appear to be built to last, in other words urban.

SvM: Entre las diversas tipologías existentes en su obra se pueden encontrar de vez en cuando edificios monumentales, pero hay también otros proyectos de menor escala, pequeños edificios poligonales con rasgos casi biológicos. Ése es un tipo de configuración más relacionada con el paisaje que con lo urbano. Es una tipología que impone su propio rigor.

MG: Fue en mi casa donde finalmente pudimos construir una planta y una sección poligonal. La calle, la vía férrea y el alzado frontal sur constituían límites perimetrales que, junto con la forma de la parcela, dieron como resultado una planta de cinco lados. Con una cubierta inclinada según la pendiente, se construyó un cuerpo multiplanar de hormigón que, desde ciertos ángulos, deja ver tres fachadas al mismo tiempo y, así, anula nuestra percepción habitual de las leyes perspectivas con dos puntos de fuga. Dentro, las paredes de ángulos libres y los techos crean una suerte de espacio central tipo tienda de campaña que cobra vida a través de su elevada altura y que ha demostrado su idoneidad para múltiples y muy distintas facetas del día a día de la vida familiar. La mezcla de lo poligonal y lo rectangular es también interesante. En el caso de la Casa en Küsnacht hemos apilado una serie de plantas poligonales para obtener una sección rectangular; en la Casa en el Cantón de los Grisones, una planta rectangular ha dado como resultado una cubierta inclinada asimétrica en el sentido de la pendiente.

HA: No están ustedes solos en ese intento de romper a veces la ortogonalidad con formas que usan distintos ángulos. En los últimos años la arquitectura suiza se ha caracterizado por forzar los límites de la caja. Es un tema de actualidad, al igual que lo es el del color o el ornamento.

AG: El asunto de la caja nunca nos ha preocupado, aunque sea recurrente a la hora de analizar la arquitectura suiza. ¿No lo dijimos ya hace nueve años, en otra entrevista para *El Croquis*? Los críticos de arquitectura también se obstinan en decir que somos minimalistas. Y eso a pesar de que el Museo Kirchner no procede de la caja suiza, sino de un espacio rectangular que nos pareció adecuado como radicalización del espacio museístico del siglo XIX. Sin embargo, el Restaurante Vinikus, que se construyó al mismo tiempo, no es rectangular. Así que además de los proyectos rectangulares hay otros de nuestros comienzos que tienen ángulos oblicuos, sobre todo debido a sus emplazamientos urbanos: el concurso para el Restaurante Stadtkeller Aarau, el Edificio para el seminario Buonas o el Centro de visitantes de Zernez, y de ahí a la casa de Mike y Loe, la Casa en Küsnacht, la Ampliación de la Villa en Kastanienbaum, las Viviendas de Grünenberg Wädenswil, la Torre Prime y el último Proyecto Platform. Las cuestiones de la caja, de los distintos ángulos y del ornamento podríamos discutirlas también a propósito del Museo Suizo del Transporte. Por exigencias prácticas y presupuestarias, para poder construir el edificio para vehículos de carretera de ese museo, que en la propuesta del concurso de 1999 era acristalado y muy interesante desde el punto de vista estructural, con sinuosas rampas alrededor, tuvimos que convertirlo en una caja negra, en un simple cubo expositivo. Por otra parte, los requerimientos funcionales y de costes dieron lugar, en el caso del edificio de entrada, a un cuerpo multifacetado que resolvía cuestiones espaciales y volumétricas, a pesar de no ser rectangular.

Ninguno esconde sus 'encantos'; enseñan el interior en el exterior representando, exhibiendo y anunciando: chatarra en forma de cientos de ruedas diferentes tras la fachada de vidrio del edificio de entrada, que ofrece a los visitantes más jóvenes algo que descubrir y en lo que deleitar la mirada; y además el home-

SvM: Among the various types of building in your work, monumental structures can be found time and again, but you also work on other projects, smaller buildings with a polygonality that has an almost biological quality. That is more a landscape-related and less urban type of configuration. It is a typology with its own stringency.

MG: We were finally first able to build a polygonal ground plan and section in my own house. The road, railway and south-facing front elevation formed perimeter lines which, together with the shape of the plot, resulted in the five-sided ground plan. With its roof following the angle of the slope, a multiplanar corpus set in concrete was built which —from certain angles— enables three façades to be seen at the same time and, as such, cancels out our usual awareness of the law of perspectives with two vanishing points. Inside, the freely angled walls and roof areas form a tent-like, central space that comes to life through its unexpected soaring height and which has proved its worth very convincingly in coping with the many different facets of everyday family life. A mixture of polygonal and rectangular is also interesting: in the case of the Detached house in Küsnacht, the various polygonal ground plans have been put one on top of another to create a rectangular section; in the House in the Canton of Graubünden, a rectangular ground plan has been given an asymmetrical pitched roof, tilting into the slope.

HA: You are not alone in wanting to break away sometimes from this orthogonality with shapes using different angles. In the past few years Swiss architecture has been marked by stretching the box to its limits. It's a topical issue— as is the question of colour and ornamentation.

AG: The subject of the box has actually never really interested us. The subject is however a topos when analysing Swiss architecture. Didn't we discuss this nine years ago during an interview for *El Croquis*? Architectural critics are also stubbornly hanging onto their claim that we are minimalists. And that although the Kirchner Museum didn't emerge from the Swiss box but from a rectangular museum space that we considered adequate — as a radicalisation of the museum space from the 19th century. The Vinikus wine shop that was built at the same time is, however, not rectangular. Then, in addition to the rectangular projects, there is a whole range of early designs and buildings that had oblique angles— mostly a reaction to their urban or landscaped settings: the competition design for the Stadtkeller Aarau restaurant, the Buonas seminar building, the Zernez visitor centre, right up to Mike and Loe's house and the Detached house in Küsnacht, the Extension of the Historical Villa in Kastanienbaum, the Grünenberg Wädenswil housing project, Prime Tower and the latest Platform Project. The question of the box, different angles and ornamentation could, however, also be discussed by looking at the Swiss Museum of Transport project. The structurally highly interesting, glazed competition project of 1999 for a hall for road vehicles with winding ramps all round had to be changed into a 'black box' exhibition building in the shape of a simple cube for reasons of practicability and cost so that it could be built. On the other hand, the requirements placed on functionality and expenses in the case of the entrance building resulted into an optimised, multifaceted structure with regard to both space and volume that was however not rectangular.

Neither is short of its 'external' appeal either, showing the inside on the outside —depicting, displaying and advertising: scrap metal in the form of hundreds of different wheels behind the glass façade of the entrance building offers young visitors something to discover as well as being a delight to the eye— and, apart from the trophy-like homage to the wheel, shows it to be the nucleus of all mechanical movement. Precisely through this exaggeration, the question is also raised as to its

naje como trofeo a la rueda, núcleo del movimiento mecánico. Precisamente a través de esa exageración se muestran sus puntos flacos. Por eso el segundo proyecto para el edificio de vehículos de carretera con restos de carrocerías de coche en las fachadas no cumplía las expectativas de los patrocinadores ni se correspondía con su idea de *glamour* automovilístico. Pero un 'castillo de naipes' hecho exteriormente con señales de tráfico antiguas y nuevas sí lo hizo. Hace referencia a los coches, motos y bicicletas que alberga en el interior, y se relaciona con las muchas ciudades y pueblos de procedencia de los visitantes, a la vez que centra la atención en el propio edificio. Ambas construcciones tienen decoración —un 'cobertizo' y un 'pato'—, y ambas tienen que ver con el tráfico, que ha cambiado nuestra percepción de la arquitectura, como ya sabemos desde los Venturi.

SvM: También podría haber sido interesante recoger la última fase de la vida los coches. Pero volviendo a los edificios residenciales, ¿cuál es realmente la situación en lo que atañe a la vivienda pública y a la responsabilidad social? Hoy los arquitectos quieren dejar huella con edificios públicos, con museos, tal vez también con centros comerciales, pero no con vivienda social. Es algo que está profundamente enraizado en nuestra tradición, pero que nunca ha tenido la misma importancia para la imagen de un arquitecto que, por ejemplo, en Holanda.

MG: En líneas generales, estoy de acuerdo. Pero precisamente en Zúrich las cosas son distintas ahora. Se habla más de los proyectos de vivienda social del ayuntamiento que de centros de congresos o museos de arte. Los arquitectos —y especialmente la generación más joven— han podido hacerse un nombre con bloques residenciales más que notables. Resulta insólito que ciudadanos, políticos, promotores y arquitectos se hayan puesto a trabajar juntos con el objetivo de conseguir 'casas de calidad para todo el mundo'.

HA: El plan de vivienda para la ciudad es sin duda impresionante. Pero apenas se destina nada al segmento más bajo del mercado. Construir en Suiza —si lo comparamos con Holanda— es sencillamente más caro. 'Bajo coste/nueva construcción': eso en Zúrich es una contradicción en sus propios términos.

AG: Los primeros concursos de proyectos residenciales a los que nos invitaron —y que ganamos— eran para pisos en alquiler y de renta alta; aquello era nuevo en Zúrich y provocó no poca controversia, empezando por el Conjunto residencial Broëlberg, continuando por las Viviendas de Susenbergstrasse y finalmente con el 'Pflegi'. Desde comienzos del pasado siglo en Zúrich se ha desarrollado una cultura del alojamiento social, de las cooperativas de vivienda. Para nosotros es importante ganar concursos de viviendas de bajo coste. Nos parece apasionante y esencial trabajar en la mejora de los lugares donde vive la gente con menos recursos. También estamos interesados en la normalización de la vivienda, y no sólo en construir museos. Como ya he dicho, para nosotros es una cuestión de reinventar lo cotidiano.

shortcomings. This is why the second design for the road vehicles' hall with wrecked car bodies on the façades did not meet the sponsors' vision of the highly-polished automobile. But a 'house of cards' made of old and new traffic signs outside finally did. It refers to the cars, motorbikes and bicycles inside, and addresses the many towns and villages where the visitors have come from, as well as drawing attention to the building itself. Both buildings are 'decorated' —a 'shed' and a 'duck'— and both deal with the subject of traffic which has fundamentally changed our perception of architecture, as we learnt from the Venturis.

SvM: Picking up on the final phase in a car's life would also have been a striking aspect. But to come back to residential building, what is the situation really with regard to council housing and social responsibility? Today, architects can make their mark with public buildings, museums, perhaps also with shopping centres but not with council housing. This is firmly embedded in our tradition but has never had the same significance for an architect's image as for example in Holland.

MG: Basically speaking, you're right. But precisely in Zurich things are different today. There is more talk now about the city's excellent housing schemes than congress centres or art museums. Architects —and especially the younger generation— have been able to make a name for themselves with a series of notable blocks of flats. It is seldom the case that the public, politicians, sponsoring bodies and architects have worked together so well and devoted themselves to achieving 'high quality housing for everybody'.

HA: The city's housing scheme is indeed impressive. But only seldom is it intended for the lower end of the market. Building in Switzerland —compared to in Holland— is simply too expensive. Low-cost new builds— in Zurich, that is a contradiction in itself.

AG: The first residential housing projects which we were invited to compete for —and which we won— were for flats to be let in the upper price category; that was something new at that time in Zurich and was not without controversy, beginning with Broëlberg, then the Susenbergstrasse project and finally 'Pflegi'. Since the beginning of the last century, Zurich has developed a culture for social housing, namely housing cooperatives. For us, winning competitions for low-cost housing schemes is important. We feel it is both exciting and essential to work on upgrading the very places where people with low incomes live. We are also interested in the normality of flats, not just in museum buildings— and, as I have already said, for us it's a question of the everyday and its reinvention.

Zúrich,

Invierno/Winter 2008/2009

Hubertus Adam (Hannover, Germany, 1965) estudió historia del arte, arqueología y filosofía en Heidelberg, y es director de la publicación de arquitectura *archithese* desde 1998. Historiador de arte y crítico de arquitectura, ha publicado numerosos escritos sobre historia de la arquitectura del siglo veinte y sobre arquitectura contemporánea, y ha recibido el Swiss Art Award 2004 a la crítica del arte y la arquitectura.

Stanislaus von Moos (Lucerna, Suiza, 1940) es historiador de arte y ha publicado diversos libros y monográficos. Fue el fundador y primer director de la revista de arquitectura *archithese*, y ha impartido clases en diversas universidades de Europa y Estados Unidos, entre ellas, la Universidad de Zurich y la Universidad de Princeton. En la actualidad, es profesor en la Accademia di Architettura de Mendrisio.

Hubertus Adam (Hanover, Germany, 1965) studied art history, archaeology and philosophy at Heidelberg, and has been editor of architecture magazine *archithese* since 1998. A freelance art hisotrian and architecture critic, Hubertus Adam has published widely on twentieth-century architectural history and contemporary architecture and has received the 2004 Swiss Art Award for art and architecture criticism.

Stanislaus von Moos (Lucerne, Switzerland, 1940) is an art historian and has published several monographs and books. He has been the founder and first editor of the Swiss architectural magazine *archithese* and has as taught at several European and American universities, the University of Zurich and Princeton University amongst them. Presently he teaches at the Accademia di architettura, Mendrisio.

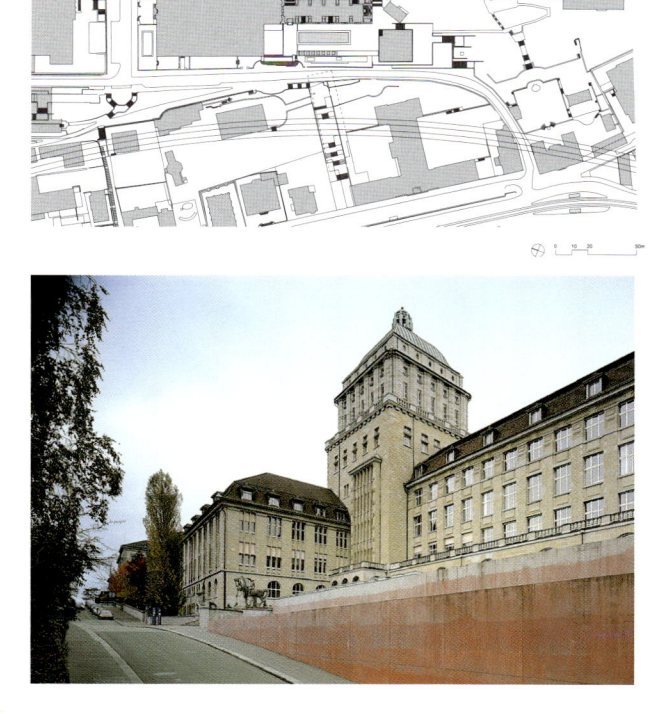

AUDITORIO, UNIVERSIDAD DE ZÚRICH
AUDITORIUM, UNIVERSITY OF ZÜRICH

SUIZA
SWITZERLAND 1996 2002

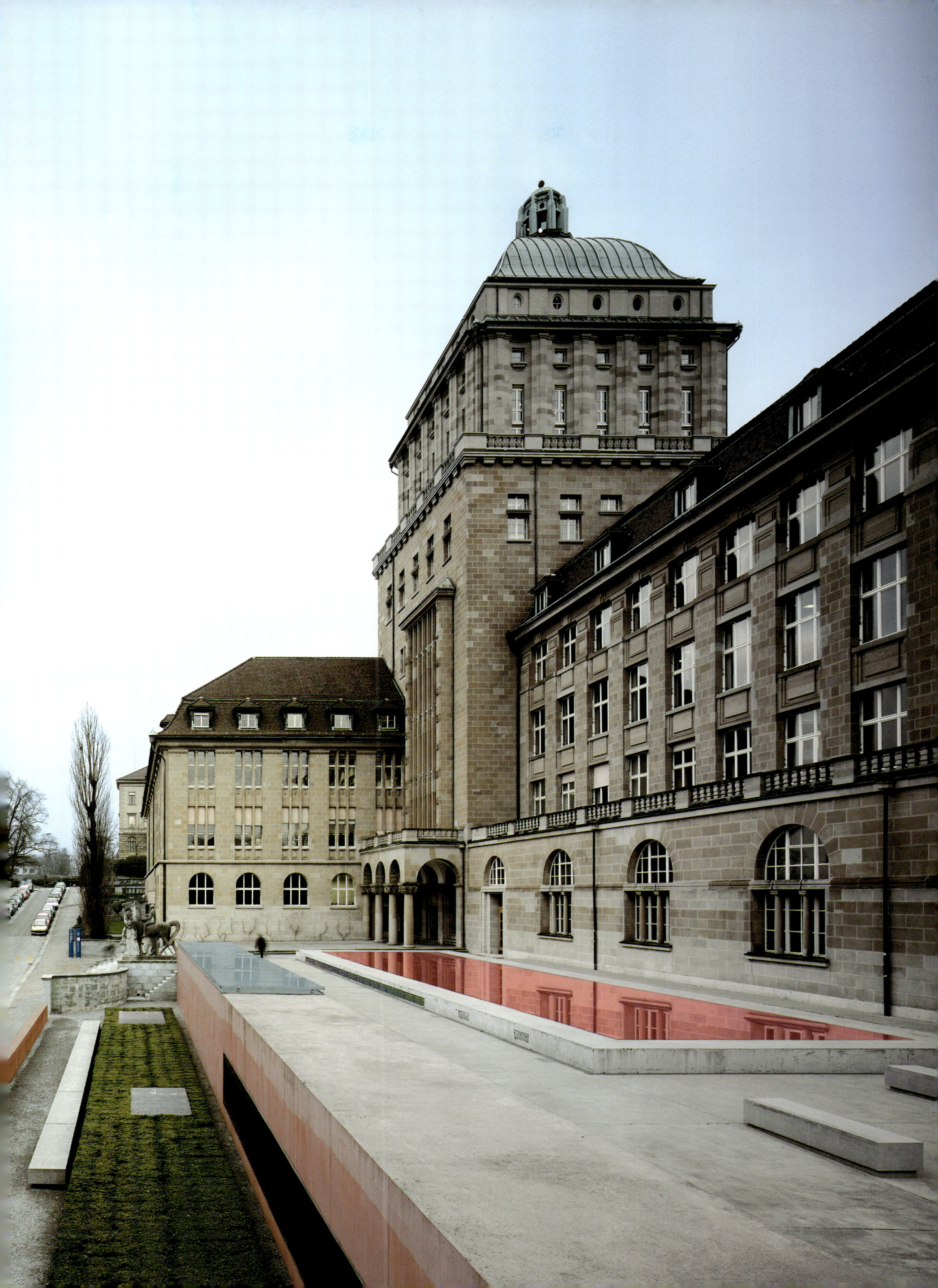

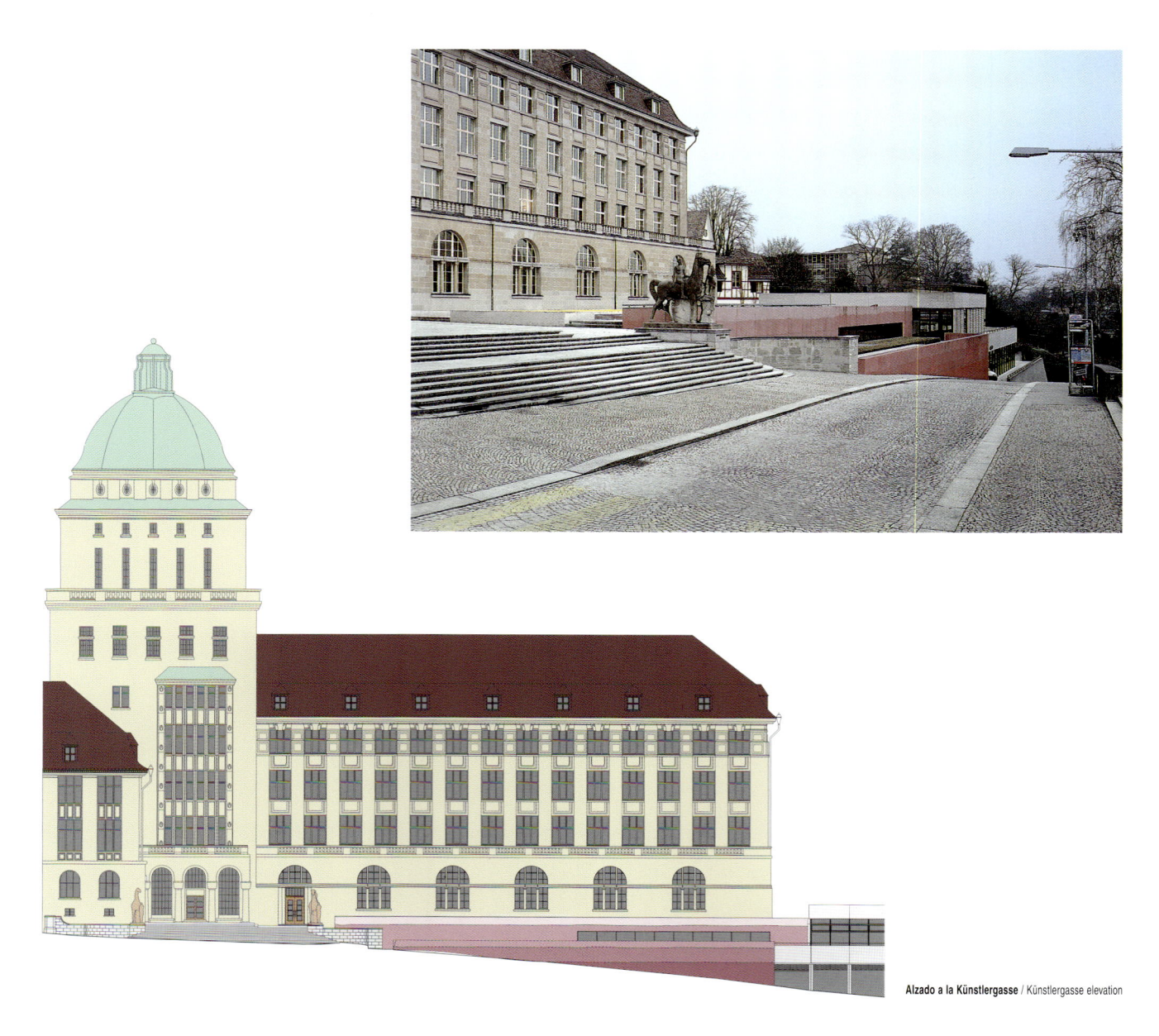

Alzado a la Künstlergasse / Künstlergasse elevation

Se ha construido un nuevo y más amplio auditorio, de alrededor de 500 asientos, bajo la terraza contigua al edificio original de la Universidad, diseñado por Karl Moser entre 1913-1914. Este auditorio adicional, ahora el mayor del centro, funciona como segunda sala de conferencias, además de poder alquilarse para otros actos no lectivos durante los fines de semana y en periodos vacacionales. La antigua galería de esculturas de la planta baja da acceso al auditorio, tanto desde el exterior como desde el interior del edificio. La galería abierta hace ahora las veces de vestíbulo, con escaleras en los huecos de las bóvedas que conducen directamente a este espacio. Hay otra entrada para discapacitados y un ascensor en el lado de la cafetería.

A new, large auditorium that seats about 500 people has been constructed under the terrace that adjoins the original university building designed by Karl Moser in 1913/14. It is an additional and now the largest auditorium, which also functions as a second lecture theatre and serves as a conference hall for third party rentals at the weekends and during semester breaks. The auditorium is accessed via the former sculpture gallery on the ground floor, either directly from the outside or from inside the building. The open gallery now functions as a lobby with stairs in the alcoves of the vaulting leading down to the auditorium. Another wheelchair-accessible entrance and a lift are located on the cafeteria side of the building.

En el interior, los paramentos y el techo se han revestido de paneles coloreados, en sintonía con el espíritu del proyecto de Moser. Además, los paneles permiten el control acústico y pueden albergar las instalaciones mecánicas y eléctricas. El artista suizo Adrian Schiess realizó el esquema cromático del auditorio utilizando rosa claro y oscuro, así como azul pálido y gris verdoso. Un motivo dorado y reflectante impreso en el vidrio de las cabinas de los intérpretes subraya la dignidad del recinto.

The walls and ceiling inside are clad in coloured panels in analogy to the spirit of the original interior design of Moser's building. The panels provide soundproofing and cladding for ventilation and electrical installations. The artist Adrian Schiess designed the colour scheme for the auditorium, consisting of light and dark pink, as well as tones of light blue and grey-green. A golden reflecting pattern, printed on the glass of the interpreters' booths, underscores the dignity of the venue.

Un lucernario sobre el muro blanco de proyección garantiza la entrada de luz natural. Fuera, ese lucernario emergente y un estanque situado en el centro de la terraza marcan la presencia del auditorio bajo ésta. El fuerte color del estanque contradice el habitual verde, que sí domina en el resto de los que existen en los vecinos jardines de la Universidad. Con su superficie reflectante y su color antinatural, este estanque parece una escultura horizontal que alude al espacio artificial que se encuentra debajo, es decir, al vacío del auditorio.

A skylight above the white projection wall provides daylight. Outside, the raised skylight and, indirectly, a pond centred on the terrace signal the presence of the auditorium below. The strong colour of the basin contradicts conventional expectations of a natural green, such as that used for the ponds in the neighbouring gardens of the University. The pond with its reflecting surface and artificial colour resembles a self-contained, horizontal sculpture that makes reference to the artificial space underneath, namely the hollow space of the auditorium.

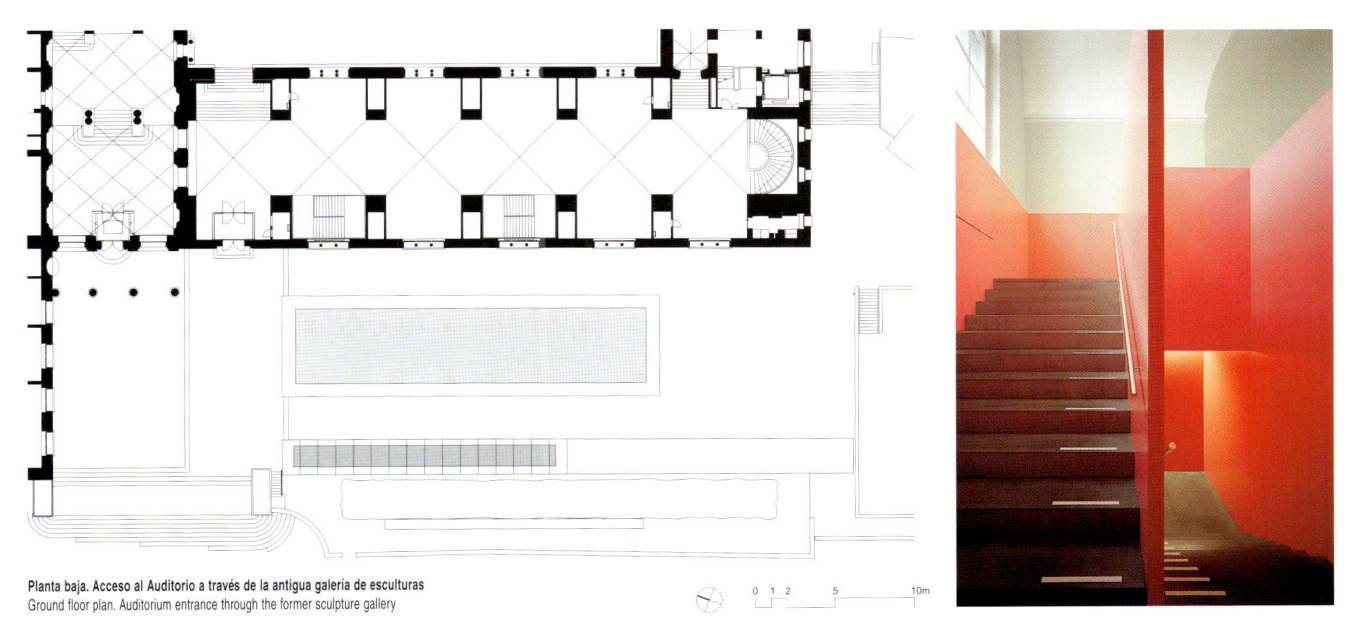

Planta baja. Acceso al Auditorio a través de la antigua galería de esculturas
Ground floor plan. Auditorium entrance through the former sculpture gallery

El muro de contención hacia Künstlergasse se ha realizado vertiendo sucesivas capas de hormigón rosa, de más oscuro a más claro, que hacen referencia a la condición de 'espacio-contenedor' de la base. La capas superiores del muro de carga, la superficie de hormigón de la terraza y el borde del estanque, también de hormigón, no se han teñido. El tono fuerte y puro del estanque en contraste con el color natural del hormigón refuerza la impresión de profundidad y gravidez, un objetivo específicamente asignado al esquema cromático para representar indirectamente el auditorio subterráneo.

The retaining wall facing the Künstlergasse consists of concrete poured in successive layers of pink, from dark to light, which also makes reference to the 'space-containing' nature of the base. The top layers of the supporting wall, the concrete surface of the terrace and the concrete rim of the basin are not pigmented. The pure, strong colour of the basin in contrast to the natural colouring of the top layer of concrete reinforces the impression of depth and weight— a role specifically assigned to the colour scheme in order to indirectly represent the underground auditorium.

Sección transversal / Cross section

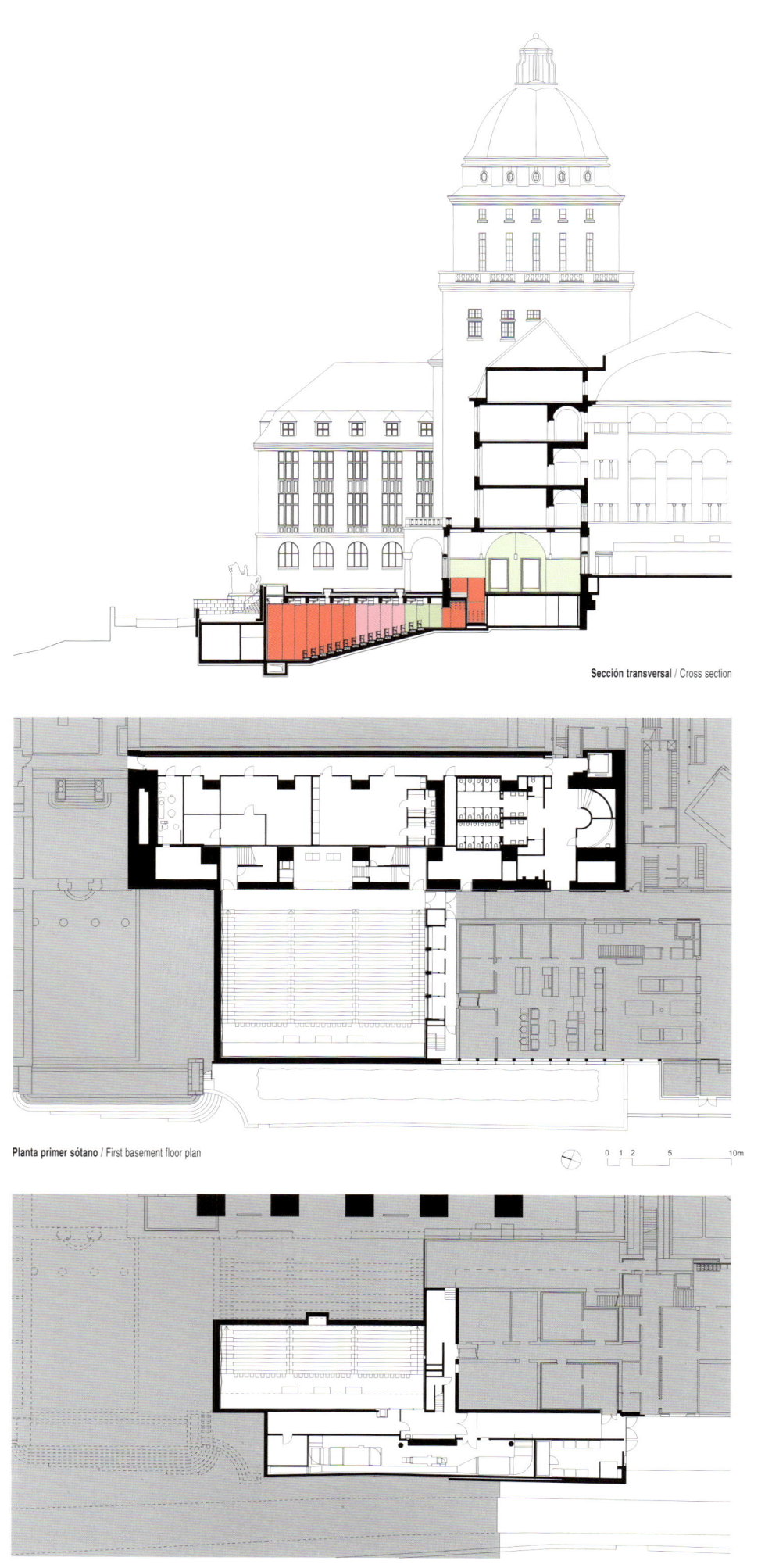

Planta primer sótano / First basement floor plan

0 1 2 5 10m

Planta segundo sótano / Second basement floor plan

28

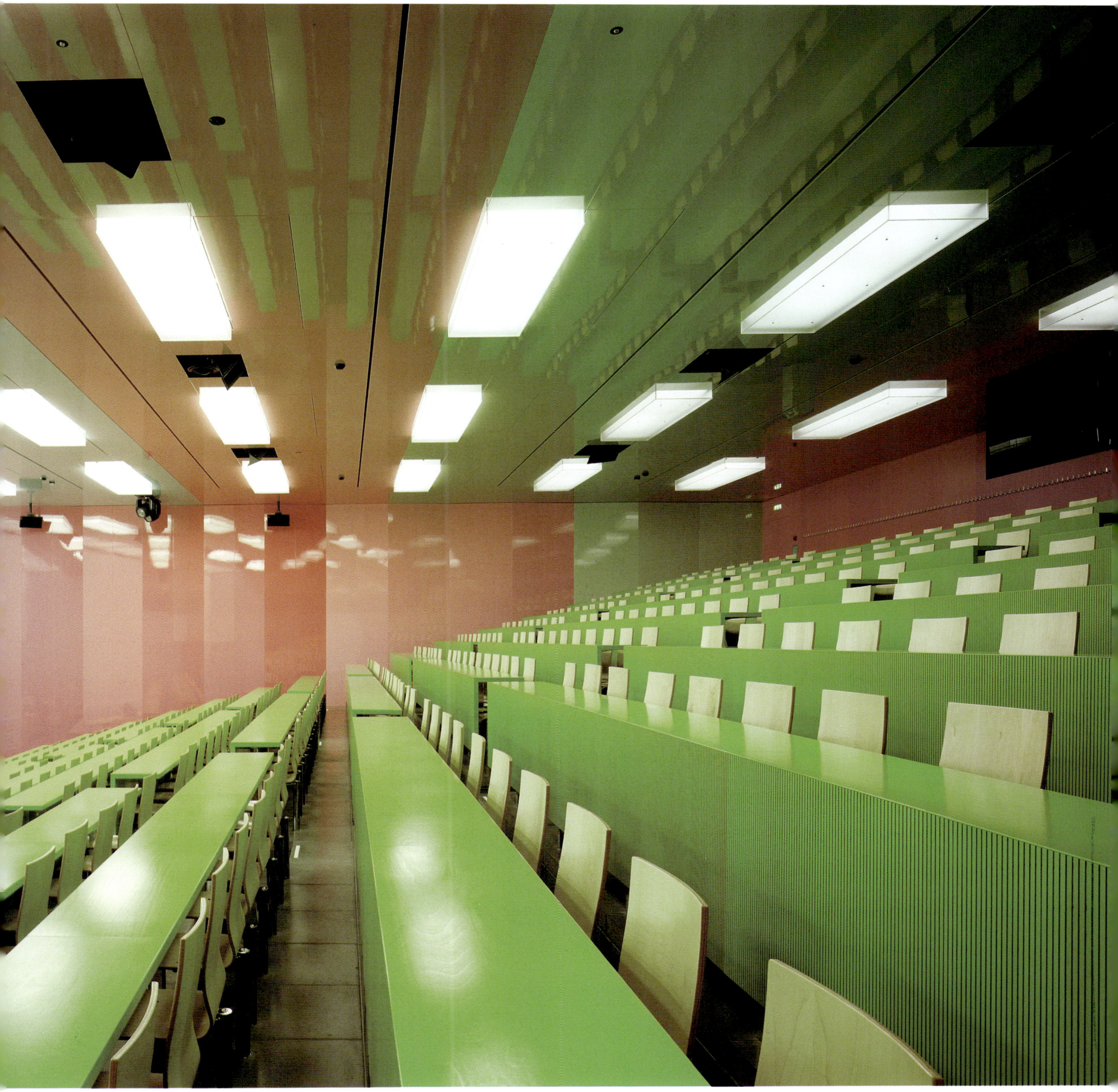

Legado Albers-Honeger Espacio para el Arte Concreto
Donation Albers-Honegger Espace de l'Art Concret

FRANCIA CONCURSO PRIMER PREMIO
MOUANS-SARTOUX, FRANCE 1999 2003 COMPETITION FIRST PRIZE

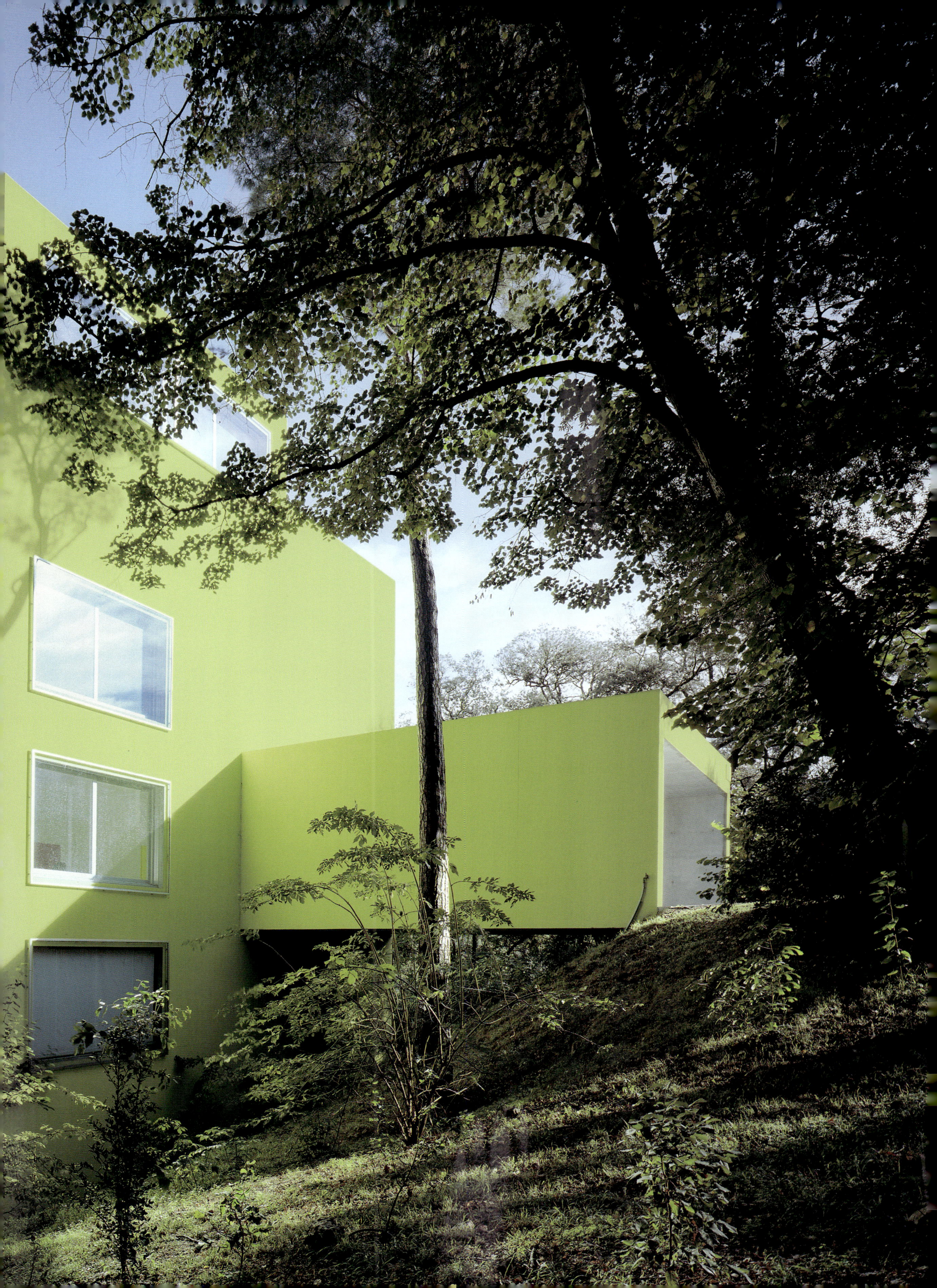

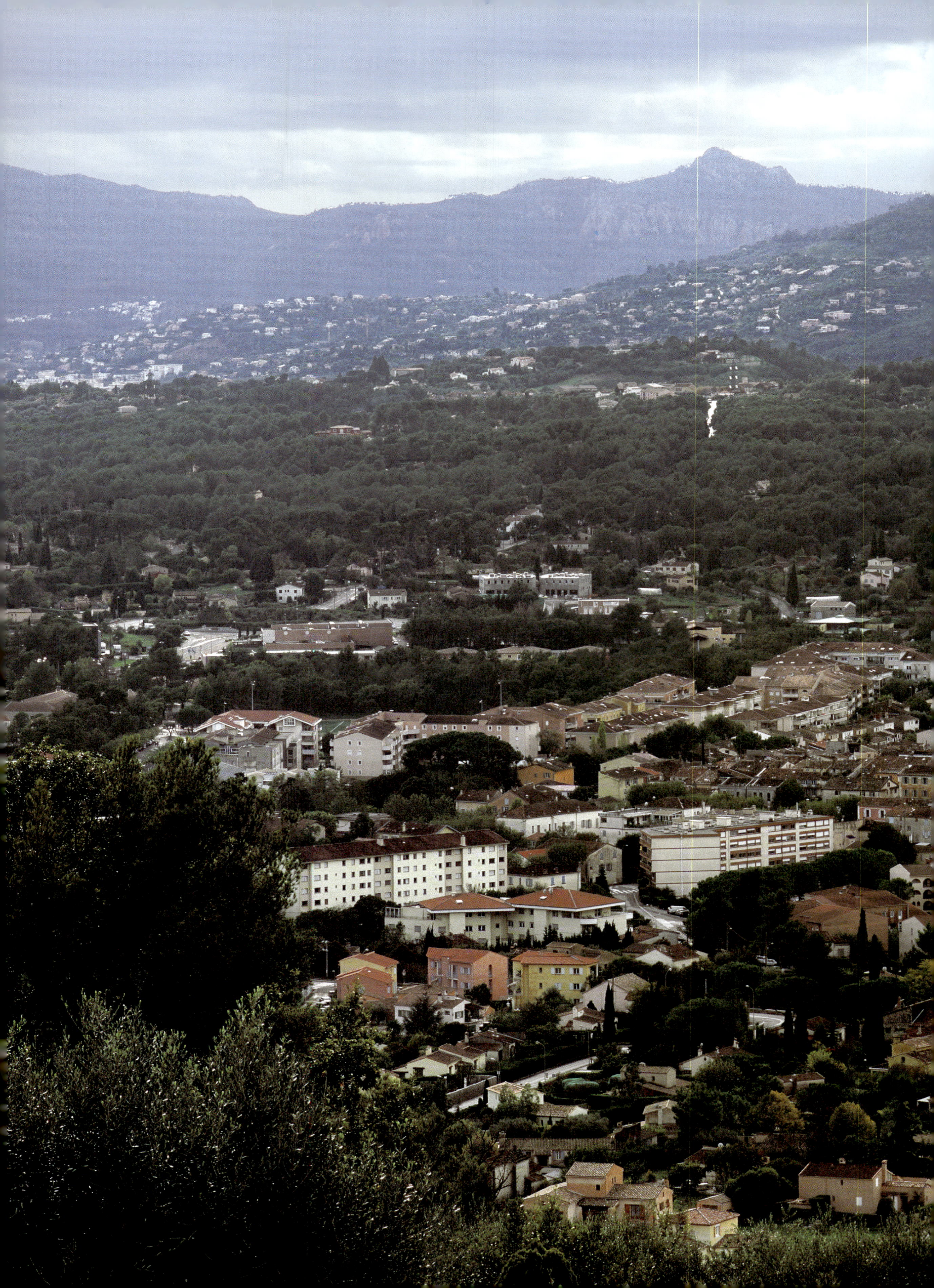

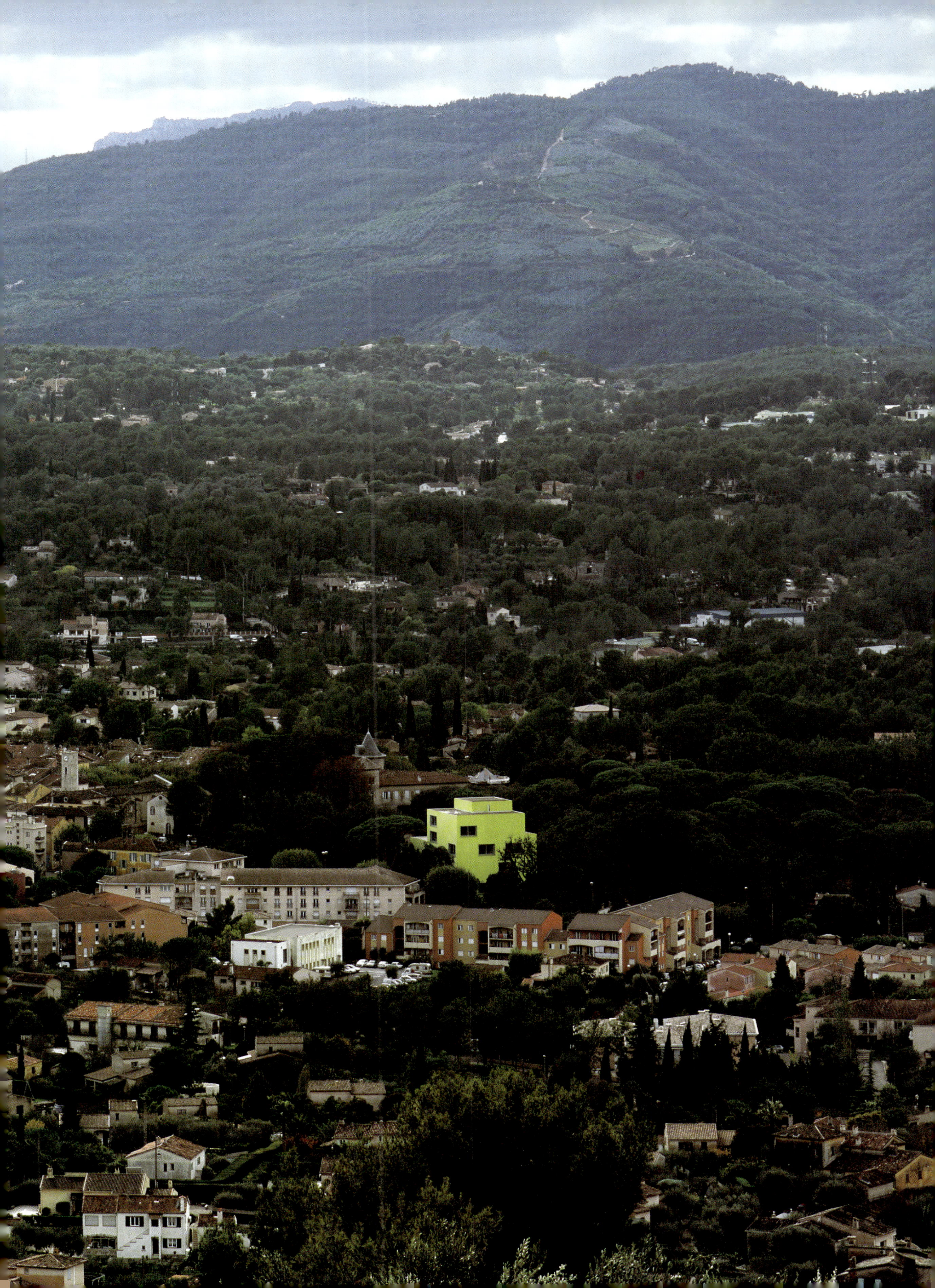

Planta general de situación / Overall site plan

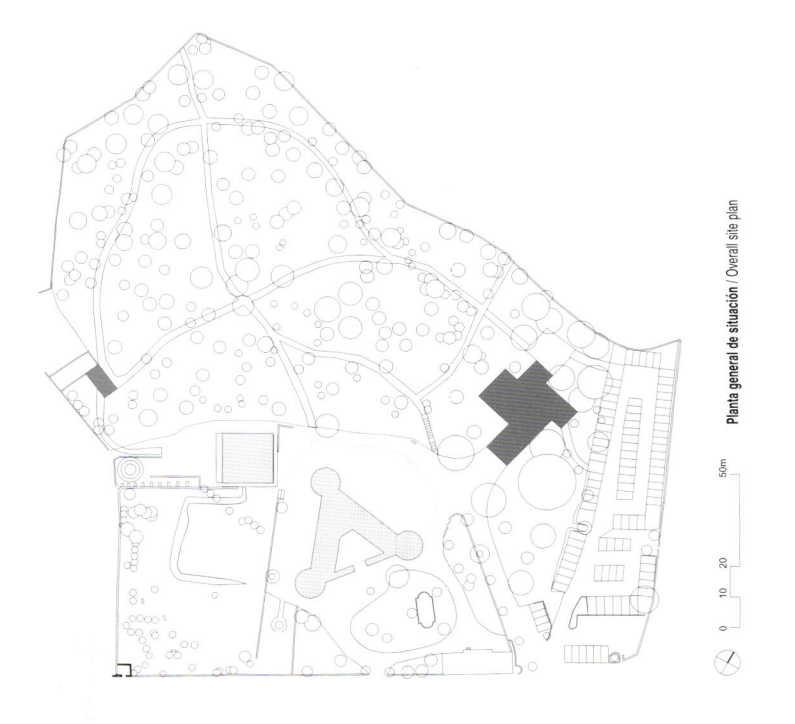

El museo se construyó para albergar el legado Albers-Honegger, parte del cual se había mostrado al público durante la década de 1990 en distintas exposiciones celebradas en el castillo de Mouans-Sartoux. Ésta es la segunda construcción exenta en los terrenos del castillo, y su planta cuadrada se hace eco de la primera —un estudio de pintura para niños que lleva el nombre de *Espace Art, Recherche, Imagination*—, pero a diferencia de ésta, el museo adopta la imagen de torre con elementos proyectados y se ha erigido en una pequeña zona boscosa del parque.

The museum was built to house the Albers-Honegger Endowment, parts of which had been displayed, since the nineties, on a rotational basis in the castle of Mouans-Sartoux. The new museum is the second free-standing annex in the castle grounds, and its square ground plan echoes that of the first, a children's painting studio called the *Espace Art, Recherche, Imagination*. Unlike this building, however, the museum is a tower-like structure with projecting elements, which has been erected in a small wooded area of the surrounding park.

La posición del museo en una pendiente implica que las áreas destinadas a sus dos principales funciones —exposición y encuentros públicos— deban tener acceso por la planta baja. Una sección proyectada configura tanto la entrada al museo como un puente hacia el camino exterior que conduce al edificio.
The building's position on a slope means that the areas devoted to its two functions —as a museum and as a space for public meetings— can both be accessed at ground level. A projecting section forms both the entrance to the museum and a bridge to the path outside.

La entrada al espacio destinado a conferencias y entrega de mercancías también se proyecta desde el volumen principal.
The entrance to the conference space and for deliveries likewise projects from the main volume of the building.

La entrada al museo está media planta por encima del primer nivel de espacios expositivos. Las salas, escalonadas a media altura, se disponen para formar una torre en espiral con acceso a través de escaleras abiertas. Dos escaleras cerradas y con lucernarios se destinan a evacuación y sirven además para que los visitantes tengan un recorrido corto de salida tras haber completado la visita. Junto con los ascensores, estas escaleras conectan la zona de conferencias con las dependencias inferiores.
The museum entrance is at half-storey height above the first display level. The galleries, staggered at half-storey level, are arranged to form a spiral tour and are reached via open stairs. Two closed, sky-lit staircases serve as escape stairways and also offer visitors a short route back to the entrance after finishing their tour. In addition to the lift, these staircases form an interior vertical connection between the conference space and the other rooms on the lower levels.

Tanto por la disposición de las salas a lo largo de las fachadas como por la iluminación a través de huecos laterales, y especialmente por las proporciones de los espacios interiores, el museo parece una gran casa. Las paredes y techos se han pintado de blanco. Los suelos son de hormigón para soportar el peso de las piezas. Aunque las ventanas laterales no proporcionan una iluminación homogénea deseable en espacios expositivos, se han abierto por expreso deseo de los donantes de la colección, quienes deseaban una luz que pudiese permitir un diálogo vibrante entre las piezas artísticas y el exterior, y que los visitantes pudieran contemplarlas bajo distintas condiciones lumínicas.

The arrangement of the galleries along the façades, the lighting via lateral windows and especially the proportions of the interior spaces recall those of a large house. The walls and ceilings are painted white. A poured grey surface covers the floors, made of concrete to withstand the heavy loads that will be placed on them. Although the lateral windows do not provide the even illumination often thought desirable in galleries, they meet the express wishes of the donors, who wanted lighting that would enable the works of art to engage in a vibrant dialogue with the world outside and be seen under a variety of lighting conditions.

Las ventanas están situadas a distintas alturas en las salas y son tipo *sandwich*: la hoja exterior de vidrio, superpuesta a la fachada, ofrece protección del viento y la lluvia, mientras que la interior, practicable, proporciona aislamiento térmico. Entre las dos hojas, y también protegida del clima, se incluyen láminas textiles de protección solar. Impidiendo las vistas exteriores, estas pantallas también se transforman en fuentes de luz pura, en resplandecientes paneles.
The windows are placed at differing heights in the galleries. As in a sandwich window, the outer sheet of glass, attached to the exterior of the building, offers protection from wind and rain, while the inner sheet, which is movable, provides thermal insulation. Between the two sheets, and thus shielded from the weather, cloth blinds offer protection from the sun. By excluding the view outside, the blinds also transform the windows into sources of pure light, into glowing panels.

El edificio se ha construido de hormigón in situ pintado en amarillo verdoso, para anticiparse al musgo que lo cubrirá, como a los árboles de alrededor. The building is constructed of poured concrete, painted a light yellow-green, in anticipation of the moss and algae that the nearby trees will eventually cause to cover it. Intriguingly, this colour generates two diametrically opposed effects. On the one hand, it glows in contrast to the surroundings; on the other, it forms a harmonious background for the changing colours of the trees.

Curiosamente, este color genera dos efectos diametralmente opuestos: por un lado, el edificio brilla en contraste con su entorno; por otro, proporciona un armonioso fondo a los colores cambiantes de los árboles.

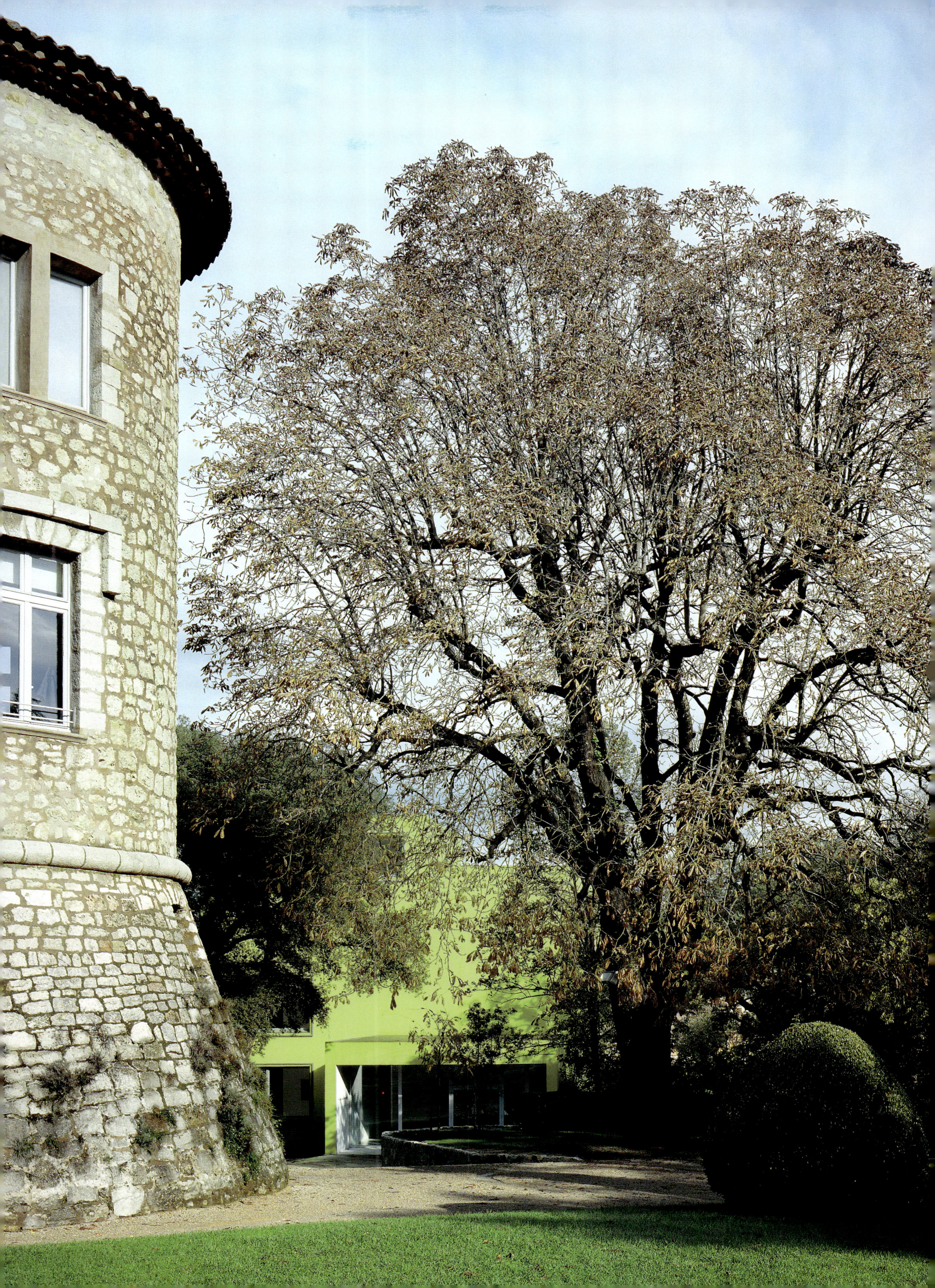

Sección AA / Section AA

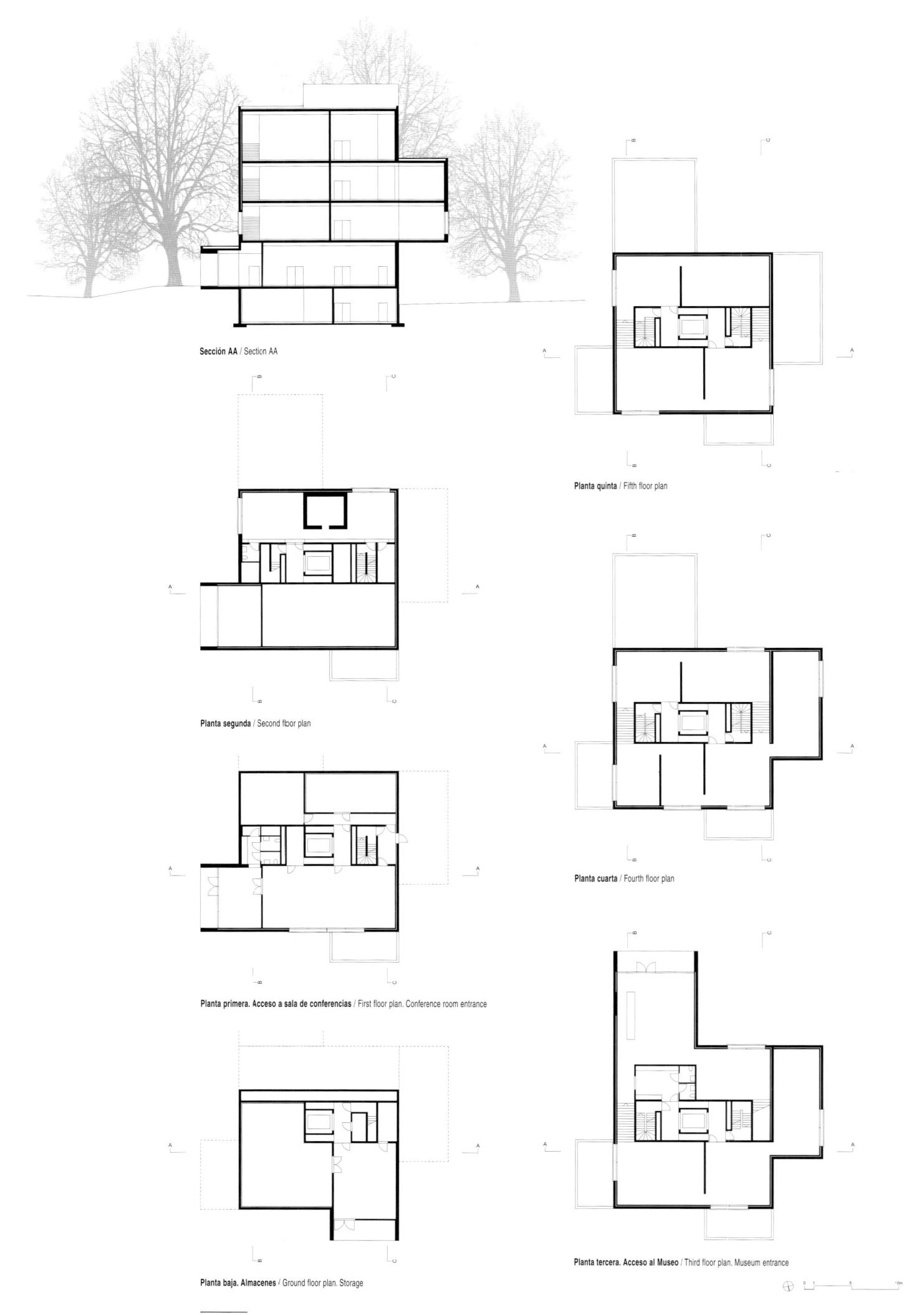

Planta quinta / Fifth floor plan

Planta segunda / Second floor plan

Planta cuarta / Fourth floor plan

Planta primera. Acceso a sala de conferencias / First floor plan. Conference room entrance

Planta baja. Almacenes / Ground floor plan. Storage

Planta tercera. Acceso al Museo / Third floor plan. Museum entrance

Sección BB / Section BB

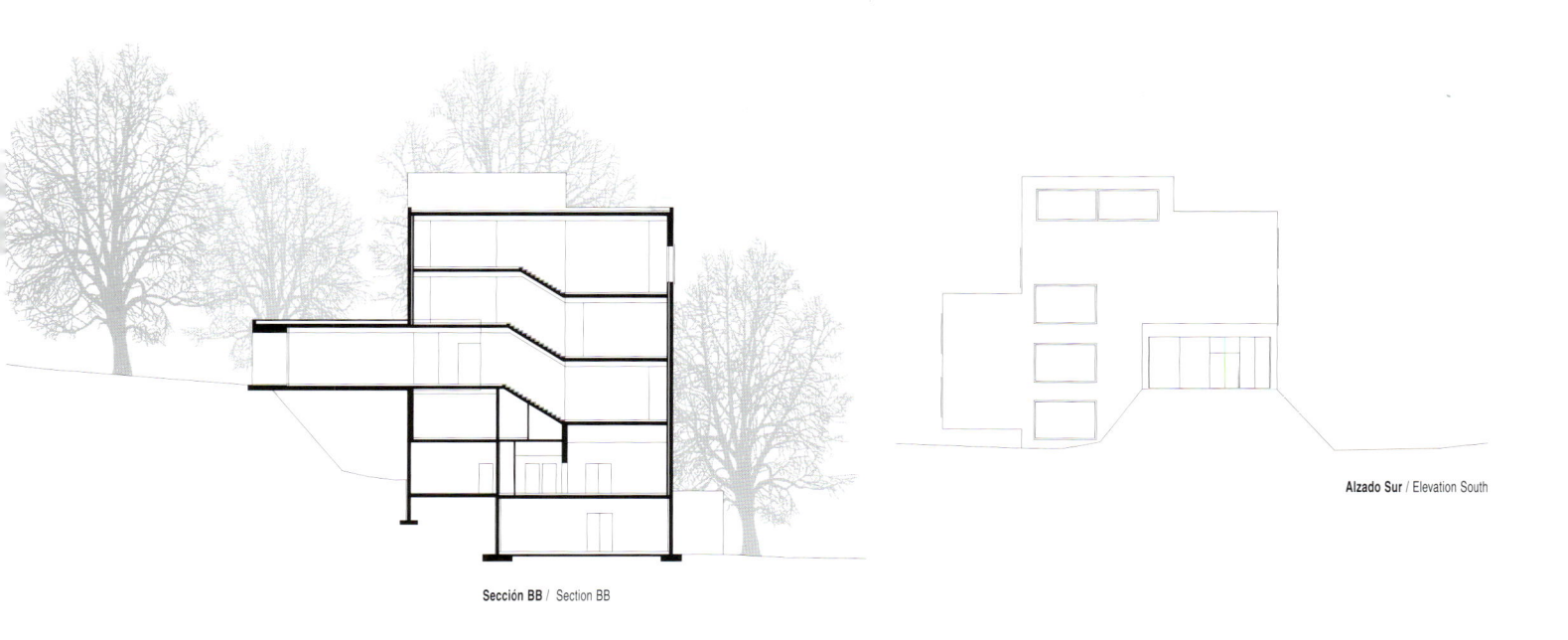

Alzado Sur / Elevation South

Sección BB / Section BB

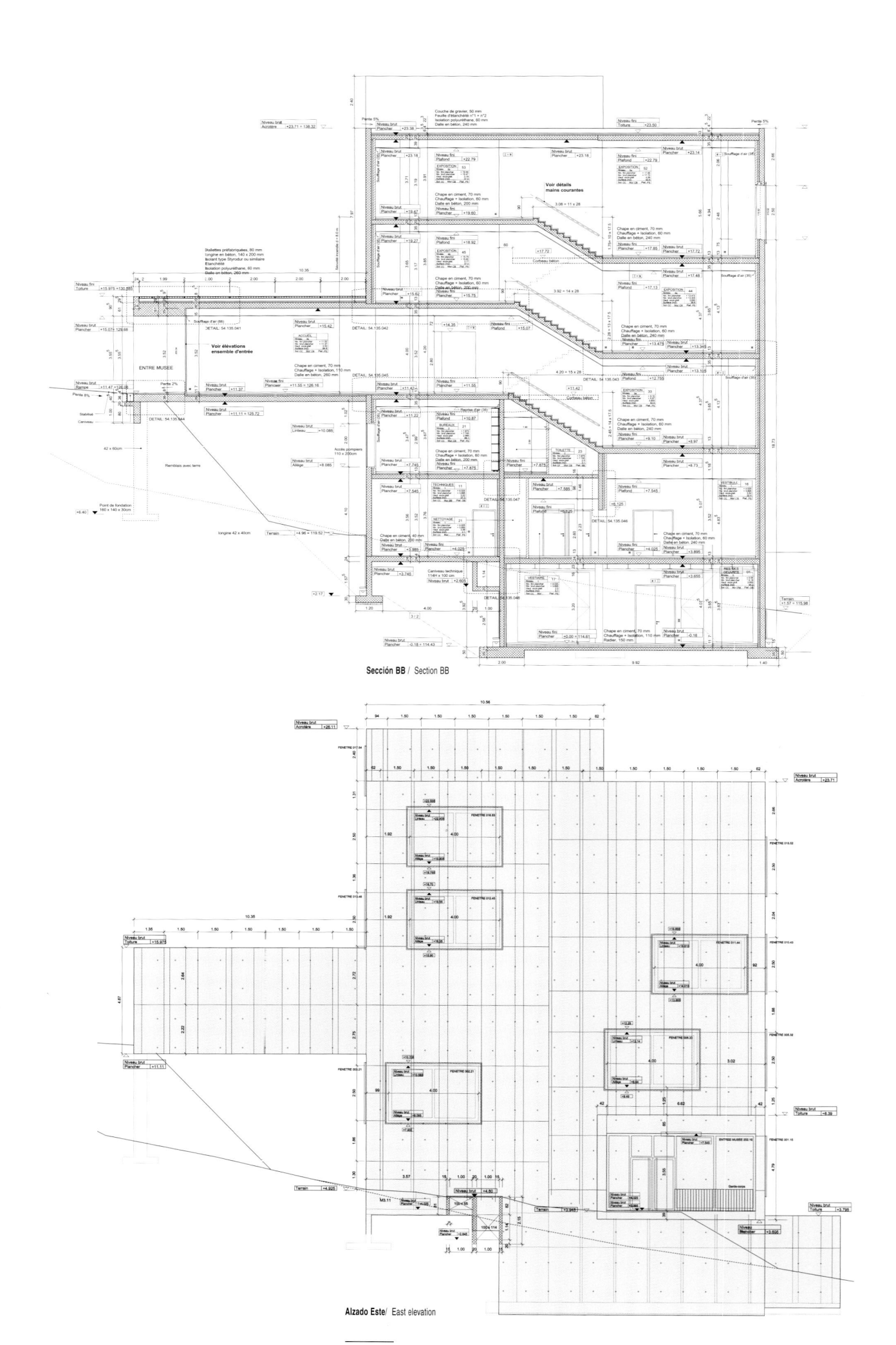

Alzado Este / East elevation

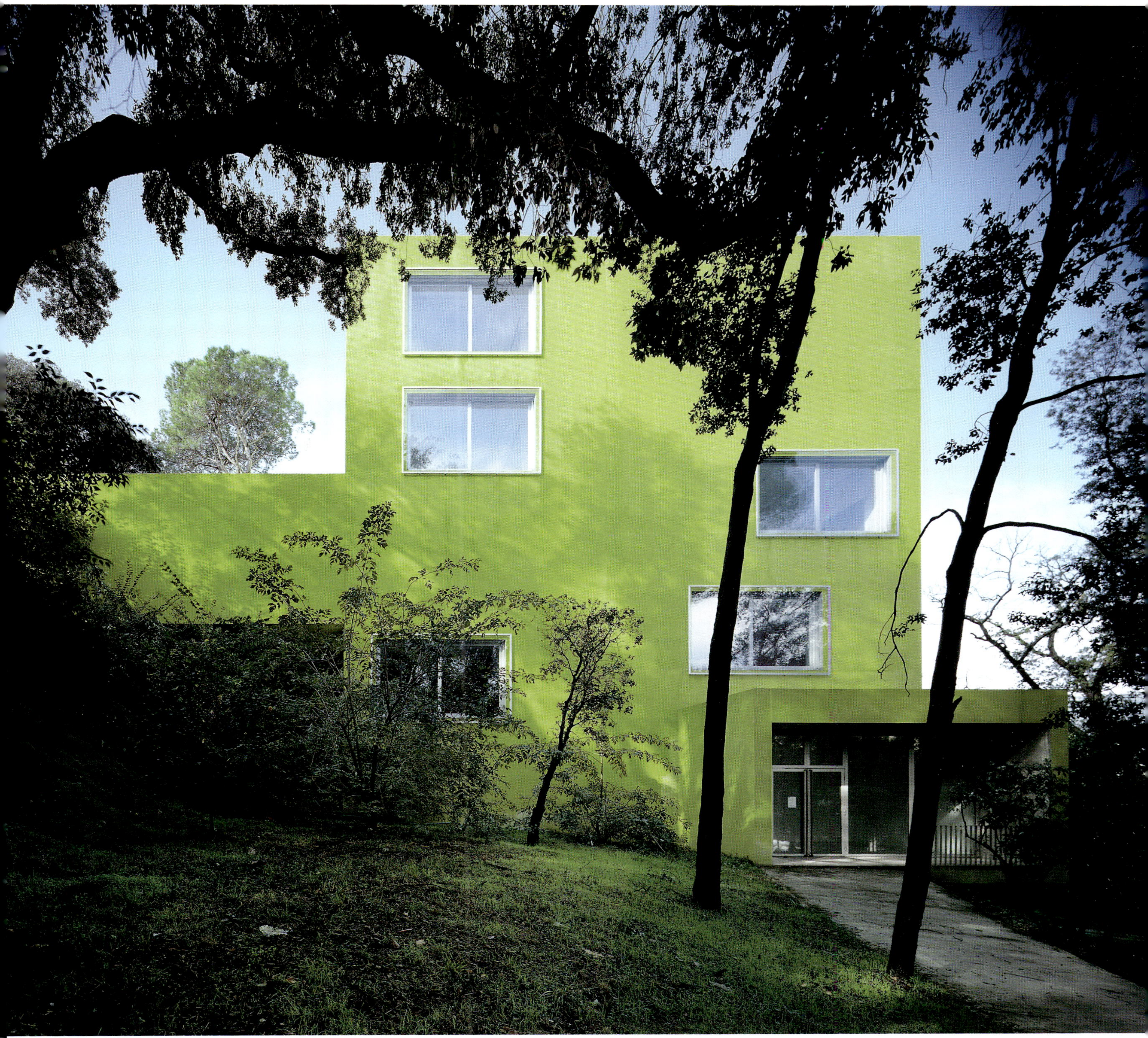

Sección AA / Section AA

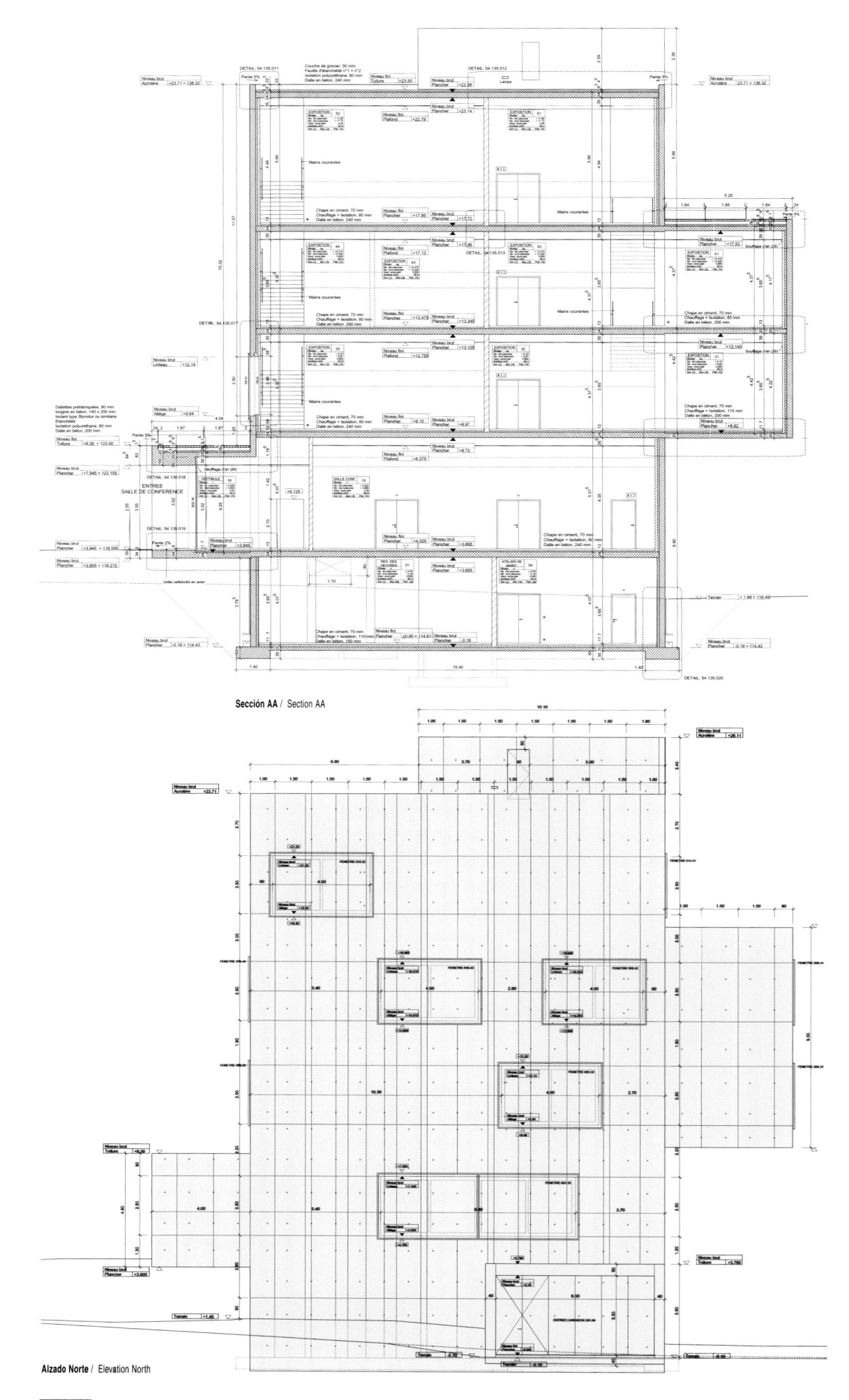

Alzado Norte / Elevation North

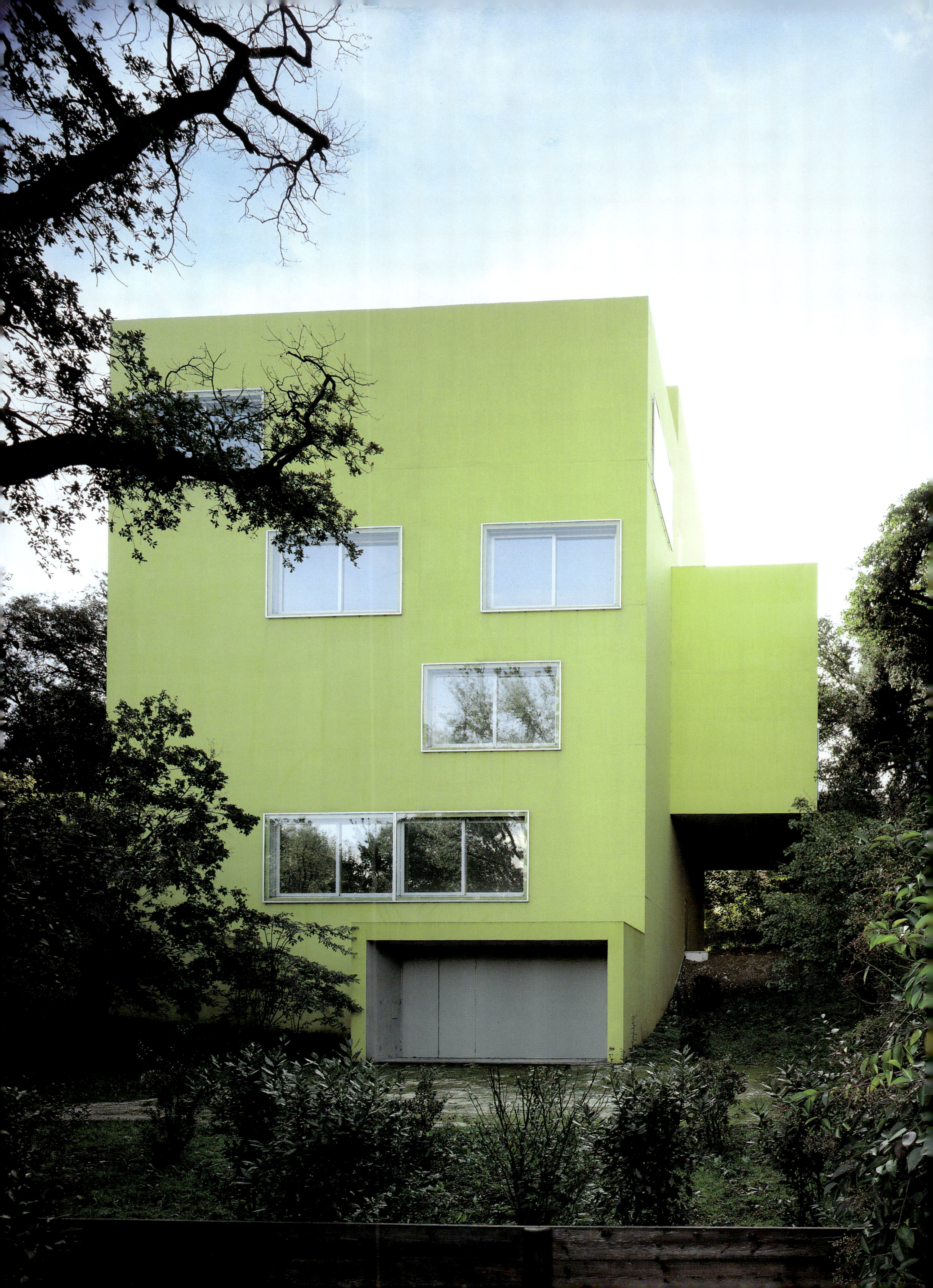

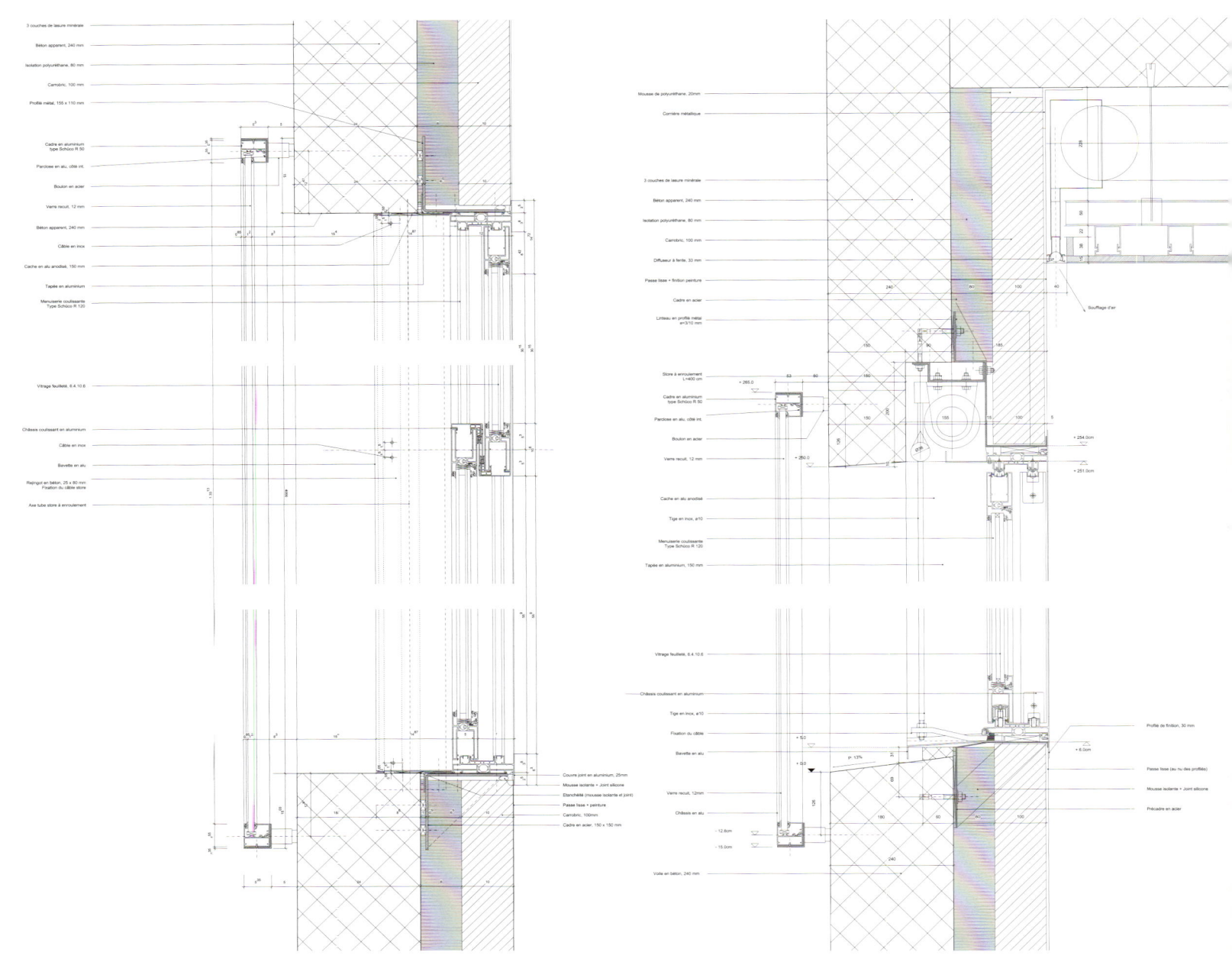

Detalles de carpintería / Window details

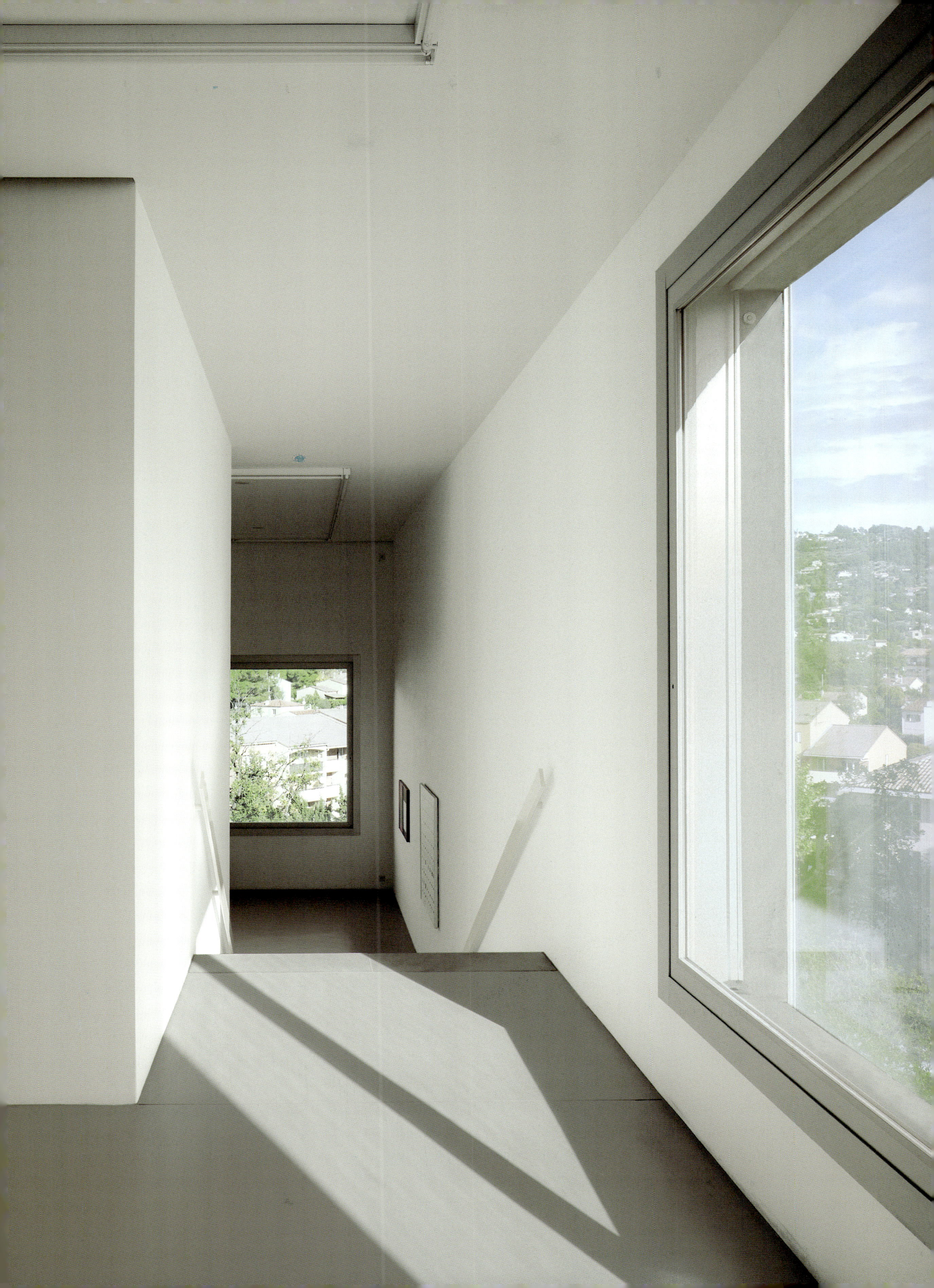

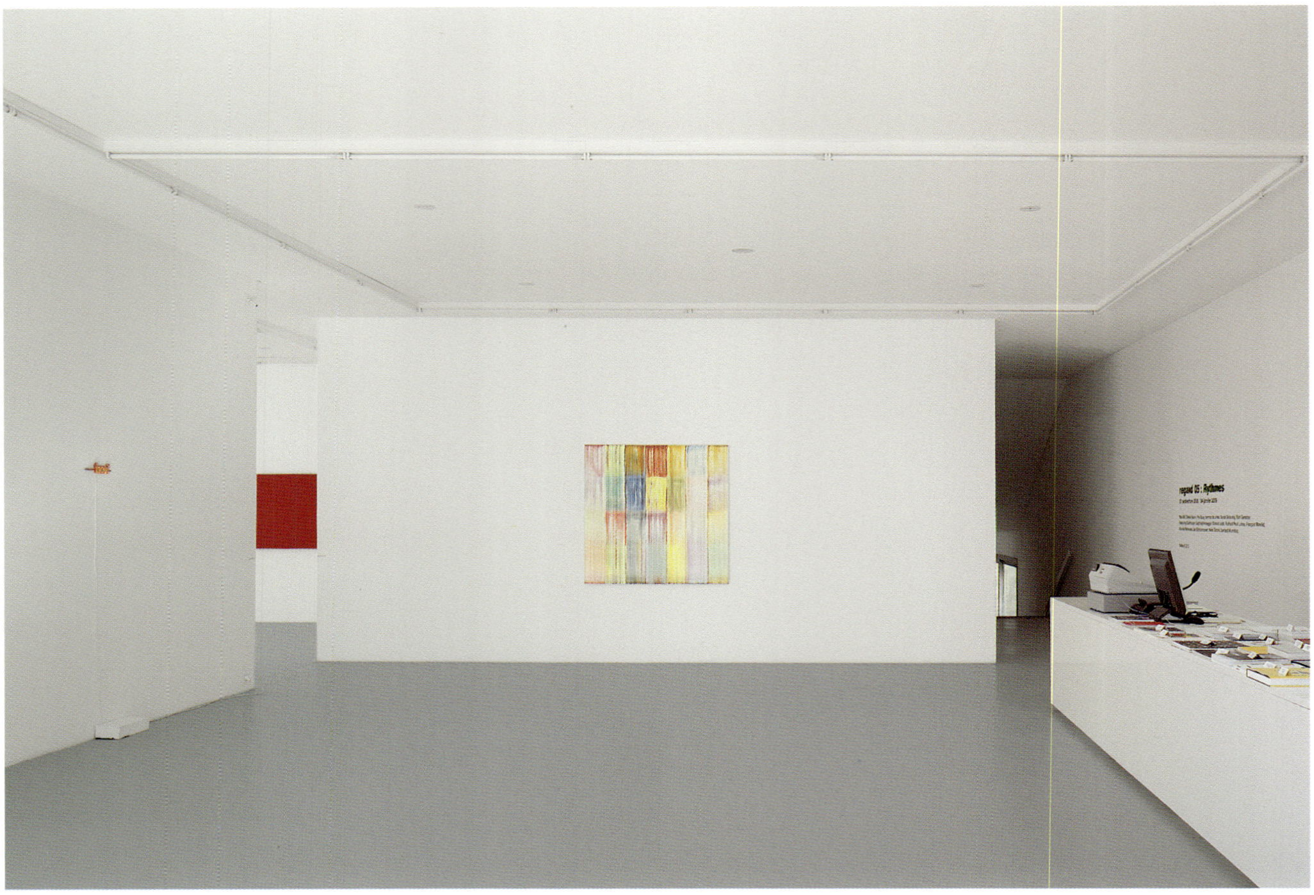

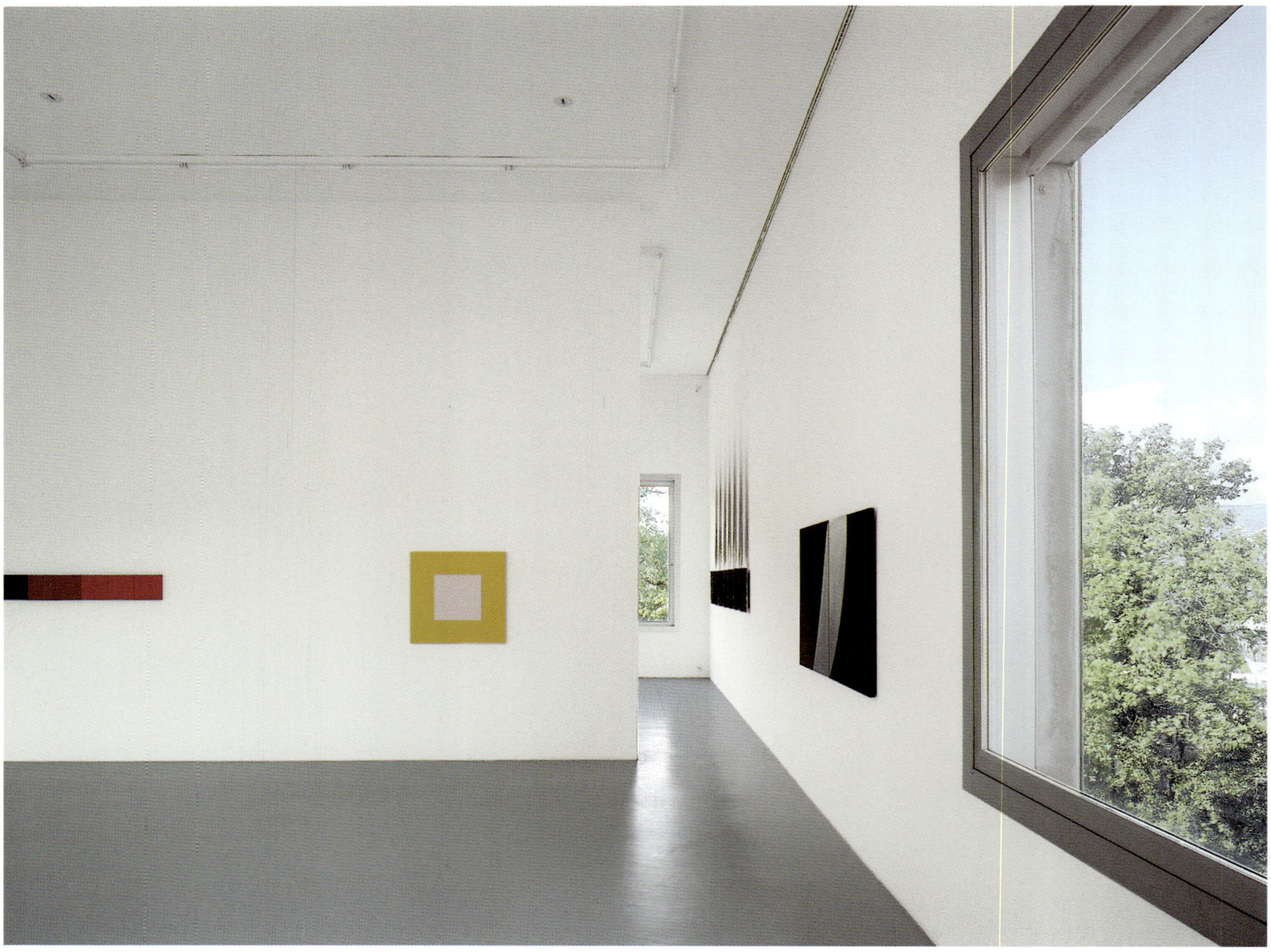

Salle 5

Centro de Visitantes del Parque Nacional de Zernez
National Park Visitor Centre, Zernez

SUIZA / SWITZERLAND 2002

CONCURSO / COMPETITION

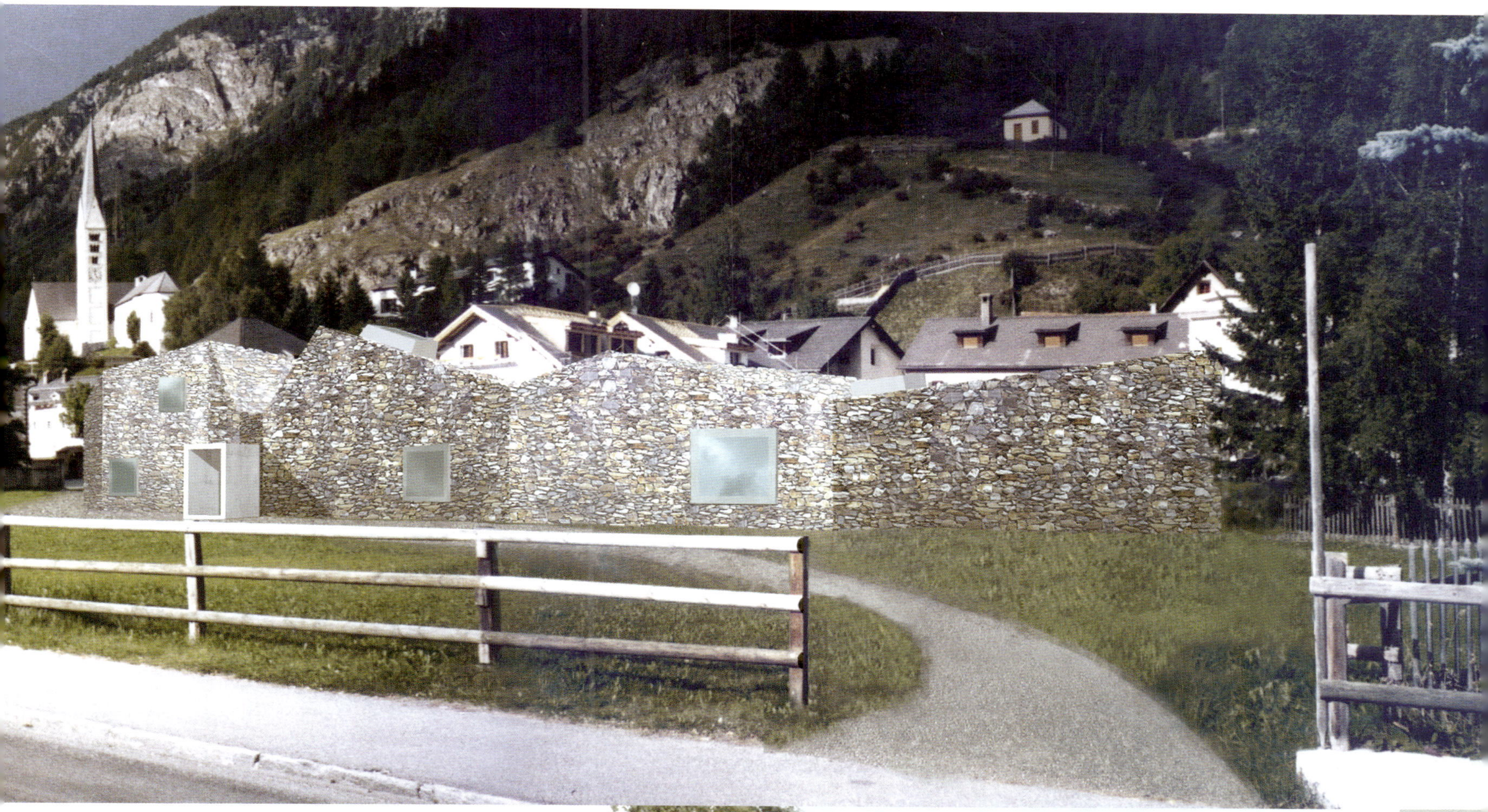

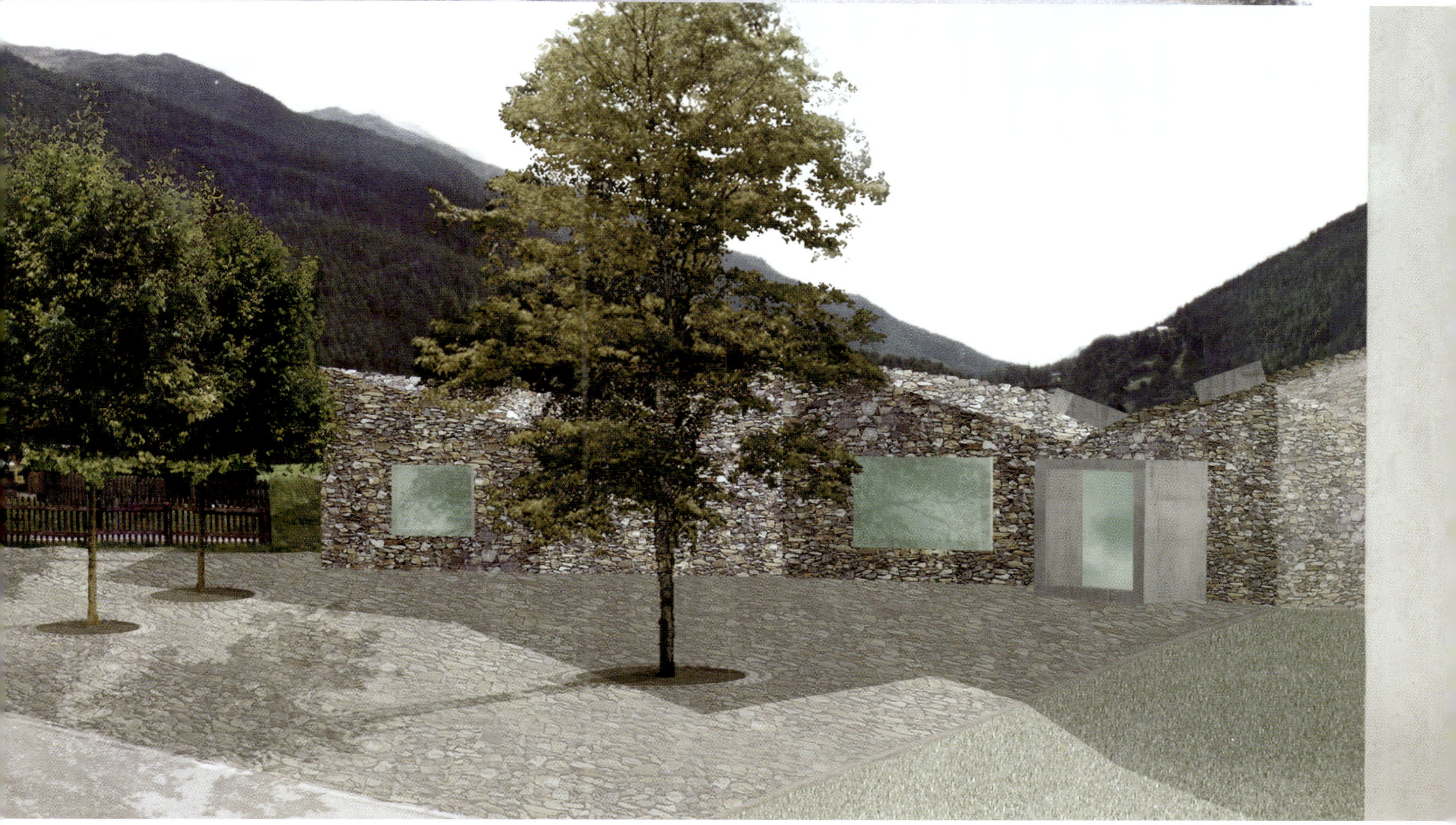

Maqueta de situación con el Castillo Planta-Wildenberg / Site model with Castle Planta-Wildenberg

Plano de situación / Site plan

Alzado Este a la nueva plaza y calle principal / East elevation towards new plaza and main street

Constituido como tal en 1914, este parque nacional es el más antiguo de los de su tipo en los Alpes. La idea fue acomodar el programa administrativo del centro en el cas-
Founded in 1914, this Swiss national park is the oldest of its kind in the Alps. The concept plans to accommodate the administration of the national park in
tillo de Planta-Wildenberg, el auditorio en un edificio de servicios anejo, y destinar a centro de visitantes una construcción de nueva planta sobre un solar con forma de
the historic castle Planta-Wildenberg and a required auditorium in the neighbouring service building, while a new building for the information centre is to be
almendra situado al borde de la nueva calle de circunvalación y del centro histórico del pueblo.
created in the middle of the almond-shaped area bordered by the new bypass and the old village.
En su mayor parte concebido como un edificio de una sola planta y de forma poligonal, el nuevo centro proyecta una imagen singular que no compite ni con el castillo ni
To a large extent designed as a single-storey building, the building structure with its polygonal ground plot visually competes neither with the castle, nor with
con la población. No obstante, hay referencias voluntarias al contexto. Los pliegues de la cubierta, por ejemplo, se hacen eco del perfil de la población original, en tanto
the rest of the village, and sustains an individual character. Nevertheless, a series of references to the context are created. The folds in the roof, for example,
que los muros exteriores, construidos con áridos de la zona —la misma piedra puede encontrarse en la cubierta—, remiten al paisaje natural circundante y al vecino par-
are reminiscent of the roof landscape of the original town, while the outer walls composed of rubble from the surrounding area —the same stones are to be
que nacional. En este sentido, el edificio crea un 'paisaje arquitectónico'.
found on the roof— refer to the natural environment and the landscape of the nearby national park. In a sense, the building forms an 'architectural landscape'.
La estructura del edificio es de hormigón visto, alternándose en el interior con superficies enlucidas, pintadas o revestidas de madera. Las salas de exposición tienen su
The supporting structure of the building is made of raw concrete, which on the inside interchanges with plastered, painted or wooden areas. The exhibition rooms
propia coherencia y se organizan como pequeñas unidades independientes que pueden subdividirse mediante particiones móviles.
are designed as coherent areas, structured by small, separate room units, which can be divided by temporary walls.

Alzado Sur / South elevation

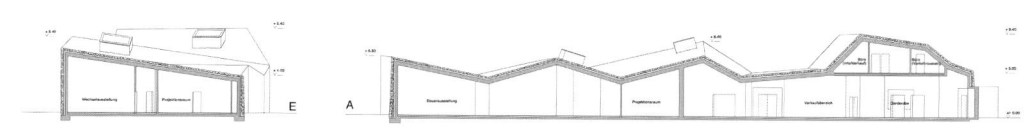

Sección EE / Section EE **Sección AA** / Section AA

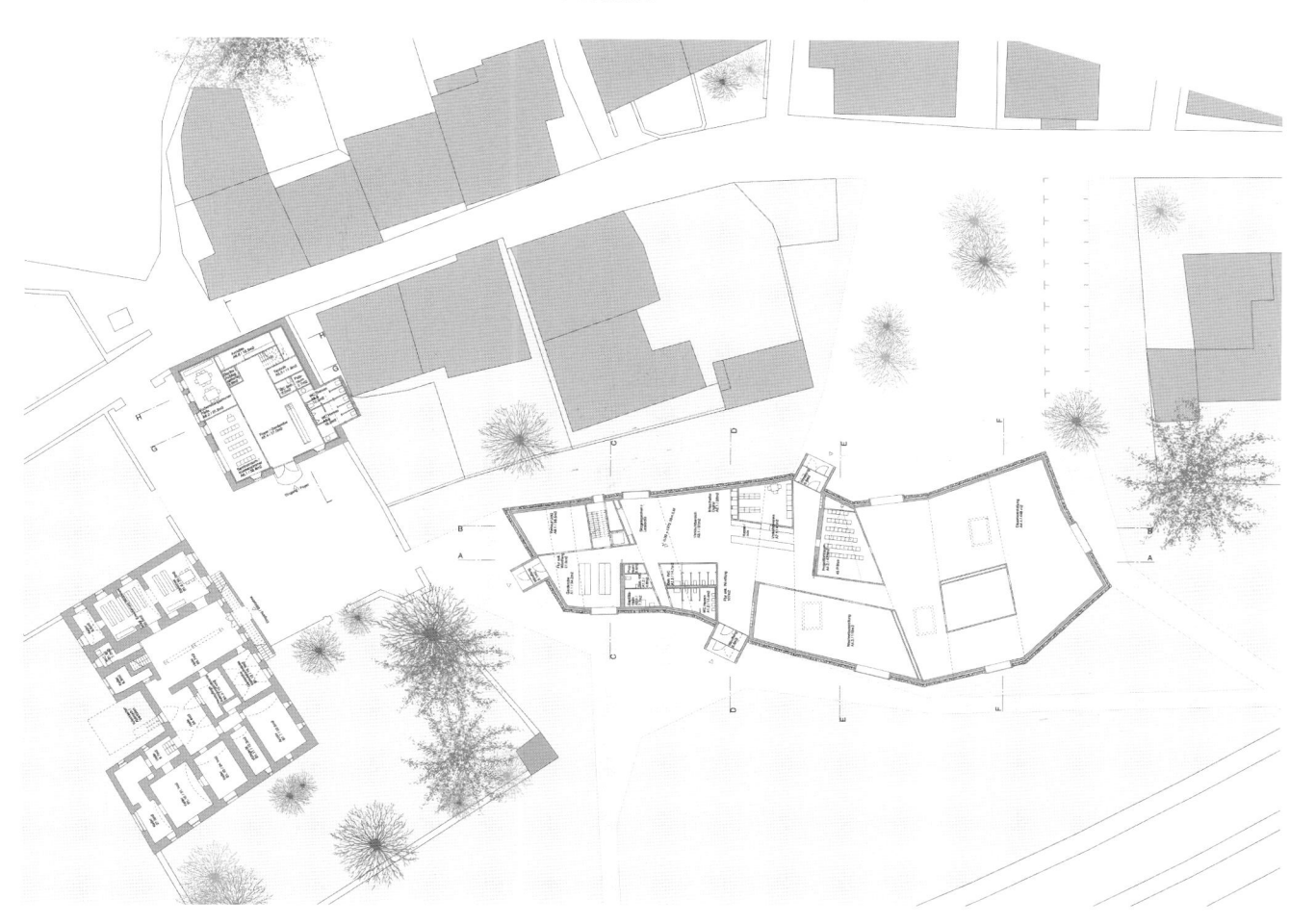

Planta baja / Ground floor plan

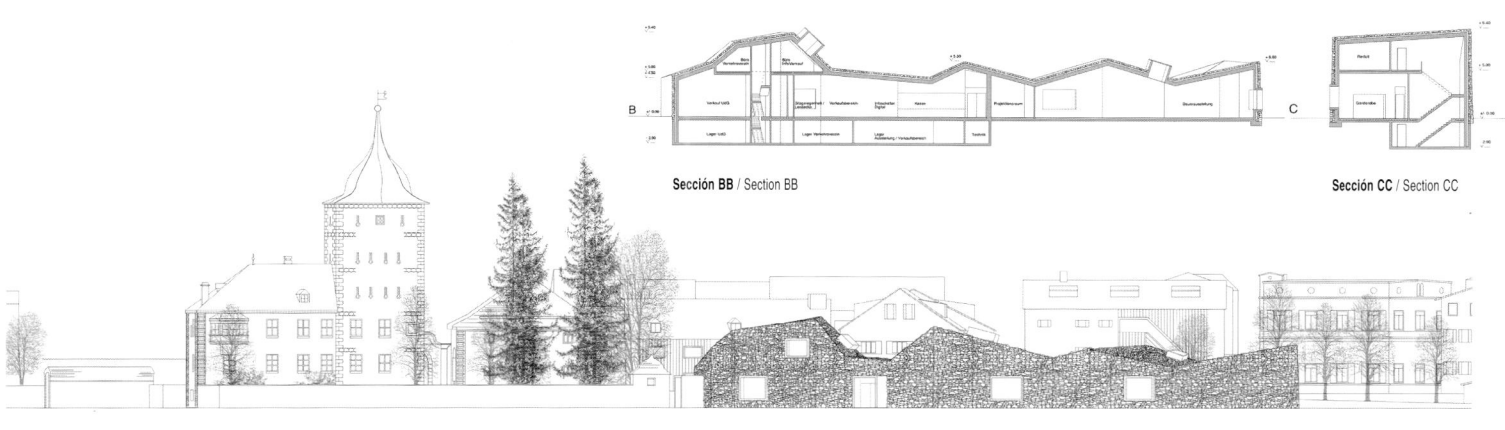

Sección BB / Section BB **Sección CC** / Section CC

Alzado Oeste / West elevation

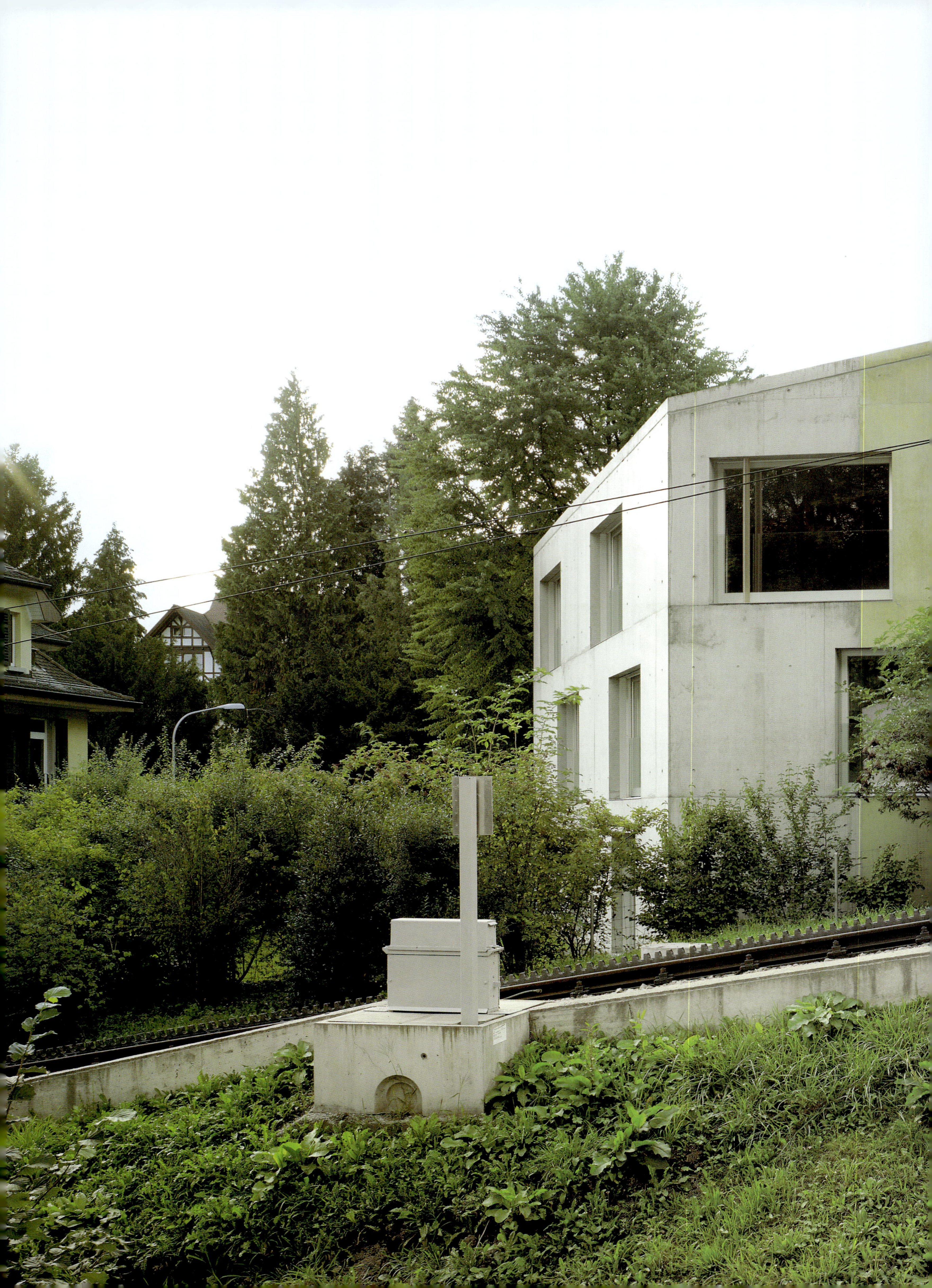

Casa Unifamiliar en Zúrich
Detached House in Zurich
SUIZA
SWITZERLAND 2001 2003

En un solar trapezoidal y considerablemente inclinado se inscribe un volumen hexagonal con una fachada orientada al sur. Como el máximo peso de la construcción debía recaer sobre las seis esquinas, se diseñó una cubierta inclinada que completase este complejo volumen.

Within this trapezoid-shaped plot on a steep incline is inscribed a hexagonal volume with a south-facing façade. Since the maximum building height was claimed for all six corners of the building a slanted roof was conceived to complete this complex volume.

La casa tiene su entrada desde el norte y bajo un gran voladizo que crea un expacio exterior a cubierto. Dentro, la zona de entrada se subdivide mediante 'muros contenedores autoportantes' con baño y guardarropa integrados, de modo que sea posible que el dormitorio, el baño y el estudio adyacentes puedan separse mediante particiones correderas o integrarse en un único espacio continuo. Los dormitorios de los niños se sitúan en la planta inferior, y se accede a ellos a través de un espacio central que se vuelca en una 'sala jardín' utilizada como dormitorio de invitados, sala de juegos o estudio.

The house is accessed from the north below a great cantilever that provides a sheltered exterior space. Inside, the entrance area is arranged into zones by 'room-containing walls' with an integrated wardrobe and WC, in a way that allows the adjoining bedroom, bathroom and study to be separated off via sliding walls or indeed joined up into one continuous space. The children's bedrooms are located on the basement floor. They are accessed via a central space that merges into the 'garden room' that can also be utilised as a guestroom, playroom or study.

En la planta superior bajo la cubierta inclinada, se dispone la principal zona de estar, con un insólito desarrollo en altura: de 2,4 a 5,2 metros. Este espacio también se organiza en torno a un 'muro contenedor autoportante' y central para permitir la variación en altura y anchura y ser utilizado para estar, cocinar, trabajar o jugar. En la planta baja, las superficies coloreadas en verde oscuro y naranja suave acentúan los efectos de luz en cada habitación.
En la primera se prevé cambiar el color del muro principal anualmente.

On the first floor under the slanted roof is the main living area with an unusual height development from 2.4m to 5.2m. This space is also organised around a load-bearing 'room-containing' central wall in order to allow these zones of varying height and breadth to be utilised for living cooking, work and play. On the ground floor coloured surfaces of dark-green and light-orange accentuate the lighting effects in each room.
On the first floor annually a new colour concept for the main wall is imagined.

El juego que se entabla entre el color y el espacio se puede percibir a lo largo de la vida diaria, como si fuese un experimento continuo. El primer color previsto es un brillante amarillo verdoso que es muy sensible a la luz por cómo la refleja y por los cambios que experimenta en distintas situaciones lumínicas. El exterior del edificio es de hormigón portante; muros y cubierta. Las ventanas de gran formato se abren deslizándose en un bolsillo situado entre el muro exterior y el interior. Los huecos de la cara norte tienen anchos marcos enrasados.
En la cubierta y los muros exteriores el hormigón es gris oscuro y tintado en un mohoso verde amarillento. La transición de lo coloreado a la ausencia de color tiene lugar en las caras, no en las esquinas. Una vegetación densa, con arbustos y bayas, delimita la propiedad y dibujan el claro en el que se levanta el edificio verde gris.

The general interplay of colour and space can be observed and experienced during the course of daily life, almost as if it were an ongoing experiment. The first concept is a bright yellow-green that is very 'light-sensitive' in its colour reflection and in its effect within the different light situations. The building exterior consists of load-bearing concrete; concrete walls and roof. The large-format windows are opened by sliding them into a pocket between the concrete outer wall and the interior wall. To the north the windows have wide frames that are flush mounted.
For the roof and the outer walls the concrete is dark grey as well as dyed mossy green-yellow. The crossover from the coloured to the uncoloured occurs not at the corners but on the faces. Dense vegetation, blooming shrubs as well as berry bushes, lines the borders of the property and forms a 'clearing' in which the building is set.

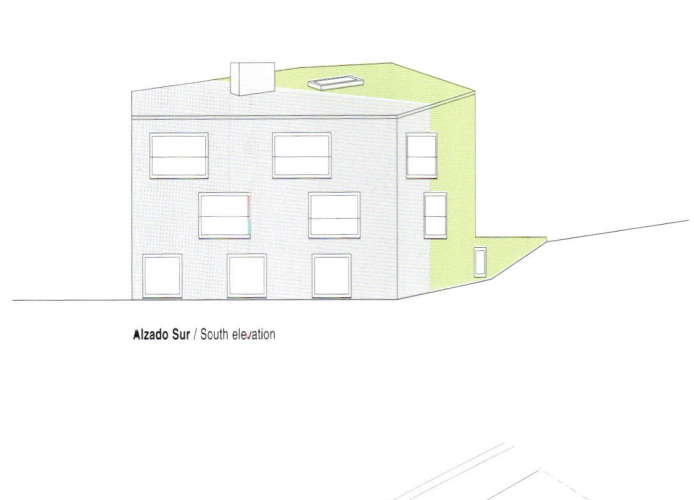

Alzado Sur / South elevation

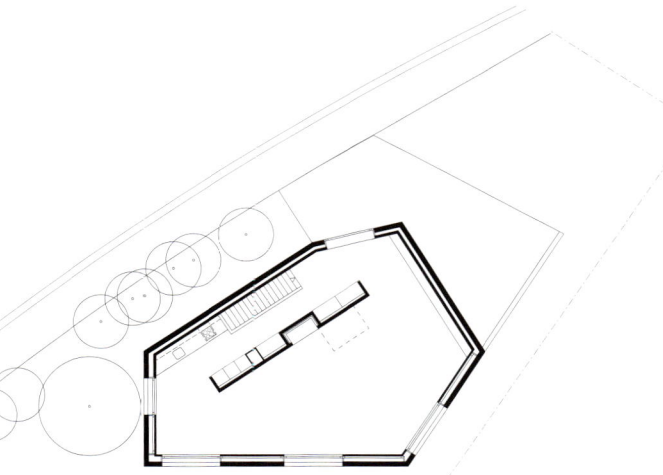

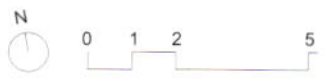

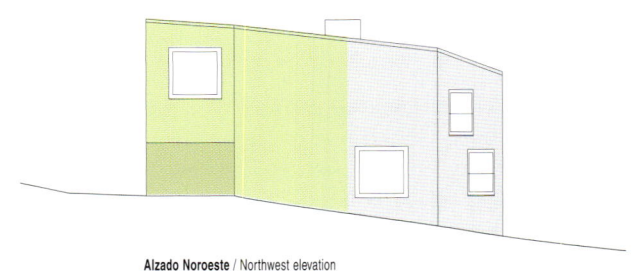

Alzado Noroeste / Northwest elevation

Sección por acceso / Section through entrance

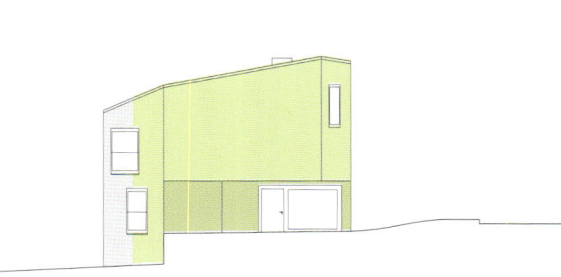

Planta superior / Upper floor plan

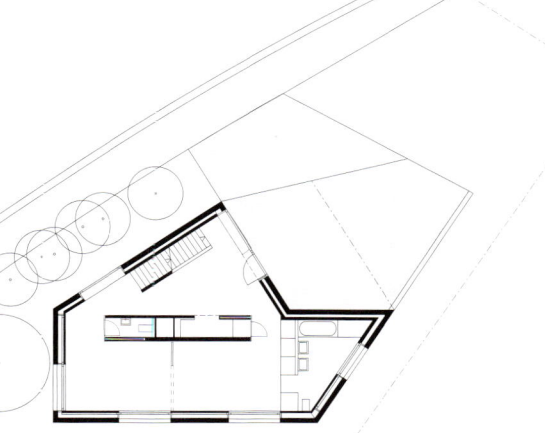

Alzado Este / East elevation

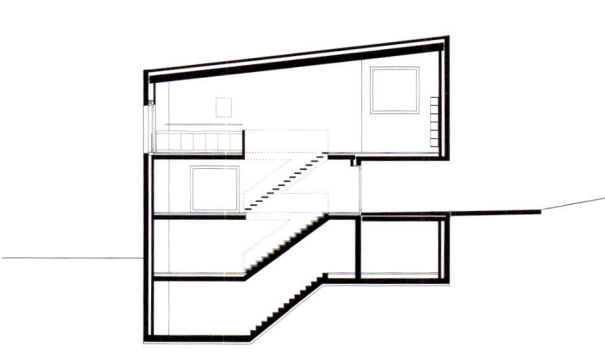

Planta baja. Acceso / Ground floor plan. Entrance

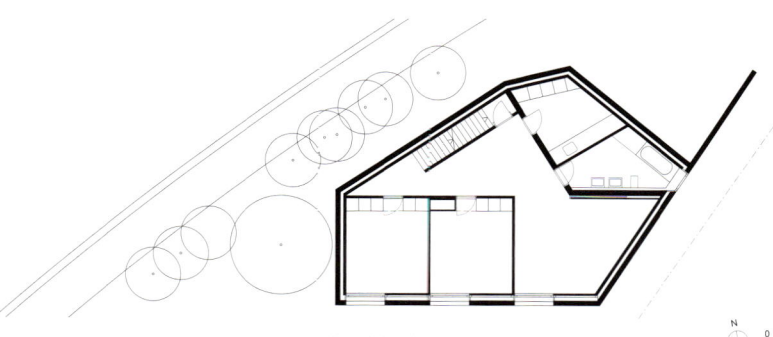

Sección por escalera / Section through staircase

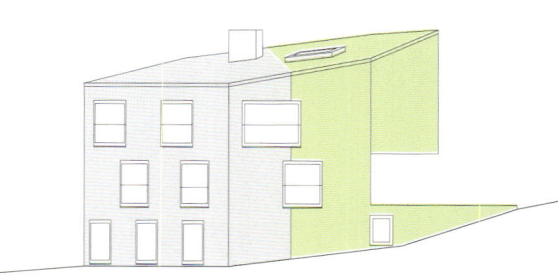

Planta inferior / Lower floor plan

Alzado Sureste / Southeast elevation

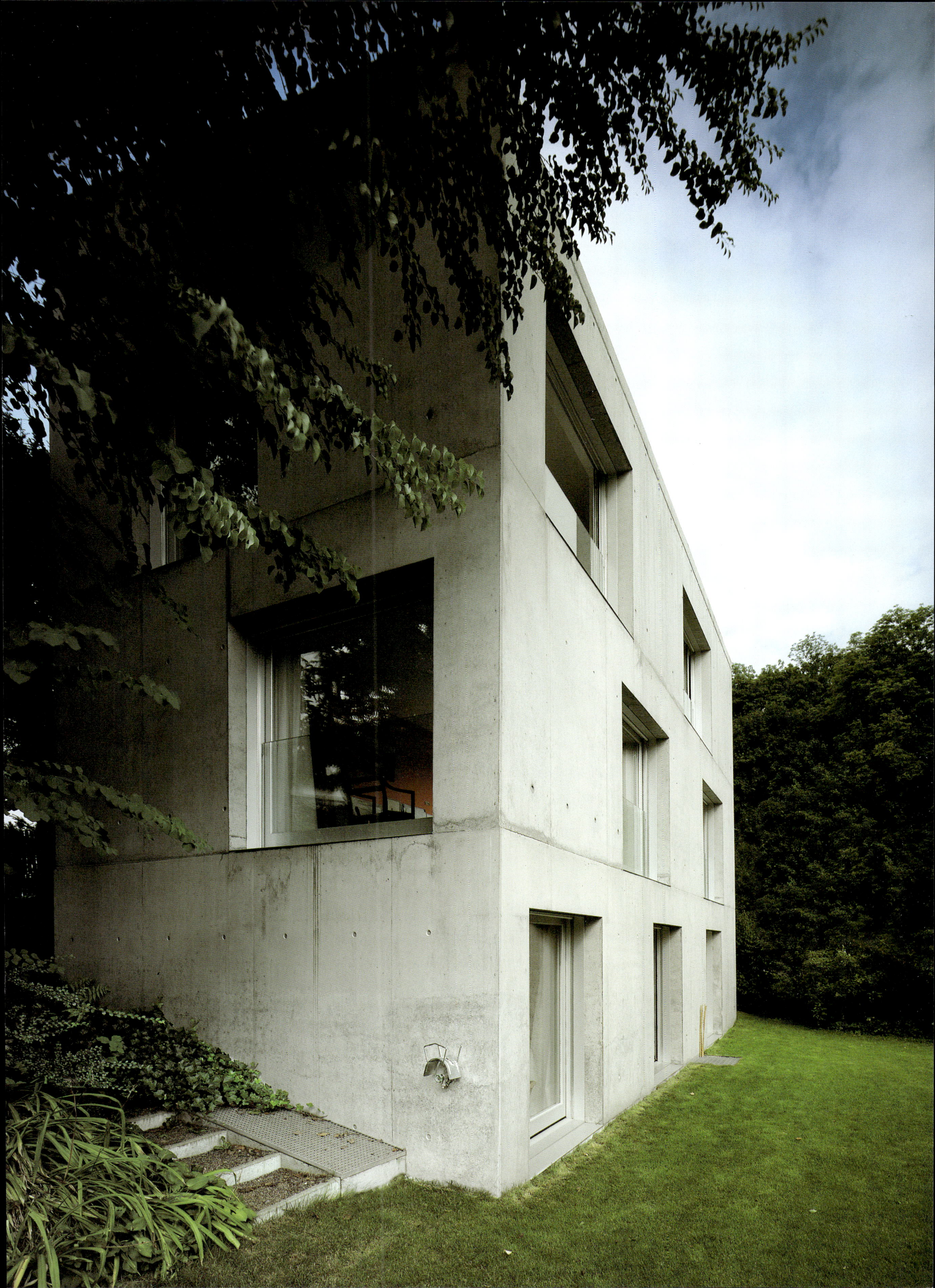

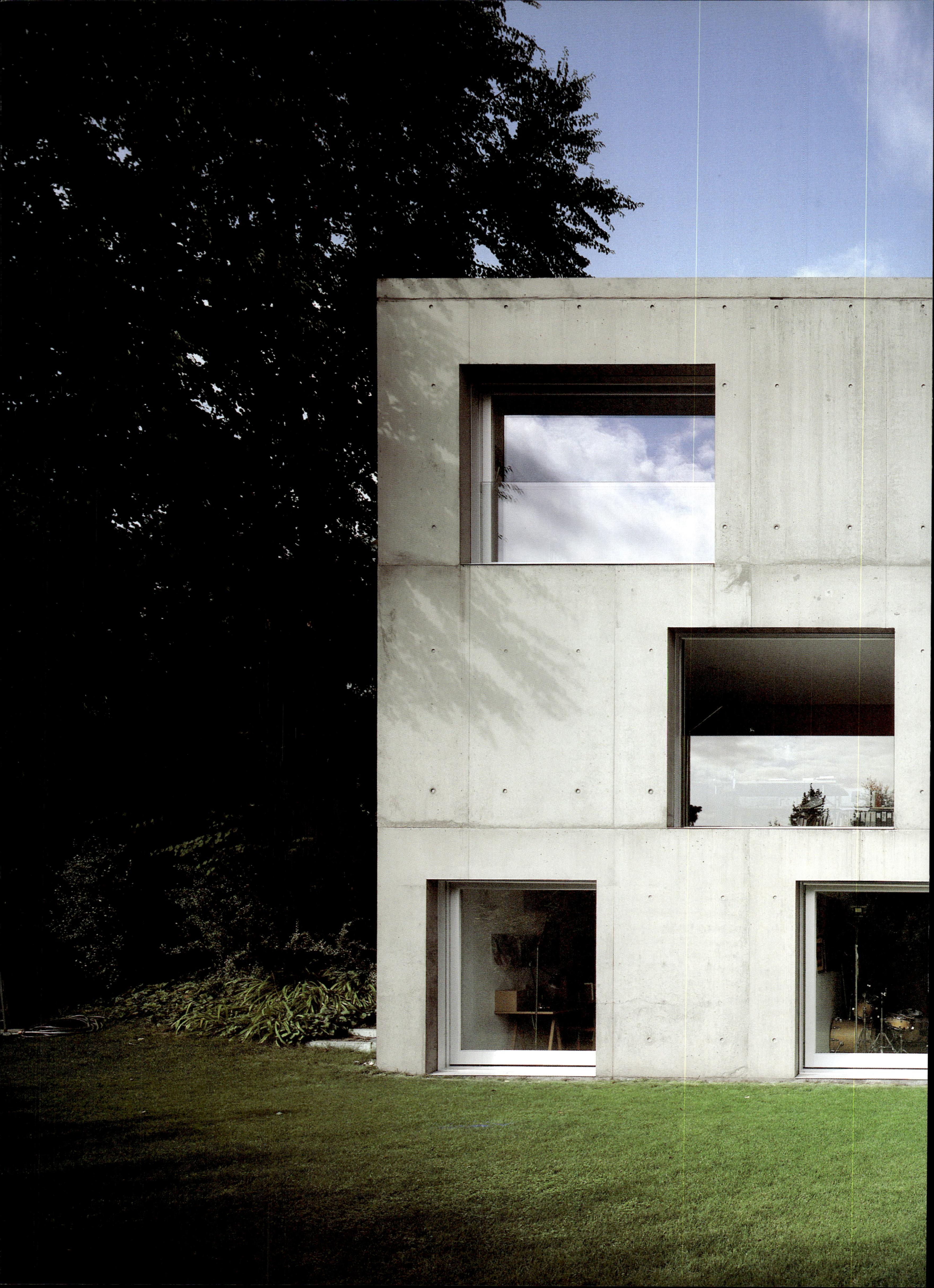

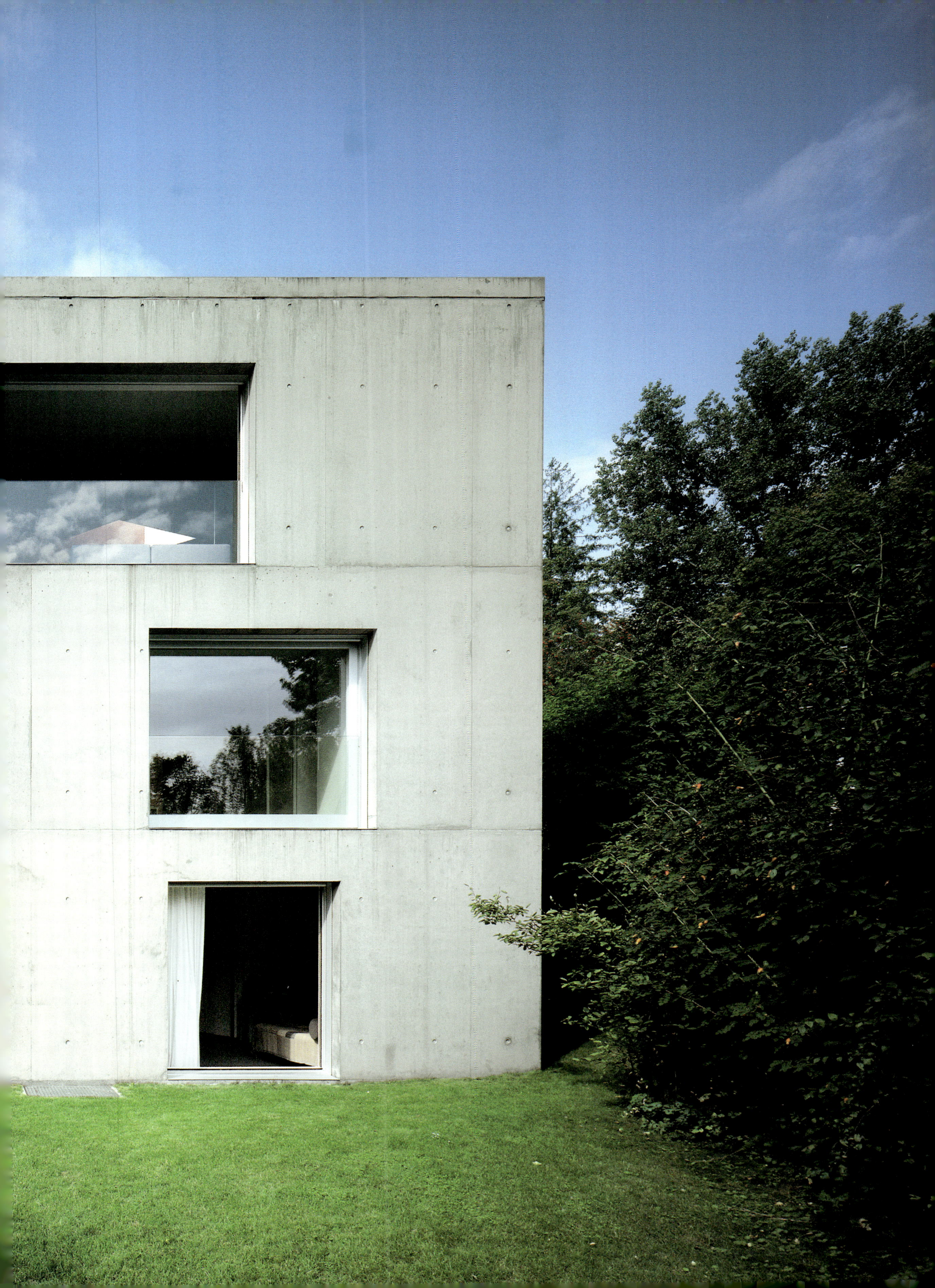

Sección CC / Section CC

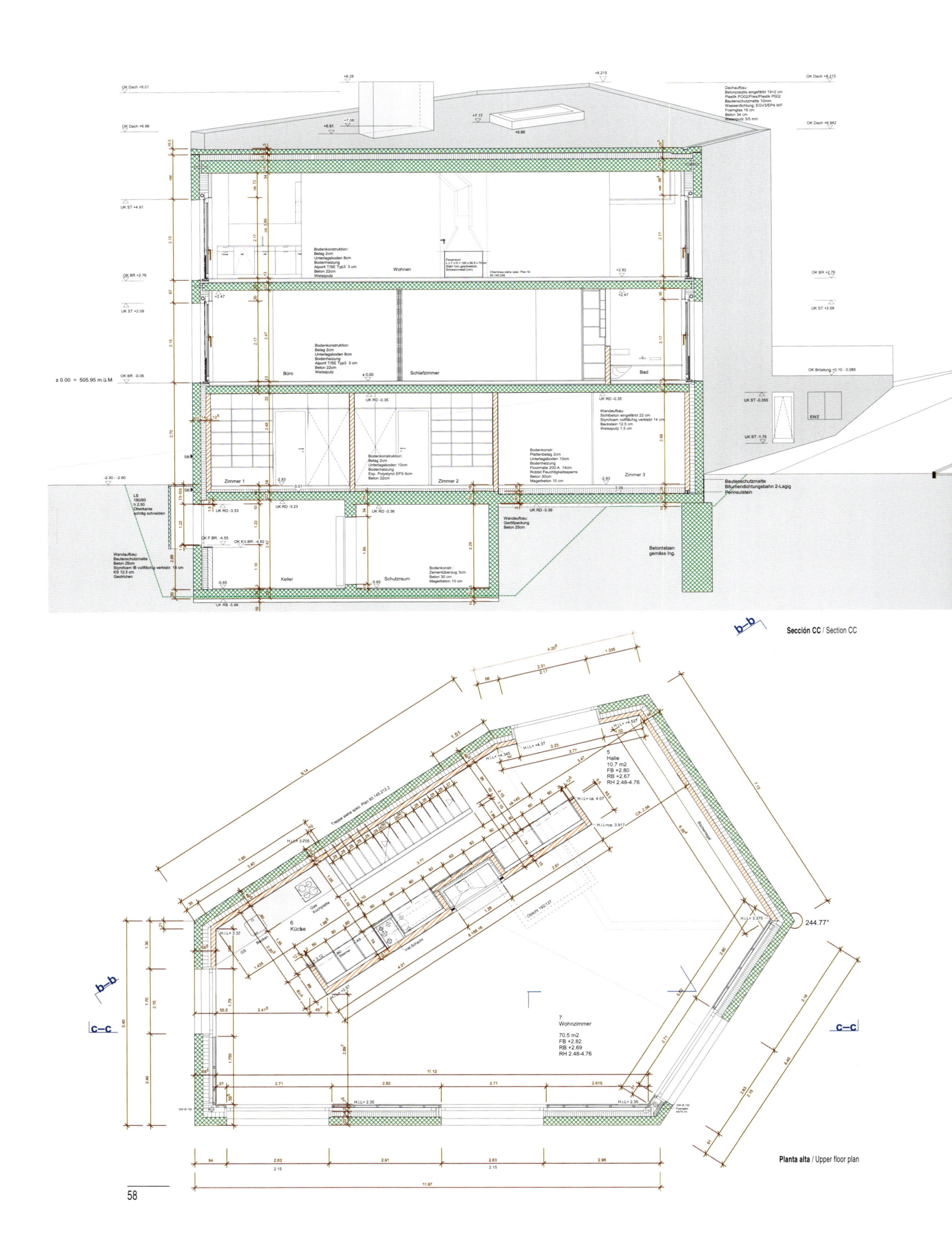

Planta alta / Upper floor plan

58

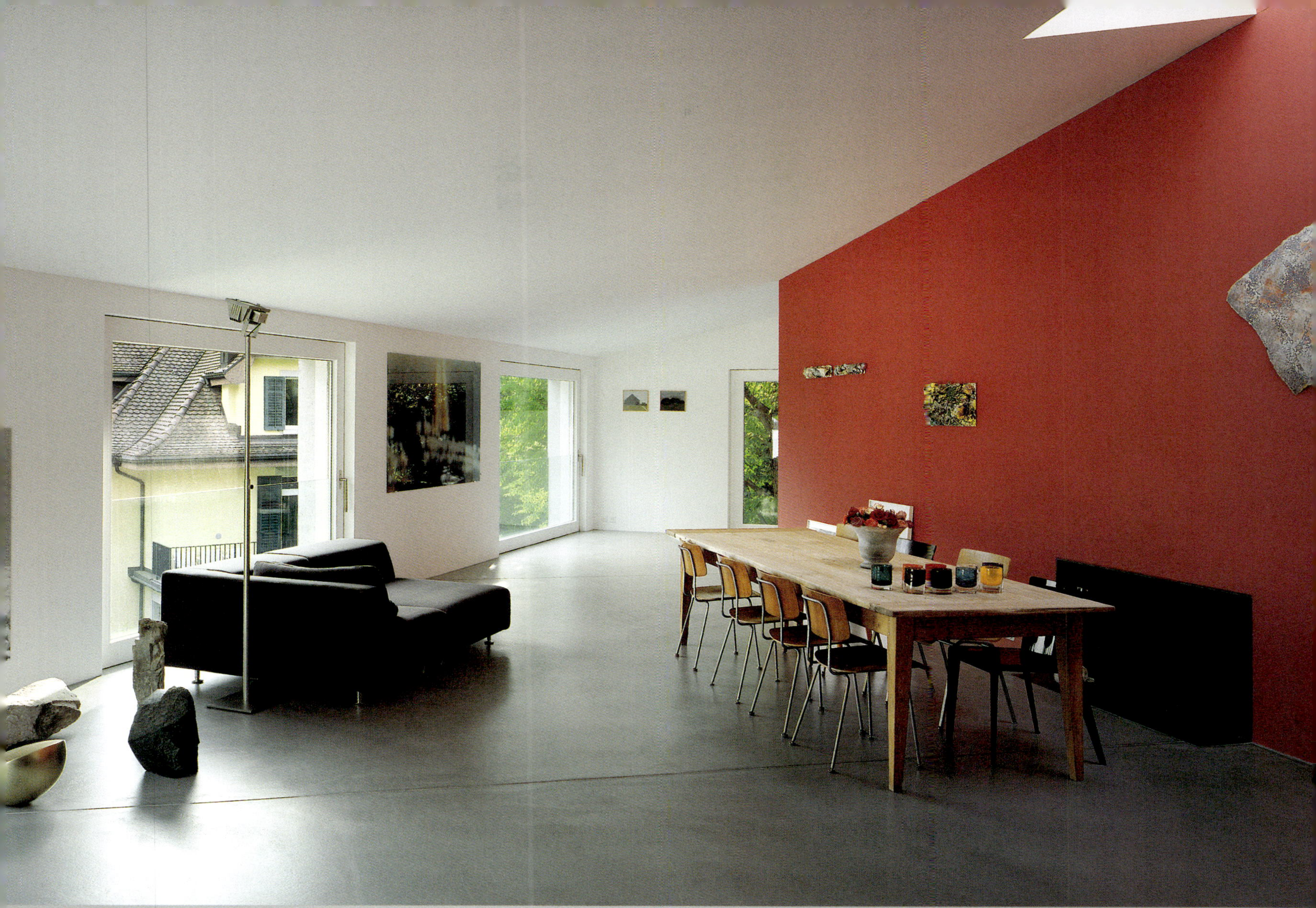

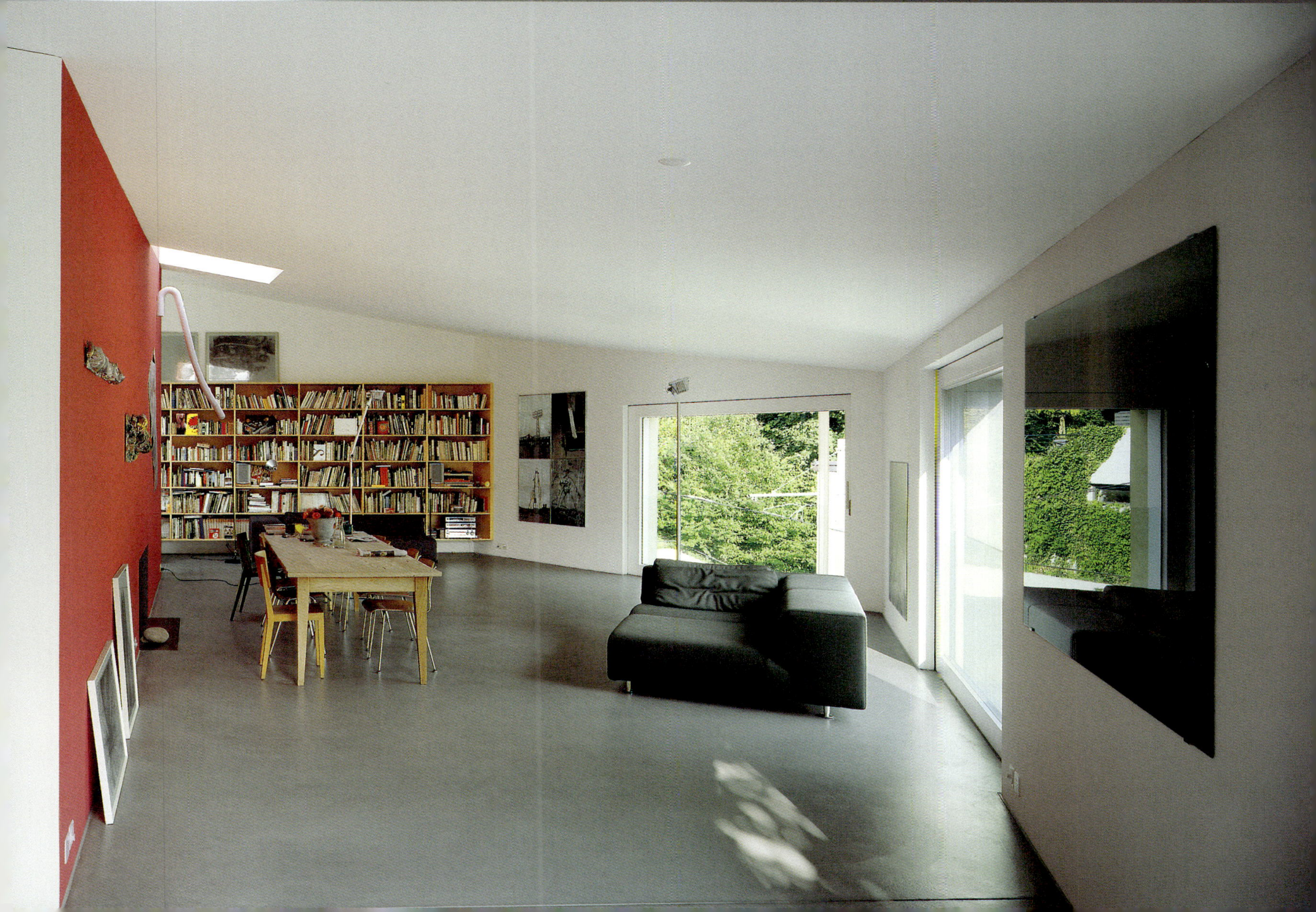

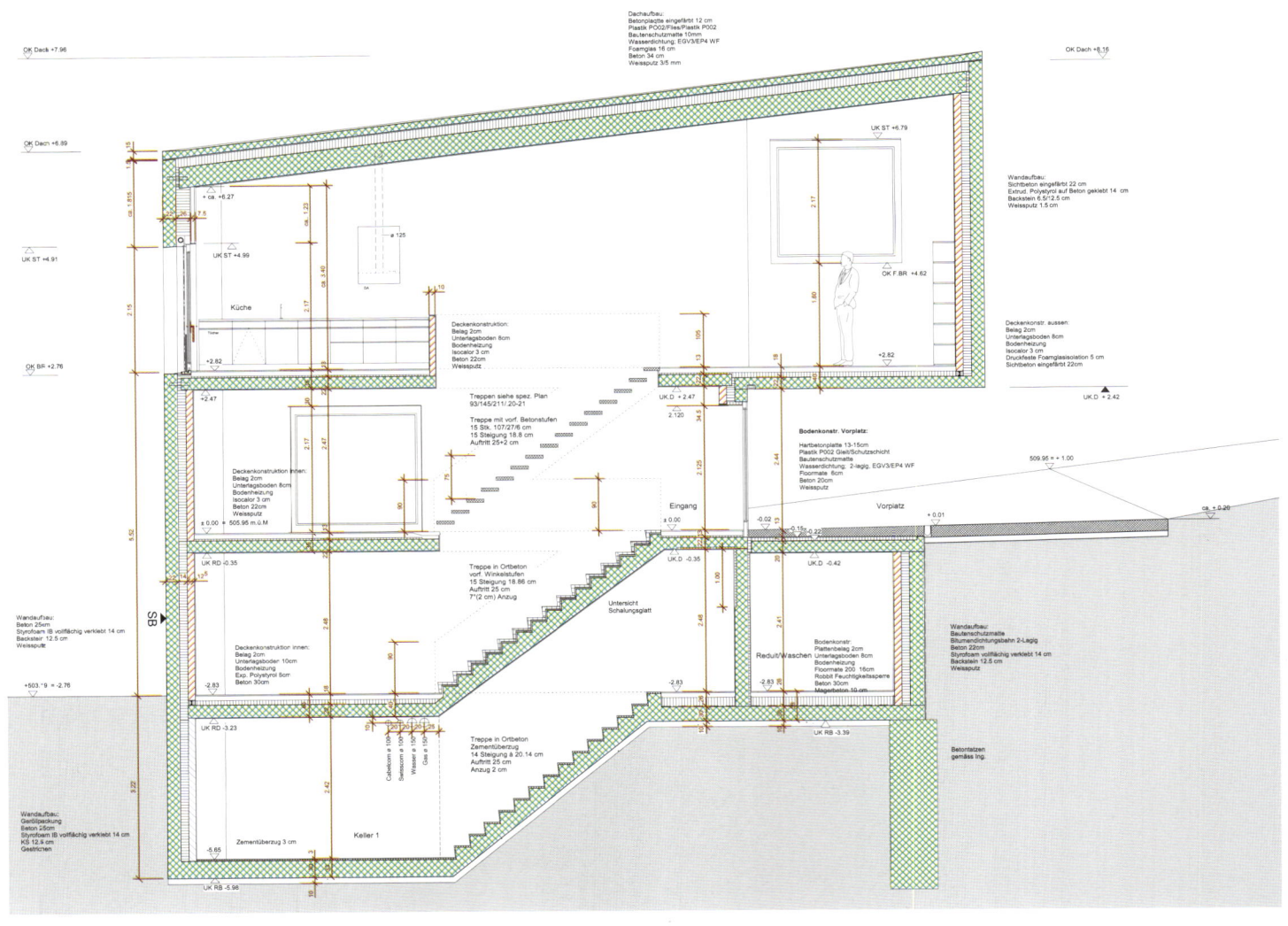

Sección BB / Section BB

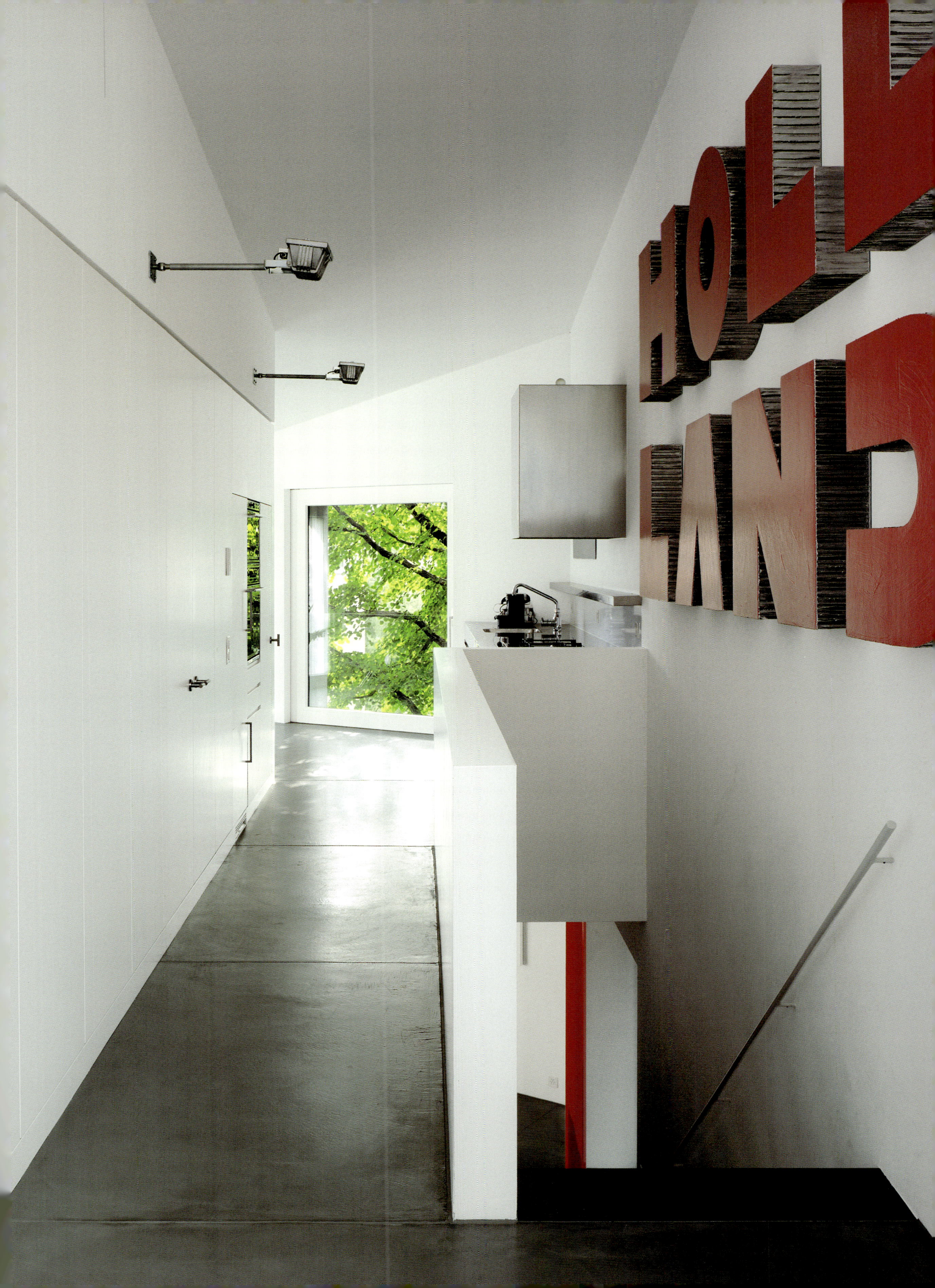

Sección transversal CC / Cross section CC

Sección transversal DD / Cross section DD

Planta baja / Ground floor plan

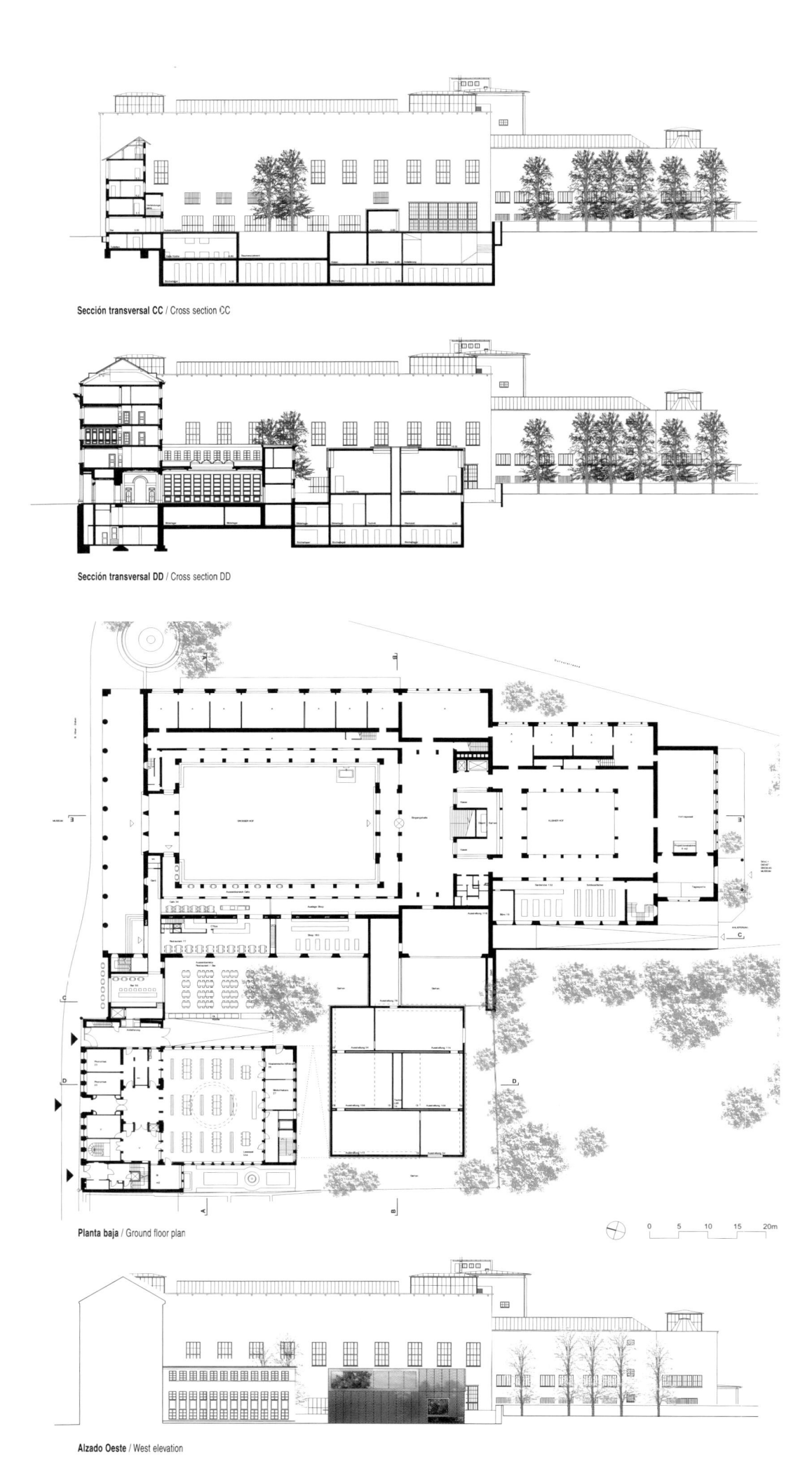

0 5 10 15 20m

Alzado Oeste / West elevation

AMPLIACIÓN DEL KUNSTMUSEUM DE BASILEA
EXTENSION TO THE KUNSTMUSEUM BASEL

CONCURSO PRIMER PREMIO
COMPETITION FIRST PRIZE
SUIZA
BASEL, SWITZERLAND 2001 2007

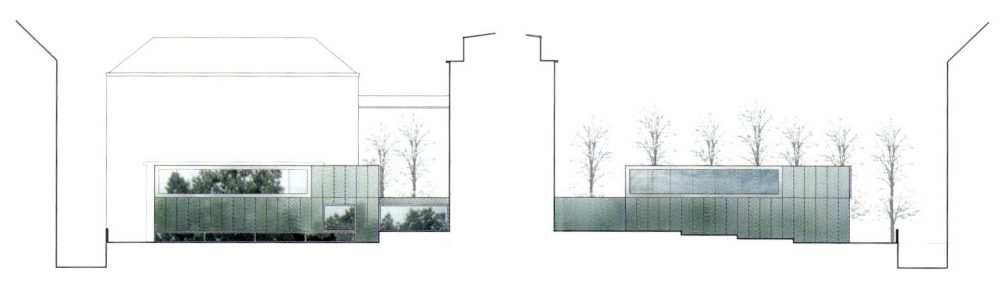

Alzado Sur / South elevation

Alzado Norte / North elevation

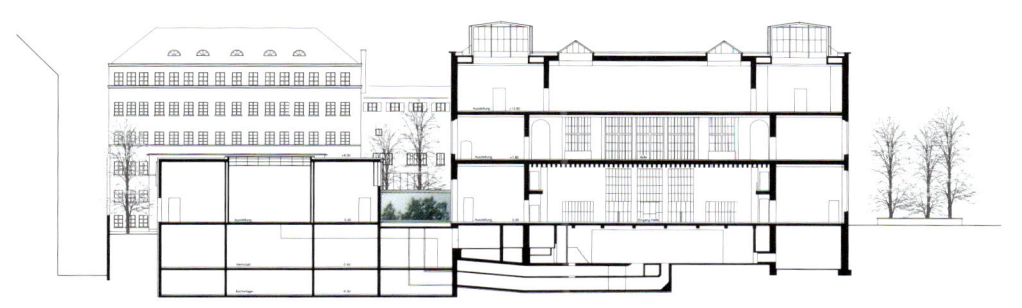

Sección longitudinal BB / Longitudinal Section BB

La dotación de la antigua sede del Nationalbank —conocido como edificio Laurenz— permitió llevar a cabo una reorganización fundamental del Museo de Arte de Basilea. El edificio Laurenz debía acoger importantes funciones: la administración del museo, la biblioteca, el depósito de obras de arte y el seminario de historia del arte. Esto permitiría dotar de más espacios al museo —construido por Paul Bonatz y Karl Christ, y uno de los edificios museísticos más significativos del periodo de entreguerras del siglo XX.

The endowment of the earlier national bank building, the so-called Laurenz building, lead to the possibility of a fundamental reorganisation of the art museum in Basel. The Laurenz building should accommodate important functions: the museum administration, the library, the painting depot and the seminar for art history. This frees a number of rooms in the building— erected by Paul Bonatz and Karl Christ and one of the prominent museum buildings originating in the period between the great wars of the 20th century.

La propuesta del concurso se basó en la decisión de interferir lo menos posible en la antigua fábrica del museo, con el que no debía competir visualmente. La parte más destacada del proyecto es una ampliación —a modo de pabellón— que bordea el museo por su lado este y se conecta con él mediante un vestíbulo que ocupa el espacio situado entre el jardín de la Rabenhaus y el antiguo vestíbulo del edificio Laurenz. Un total de seis salas se distribuyen en tres filas paralelas, con iluminación a base de lucernarios cenitales y huecos laterales a modo de ventanas de visagra con hojas de vidrio esmerilado. En el sótano, que recibe luz natural a través de dos franjas de huecos situados sobre el nivel del suelo, se disponen los talleres, bajo los que se sitúan las zonas de almacén.

The competition project is based upon the fundamental decision to interfere as little as possible with the existing construction of the art museum and also not to compete with it visually. The heart of the scheme is a pavilion-like extension, which borders onto the museum in the east with a connecting hall, filling the open space between the garden of the Rabenhaus and the former exchequer hall of the Laurenz building. A total of six large halls are organised in three parallel rows; the lighting is provided by rooflights at the sides in the shape of casement windows with etched panes, as well as rooflight strips. In the basement, which is naturally illuminated by two skylight stripes above ground level, workshops are accommodated, below which storage rooms are situated.

El vestíbulo es de generosas dimensiones. El revstimiento de la fachada consiste en una superposición de rejillas metálicas de diferentes densidades que hacen referencia al tema de la perspectiva y la ocultación. Al mismo tiempoo, la fachada es una interpretación contemporánea y urbana de la idea de la celosía, típica de los pabellones de los jardines. La disposición de la planta y los lucernarios permitiría la ampliación del volumen actual al doble, o incluso al triple, si así se requiriese.

The hall building has generous dimensions; the outer layer of the façade is composed of superposed metal grids in different densities— it is a comment on the topic of perspective and concealment. At the same time, the façade is a contemporary, urban interpretation of the idea of trellises typical of garden pavilions. The disposition of the ground plot and the rooflights enables an extension of twice or even three times the present volume whenever more space is required.

La segunda intervención se centra en la planta baja del ala oeste del museo, donde se ubicaría la tienda y la cafetería/restaurante. La cafetería se vuelca hacia el patio del museo, mientras que el restaurante (con zona al aire libre) mira hacia el jardín situado entre el edificio Laurenz y el museo, y el bar —que se integra en el edificio de conexión— se orienta hacia la trinchera de St. Alban.

The second intervention concentrates on the ground floor zone in the western side wing of the art museum, where the museum shop and the cafe/restaurant are to be located. The cafe faces the museum court, while the restaurant (with outdoor premises) faces the garden between the Laurenz building and the museum, and the bar, which is integrated into the existing connecting building, faces the St. Alban trench.

La biblioteca se sitúa en el edificio Laurenz, donde el antiguo vestíbulo del banco funcionaría ahora como sala de lectura.

The library is located in the Laurenz building, where the former exchequer hall now functions as a reading room.

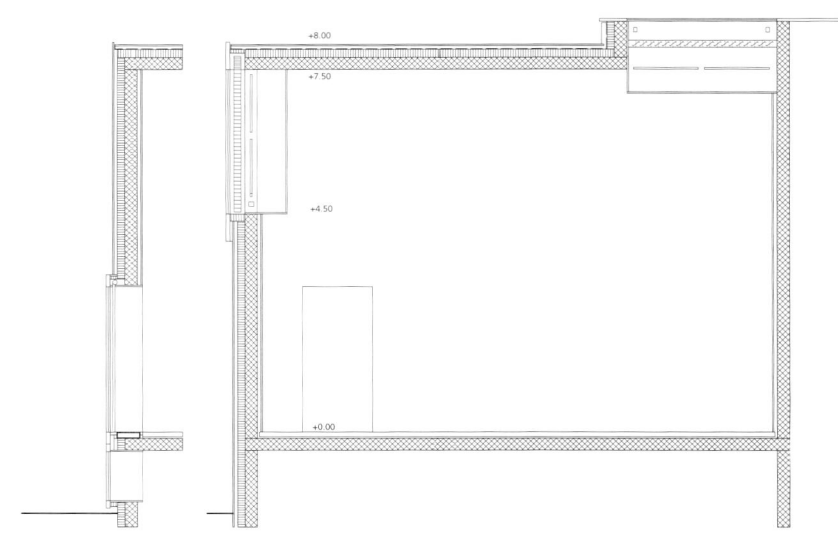

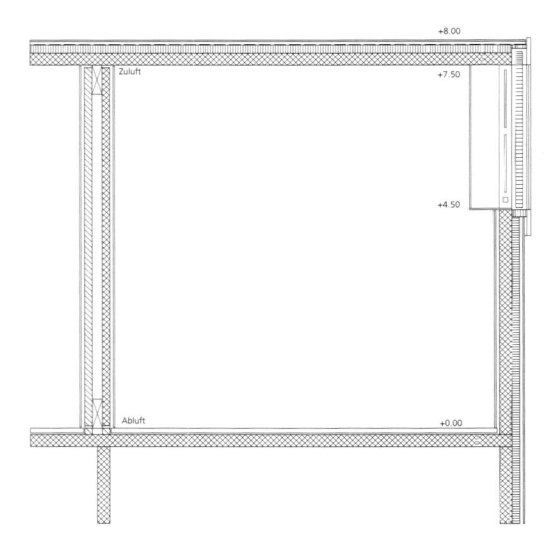

Detalles de sección / Section details

Salas de exposición / Exhibition spaces

Alzado Sur / South elevation

POSIBILIDADES DE AMPLIACIÓN / EXTENSIBILITY

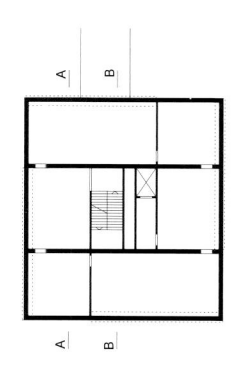

Planta superior / Upper floor plan

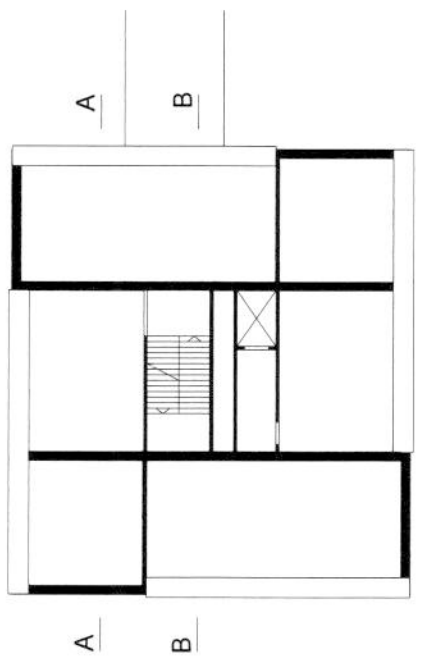

Planta superior, lucernarios / Upper floor plan, skylights

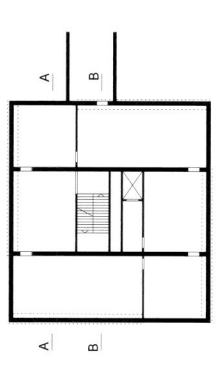

Planta baja / Ground floor plan

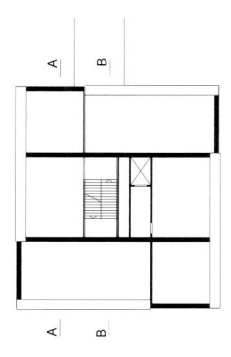

Planta baja, lucernarios / Ground floor plan, skylights

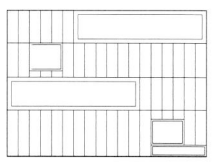

Alzado Oeste / West elevation

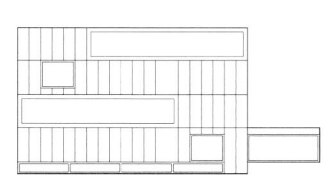

Alzado Sur / South elevation

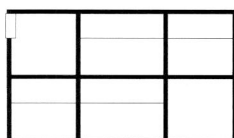

Sección AA / Section AA

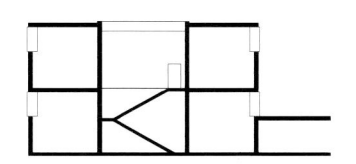

Sección BB / Section BB

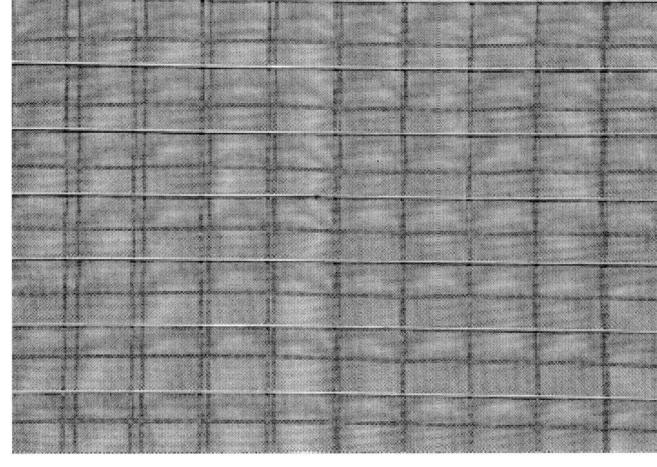

Detalle del revestimiento de fachada / Façade facing

CUBIERTA
- Rejilla metálica
- Sustrato, estera de fibra
- Aislamiento
- Hormigón
- Techo de yeso acústico cubierto de estera de fibra y revestido

ILUMINACIÓN CENITAL
- Doble acristalamiento, carpintería ancha de acero cromado
- Estructura metálica de barras horizontales
- Ventilación
- Calefacción
- Iluminación artificial: tubos fluorescentes
- Panel interior de vidrio, cauterizado, proyectado hacia el espacio, practicable

REVESTIMIENTO EXTERIOR
- Malla metálica poco tupida (para plantas trepadoras)
- Malla metálica tupida (para protección del aislamiento)
- Ventilación
- Aislamiento
- Muro de hormigón
- Rejilla con paneles de escayola, ventilada, con imprimación, revestida

ILUMINACIÓN CENITAL LATERAL
- Doble acristalamiento, paneles cauterizados, carpintería de acero cromado
- Barras verticales
- Ventilación
- Calefacción
- Iluminación artificial: tubos fluorescentes
- Vidrio interior, cauterizado, proyectado hacia el espacio

VENTANAS
- Doble acristalamiento, hojas transparentes extra-blancas, carpintería de acero cromado
- Carpintería interior metálica
- Persiana enrollable de tela
- Convector para calefacción por suelo radiante

SUELO
- Recubrimiento de hormigón granolítico, o terrazo pulido
- Circuito de suelo radiante
- Aislamiento
- Pavimento de cemento

ROOF
- Metal grating, overgrown
- Plant substrate, fibre matting
- Insulation
- Concrete
- Gypsum acoustic ceiling covered with fibre matting and coated

ROOF LIGHT
- Double-glazing, wide surrounding frame covering in chrome steel
- Horizontal lamellas in metal frames
- Ventilation
- Heating
- Artificial light: fluorescent tubes
- Interior glass pane, cauterised, protruding into the space, openable

OUTER WALL
- Wire mesh with loose weave (for climbing plants)
- Wire mesh with close weave (insulation protection)
- Ventilation
- Insulation
- Concrete wall
- Grate with plaster panels, ventilated, primed, coated

SIDE ROOF LIGHT
- Double-glazing, cauterised panes, surrounding frame covering in chrome steel
- Vertical lamellas
- Ventilation
- Heating
- Artificial light: fluorescent tubes
- Interior glass, cauterised, protruding into the space

WINDOWS
- Double-glazing, extra-white transparent panes, surrounding frame covering in chrome steel
- Interior surrounding metal frame
- Fabric rolling blind
- Floor heating convector

FLOOR
- Granolitic concrete or smooth terrazzo coating
- Underlay with floor heating
- Insulation
- Cement floor

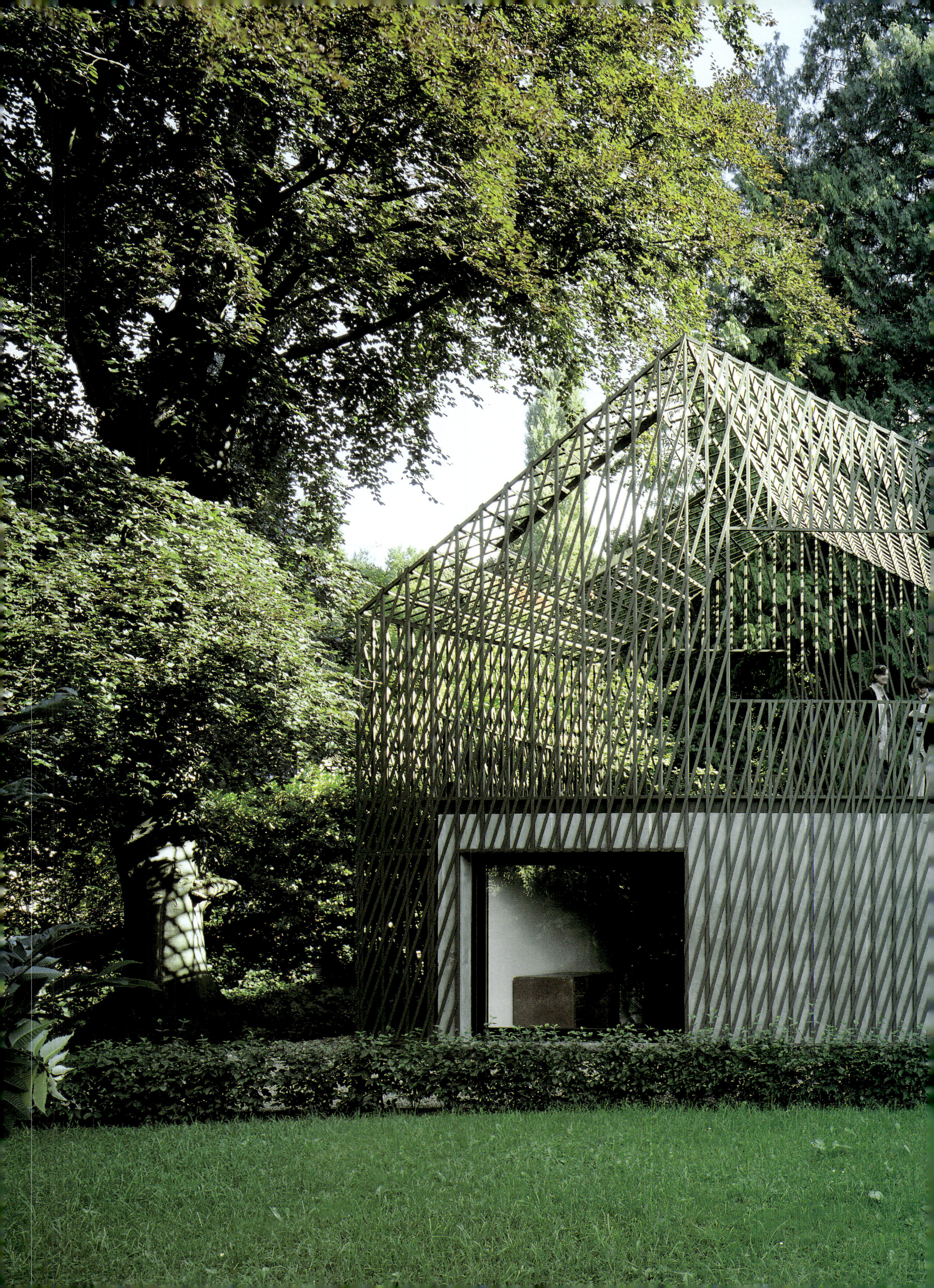

Remodelación y Ampliación de una Villa Histórica
Remodelling and Extension of a Historical Villa

KASTANIENBAUM, SWITZERLAND 2002 2004
SUIZA

Esta villa neoclásica tardía, situada en un gran parque con vistas hacia el lago de Lucerna, se construyó en 1860 como residencia de verano. Se cree que fue obra de Xaver Waller. Más de medio siglo después, en 1927, el interior de la casa se alteró sustancialmente; y el edificio se amplió para incorporarle una cocina.
El nuestro es un proyecto de remodelación con tres grados distintos de intervención: restauración (retirar, limpiar, consolidar y volver a colocar ciertos elementos primarios); adopción de una serie de medidas concretas y explícitamente dialécticas; y sustitución del anejo de la cocina realizado en 1927. Se decidió no reconstruir las características espaciales y estructurales del edificio original.

The late neoclassical villa in the Italian style was built in 1860 as a summer residence in a large park overlooking Lake Lucerne. It is thought to be the work of Xaver Waller. In 1927 the villa's interior was extensively altered and an extension built to house the kitchen.
Three different degrees of modification were involved in this project: restoration (removing earlier elements, cleaning them, conserving them and reinstalling them), a series of individual, explicitly dialectical measures and the replacement of the 1927 kitchen annex. It was decided not to reconstruct the spatial and structural characteristics of the original building.

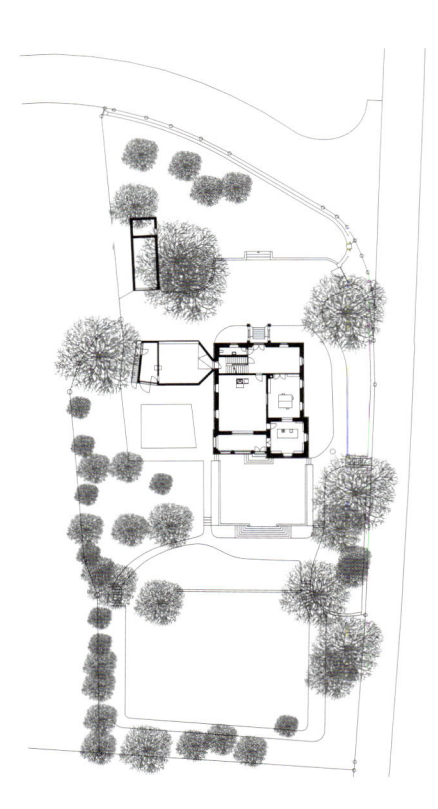

La restauración propuesta implicó la reparación de los muros de arenisca, el pulido y sellado de los suelos de madera y la colocación de doble acristalamiento en algunas ventanas aprovechando carpinterías y vidrios existentes. También merece la pena mencionar la pequeña habitación de la torre: tras retirar el papel pintado que cubría sus paredes, éstas mostraron una interesante pátina y una serie de dibujos a lápiz realizados por anteriores trabajadores, de modo que se decidió dejarla tal cual.
Las medidas concretas incluyeron la construcción de una chimenea de latón en el salón grande y la instalación de unos fogones de acero cromado en el centro de la cocina. La renovación de los cuartos de baño (cuyo emplazamiento se mantuvo) pertenece asimismo al segundo tipo de intervención, y se modificaron con nuevos accesorios y acabados, suelos de roble y paredes de espejos grabados no reflectantes. Se hizo una bañera exenta ex profeso para el mayor de ellos.
La actuación más radical fue demoler el añadido de la cocina, que era difícilmente recuperable. Su desaparición dejó sitio para construir un garaje con taller. A esta edificación, cuya cubierta sirve de terraza, puede accederse desde la casa y desde el jardín. Unas espalderas para vegetación cubren los muros de este edificio de hormigón y se prolongan más allá de la cubierta para crear una suerte de pabellón sobre la terraza. Así, el nuevo anejo adquiere dimensiones y proporciones que no desentonan con las de la casa. Rasgos típicos de las mansiones señoriales del siglo XIX —casas de verano y pabellones— se yuxtaponen y relacionan unos con otros y con lo existente.
La villa, su anejo y el terreno de alrededor se vinculan también desde el punto de vista cromático: el verde de la piedra arenisca tiene su eco en el hormigón tintado, y los tonos verde oliva de la espaldera casan con los de la vegetación del parque.

Proposed restoration involved repairing the sandstone walls, sanding and sealing the parquet flooring and transforming some single-glazed windows into double-glazed ones using existing wooden frames and glass. Of special note is the small room in the tower. Freed from wallpaper, the walls here exhibited such a remarkable patina, along with a number of pencil drawings made by previous workers, that it was decided not to renovate them.
Individual measures included the construction of a brass chimney with fireplace in the large salon and the installation of a chrome-plated steel range in the centre of the kitchen. The renovation of the bathrooms (the original positions of which were retained) likewise belongs to the second type of modification. They were furnished with new fittings, oak flooring and walls of etched, nonreflecting mirrors. A freestanding bath was custom made for the large bathroom.
The most radical intervention was the demolition of the kitchen annex, which was in poor repair. It was torn down to make room for a garage containing a workshop. The garage building, the roof of which serves as a terrace, is accessible from the house and from the garden. Trellises cover the walls of the one-storey concrete structure and continue up above the roof of the garage forming a kind of pavilion over the terrace. In this way, the annex acquires dimensions and proportions in keeping with those of the villa. Architectural features typical of nineteenth-century villa gardens —summer houses and outbuildings— are juxtaposed and relate to each other and to the house. The villa, the annex and the grounds are also linked in terms of colour: the green of the villa's sandstone is echoed in the coloured concrete and the olive-green hues of the trellises match the greenery of the park.

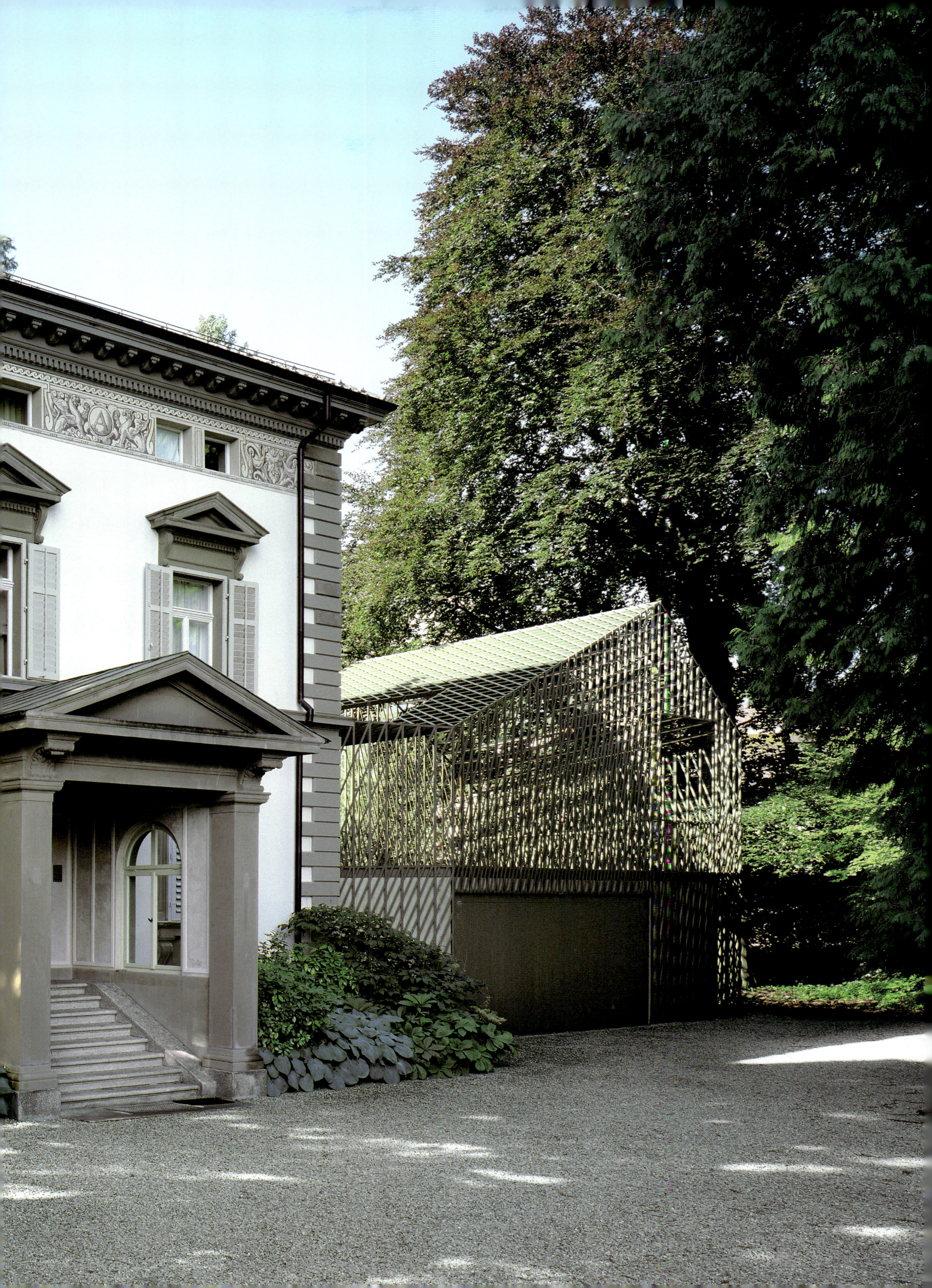

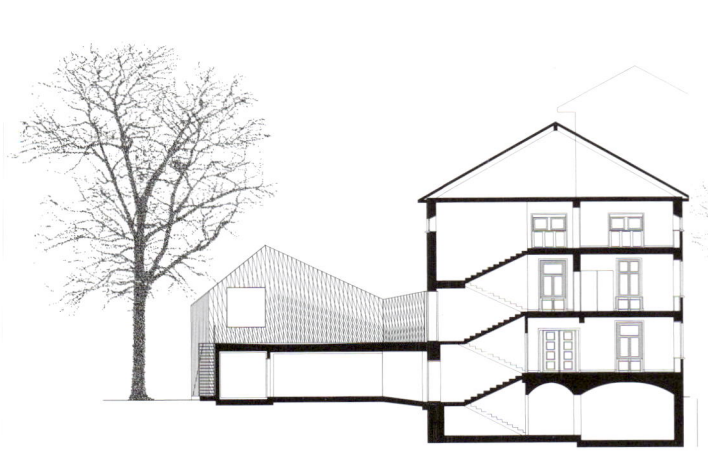

Sección transversal por escaleras y garage / Cross section through staircase and garage

Alzado Norte / North elevation

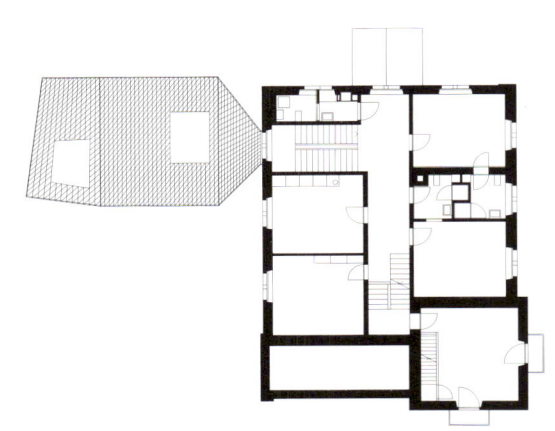

Planta segunda / Second floor plan

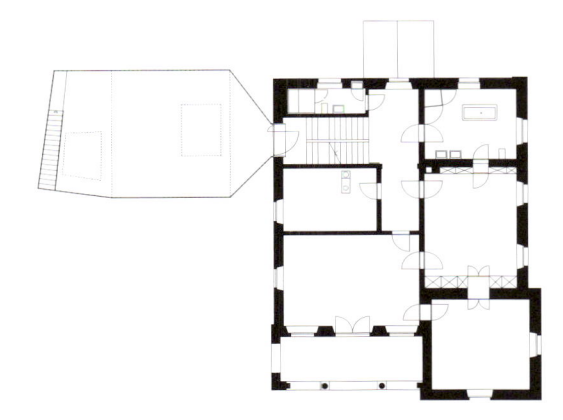

Planta primera / First floor plan

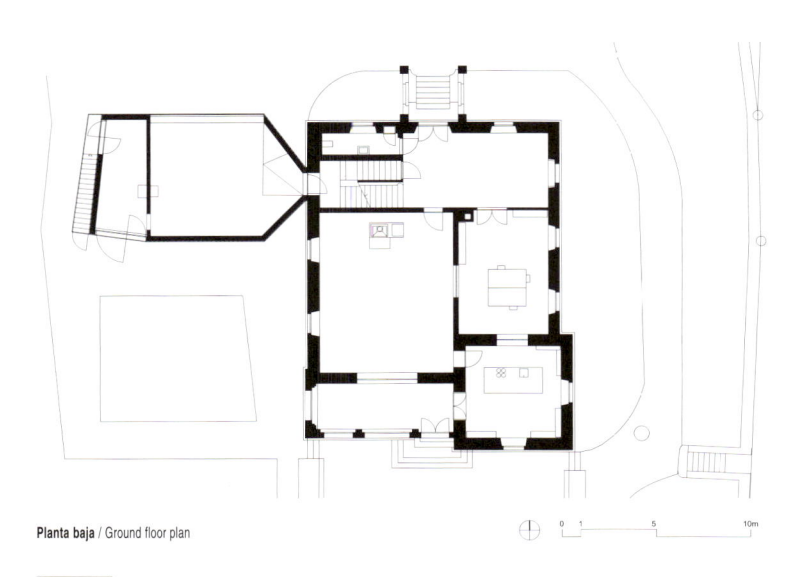

Planta baja / Ground floor plan

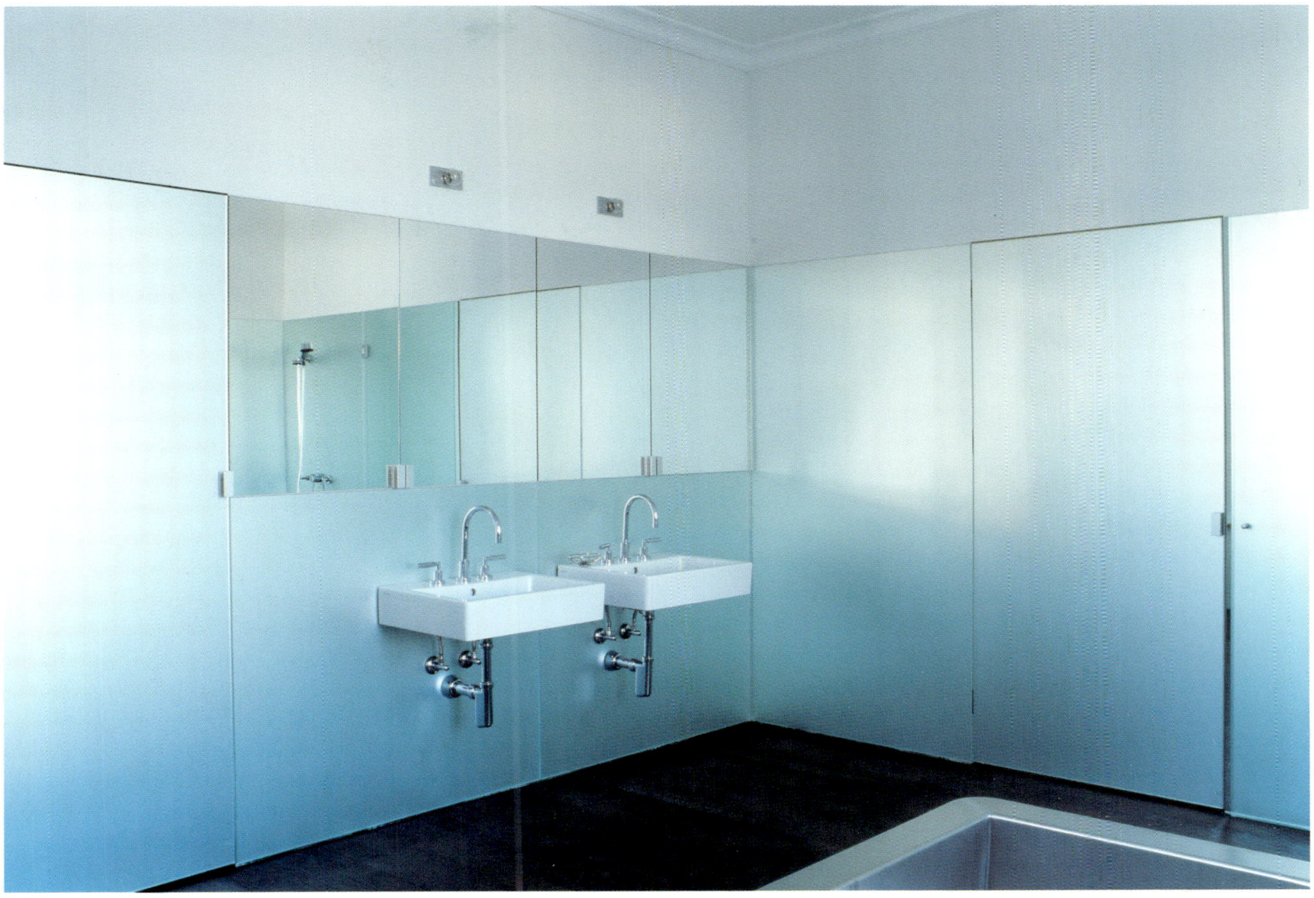

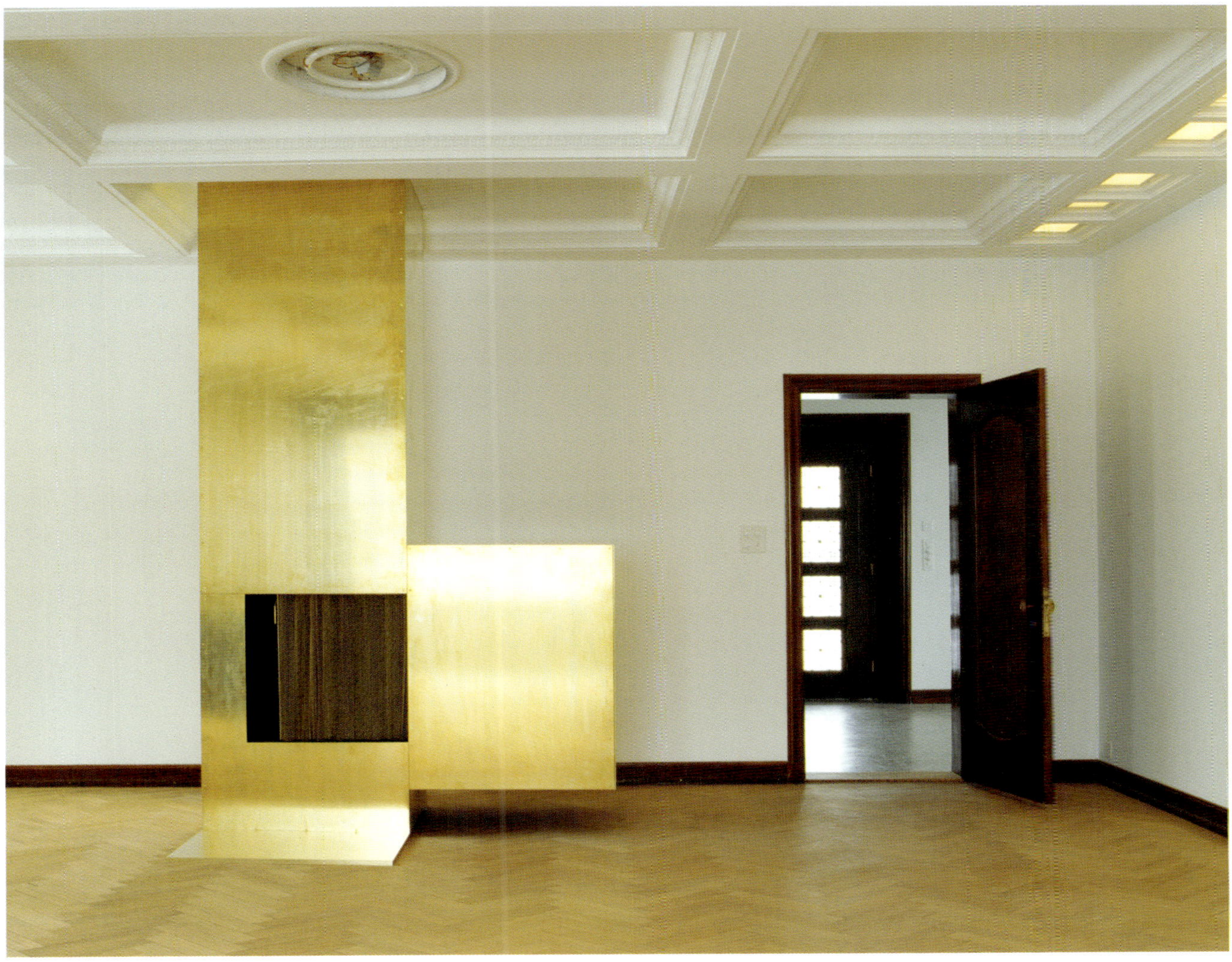

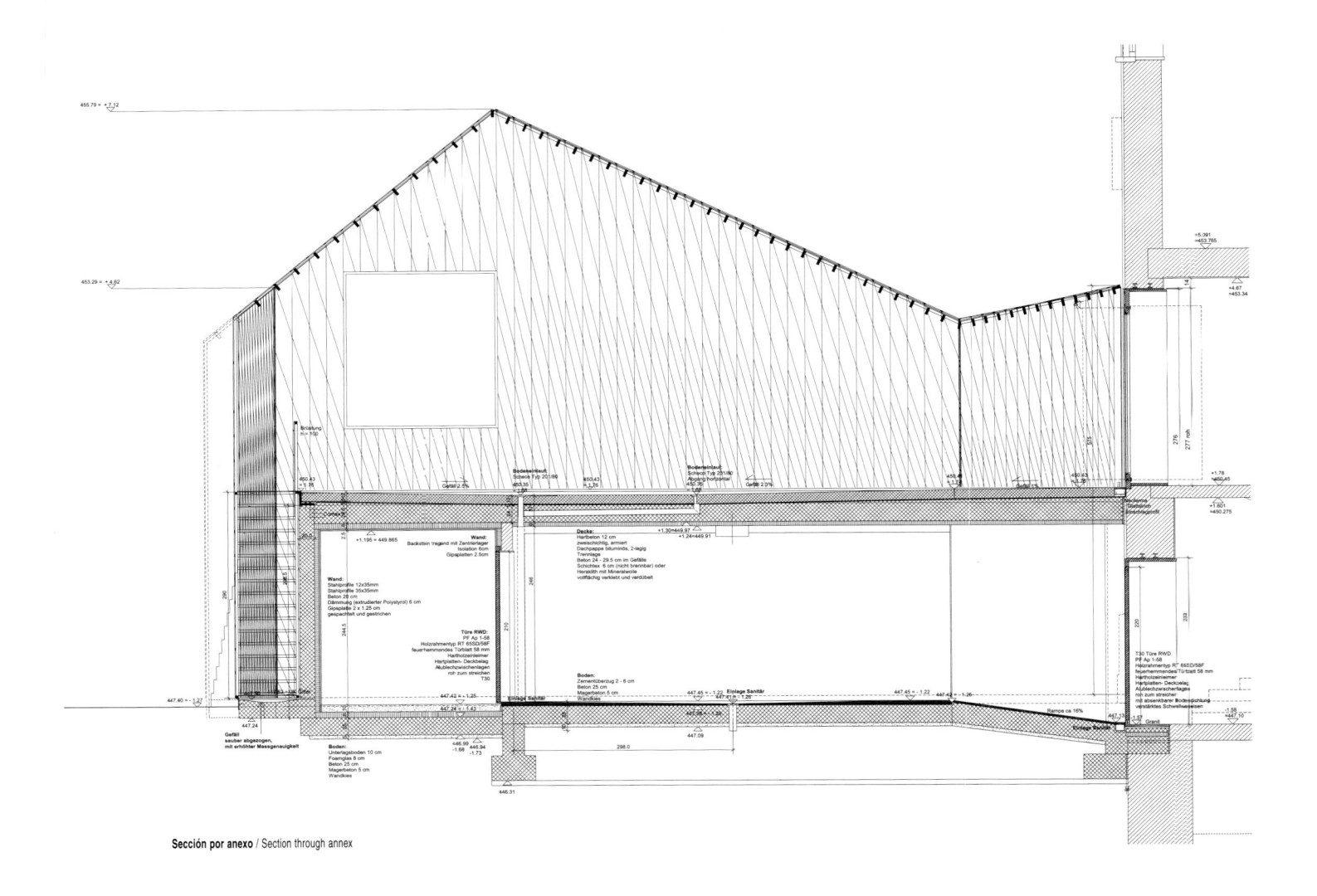

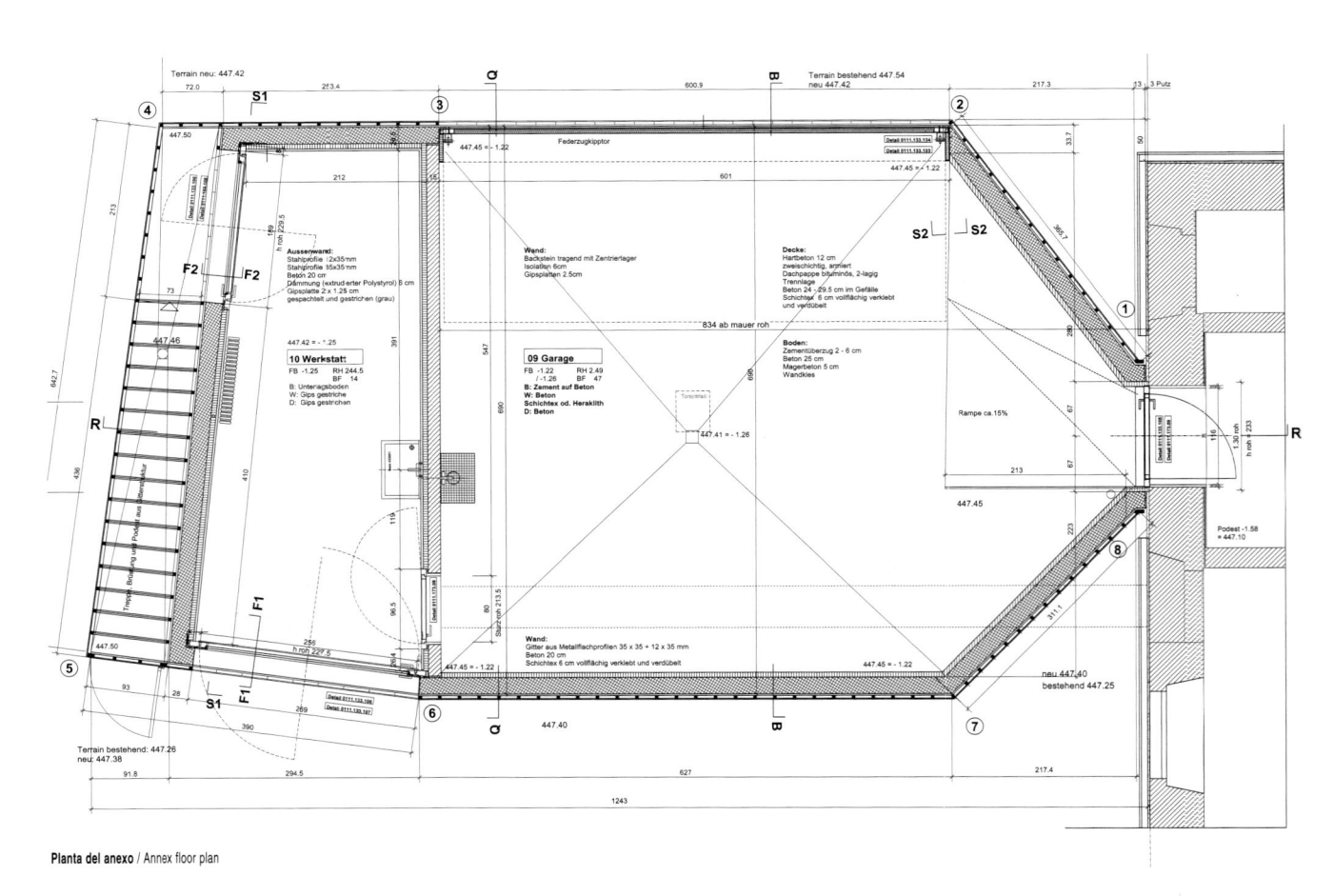

Sección por anexo / Section through annex

Planta del anexo / Annex floor plan

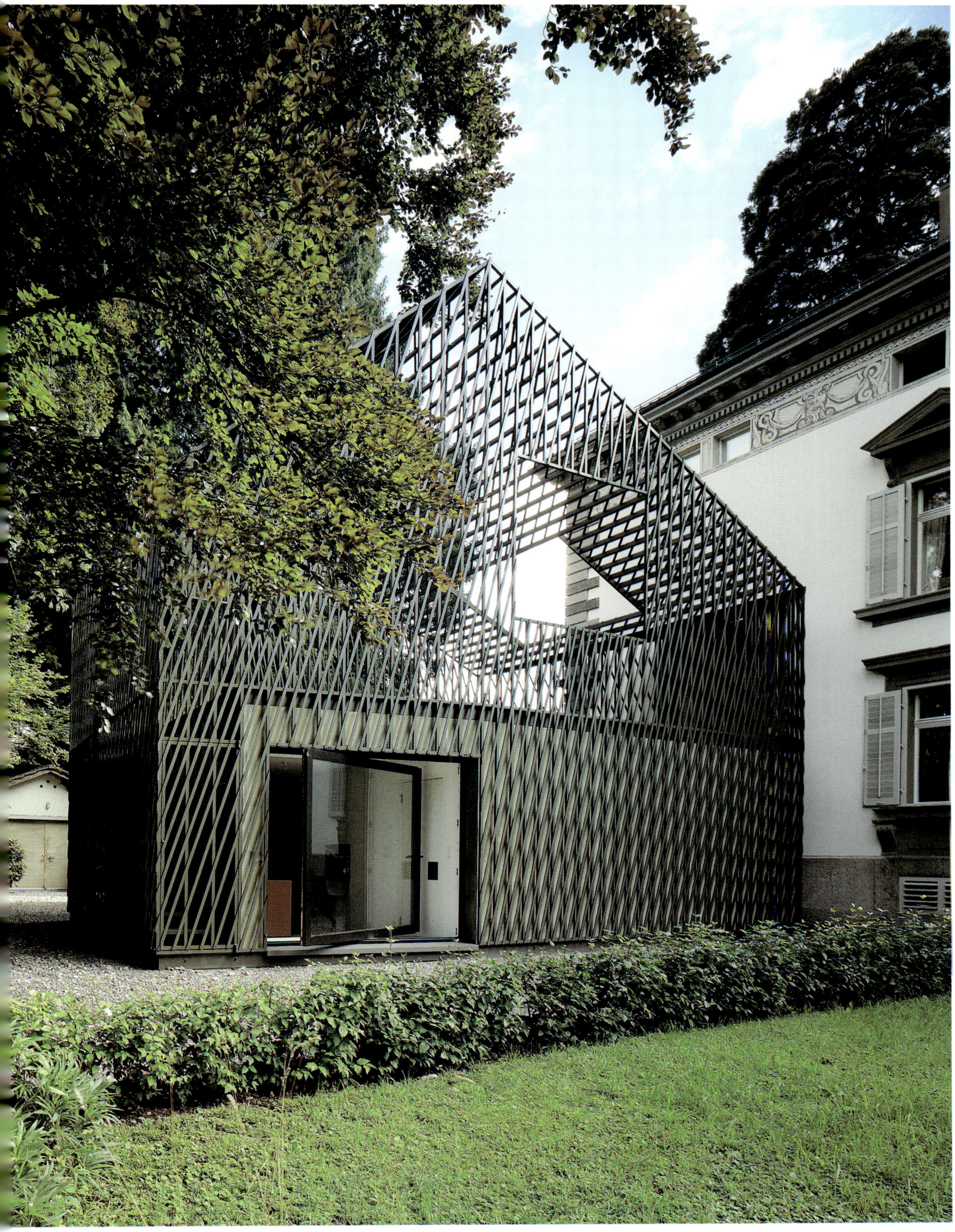

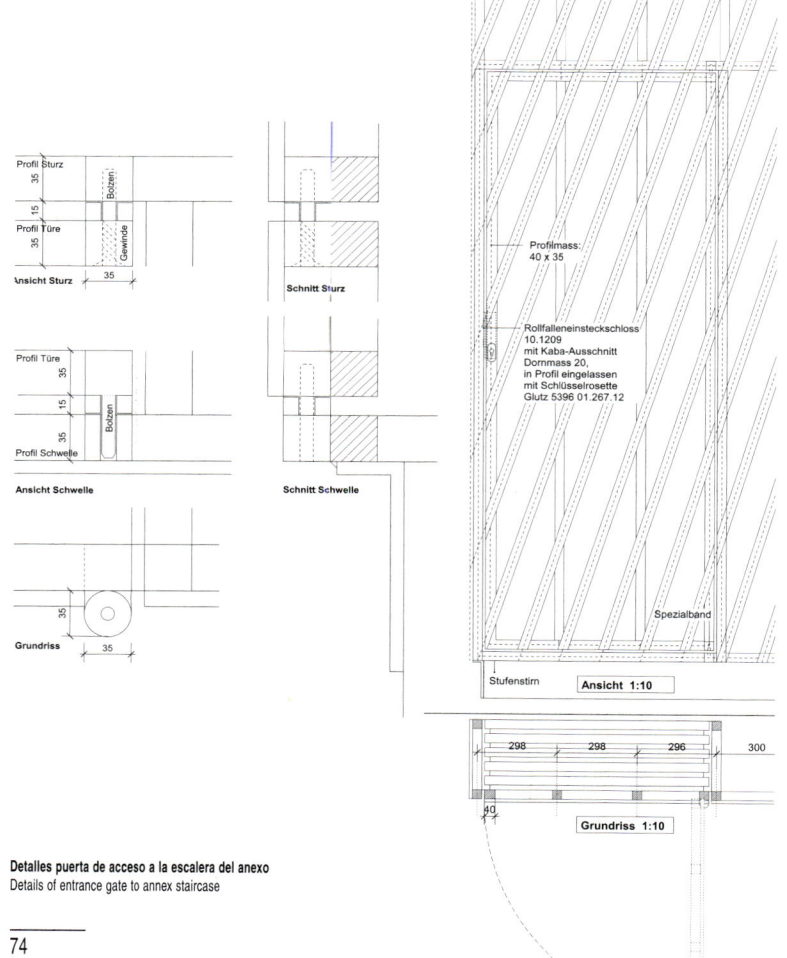

Detalles puerta de acceso a la escalera del anexo
Details of entrance gate to annex staircase

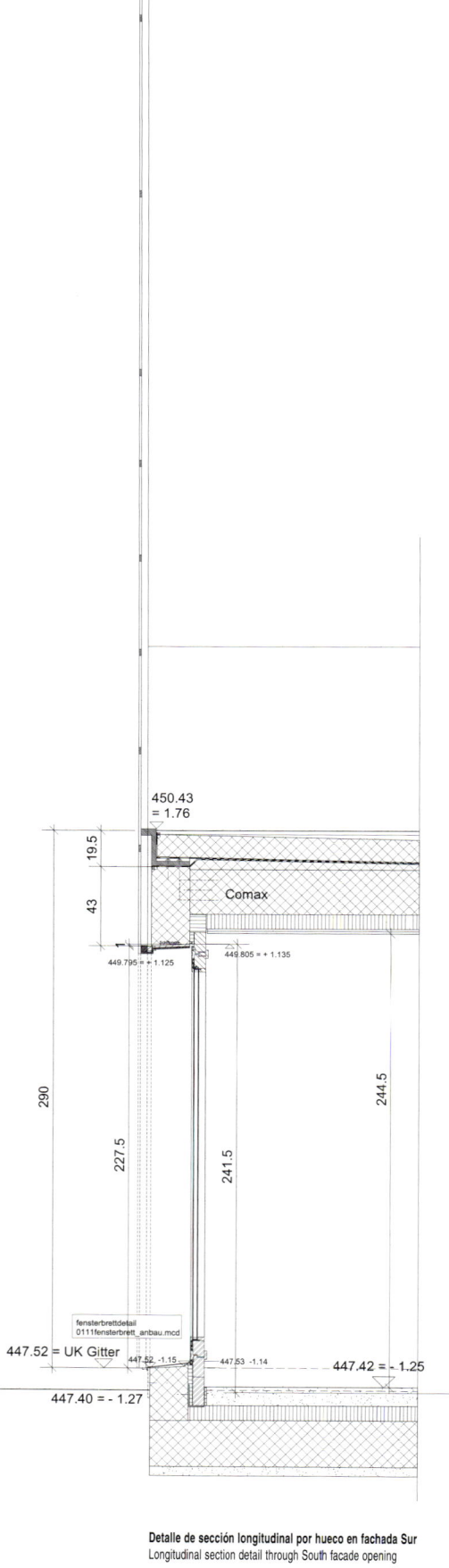

Detalle de sección longitudinal por hueco en fachada Sur
Longitudinal section detail through South facade opening

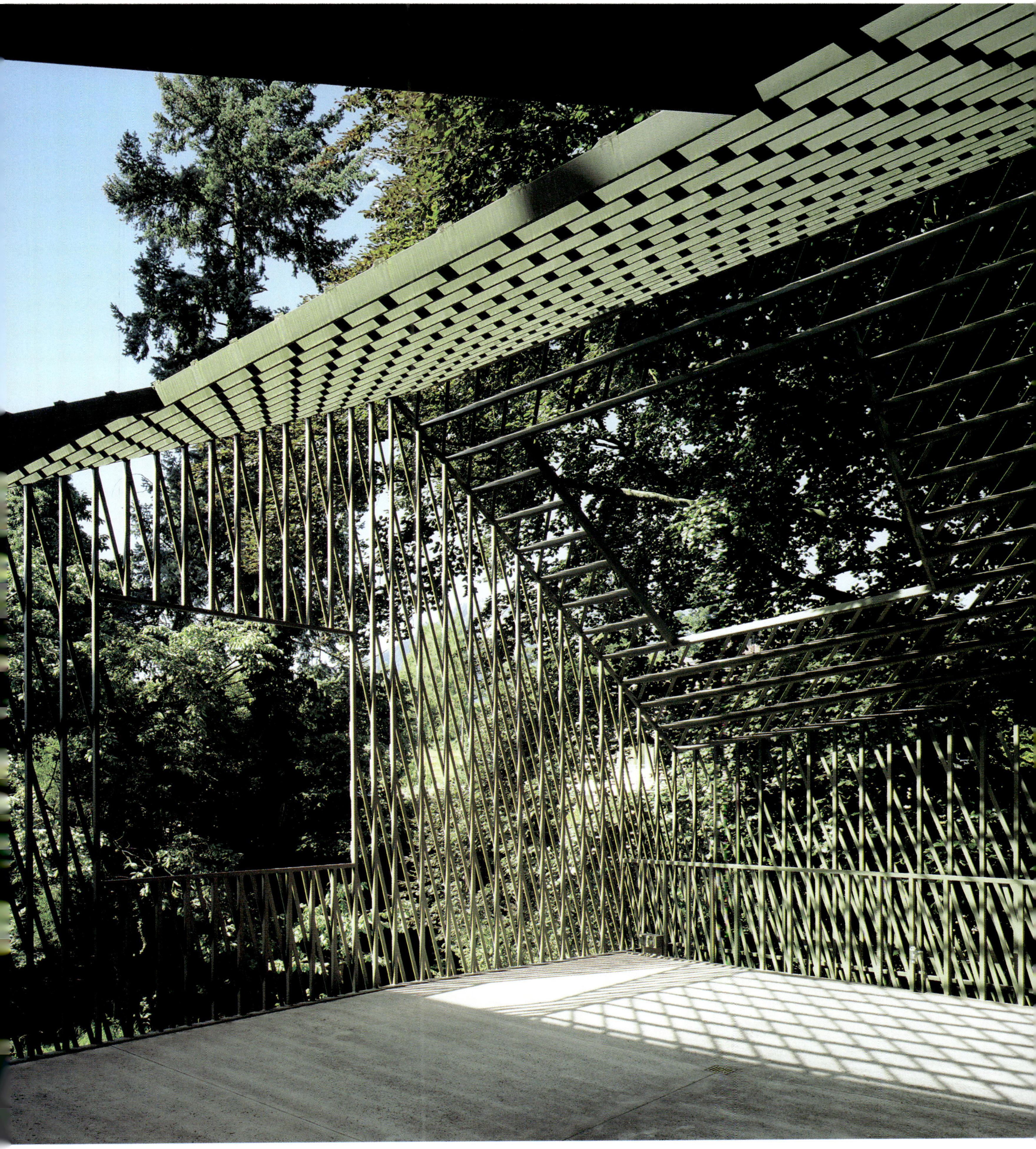

Depósito de Arte de la Galería Henze & Ketterer
Kunst-Depot Gallery Henze & Ketterer

SUIZA
WICHTRACH, BERN, SWITZERLAND 2002 2004

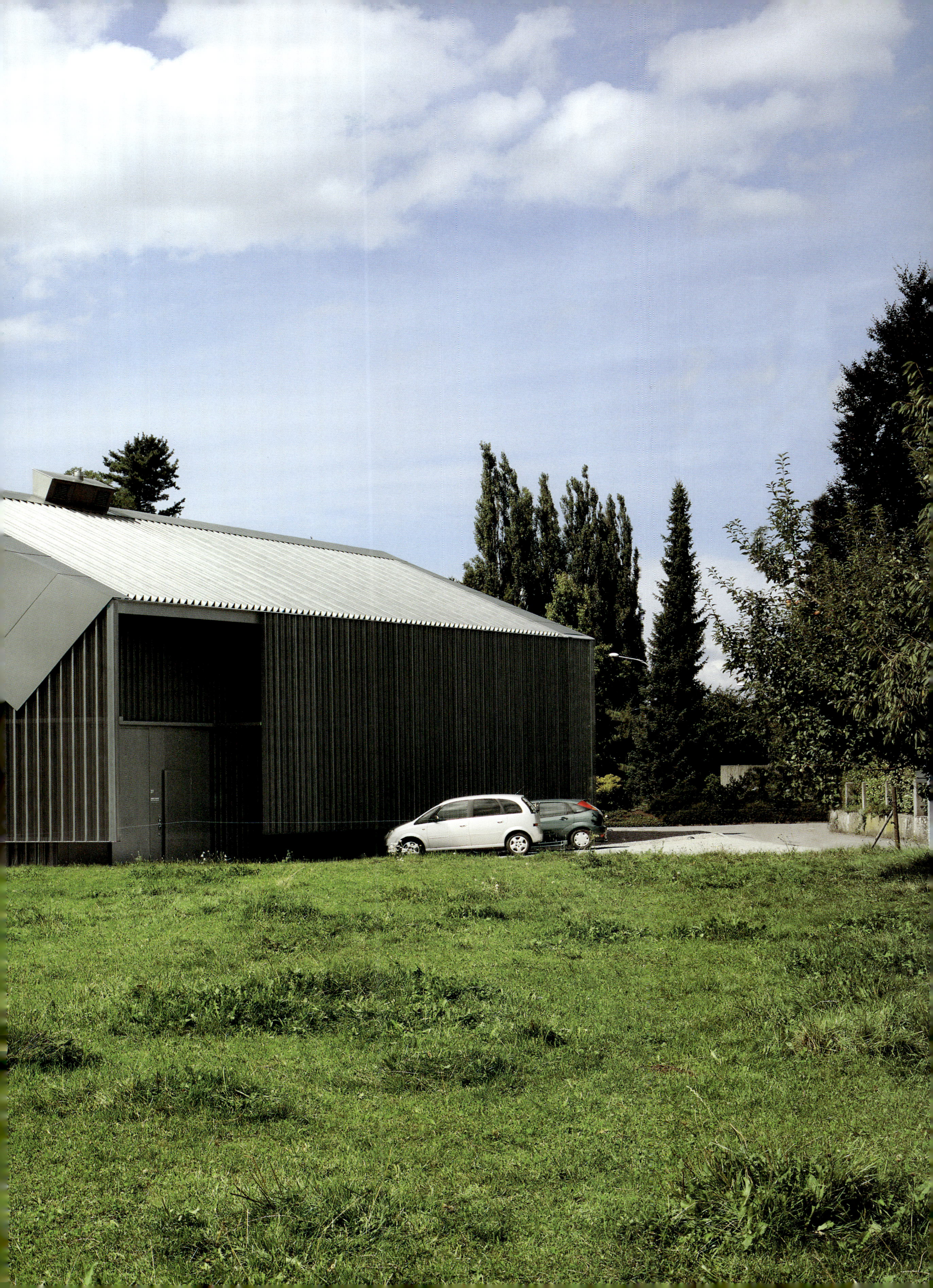

El depósito de arte de la galería Henze & Ketterer se diseñó como un lugar de almacenaje de piezas que a la vez pudiese funcionar como espacio expositivo. Pero debía ser un espacio no sólo accesible a las personas que desearan ver lo que en esos momentos no se exhibía en las salas de la galería —que se encuentra justo al lado—, sino preparado para acoger y presentar arte contemporáneo. A ese triple uso —almacén, exposición y galería— debían destinarse especialmente las dos plantas superiores, aunque en principio sólo la última de ellas se utilizaría también como galería.

The Kunst-Depot of the Henze-Ketterer Gallery is designed to provide storage space for works of art while also being able to function as a showroom: a showroom not only for clients who wish to look at a work that is not currently on display in the existing gallery nearby, but also a space that can be used for the presentation of contemporary art. The two aboveground floors in particular will allow all three types of use —storage, showroom, and gallery— although initially only the top floor will also be used as a gallery.

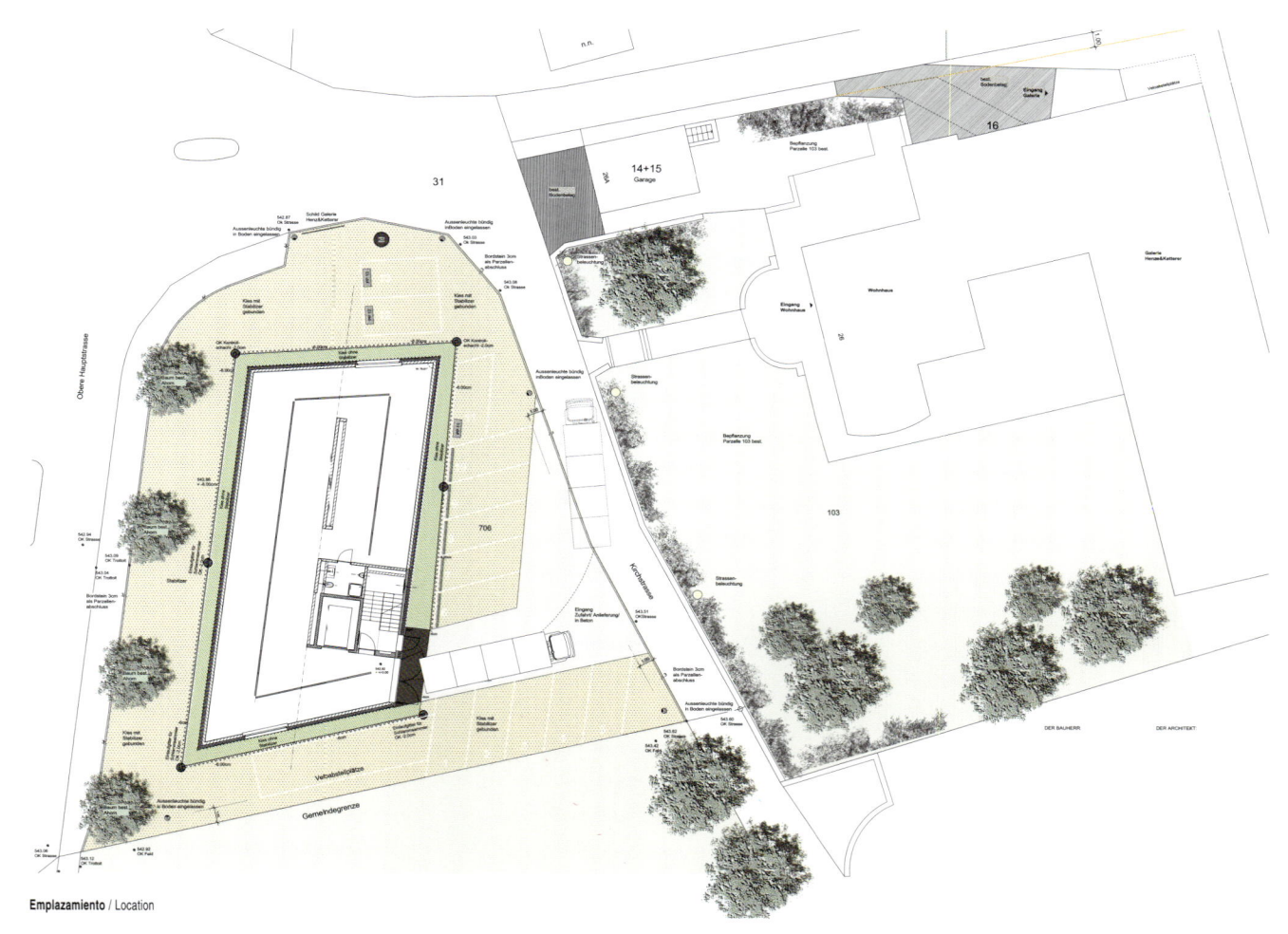

Emplazamiento / Location

Las plantas no se han subdividido, a excepción de un núcleo de servicio que incluye sala de descanso o cocina, y de un muro contenedor autoportante que puede utilizarse también como espacio auxiliar. Dos huecos situados en la planta baja y en la superior dejan entrar luz natural para contemplar las obras y proporcionar vistas exteriores. La calefacción y la humedad se controlan mediante un sistema integral. El medio es el aire.

The floors are not subdivided, except for a core for utilities and adjoining rest rooms or kitchen facilities as well as a hollow load-bearing wall in the middle which is also used for utilities. Two windows each on the ground floor and the top floor allow daylight viewing of the works as well as providing a view of the surroundings. Heating and humidity are managed by a complete climate control system. The medium is air.

Para garantizar un ambiente estable en el depósito de obras artísticas, el aislamiento y las dimensiones de la estructura portante se han maximizado: 20 cm de espesor y uso extensivo de hormigón; incluso la cubierta es de hormigón. Una capa independiente de paneles metálicos deployé o perforados contribuye a matizar la cantidad de luz que dejan pasar las ventanas y la propia fachada.

To ensure a stable climate inside the Kunst-Depot, the insulation and dimensions of the load bearing construction were maximised: the insulation is 20 cm thick and the load bearing structure consists largely of concrete; even the roof is concrete. The façade with a 'free-floating' layer of perforated sheet metal helps reduce the amount of sunlight that falls on the windows and the façade proper.

Tanto en la cubierta como para el revestimiento de las fachadas se han usado las lamas metálicas 'Tetra', habituales en la construcción de depósitos y almacenes. La particular imagen del edificio se deriva de haber dividido el revestimiento en partes con los huecos interiores, y otras con las perforaciones exteriores. Estas últimas parecen una cortina y funcionan como pantalla solar. Las planchas lisas y rectangulares se doblan sobre los extremos de la cubierta y se hacen eco de la planta baja del edificio, un trapezoide que es esencialmente un paralelogramo irregular.

Both the roof and the cladding of the façades consist of 'Tetra' metal sheeting, a material commonly used for warehouses. The distinctive look of the building comes from dividing the cladding into a perforated inner and perforated outer shell. The outer shell is like a curtain and functions as a sunscreen. The smooth, right-angled metal sheets folded over the edge of the roof echo the ground plan of the building, a trapezoid that is essentially an irregular parallelogram.

La planta baja resulta del objetivo de optimizar la configuración en campana del solar y obtener el máximo número de plazas de aparcamiento.

The ground plan resulted from the wish to optimise the use of the bell-shaped lot and provide a maximum number of parking spaces.

La forma del edificio está condicionada por la nomativa, que determinaba para el centro histórico de la población cubiertas a dos aguas y aleros que no desentonaran con el estilo tradicional y dominante de las granjas locales.

The shape of the building is largely determined by the building code, which calls for a saddleback roof and eaves in the historic center of the village to match the imposing style of the traditional local farmhouses.

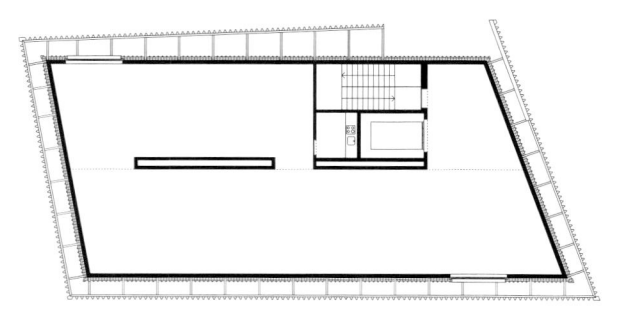

Planta alta / Upper floor plan

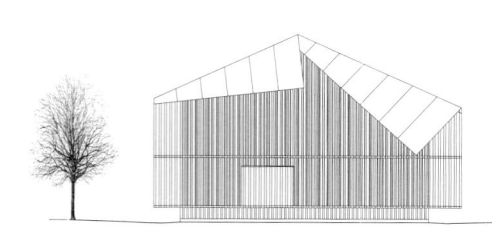

Alzado Sur / South elevation

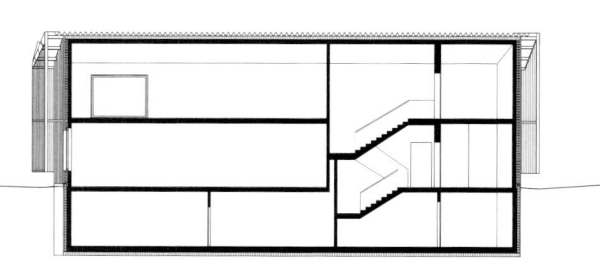

Sección longitudinal por escalera / Longitudinal section through staircase

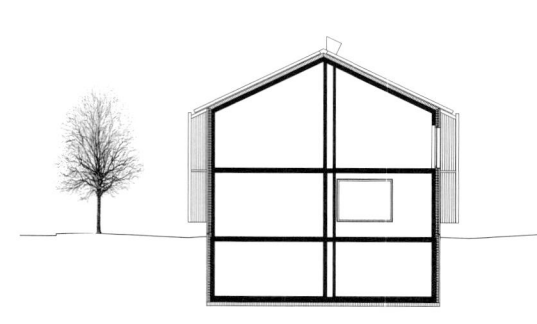

Sección transversal / Cross section

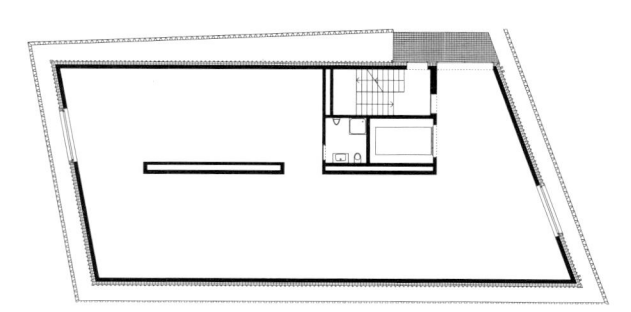

Planta baja / Ground floor plan

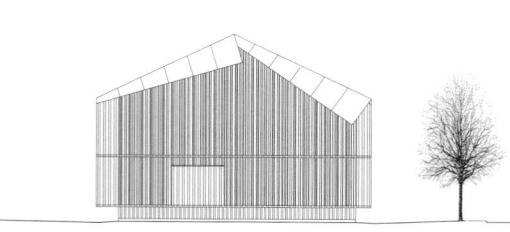

Alzado Norte / North elevation

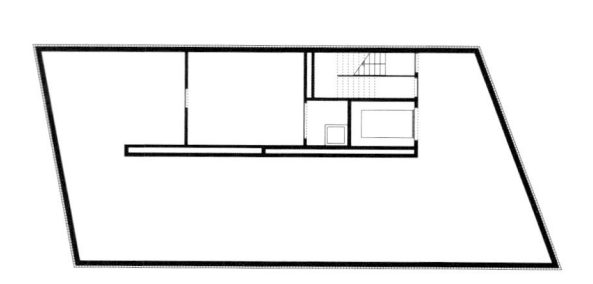

Planta sótano / Basement floor plan

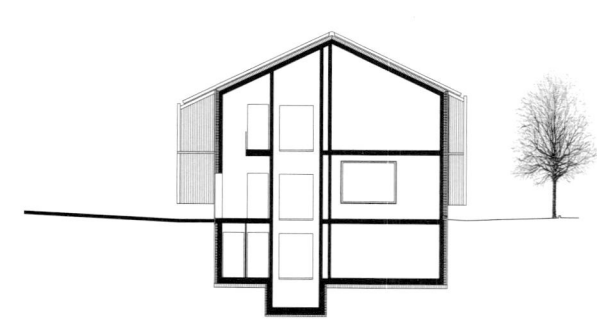

Sección transversal / Cross section

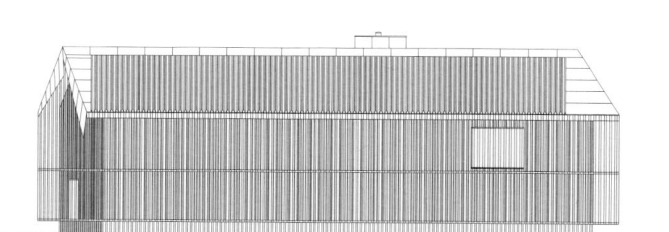

Alzado Oeste / West elevation

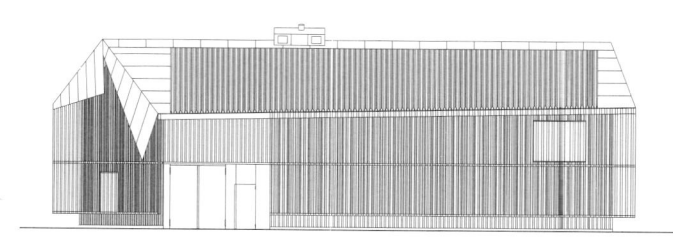

Alzado Este / East elevation

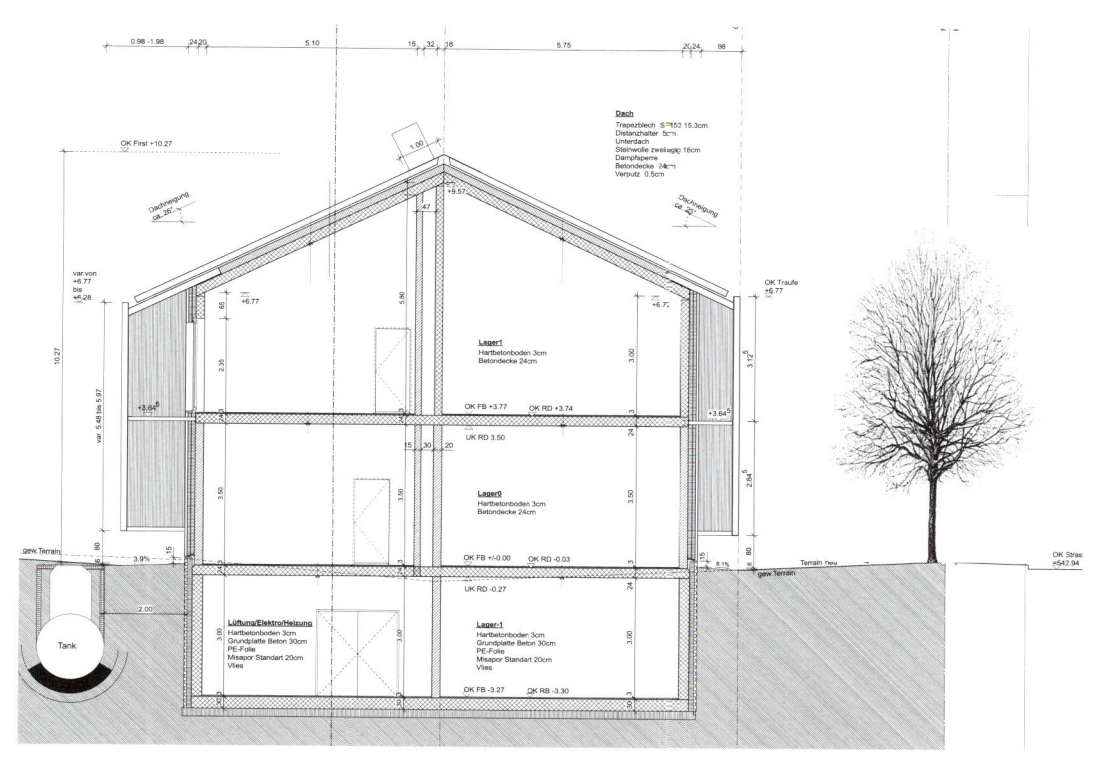

Sección transversal AA / Cross section AA

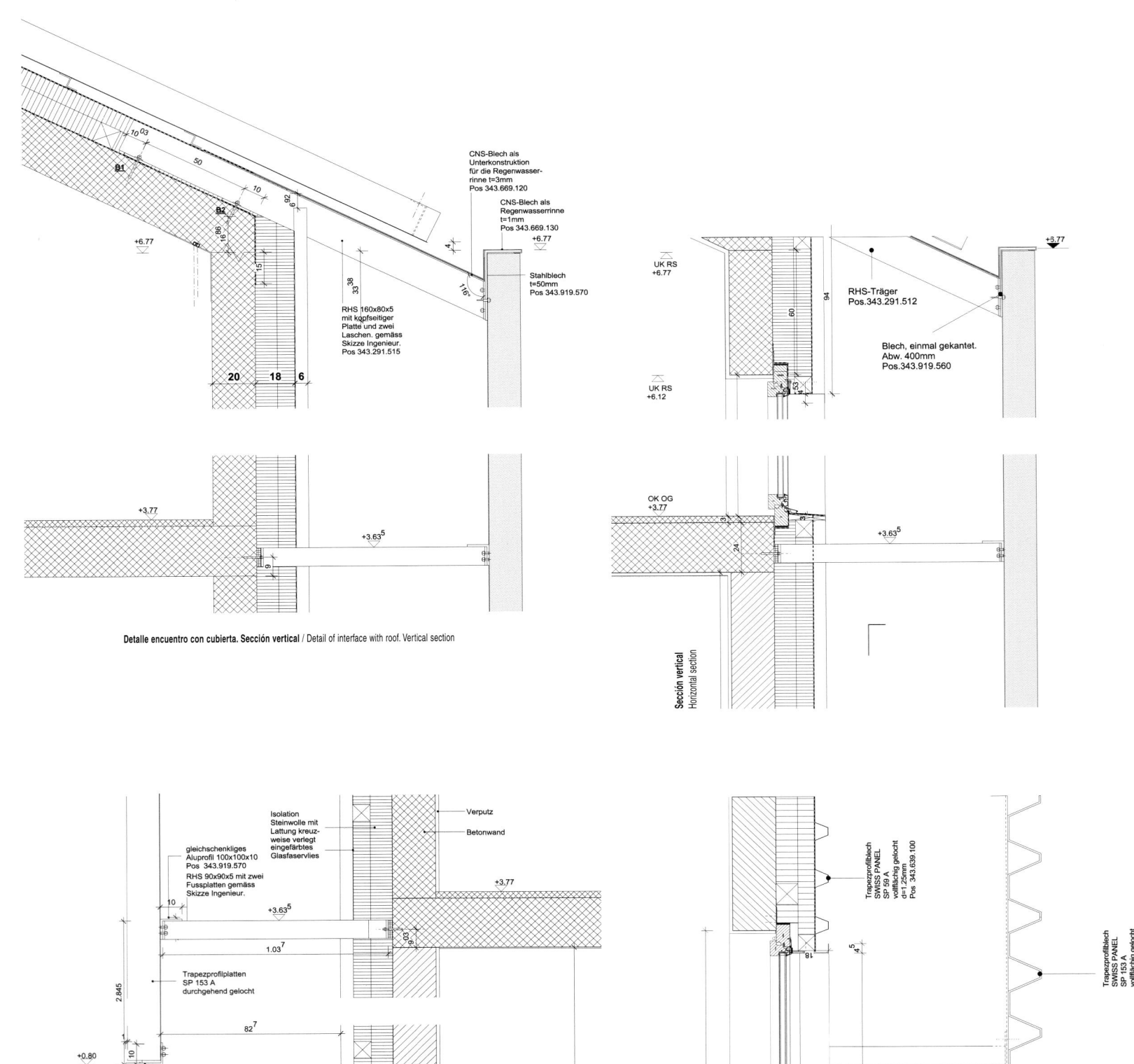

Detalle encuentro con cubierta. Sección vertical / Detail of interface with roof. Vertical section

Sección vertical / Horizontal section

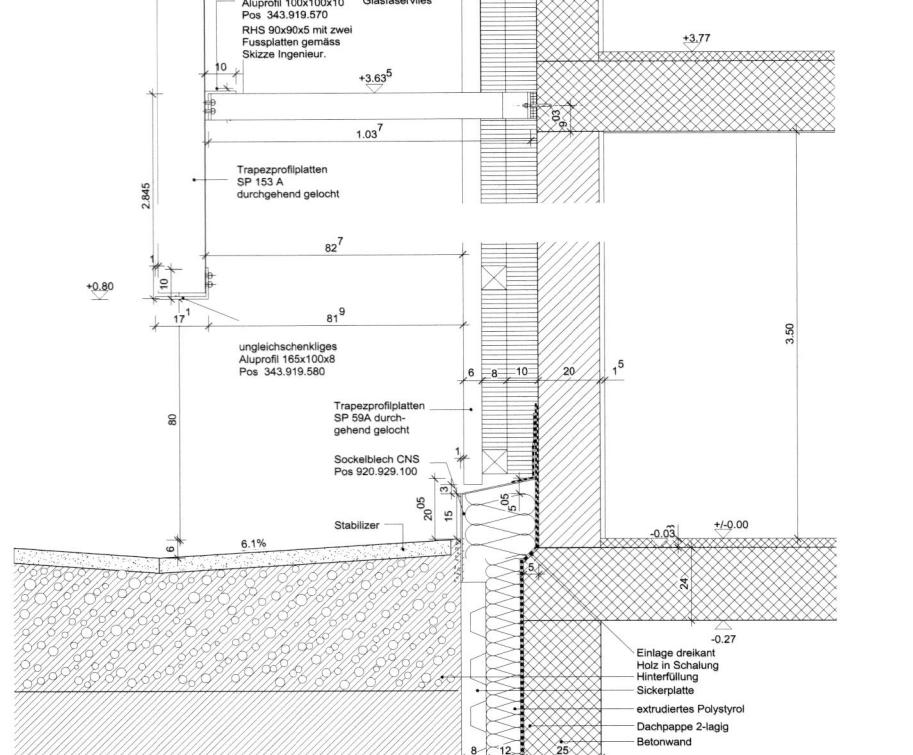

Detalle encuentro con suelo. Sección vertical / Detail of interface with floor. Vertical section

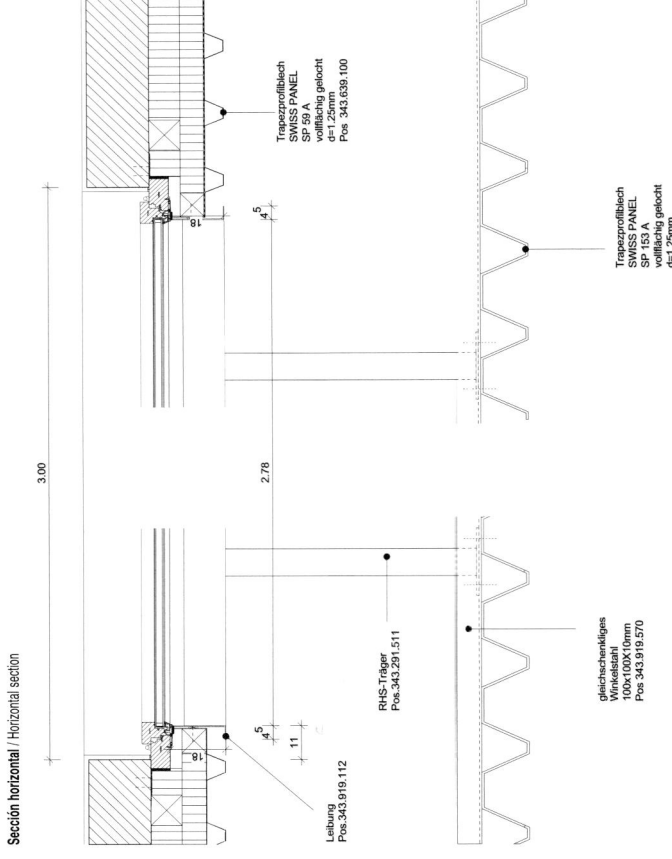

Sección horizontal / Horizontal section

Detalle de sección de cerramiento por hueco / Detail of wall section through opening

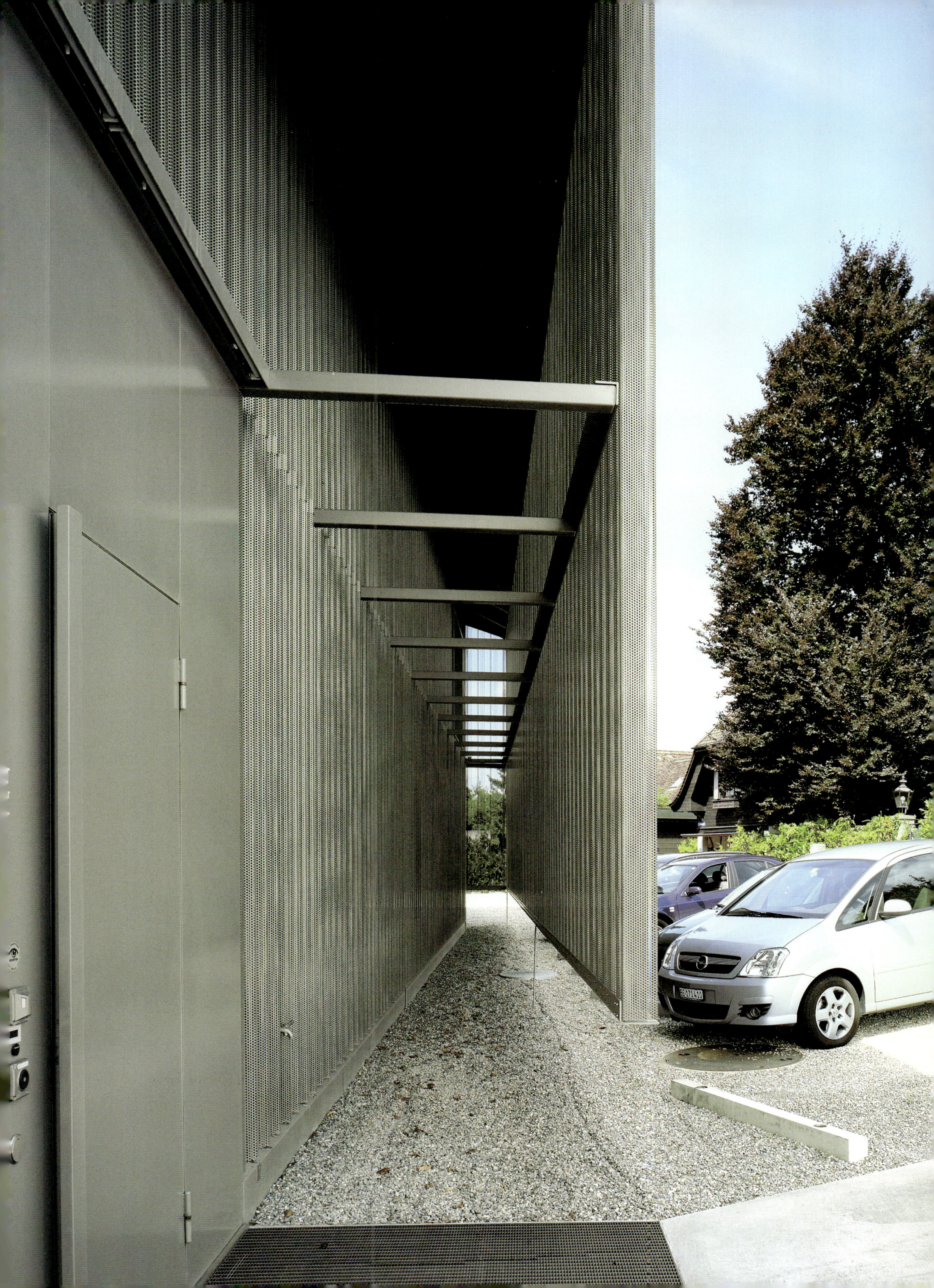

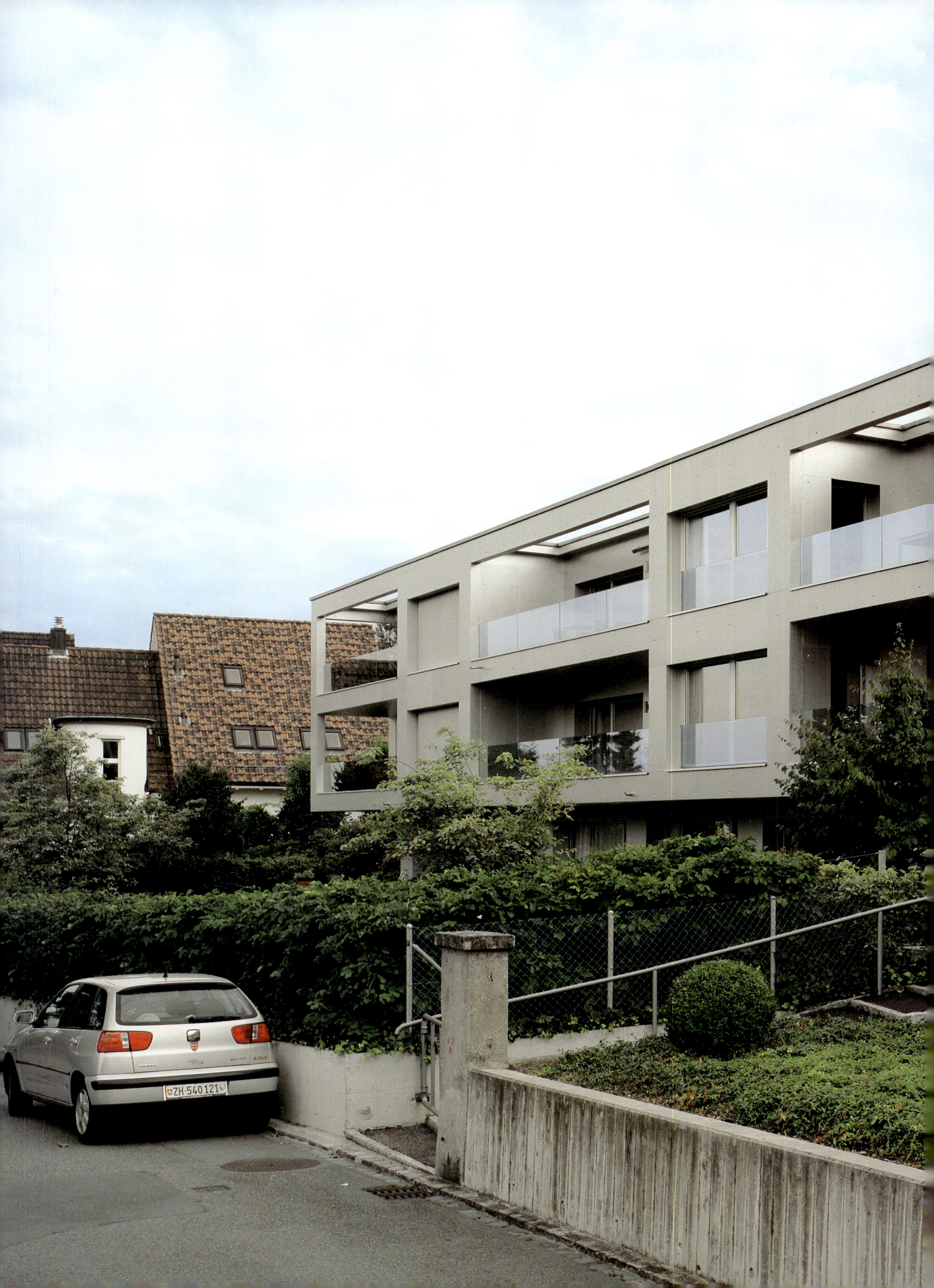
ZH·540 121

TRES CASAS UNIFAMILIARES EN HILERA, RÜSCHLIKON
THREE SINGLE FAMILY ROW HOUSES IN RÜSCHLIKON

SUIZA SWITZERLAND 2002 2005
CONCURSO PRIMER PREMIO COMPETITION FIRST PRIZE

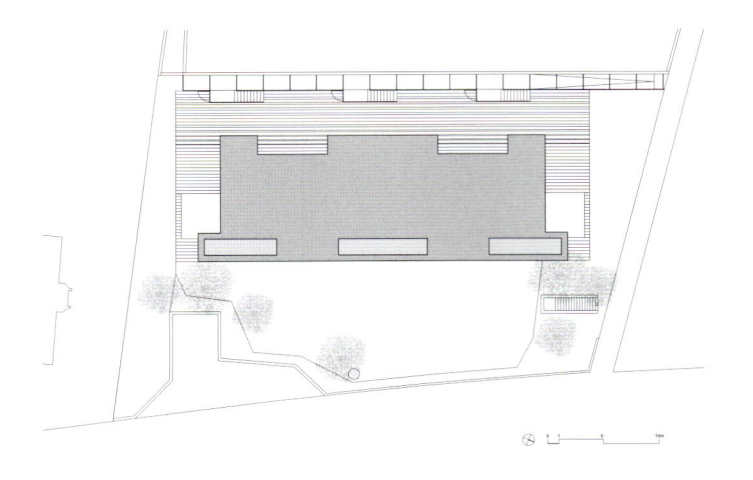

El edificio, que incluye tres unidades residenciales, es un volumen alargado y plano que discurre paralelo al lago, a la calle y a un muro de contención situado en medio de la propiedad. En las dos bandas de terrazas que recorren la fachada en toda su longitud sobresalen unos espacios a cubierto en los extremos que amplían el edificio por ambos lados y subrayan la orientación hacia el lago de las dos plantas superiores.

The building, comprising three residential units, is a long, flat volume that runs parallel to the lake, to the street, and to the supporting wall in the middle of the property. Two storeys of balconies running the entire length of the façade that faces the lake include overhanging indoor rooms that extend beyond the length of the building on both sides. They underscore the orientation towards the lake of the two upper storeys.

El cuerpo alargado del edificio junto con el muro de contención al oeste enmarcan las zonas de entrada en pendiente, definidas por escaleras metálicas a lo largo del muro,
The body of the building along with the supporting wall to the west creates a clearly defined slope-side entrance area. This is accessed by a metal staircase
el cual se pinta y coloniza con plantas trepadoras.
along the supporting wall, which is painted and overgrown with climbing plants.
Los volúmenes sobresalientes en ambos lados cortos marcan y protegen estas entradas, que dan acceso a las viviendas por la planta intermedia.
Overhanging volumes mark and protect the three entries, which access the units on the floor in the middle.
El edificio comprende tres plantas y garaje. Las zonas de estar, comedor y las terrazas se sitúan en la planta superior para aprovechar al máximo las vistas del lago. Bajo
The building consists of three floors with a parking garage underneath. The living and dining areas as well as the adjoining balconies are situated on the top floor
ella se encuentran, además de la entrada, dos generosas habitaciones de distintos tamaños que pueden usarse como estudios, para invitados o como dormitorios. Hay dos
of the building to take maximum advantage of the lake view. On the floor below, in addition to the entrance, there are two large rooms of different sizes, which can
habitaciones más en la planta baja, que se sitúa al nivel del jardín.
be used as studies, guest rooms or bedrooms. There are two more rooms on the ground floor, which is level with the garden. The interior —kitchen, bathrooms and
Los interiores —cocinas, baños y disposición de las estancias— se adaptaron a las necesidades de sus respectivos propietarios.
the arrangement of the rooms— were adapted to the needs of the respective owners.

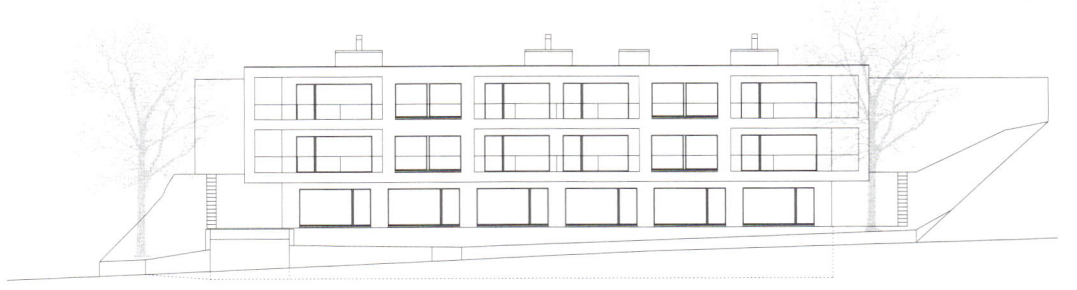

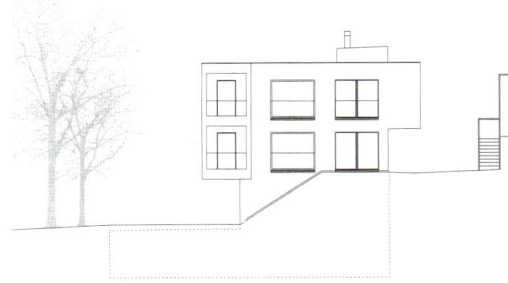

Alzado Este / East elevation

Alzado Norte / North elevation

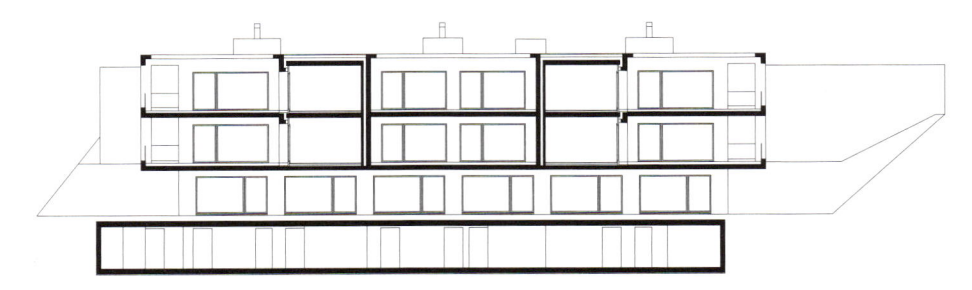

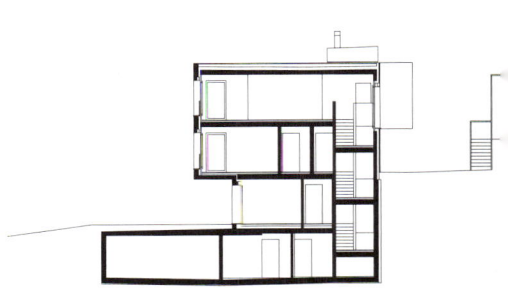

Sección longitudinal por balcones / Longitudinal section through balconies

Sección transversal / Cross section

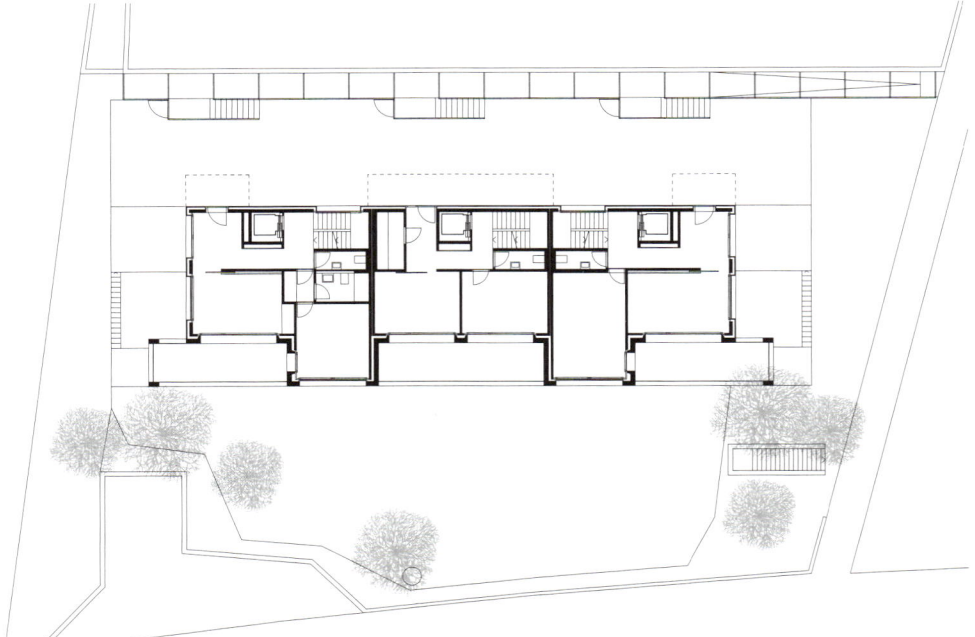

Planta baja / Ground floor plan

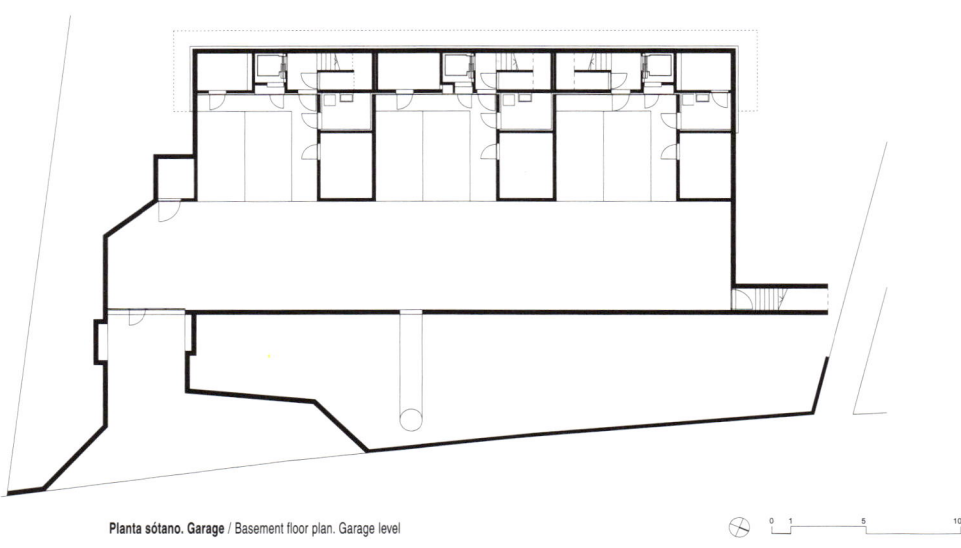

Planta sótano. Garage / Basement floor plan. Garage level

Gracias a los muros exteriores portantes, y a las particiones interiores, fue posible individualizar la planta de cada casa.
Thanks to loadbearing outside walls and interior partitions, it was possible to individualize the floor plan of each unit.

El cuerpo de terrazas que se asoma a la Weidstrasse es de hormigón; y las otras tres fachadas se revisten de paneles transventilados con un acabado en textura fina. Un color plata metálico e iridiscente unifica la construcción y, en combinación con el aluminio anodizado de las carpinterías de las ventanas, las balaustradas de vidrio y el aluminio de las persianas crea un efecto general de juego de reflejos luminosos.
The skeleton-like layer of balconies facing Weidstrasse is concrete, the other three façades are clad in rear-ventilated panels seamlessly covered with fine-grained plaster. A metal-like iridescent silver unifies the masonry and, in combination with the naturally anodized aluminium window frames, the glass balustrades that reflect the silver, and the aluminium steamed fabric blinds, it generates an overall effect based on the play and reflection of the light.

El color rosa del muro de contención que acompaña el camino de acceso contrasta y complementa el efecto metálico y plateado que colorea el edificio.
The pink of the supporting wall along the access path both contrasts and complements the over-all metallic and silver colouring of the building.

En la pradera de césped sobre el garaje y frente a las viviendas se disponen unos pocos árboles, mientras que los setos plantados en los límites de las parcelas aseguran las privacidad de las áreas ajardinadas. Bandas alargadas de hormigón se alternan con otras de grava en la zona de la entrada trasera y en los ámbitos de estancia al aire libre. Con plantaciones en hilera de tomillo en varios tonos de rosa, la cubierta amplía el efecto óptico de los jardines por encima de los edificios vecinos.
A few scattered trees are placed on the meadow in front of the building. Bushes along the borders of the lots ensure the privacy of the garden areas. Elongated bands of concrete alternate with gravel on the ground of the rear entrance space and the outdoor seating areas. The roof, planted with undulating rows of thyme in various shades of pink, optically extends the gardens of the neighbouring buildings above.

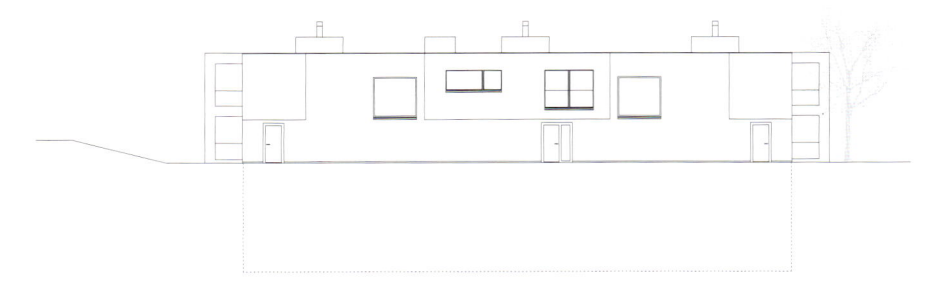

Alzado Oeste / West elevation

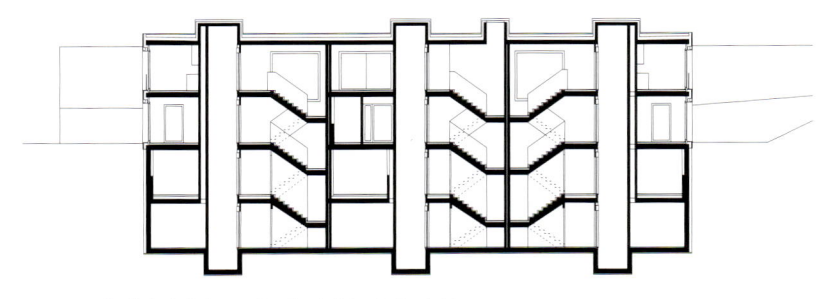

Sección longitudinal por escaleras / Longitudinal section through staircase

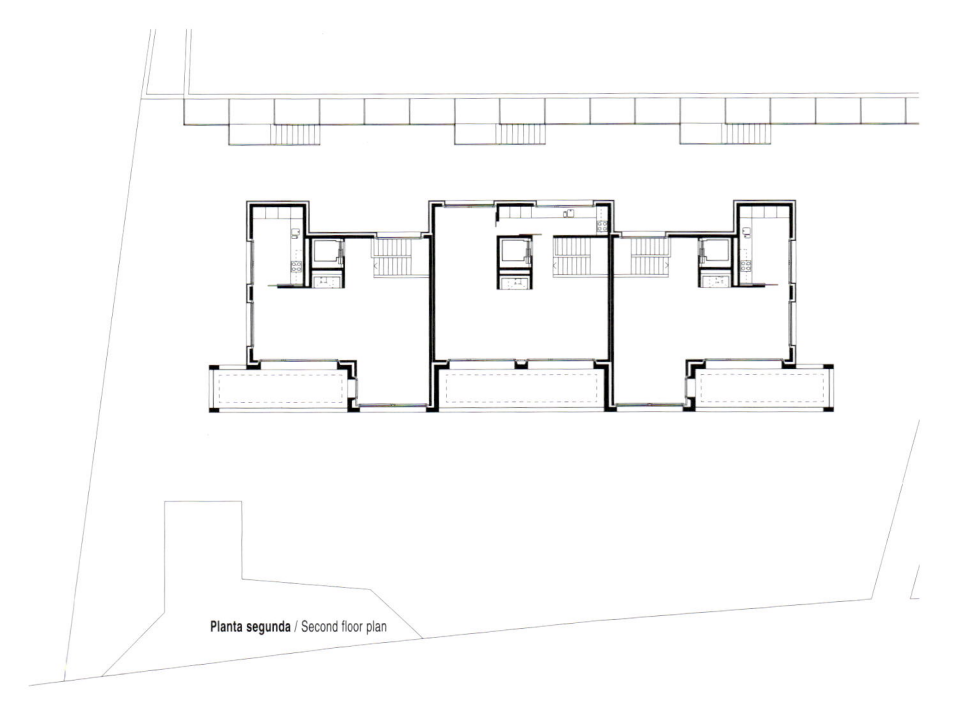

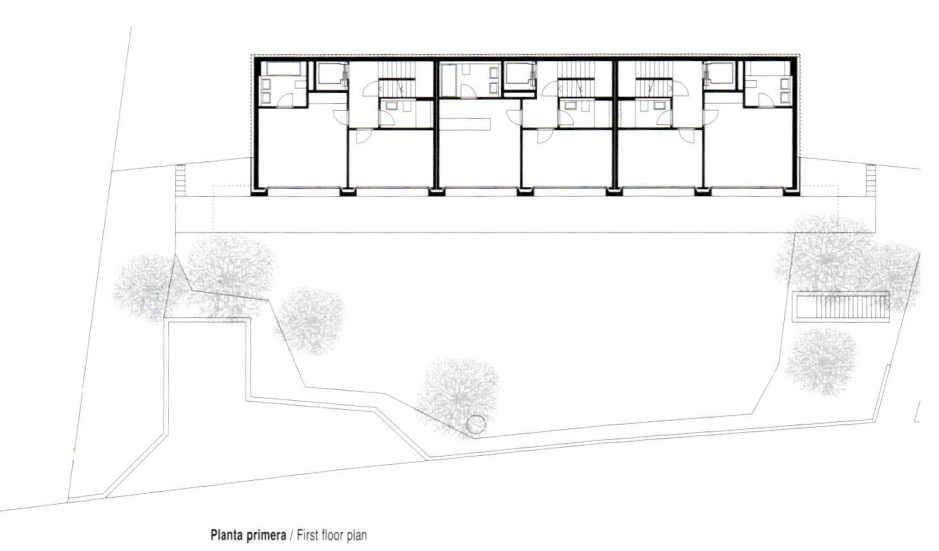

Planta segunda / Second floor plan

Planta primera / First floor plan

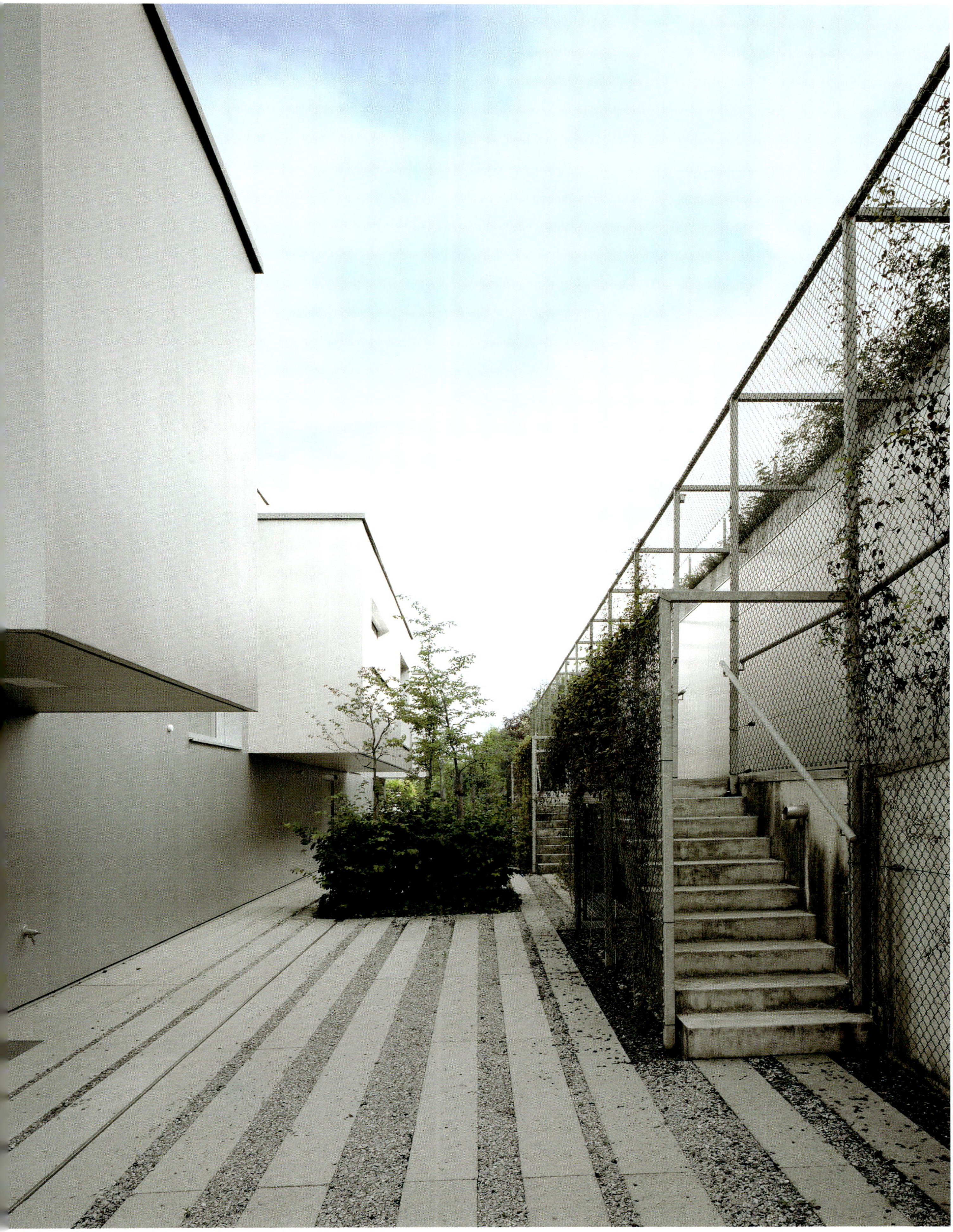

Sección transversal / Cross section

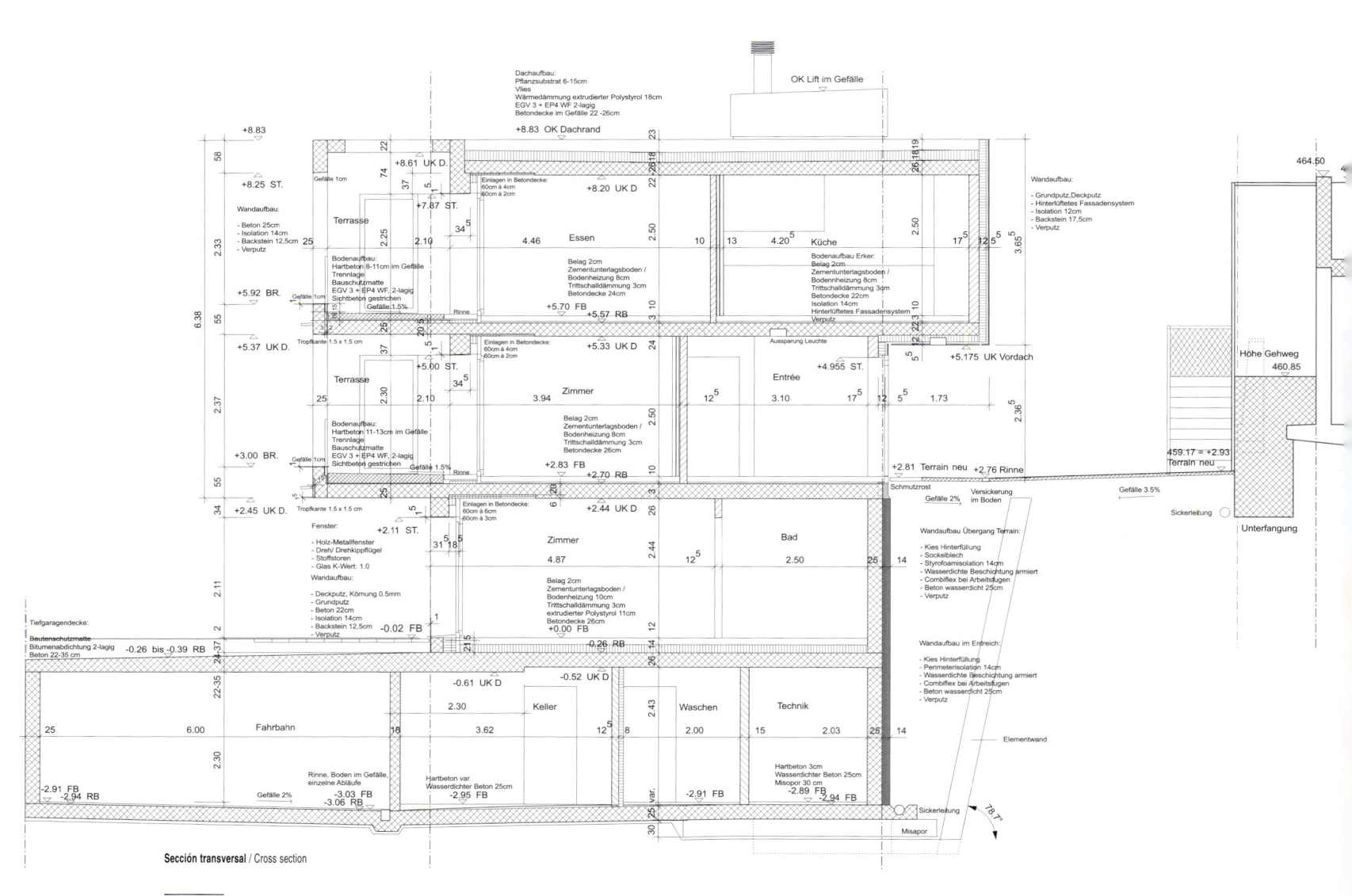

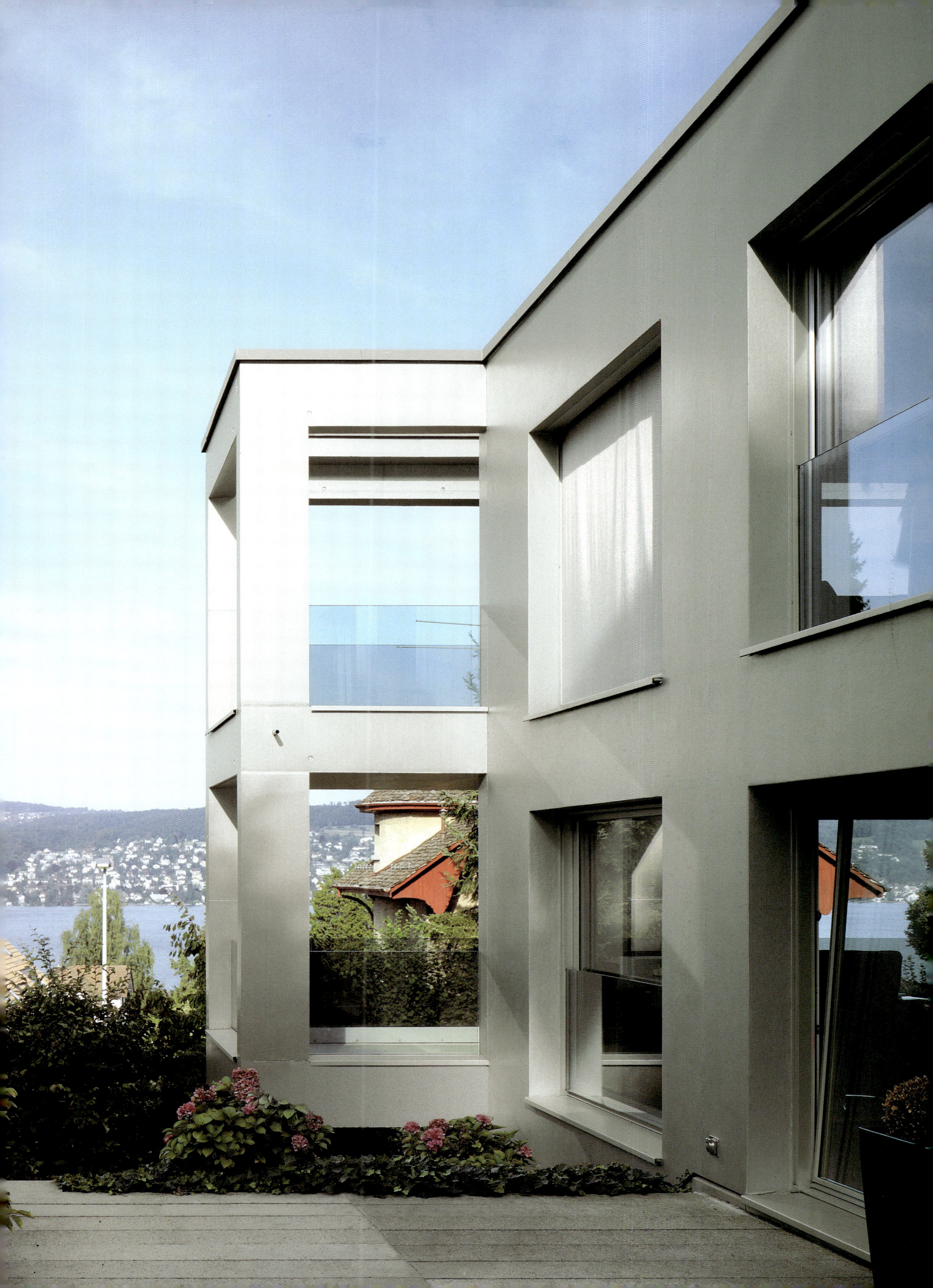

Edificio Residencial y Comercial en Almere
Residential and Retail Building in Almere

PAÍSES BAJOS
THE NETHERLANDS 2002 2007

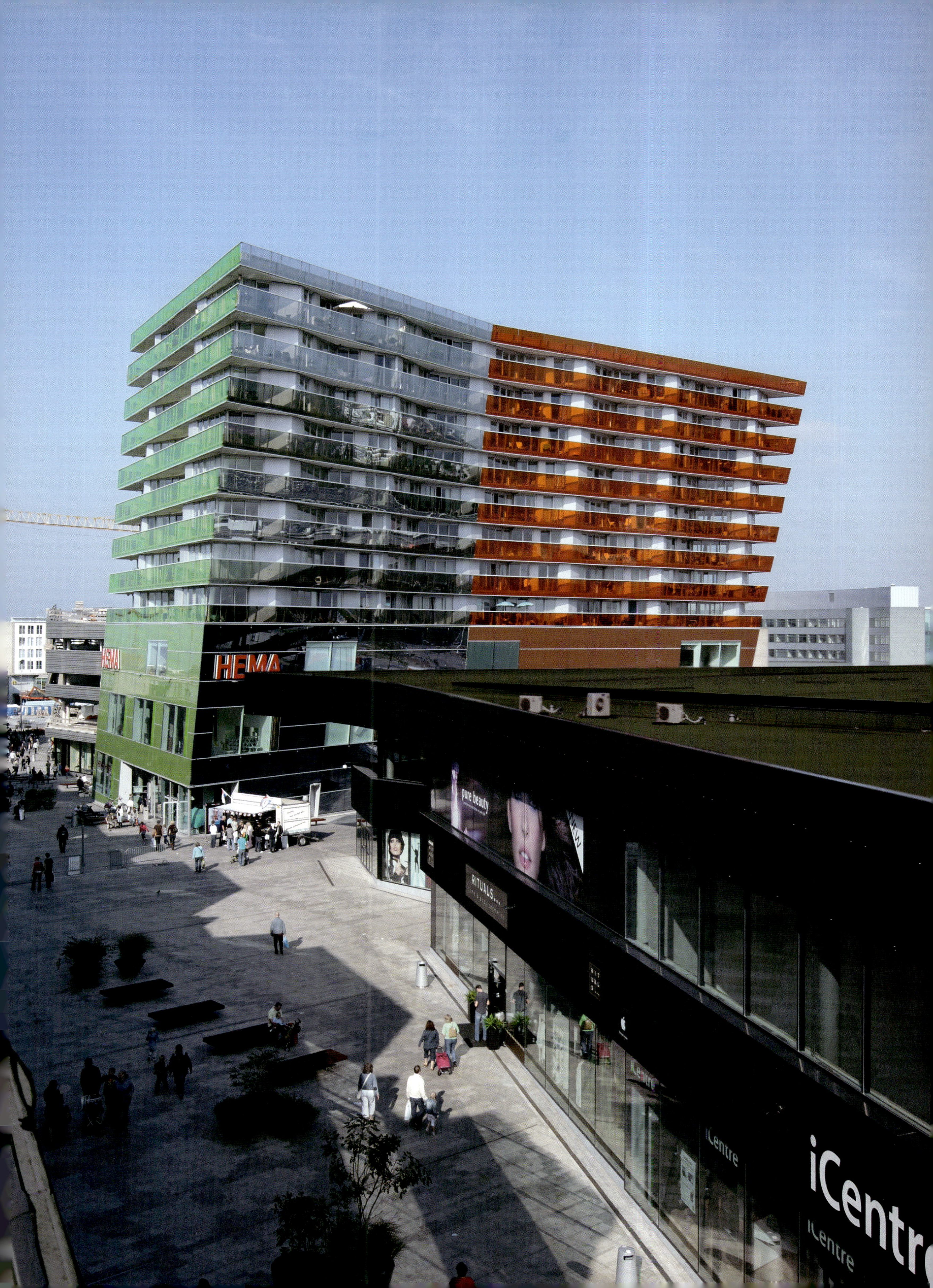
HEMA
pure beauty
iCentre
iCentre

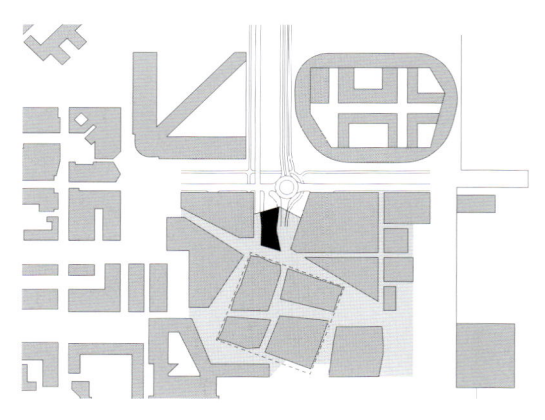

Plano de situación / Site plan

La situación del proyecto podría calificarse de insólita, ya que la ciudad holandesa de Almere no ha crecido de forma natural, sino que ha sido enteramente concebida y
The location is unusual— the Dutch town of Almere is not a place that has grown naturally but rather was planned on a drawing board, originating after the war
construida ex novo (sus primeras viviendas se terminaron en 1976) en un pólder ganado al lago IJssel. La Office for Metropolitan Architecture de Rem Koolhaas desarrolló a mediados de la década de 1990 el plan general para este nuevo centro urbano. Una de las particularidades que merece la pena mencionar de este área central es la
as polder land reclaimed from the IJsselmeer Lake. The Masterplan for the new town centre was developed by Rem Koolhaas's Office for Metropolitan Architecture.
A striking characteristic of this future city centre area is an artificially raised, curved slab (gebogen maaiveld), which connects the existing town centre with the
plataforma ondulada que conecta peatonalmente la ciudad con el lago Weerwater. Bajo dicha plataforma queda una zona reservada para la circulación del tráfico este-oeste
Weerwater Lake as a new pedestrian level. Underneath this plate is an area for the existing east-west connecting local traffic, as well as for deliveries, parking
—que incluye asimismo tiendas y aparcamientos—, y por donde discurren las líneas de autobuses. El edificio se sitúa en el punto más alto de esta plataforma, justo donde
and bus traffic. The planned residential and retail building is situated at the highest point of the curved slab, and it is also the location where the slip road leads
la calle desciende en pendiente hacia ese 'submundo' de servicios e infraestructuras.
down to the 'underworld' of services and infrastructure.

El plan general asignó para la edificación del programa mixto residencial y comercial un volumen de dimensiones en planta y altura de entre 27 y 55 metros. Con una planta
The Masterplan envisions for the residential and retail structure a deep building volume of between 27 and 55 metres. With a trapezoid-shaped floor plan that
en forma de trapecio, plegado hacia adentro en ambos lados, se optimiza la luz natural para los espacios residenciales en el perímetro predeterminado. El volumen no crece
bends inwards on both sides the maximum possible natural light could be achieved for the residential spaces within the predetermined perimeters. The volume
estrictamente vertical, sino que más bien se inclina hacia el sur y el este, ensanchándose conforme asciende.
does not grow vertically, but rather inclines towards the south and east and broadens as it ascends.

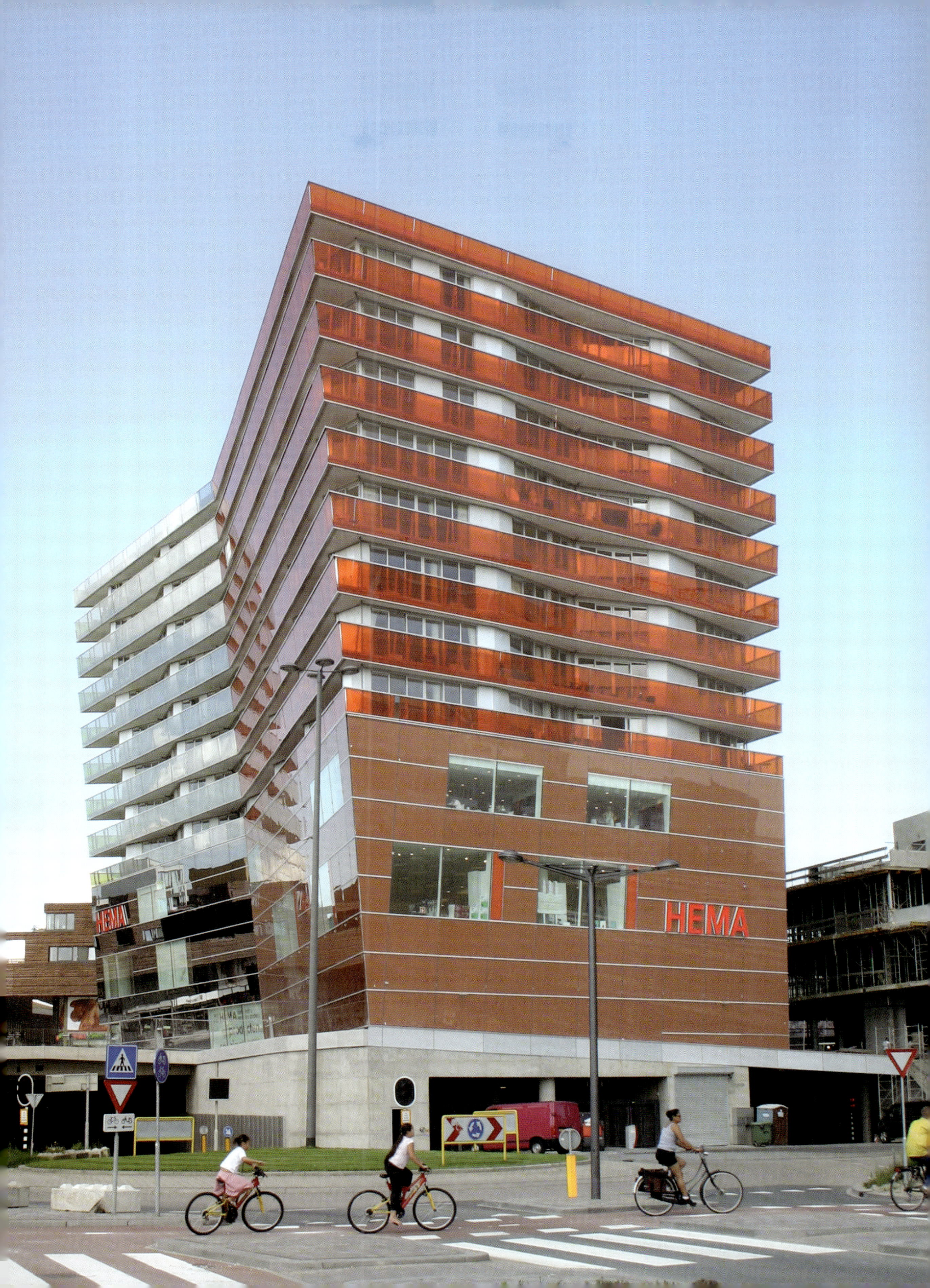
HEMA
HEMA

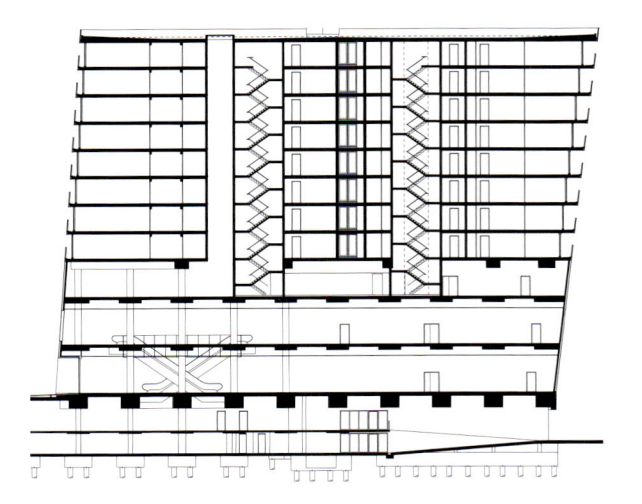

Sección longitudinal AA / Longitudinal section AA

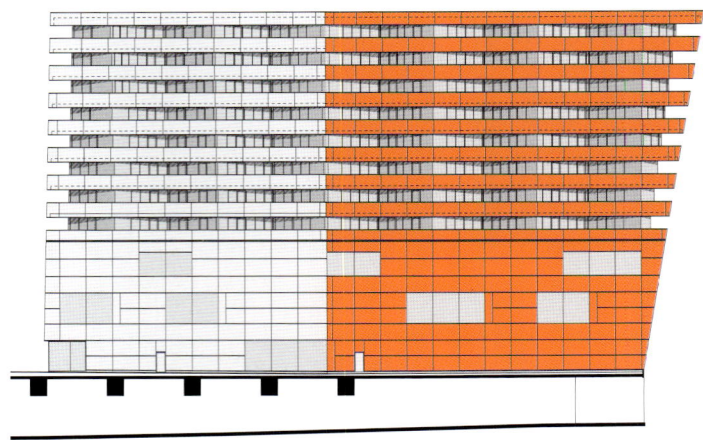

Alzado Sur / South elevation

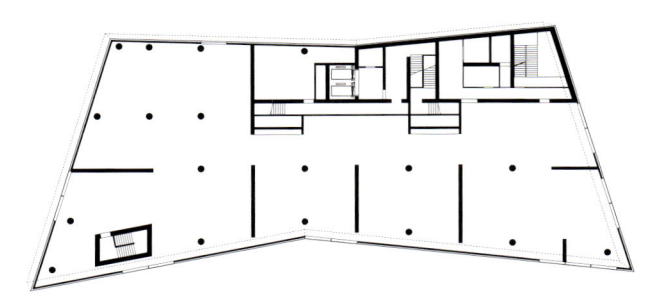

Planta segunda / Second floor plan

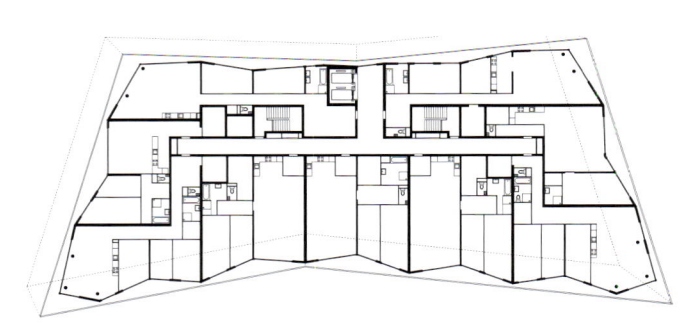

Planta décima / Tenth floor plan

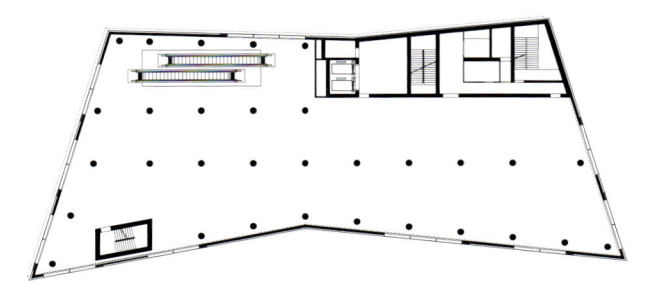

Planta primera / First floor plan

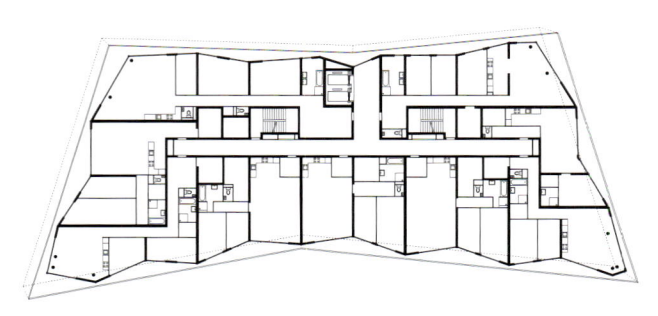

Planta tercera / Third floor plan

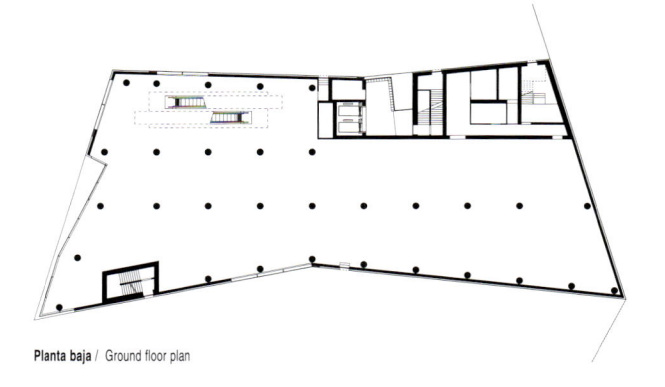

Planta baja / Ground floor plan

En las plantas baja y primera las zonas comerciales se han asignado a un almacén
On the ground and first floors the retail areas are assigned to the department
de la cadena Hema. El segundo nivel se destina también a espacio de almacenaje
store chain Hema. The second floor forms their storage space. Both base-
de la firma. Y los dos niveles de sótano se resuelven como aparcamiento.
ment floors serve as a car park.

En principio concebidos como de régimen de propiedad y ahora en alquiler, hay
Originally conceived as freehold apartments, now a total of 72 rented apartments
un total de 72 apartamentos en ocho plantas. De resultas del ensanchamiento del
on eight floors will be provided. As a result of the broadening of the building vol-
edificio en su parte superior aparecen apartamentos de mayor tamaño en las plan-
ume towards the top, larger apartments can be provided on the higher, most
tas más altas. En la parte residencial sólo se percibe la forma del edificio en los
appealing floors. On the residential floors the building form is only perceptible
antepechos acristalados de los balcones, en tanto que las ventanas delanteras de
on the glazed balcony parapet, while the window frontage of each apartment
cada apartamento se pliegan para configurar unos balcones cubiertos triangula-
bends in, thereby forming triangular shaped balcony spaces. The jagged shape
res. La forma irregular del espacio en planta repite en menor medida el principio
of the floor space repeats to a smaller extent the principle of maximising sur-
de optimizar la superficie disponible y la luz, que son el punto de partida de este
face area and light, which forms the basis of this large building volume.
gran volumen edificado.

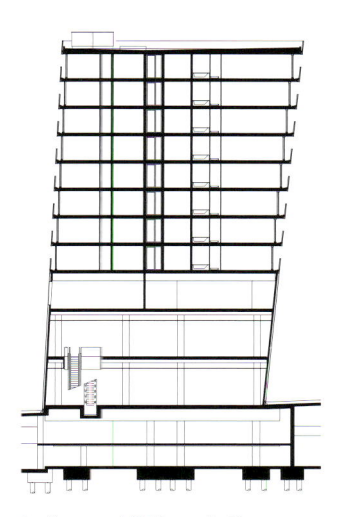

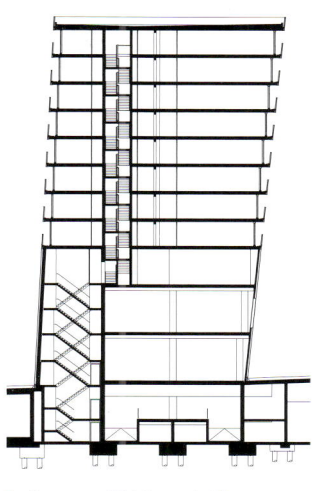

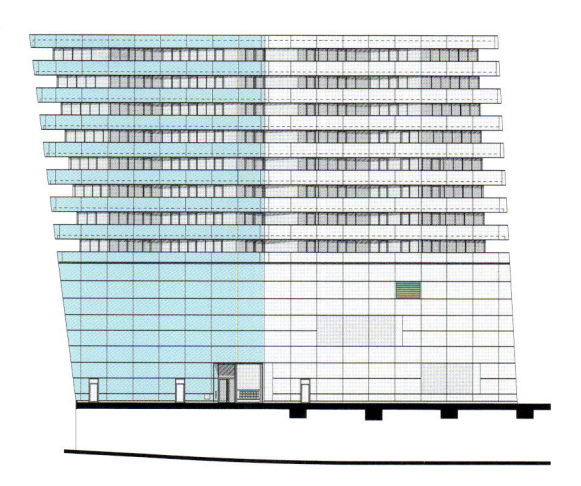

Sección transversal CC / Cross section CC

Sección transversal DD / Cross section DD

Alzado Norte / North elevation

La fachada está enteramente revestida de vidrio: coloreado y esmaltado en la planta baja, y de seguridad y laminado con una película de color para los antepechos de los balcones de los apartamentos. El frente de la zona residencial está acristalado de suelo a techo para obtener la máxima exposición posible a la luz natural. El planteamiento cromático de las fachadas se desarrolló con el artista Adrian Schiess: naranja para las esquinas orientadas al sur y al este; verde suave hacia el ámbito peatonal; azul claro en la cara norte; y, finalmente, plata reflectante para la mitad de las dos fachadas más alargadas, en ángulo obtuso, que miran hacia el norte y el sur.

The façade is wrapped entirely in glass: colour-enameled glazing is employed for the cladding of the ground floor, the balustrades of the balconies are comprised of safety glass, laminated with coloured film. The frontage of the residential areas is provided with floor-to-ceiling glazing to maximise light exposure. A colour concept for the building's facades was developed in collaboration with the artist Adrian Schiess: orange for the corners facing the south and east, light green towards the pedestrian area, light blue facing the north and finally highly-reflective silver for half of the two longest, obtuse-angled facades towards the north and south.

Alzado Oeste / West elevation

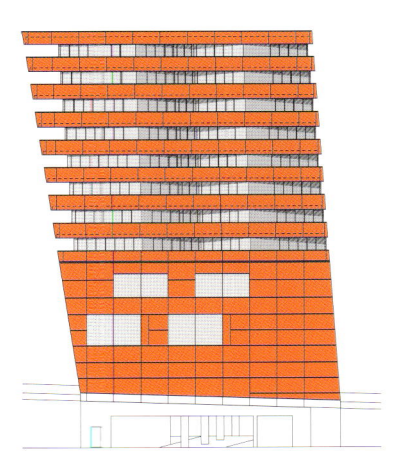

Alzado Este / East elevation

Las superficies vítreas e inclinadas reflejan el cielo y el entorno; por su parte, las que corresponden a los ángulos obtusos reflejan el propio edificio y los ámbitos exteriores adyacentes. El espacio de alrededor también constituye una parte fundamental en la percepción general del edificio.

The inward and outward slanting glazed surfaces reflect the sky and surroundings, while the obtuse-angled surfaces additionally reflect the building itself and the nearby exterior spaces. The immediate surrounding area thus plays an integral part in how the building is perceived.

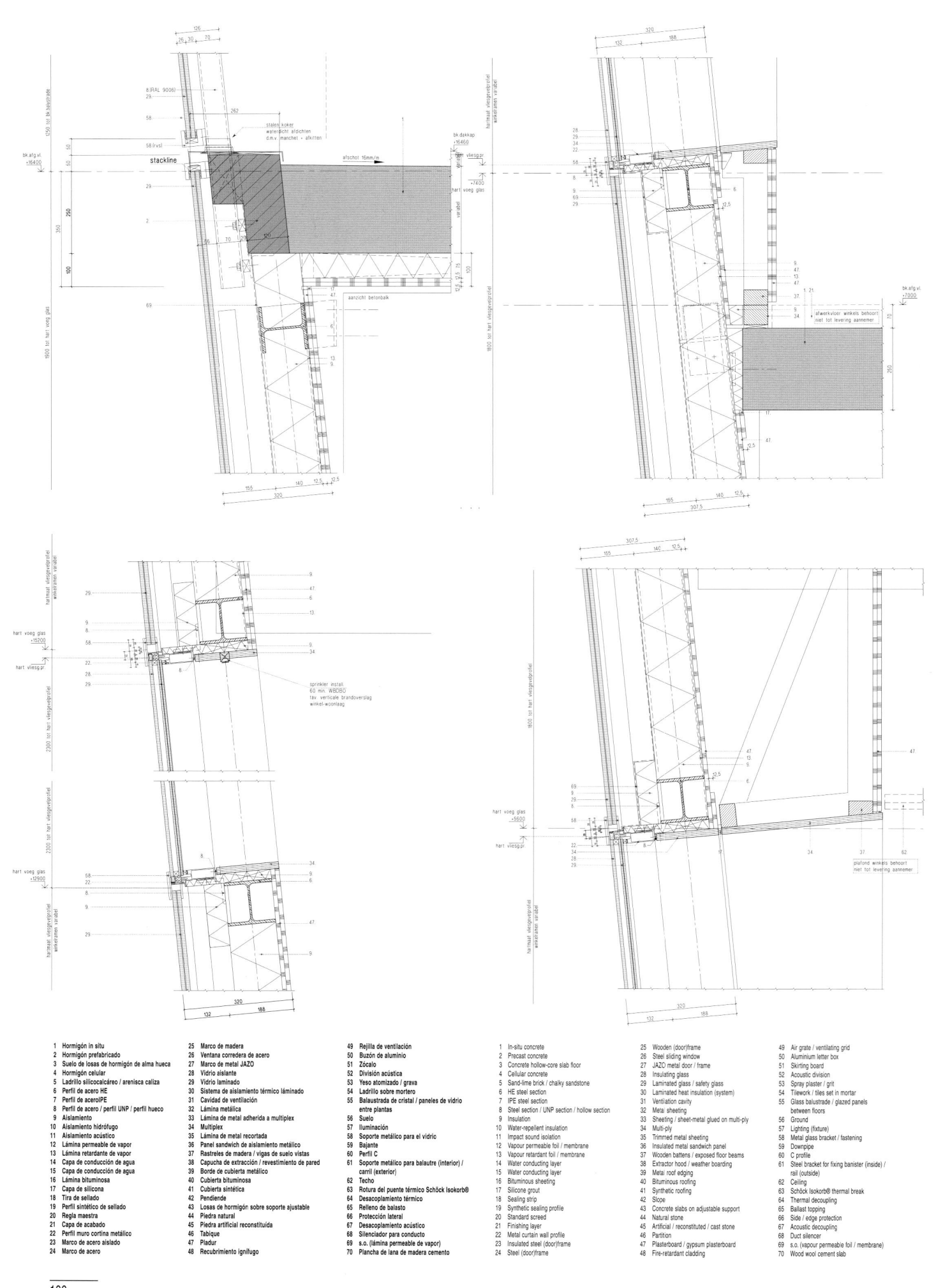

#	Español	#	Español	#	Español	#	English	#	English	#	English
1	Hormigón in situ	25	Marco de madera	49	Rejilla de ventilación	1	In-situ concrete	25	Wooden (door)frame	49	Air grate / ventilating grid
2	Hormigón prefabricado	26	Ventana corredera de acero	50	Buzón de aluminio	2	Precast concrete	26	Steel sliding window	50	Aluminium letter box
3	Suelo de losas de hormigón de alma hueca	27	Marco de metal JAZO	51	Zócalo	3	Concrete hollow-core slab floor	27	JAZO metal door / frame	51	Skirting board
4	Hormigón celular	28	Vidrio aislante	52	División acústica	4	Cellular concrete	28	Insulating glass	52	Acoustic division
5	Ladrillo silicocalcáreo / arenisca caliza	29	Vidrio laminado	53	Yeso atomizado / grava	5	Sand-lime brick / chalky sandstone	29	Laminated glass / safety glass	53	Spray plaster / grit
6	Perfil de acero HE	30	Sistema de aislamiento térmico láminado	54	Ladrillo sobre mortero	6	HE steel section	30	Laminated heat insulation (system)	54	Tilework / tiles set in mortar
7	Perfil de aceroIPE	31	Cavidad de ventilación	55	Balaustrada de cristal / paneles de vidrio entre plantas	7	IPE steel section	31	Ventilation cavity	55	Glass balustrade / glazed panels between floors
8	Perfil de acero / perfil UNP / perfil hueco	32	Lámina metálica	56	Suelo	8	Steel section / UNP section / hollow section	32	Metal sheeting	56	Ground
9	Aislamiento	33	Lámina de metal adherida a multiplex	57	Iluminación	9	Insulation	33	Sheeting / sheet-metal glued on multi-ply	57	Lighting (fixture)
10	Aislamiento hidrófugo	34	Multiplex	58	Soporte metálico para el vidrio	10	Water-repellent insulation	34	Multi-ply	58	Metal glass bracket / fastening
11	Aislamiento acústico	35	Lámina de metal recortada	59	Bajante	11	Impact sound isolation	35	Trimmed metal sheeting	59	Downpipe
12	Lámina permeable de vapor	36	Panel sandwich de aislamiento metálico	60	Perfil C	12	Vapour permeable foil / membrane	36	Insulated metal sandwich panel	60	C profile
13	Lámina retardante de vapor	37	Rastreles de madera / vigas de suelo vistas	61	Soporte metálico para balautre (interior) / carril (exterior)	13	Vapour retardant foil / membrane	37	Wooden battens / exposed floor beams	61	Steel bracket for fixing banister (inside) / rail (outside)
14	Capa de conducción de agua	38	Capucha de extracción / revestimiento de pared	62	Techo	14	Water conducting layer	38	Extractor hood / weather boarding	62	Ceiling
15	Capa de conducción de agua	39	Borde de cubierta metálico	63	Rotura del puente térmico Schöck Isokorb®	15	Water conducting layer	39	Metal roof edging	63	Schöck Isokorb® thermal break
16	Lámina bituminosa	40	Cubierta bituminosa	64	Desacoplamiento térmico	16	Bituminous sheeting	40	Bituminous roofing	64	Thermal decoupling
17	Capa de silicona	41	Cubierta sintética	65	Relleno de balasto	17	Silicone grout	41	Synthetic roofing	65	Ballast topping
18	Tira de sellado	42	Pendiente	66	Protección lateral	18	Sealing strip	42	Slope	66	Side / edge protection
19	Perfil sintético de sellado	43	Losas de hormigón sobre soporte ajustable	67	Desacoplamiento acústico	19	Synthetic sealing profile	43	Concrete slabs on adjustable support	67	Acoustic decoupling
20	Regla maestra	44	Piedra natural	68	Silenciador para conducto	20	Standard screed	44	Natural stone	68	Duct silencer
21	Capa de acabado	45	Piedra artificial reconstituida	69	s.o. (lámina permeable de vapor)	21	Finishing layer	45	Artificial / reconstituted / cast stone	69	s.o. (vapour permeable foil / membrane)
22	Perfil muro cortina metálico	46	Tabique	70	Plancha de lana de madera cemento	22	Metal curtain wall profile	46	Partition	70	Wood wool cement slab
23	Marco de acero aislado	47	Pladur			23	Insulated steel (door)frame	47	Plasterboard / gypsum plasterboard		
24	Marco de acero	48	Recubrimiento ignífugo			24	Steel (door)frame	48	Fire-retardant cladding		

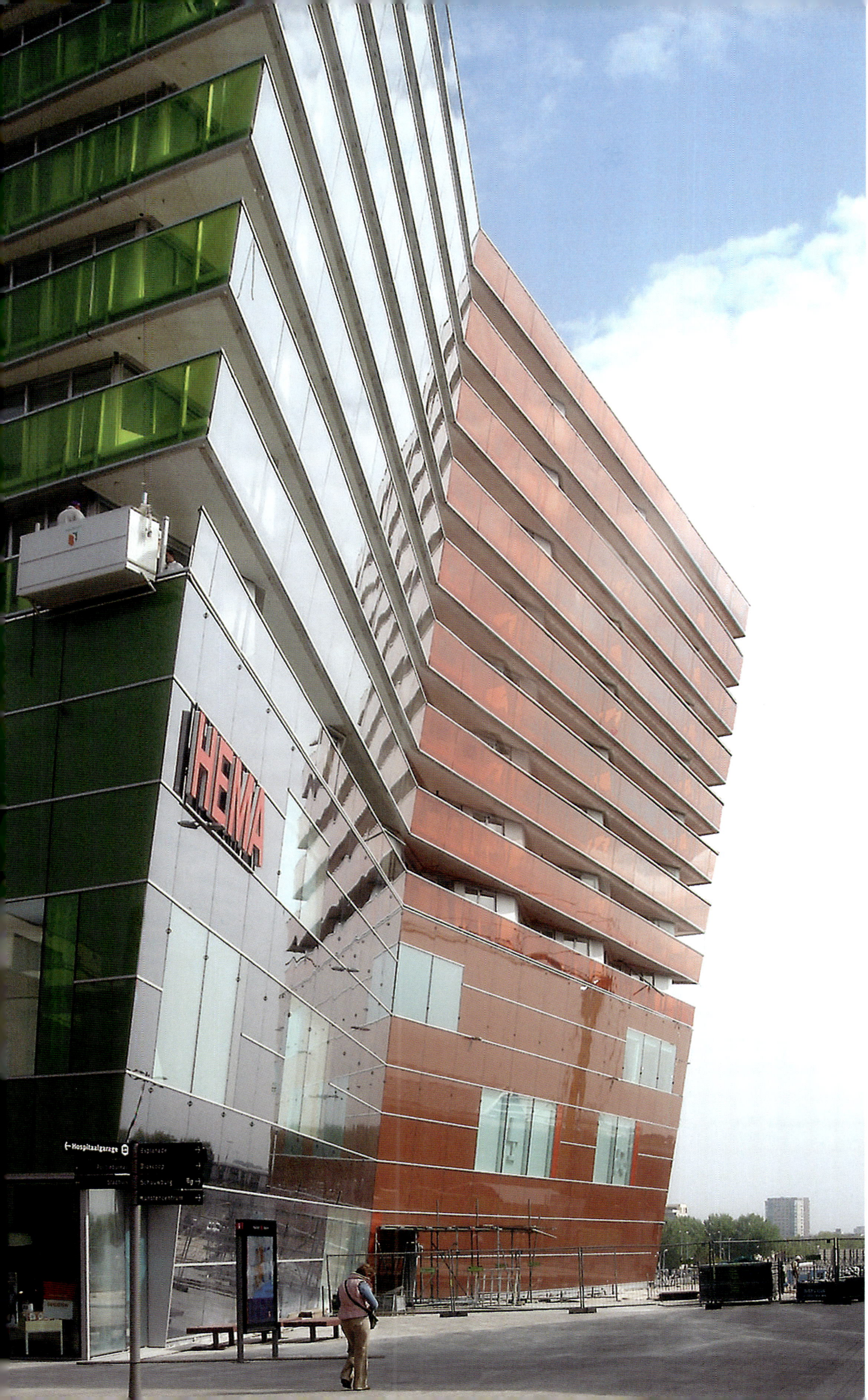
HEMA
Hospitaalgarage

Edificio Residencial Neumünsterallee
Neumünsterallee Residence

SUIZA
ZÜRICH, SWITZERLAND 2003 2007

CONCURSO PRIMER PREMIO
COMPETITION FIRST PRIZE

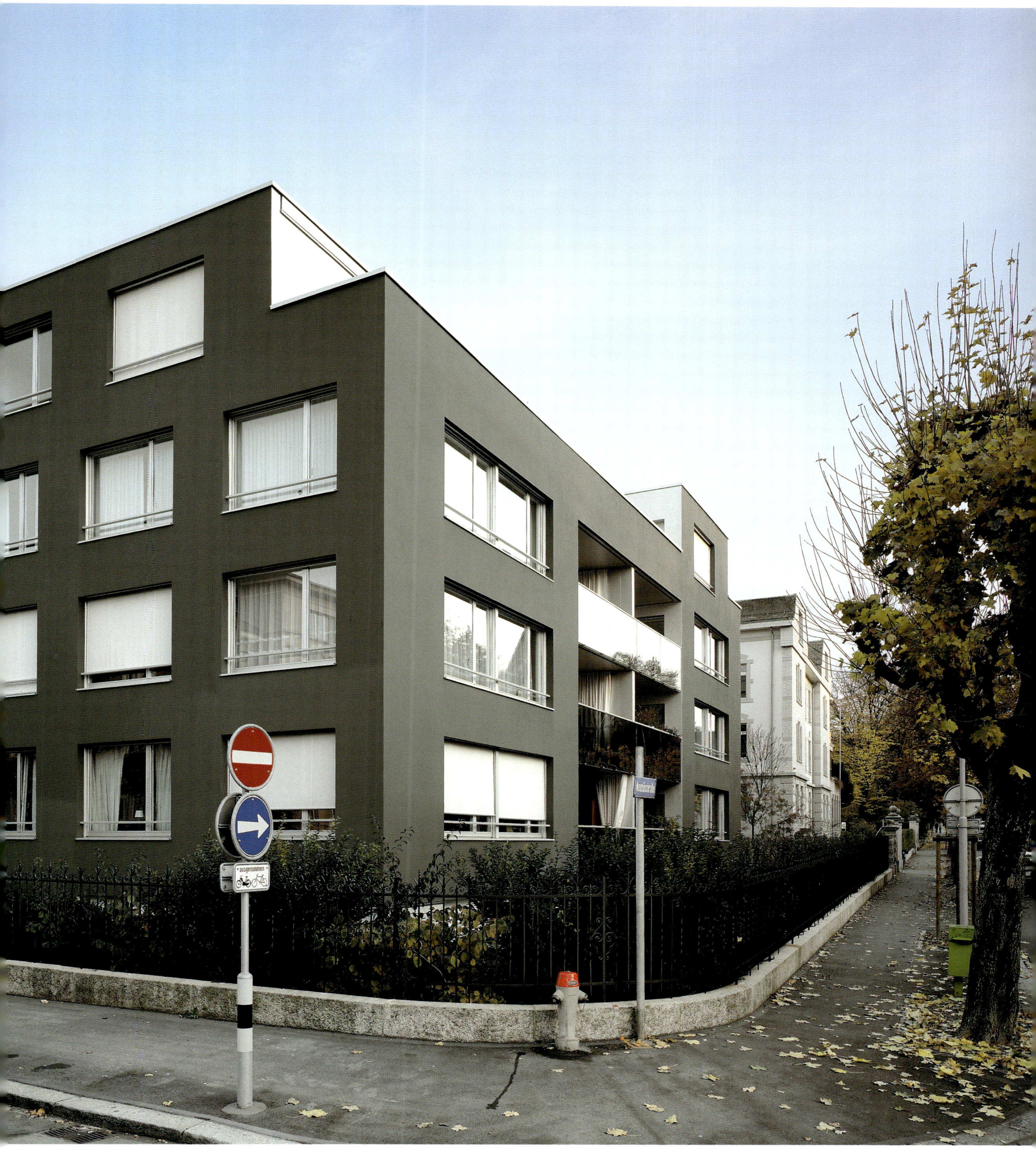

El edificio dibuja la esquina en la intersección de Neumünsterallee con Signaustrasse
The building turns a corner at the intersection of Neumünsterallee and Signaustrasse
y, con ello, crea un soleado jardín hacia el sureste. Además, del volumen total se extraen
and, with that, creates a sunny garden area towards the southeast. In addition, por-
una serie de partes para formar atrios/patios en tres de los lados, lo que da lugar a una
tions cut out of the overall volume form atriums on three sides, resulting in a brack-
figura que vincula espacios exteriores e interiores. Uno de los lados ahuecados se
eting shape that links outside and inside spaces. One of the cutouts faces the
enfrenta al sol de la mañana y al jardín, otro a la luz del mediodía y a la avenida de pla-
morning sun and the garden, another the noonday sun and the avenue of plane
taneros, y el tercero a la luz de la tarde y a los jardines de las casas del otro lado.
trees, and the third the evening sun and the gardens of the villas opposite.

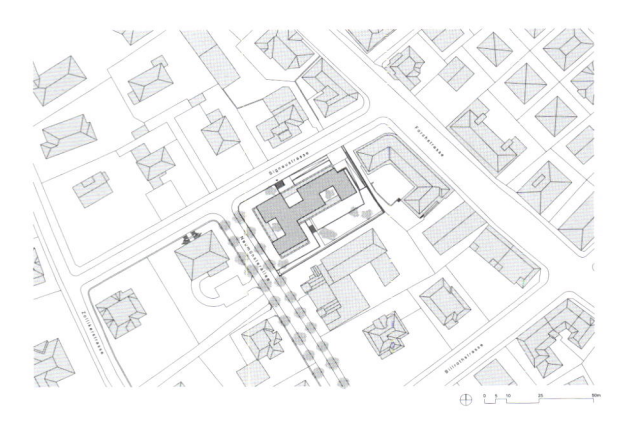

Unas estancias al aire libre a modo de puentes enmarcan los atrios, enfatizando el volumen principal del edificio y, al mismo tiempo, ofreciendo vistas hacia lo más pro-
Bridge-like balconies frame the atriums, emphasising the main volume of the building and, at the same time, offering views into its depths. Thanks to these open
fundo de éste. Gracias a estos puentes, los atrios, con medidas aproximadas de 7,5 x 8,5 metros, reciben luz natural no sólo desde arriba, sino de los lados también.
balconies, the atriums, measuring approximately 7.5 by 8.5 metres, receive daylight not only from above but from the side as well.
Las viviendas en torno a los atrios/patios ven así sustancialmente aumentada la sensación de espacio, aunque éste no sea transitable. Las tres plantas principales aco-
The flats on four storeys angle around the atriums, thereby substantially enlarging the sense of space although one cannot walk through them. The three main
gen dos pisos de 5 habitaciones y media que dan a los patios este y oeste, y dos de cuatro habitaciones y media que dan al patio sur. En el ático se disponen un piso de
storeys accommodate two 5.5 room flats facing the East and West Courts and two 4.5 room flats facing the South Court; the penthouse floor accommodates
cuatro dormitorios que da al patio este, y otros dos, con dos habitaciones y media y con siete, que dan respectivamente a los patios oeste y sur.
one 4 room flat facing the East Court, one 2.5 room flat facing the West Court and a 7 room flat facing the South Court.

Los atrios permiten un aprovechamiento óptimo de la profundidad del edificio porque aseguran una buena entrada de luz natural a los estares tanto como a las cocinas
The atriums allow optimal use of a structure with considerable depth because they ensure that the living spaces as well as the kitchens and the large bathrooms
y a los amplios baños. El corazón de cada piso es una espaciosa sala. Iluminada lateralmente desde el patio, es una pieza que vincula los dormitorios con el estar prin-
can all be supplied with natural daylight. The heart of each flat is a spacious hallway. Laterally illuminated from the courtyard, it is a link between the private bed-
cipal. Al no tener un uso definido y ser tan espaciosa, puede funcionar como comedor, cuarto de niños o estudio.
rooms and the main living room. Its use is not defined and, being so spacious, it can function as a dining room, a children's playroom or a study area. The living
Por su parte, el estar se abre al patio, la terraza lateral y el exterior. Además, tiene acceso directo a la cocina, que también da al patio.
room opens onto the courtyard, the lateral terrace and the outside. In addition, it has direct access to the kitchen, which also faces the courtyard.

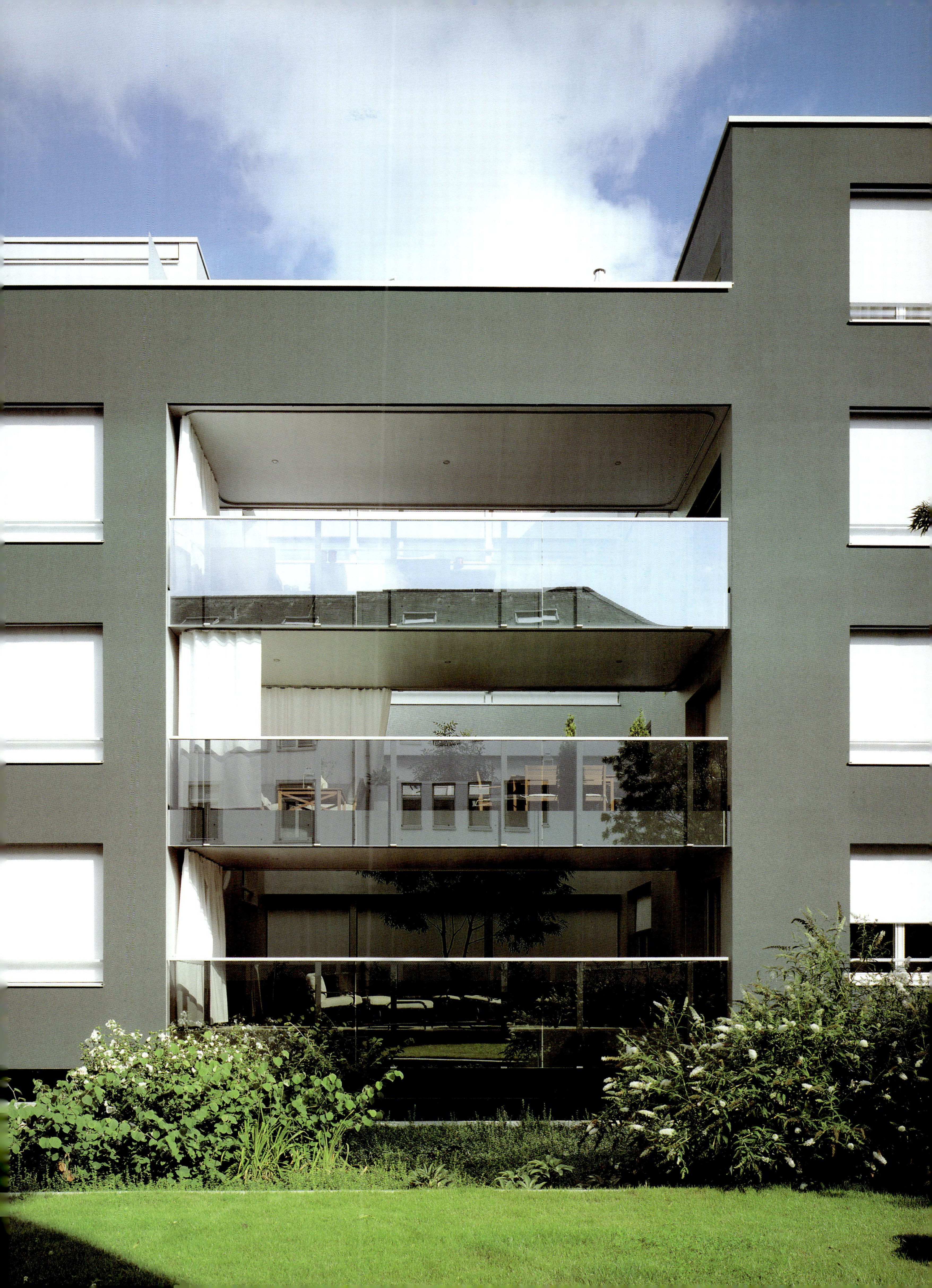

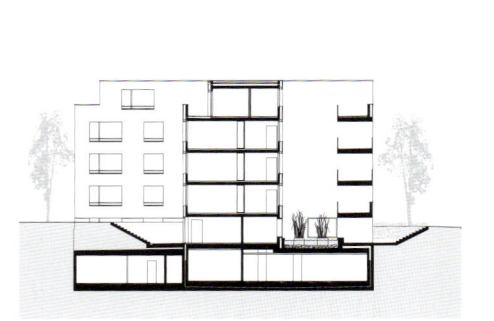

Sección transversal por acceso / Cross section through entrance

La planta baja está ligeramente deprimida respecto al nivel de la calle, de modo que al gran vestíbulo del edificio —que está iluminado desde el patio central rehundido y da acceso a los dos núcleos técnicos con ascensores— se llega por medio de un tramo de escaleras y una rampa. También hay estudios que tienen acceso directo desde el vestíbulo y pueden alquilarse como oficinas o para otras actividades recreativas y de ocio.

The ground floor is lowered slightly below street level so that a half flight of stairs and a ramp lead down to the large lobby of the building, which is illuminated from the central sunken courtyard. The lobby accesses the two technical cores with lifts. There are also studios that can be accessed directly from the lobby and rented as office space or for leisure and recreational activities.

La estructura del edificio es de hormigón: cimientos de dos plantas, muros y losas de forjado. Y exteriormente se caracteriza por las ventanas de madera y metal con aislamiento de 20 cm de espesor y la superfice enlucida de los paneles de revestimiento de la fachada ventilada que cumple el estándar Minergie® para edificios domésticos.

The loadbearing structure of the building consists of concrete walls and slabs on a two-storey concrete foundation. Wood/metal windows, 20-cm-thick insulation all around and plaster skim on rear-ventilated cladding slabs forms the shell of the building, which meet the Minergie® standard for domestic buildings.

En colaboración con el artista Adrian Schiess, los muros se han acabado hacia el interior con una pintura plateada e iridiscente que 'guía la luz hacia los patios, y hacia el exterior en un gris más oscuro. Para el vestíbulo se ha elegido un tono cobre luminoso, y el espectro de colores iridiscentes, 'portadores de luz, continúa en el interior de las viviendas, donde las puertas de los armarios han recibido un acabado nácar brillante.

In collaboration with the artist Adrian Schiess, walls coated with silvery, iridescent paint 'guide the light' in the courtyards, while the outside walls are painted a darker grey. The lobby is painted a luminous copper colour and the spectrum of iridescent, 'light-bearing' colours continues inside the flats, where the doors of the built-in wardrobes have been given a high-gloss, mother-of-pearl finish.

Un estanque en el atrio oeste, que como la pintura plateada refleja la luz del cielo, es el punto de apoyo de la zona de entrada rehundida. El resto de los atrios se ha plantado con esbeltos y delicados fresnos. Cada uno de los niveles ligeramente escalonados del jardín tiene su propia vegetación. El plano del suelo se cubre de verde punteado con arbustos alrededor de todo el edificio y en el jardín delantero, con el muro de contención existente y una verja de hierro forjado. La zona sureste, con una parte destinada al juego infantil, es de césped y con grupos de árboles.

A pool of water in the atrium to the west, which, like the silvery paint, also reflects the light from the sky, is the 'fulcrum point' of the sunken entrance area. The other atriums are planted with tall, delicately leafed ash trees. The slightly staggered levels of the garden each have their own vegetation: ground covers dotted with groups of bushes have been planted along the building and in the front garden with the existing foundation wall and wrought iron fence. The area to the south east, both for adults and for children at play, consists of a grassy area with groups of trees.

AESTHETICS
Residenz Neumünster

Planta ático / Attic floor plan

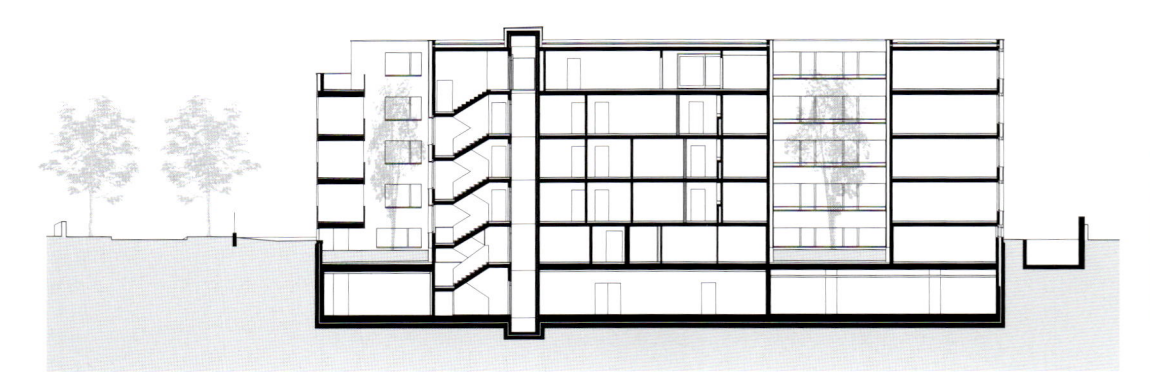

Sección longitudinal / Longitudinal section

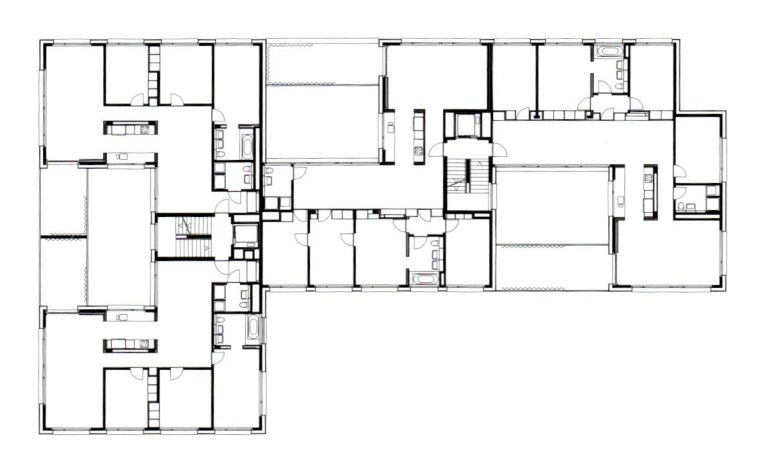

Planta tipo / Typical floor plan

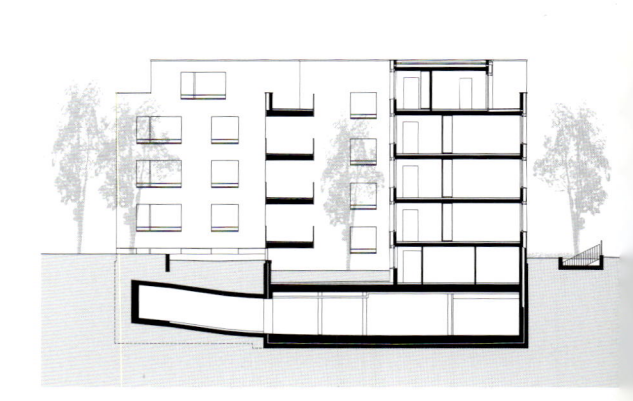

Sección transversal / Cross section

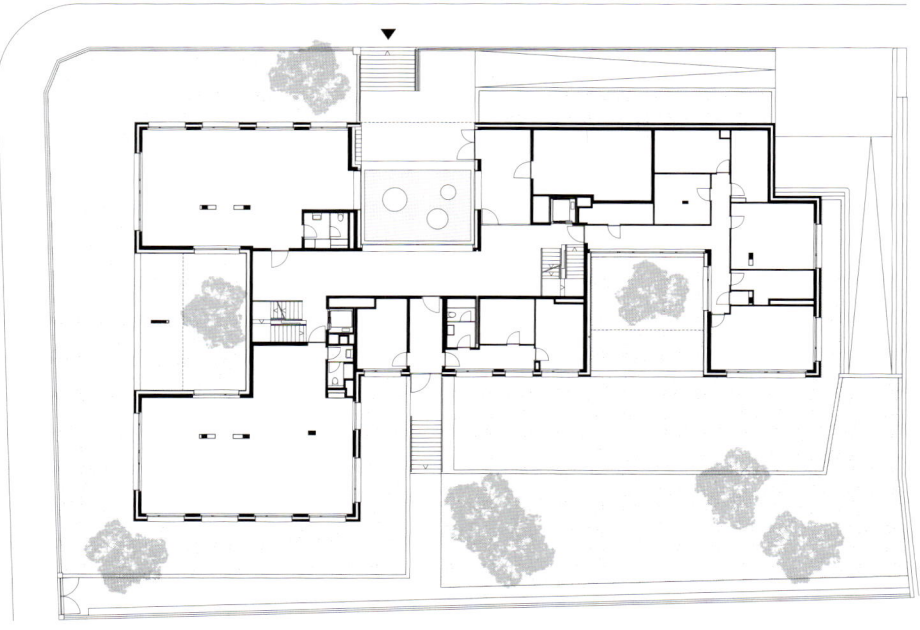

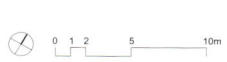

Planta baja / Ground floor

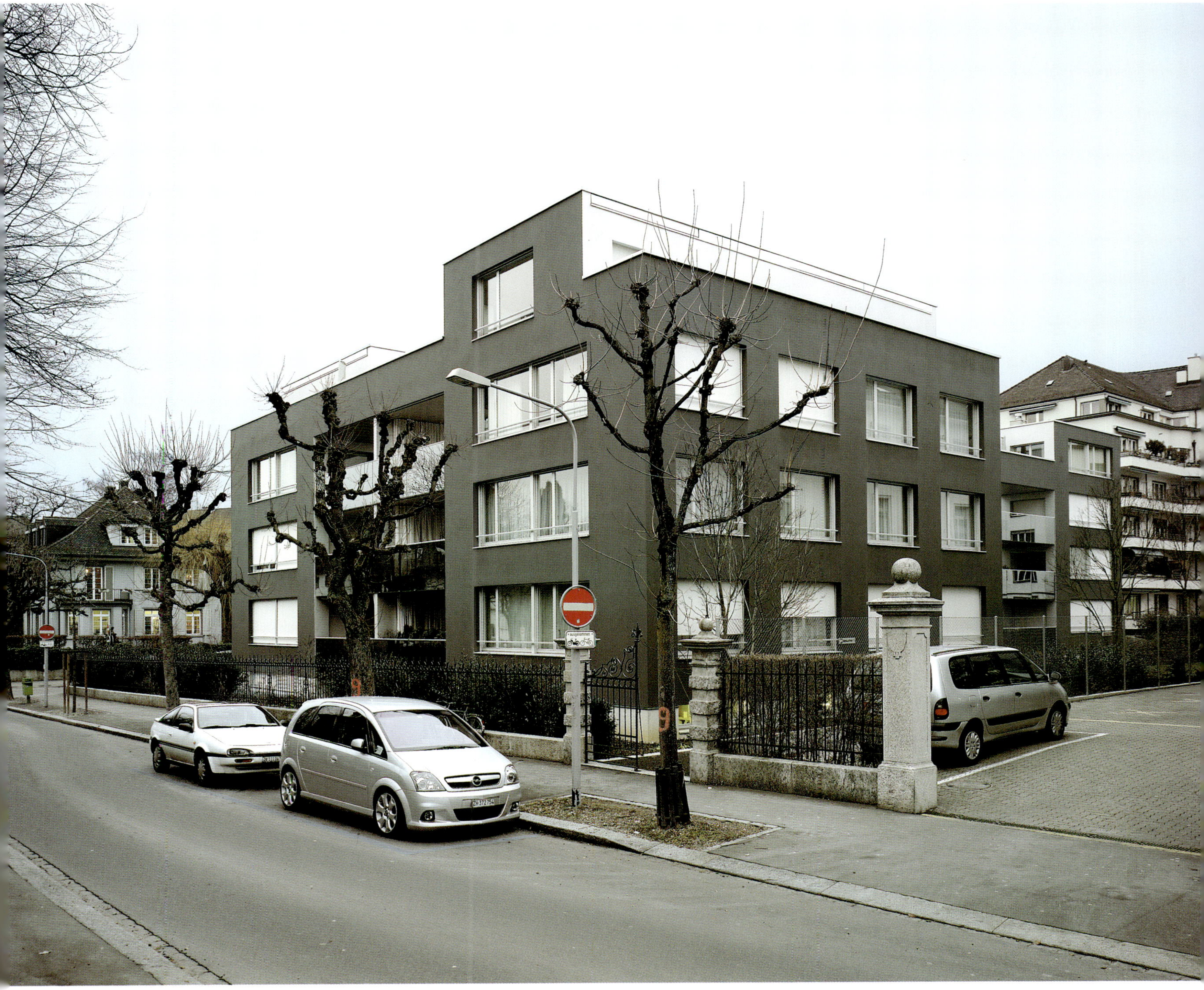

Plantas viviendas tipo / Typical dwelling floor plans

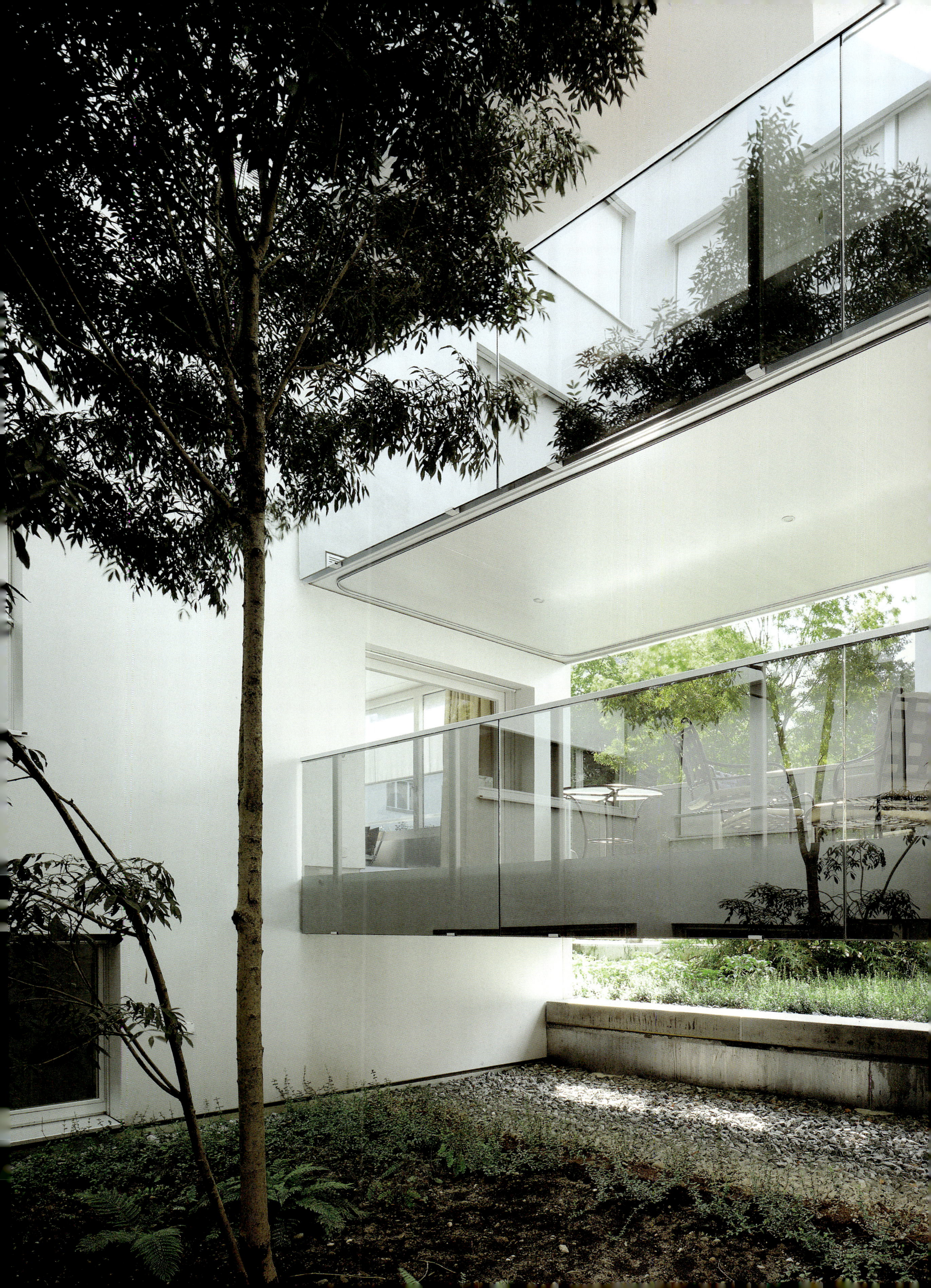

Conjunto Residencial Brunnenhof
Brunnenhof Housing Complex

SUIZA
ZÜRICH, SWITZERLAND 2003 2007

CONCURSO PRIMER PREMIO
COMPETITION FIRST PRIZE

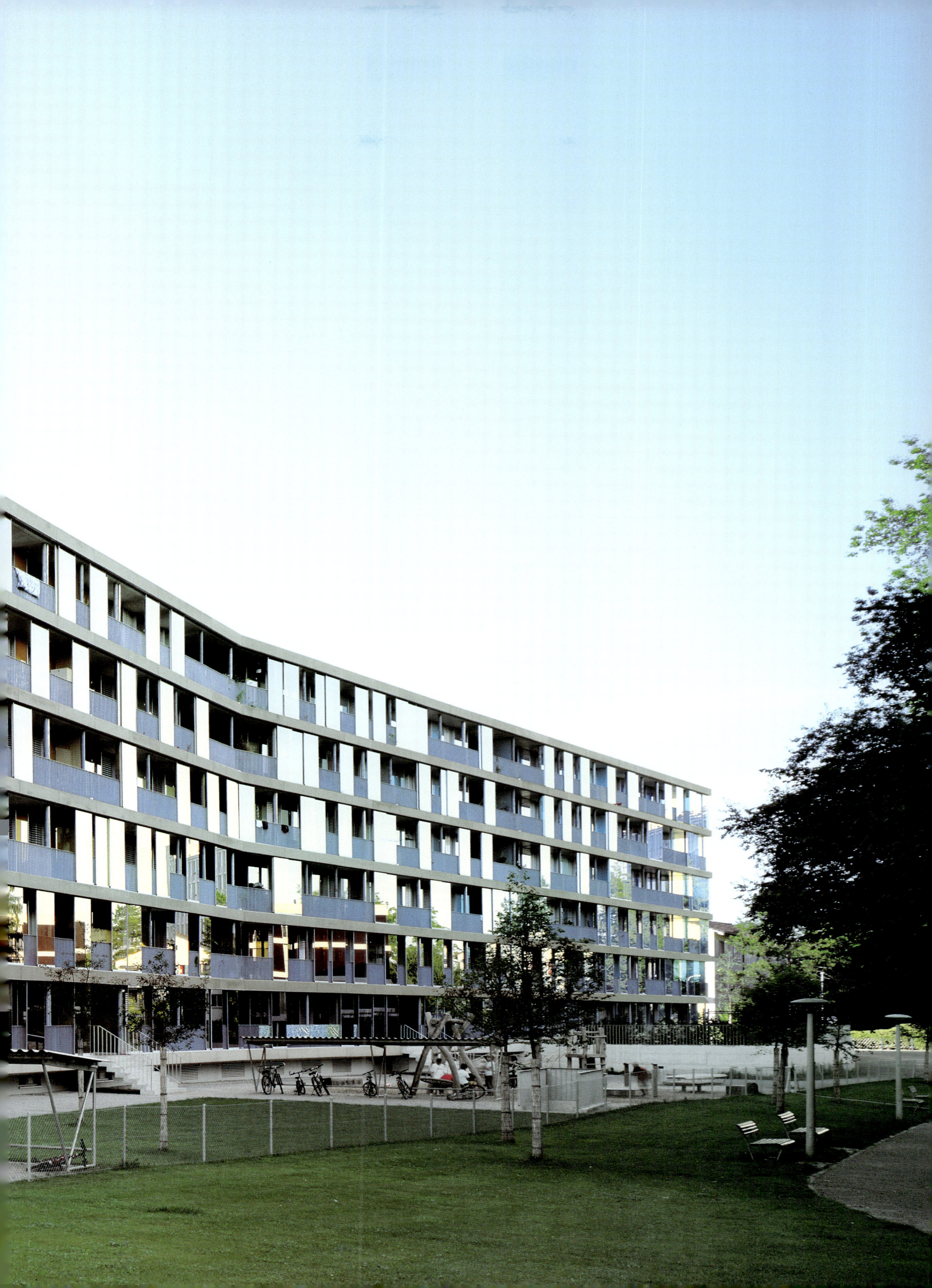

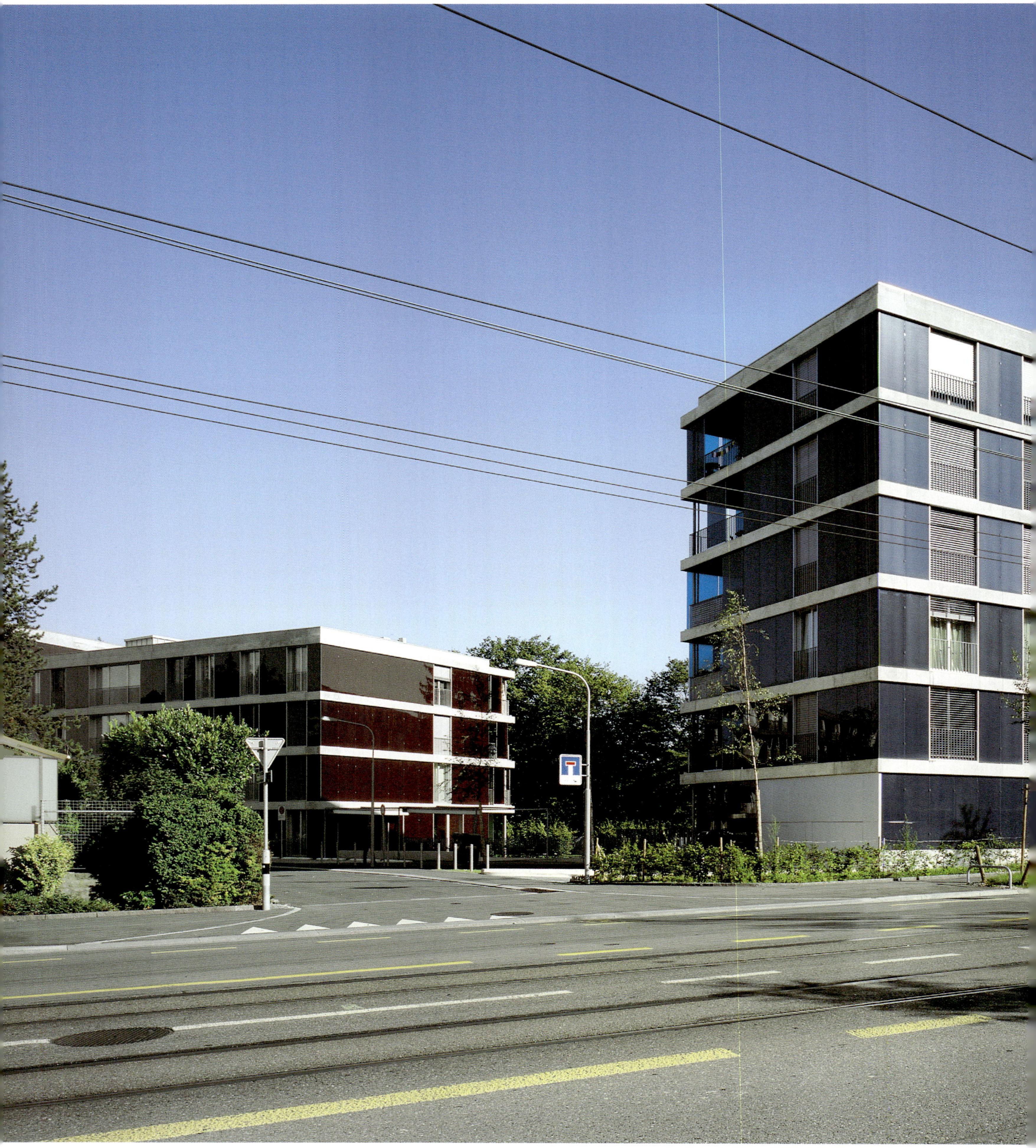

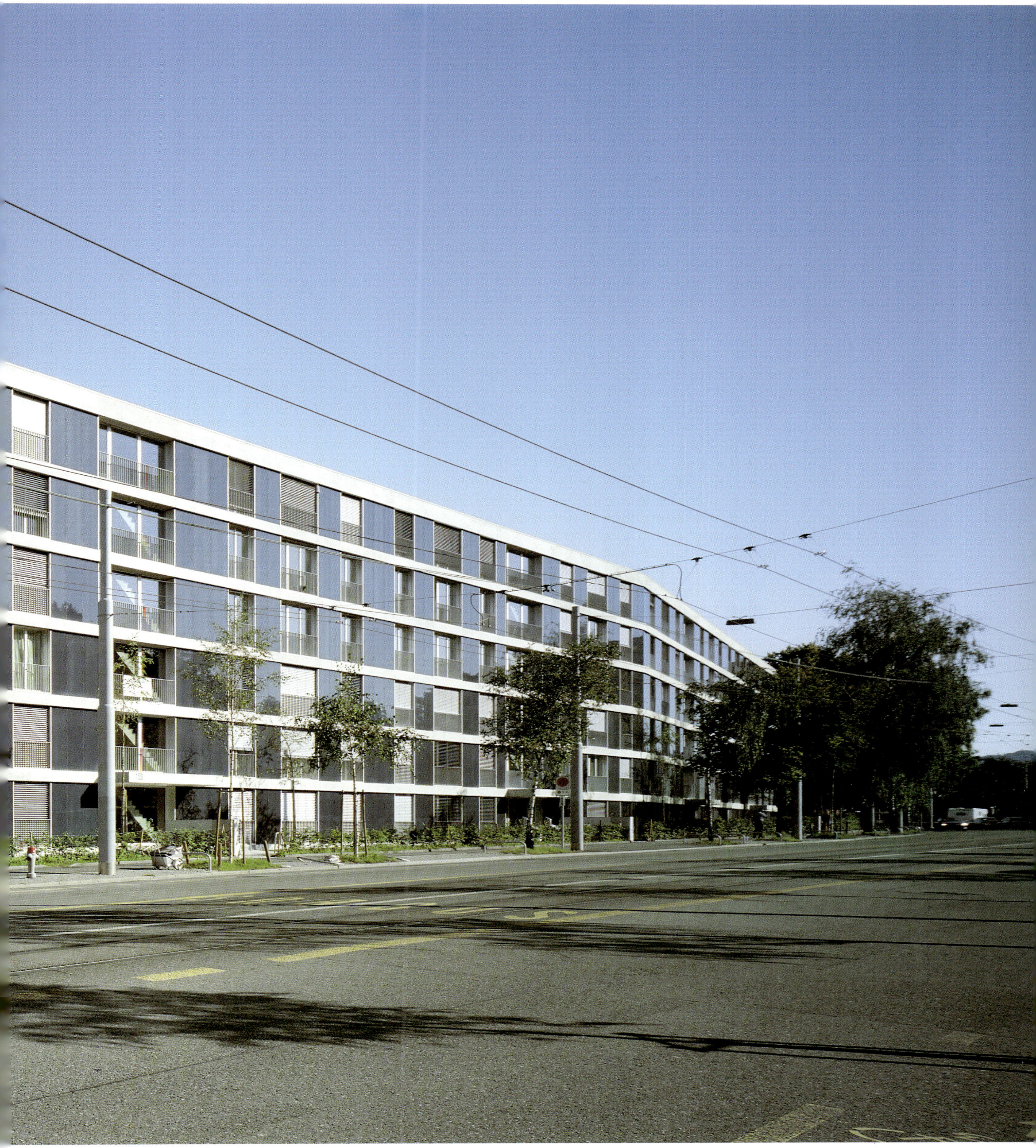

Planta general
Overall site plan

Dos volúmenes alargados y ligeramente doblados, de diferentes alturas, reestructuran el área del parque Buchegg. El edificio de seis plantas situado en Hofwiesenstrasse se orienta hacia el parque y la calle; funciona como límite entre ambos y protege al parque del ruido del tráfico. Por su parte, el edificio de entre cuatro y cinco plantas situado en Brunnenhofstrasse está rodeado de jardines por los dos lados, configurándose como 'una casa en el parque' y adaptando su altura a la de las construcciones vecinas.

Two lightly bent, elongated volumes of different heights restructure Buchegg Park. The six-storey building on Hofwiesenstrasse is oriented towards the park as well as to the street. It borders off the park from the street and protects it from the street noise. The four to five-storey building on Brunnenhofstrasse is surrounded by green on both sides, making it a 'house within the park' and it corresponds to the height development of the neighbouring buildings.

Ambos edificios se han concebido como 'pilas' de bandejas horizontales que vuelan hasta determinados puntos. Frente al parque estas bandejas forman generosas galerías de balcones, y hacia la calle permiten alojar escaleras con galerías.

Both buildings are conceived as 'stacks' of horizontal plates that cantilever to different degrees. Facing the park they form generous balconies and towards the street they provide stairways with loggias.

El acceso por la ruidosa Hofwiesenstrasse tiene lugar mediante escaleras y galerías contiguas a las cocinas-comedor, que actúan como espacios exteriores protegidos y orientados hacia el sol de la tarde. Todos los dormitorios se acomodan hacia el lado silencioso del parque. Los estares se orientan hacia el este y al oeste, disponiendo de profundos balcones hacia el lado del parque.

For the noise-polluted building on Hofwiesenstrasse access to the apartments is via longitudinally arranged stairways and loggias that adjoin to the eat-in kitchens and serve as protected exterior spaces oriented towards the evening sun. All bedrooms are organised towards the quiet park side. The living rooms are oriented towards both the east and the west, and towards the park side they lead onto a deep balcony.

Alzado Sur a parque con paneles correderos de vidrio / South elevation with sliding glass panels (Parkside)

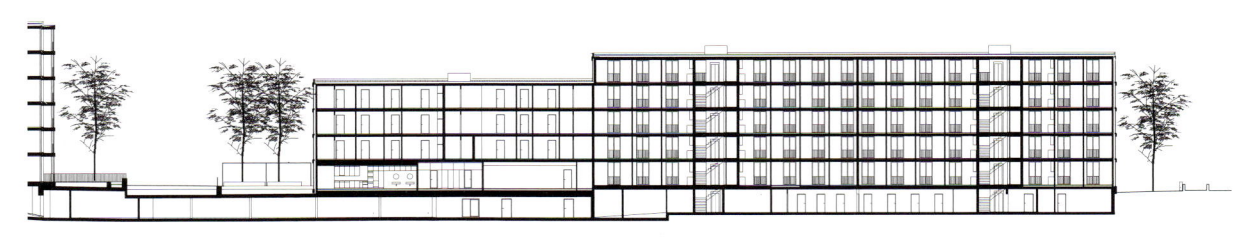

Sección longitudinal / Longitudinal section

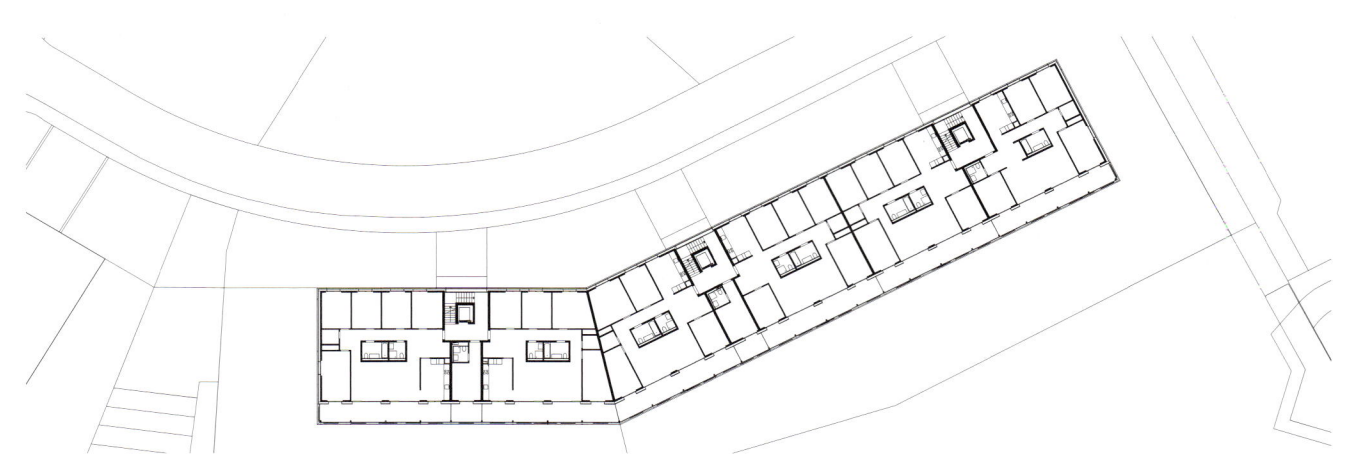

Planta tipo / Typical floor plan

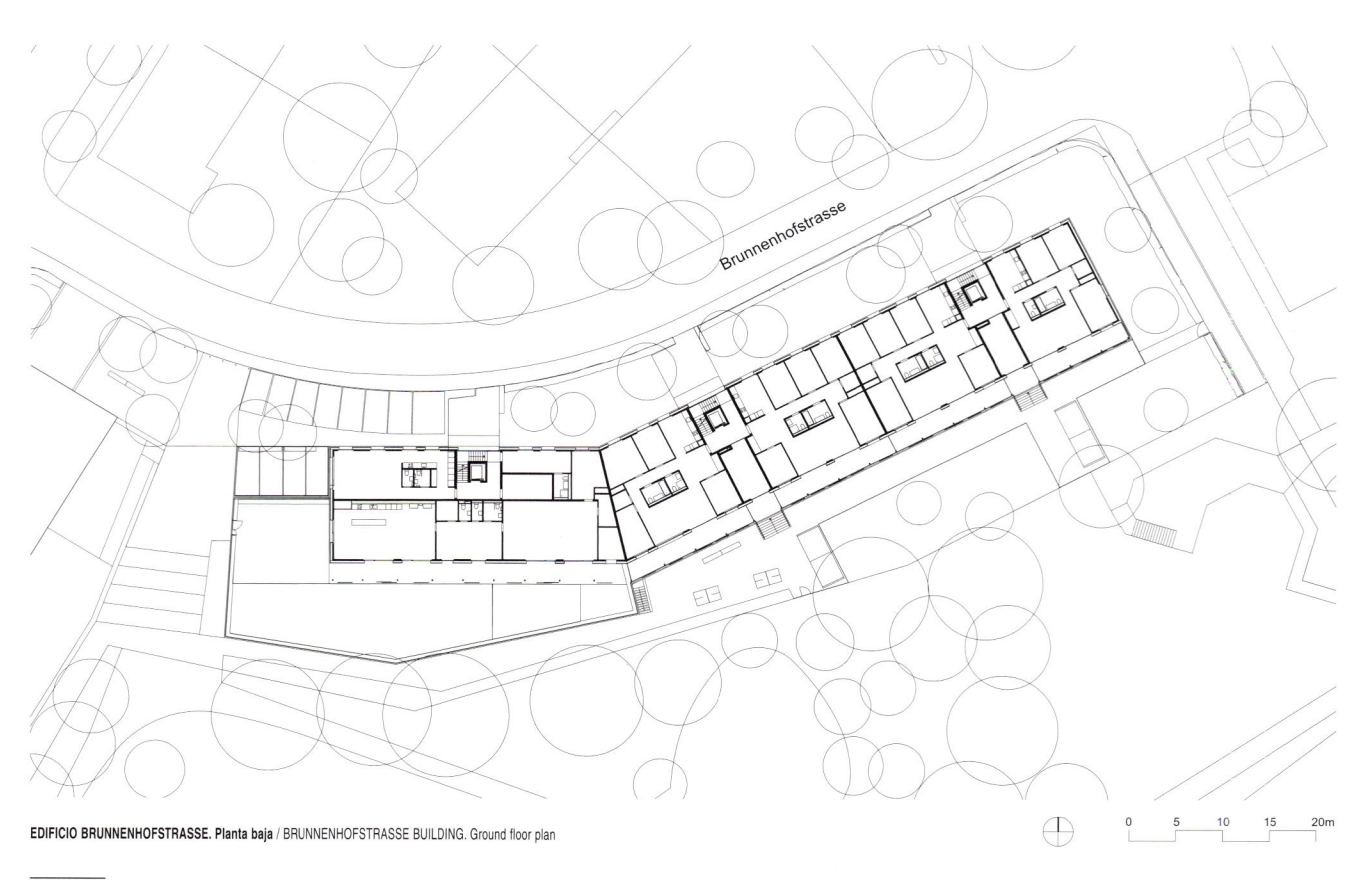

EDIFICIO BRUNNENHOFSTRASSE. Planta baja / BRUNNENHOFSTRASSE BUILDING. Ground floor plan

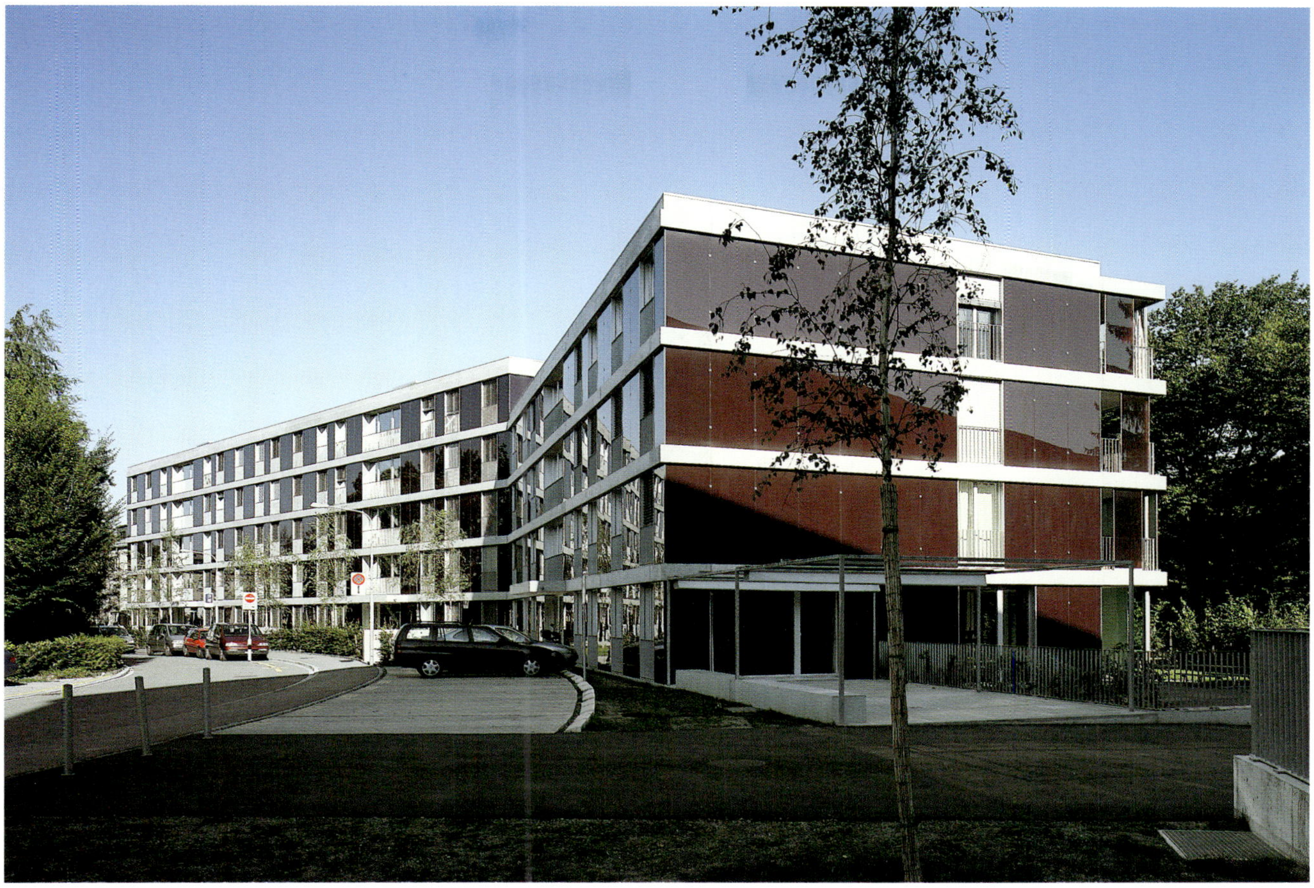

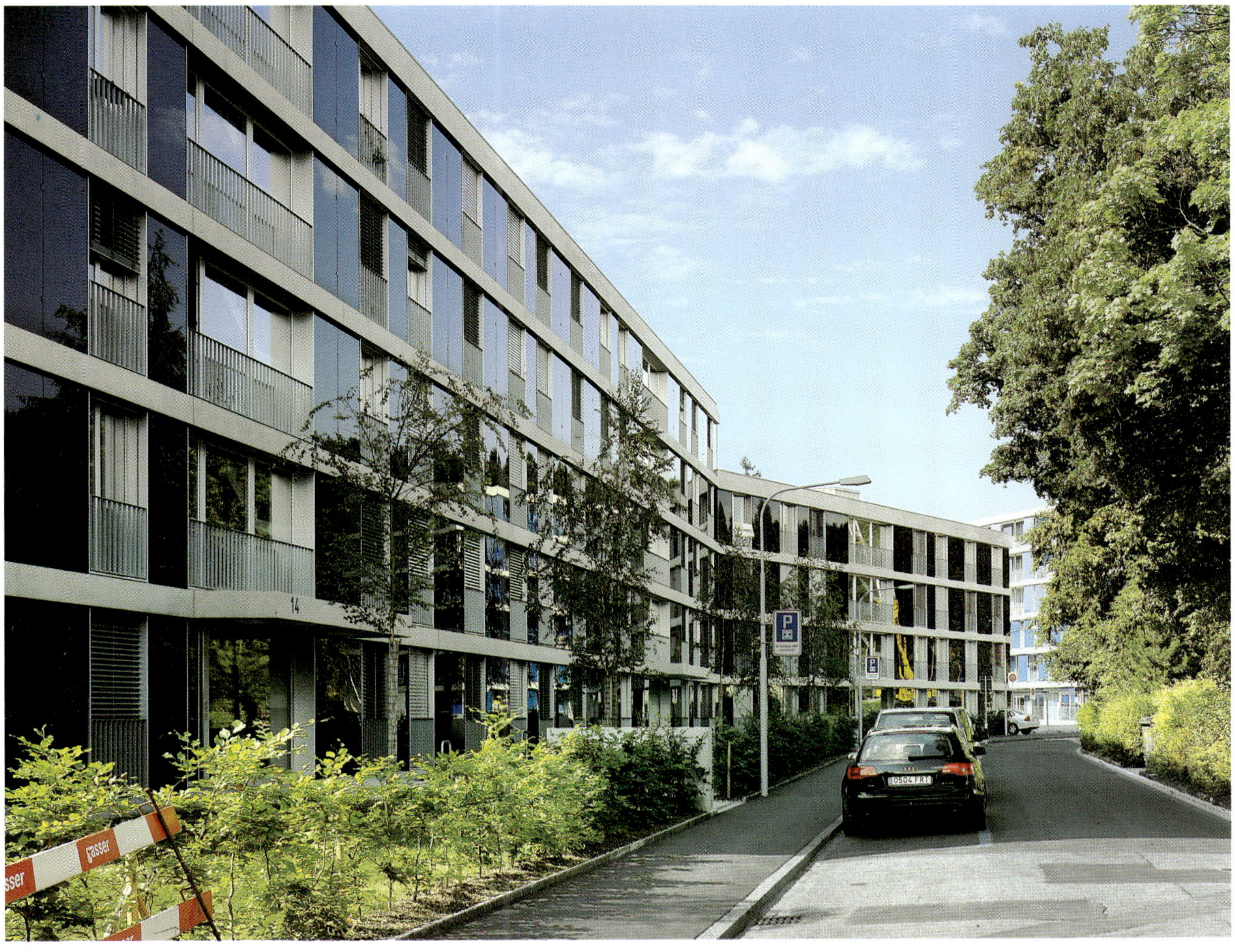

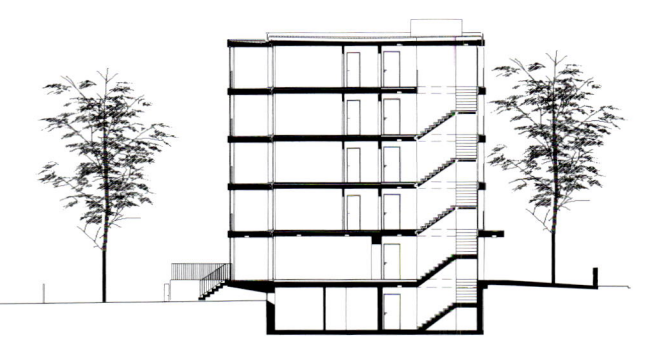

Sección por escalera / Section through staircase

Planta tipo / Typical floor plan

EDIFICIO BRUNNENHOFSTRASSE / BRUNNENHOFSTRASSE BUILDING

En el edificio de Brunnenhofstrasse los estares se sitúan a lo largo
Within the Brunnenhofstrasse building the living rooms are posi-
de la fachada, dando al parque hacia el sur y el sureste a través de
tioned along the façade and are oriented towards the park to the
la zona de balcones. En la parte de cuatro plantas y orientada sólo
south and southeast via the balcony area. In the four-storey, purely
a sur o a norte, las cocinas-comedor se conectan con el estar en el
north or south oriented part of the building the eat-in kitchen is con-
lado sur. En las partes más apartadas del edificio las cocinas-come-
nected to the living room on the south side. In the averted parts
dor reciben el sol de la tarde y proporcionan a la vivienda una doble
of the building the eat-in kitchens are directed towards the evening
orientación. Una configuración tipo circuito otorga generosidad
sun and provide the apartment with a two-sided orientation. A cir-
espacial, libertad de movimientos y flexibilidad de uso a todos los
cuit-like layout lends all apartment types spatial generosity, free-
tipos de unidades residenciales.
dom of movement and enhanced flexibility of use. The latter is fur-
La flexibilidad se acentúa en los apartamentos de la planta baja
ther enhanced within the ground floor apartments by means of
mediante antesalas situadas entre los mismos que, con acceso inde-
anterooms between apartments that can be shared by residents
pendiente, pueden ser compartidas por los residentes.
and each with their own access.

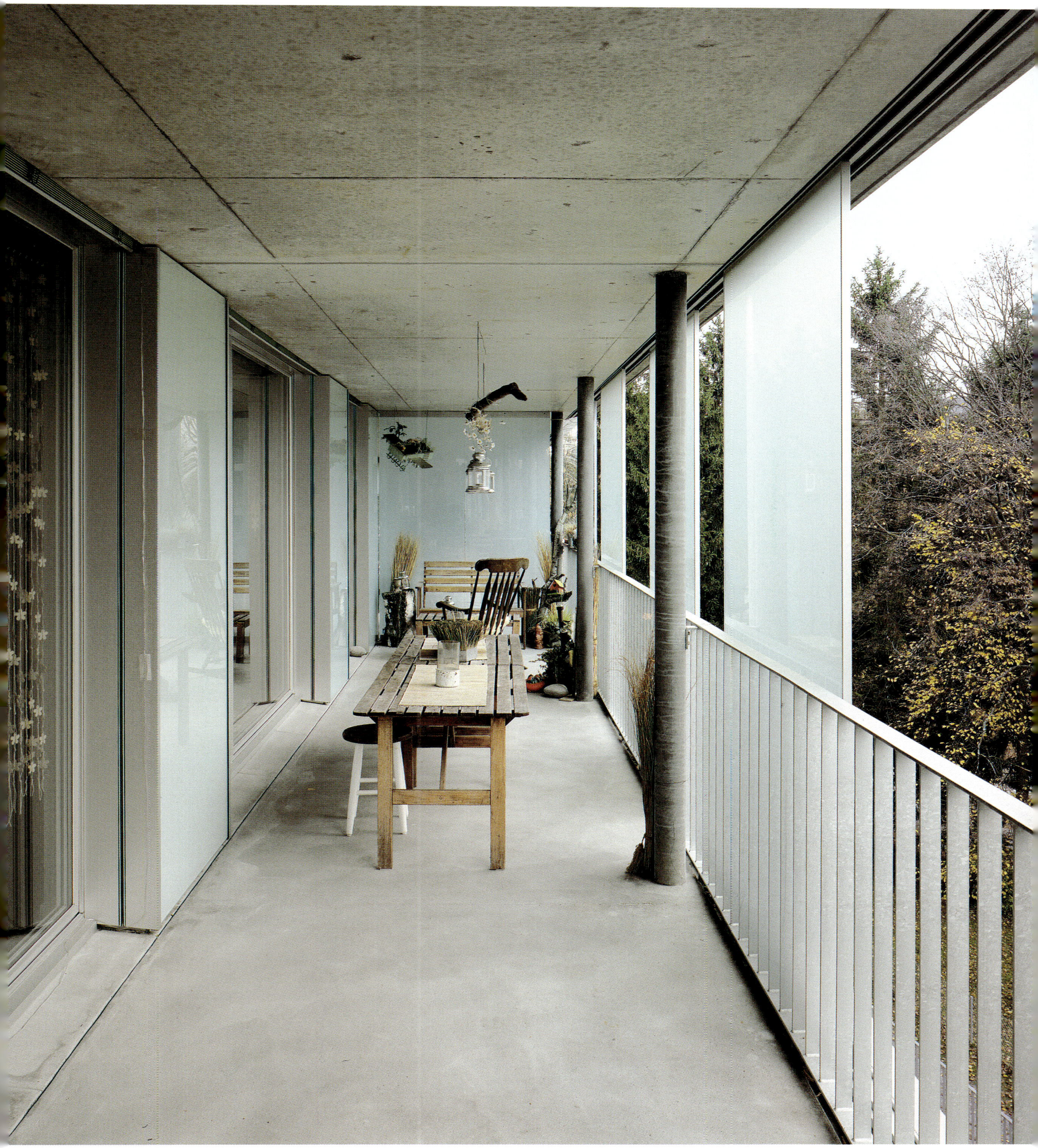

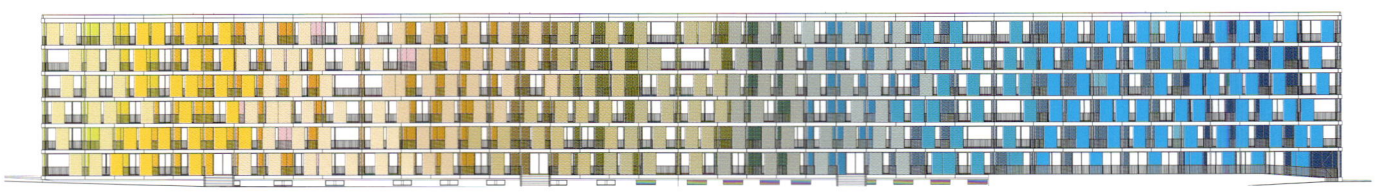

Alzado Este a parque, con paneles correderos de vidrio / East elevation with sliding glass panels (Parkside)

Plantas segunda a quinta / Second to fifth floor plans

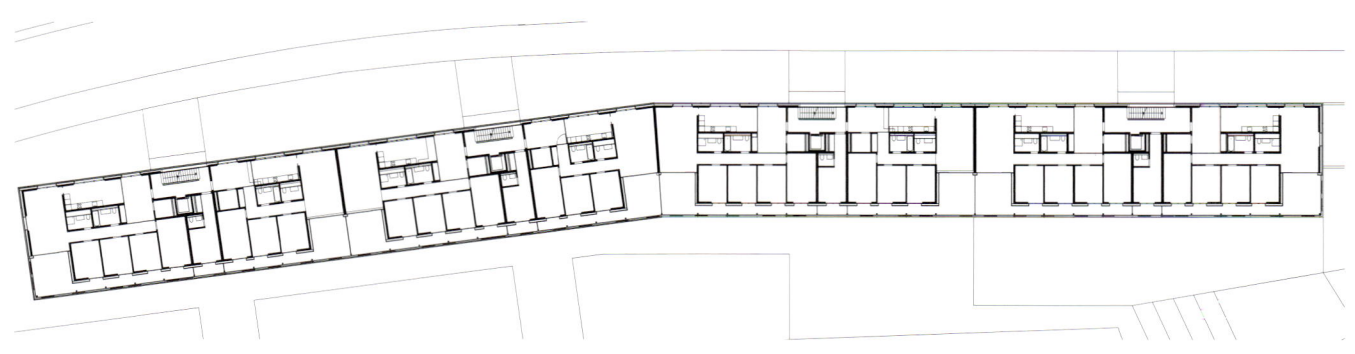

Planta primera / First floor plan

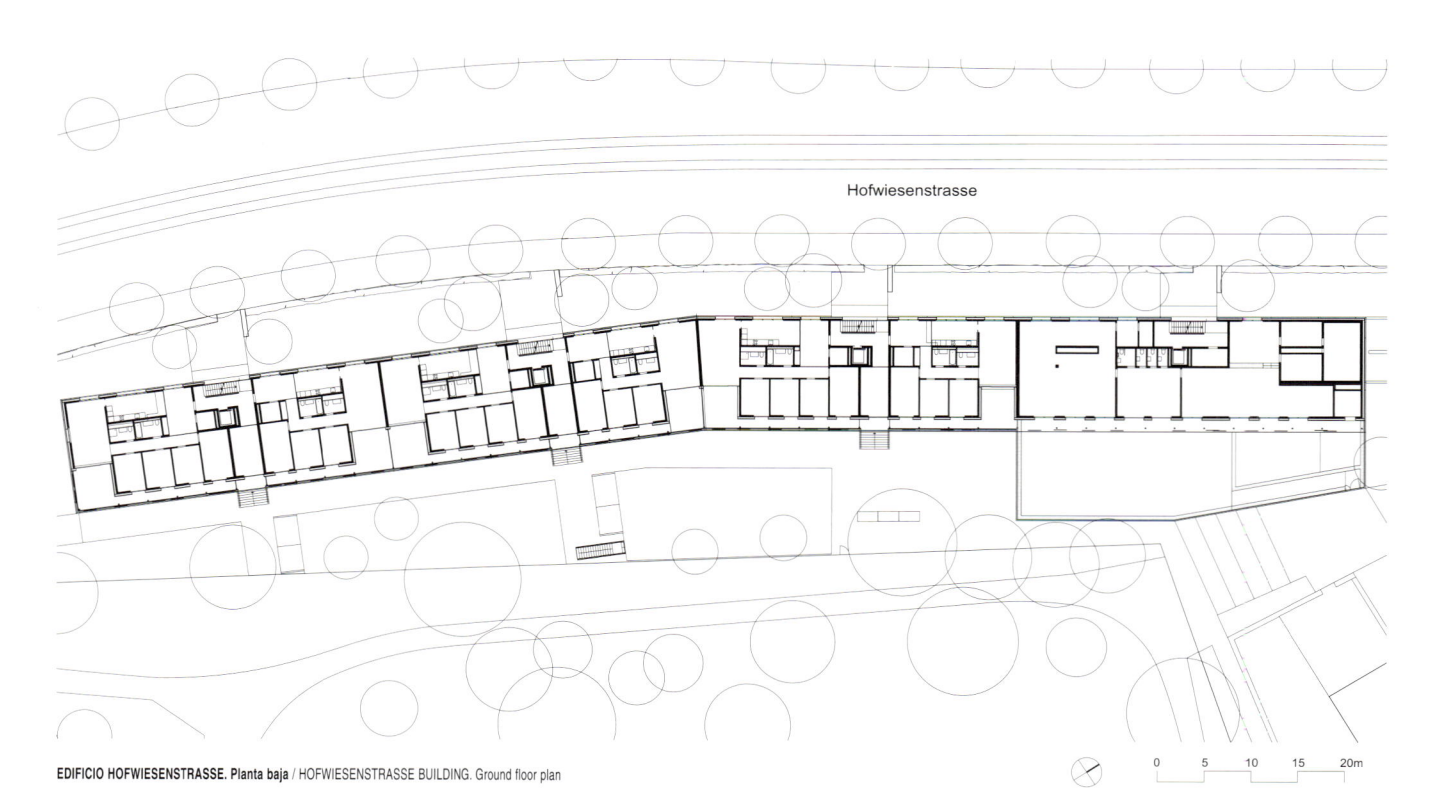

Hofwiesenstrasse

EDIFICIO HOFWIESENSTRASSE. Planta baja / HOFWIESENSTRASSE BUILDING. Ground floor plan

0 5 10 15 20m

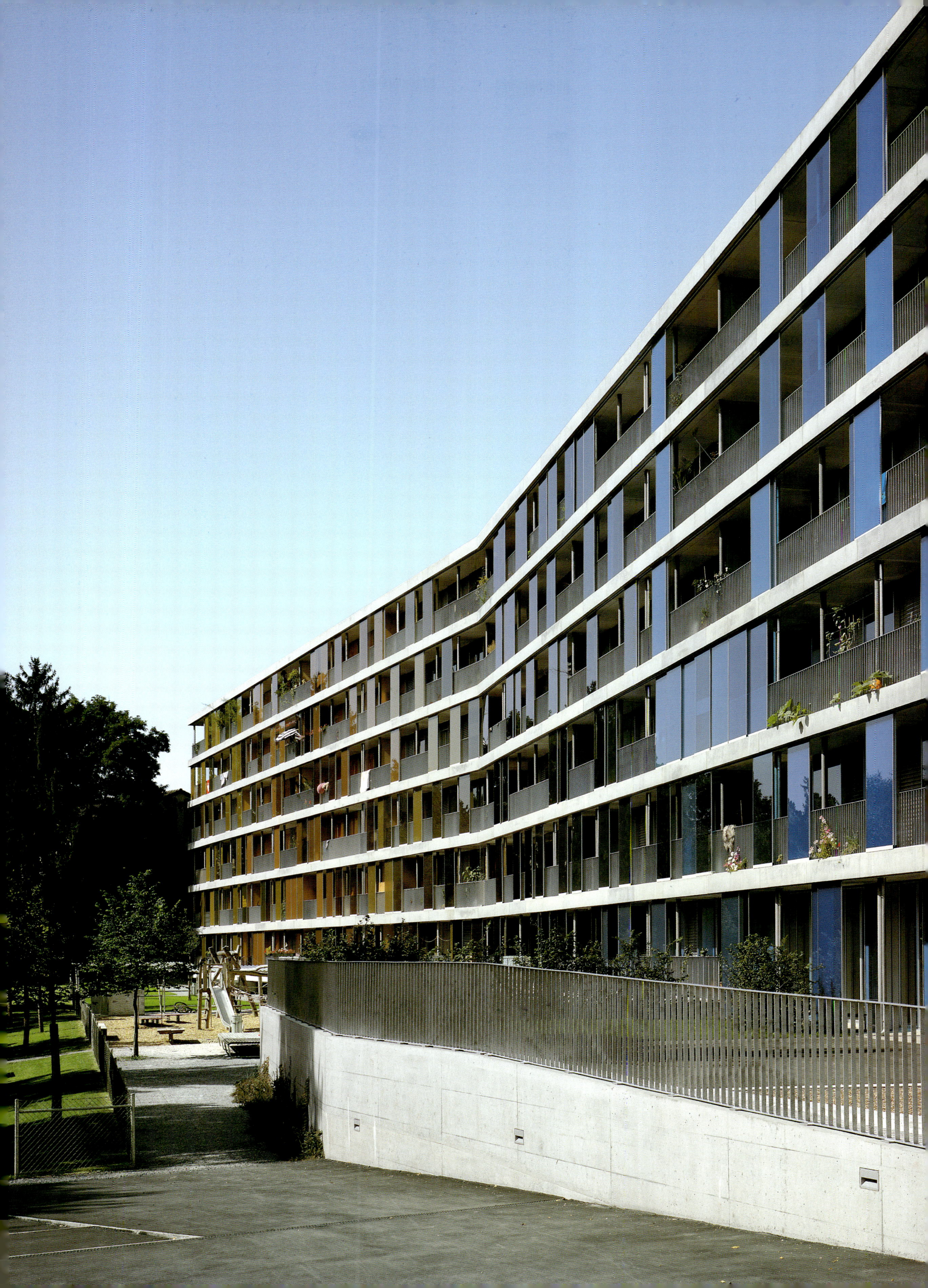

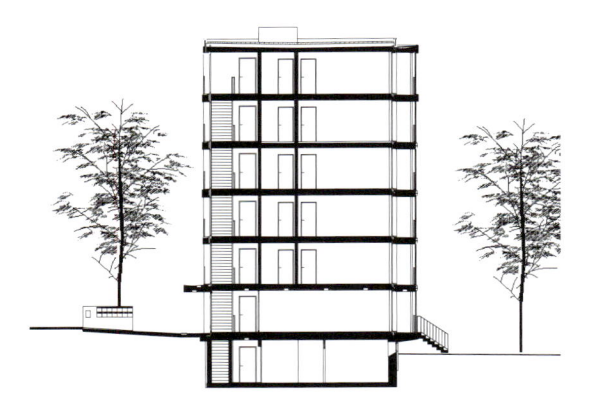

Sección por escalera / Section through staircase

Planta tipo / Typical floor plan

EDIFICIO HOFWIESENSTRASSE / HOFWIESENSTRASSE BUILDING

Los vestíbulos de entrada en la planta baja son espacios de conexión con el parque y en ellos pueden almacenarse juguetes, carritos, bicicletas o motos.
The entrance lobbies on the ground floor are connecting rooms that link to the park and are where pushchairs, scooters, children's bikes and toys can be stored. The illuminated laundry rooms and drying rooms are located

En el sótano y próximos a las escaleras se encuentran los cuartos de lavado y secado de ropa.
in the basement directly next to the stairs.

La guardería y jardín de infancia ocupa la parte extrema de ambos edificios. La sala de recreo toma la posición más destacada en la esquina de la calle y el camino hacia
The double kindergarten and nursery are housed at the top ends of both buildings at the pathway to the park. The recreation room takes the most prominent
el parque. Los dos edificios residenciales tienen acceso desde la calle a través de patios. Un seto continuo a lo largo de la calle crea una zona verde que proporciona la
position at the corner of the street and the pathway. Both residential buildings are accessed from the street via forecourts. A continuous hedgerow along the
necesaria privacidad para las viviendas ligeramente elevadas sobre el terreno.
street creates a green zone that provides the necessary privacy for the lightly elevated ground floor apartments.

Las viviendas que dan al parque se han apilado de media en media planta para incorporar zonas de recreo y juego, así como viveros entre el parque y el edificio. Setos
The park-facing apartments are staggered by half a storey to allow the incorporation of recreational and play areas as well as seedling nurseries between the
conectados con el alargado edificio aproximan la frontera entre esas zonas y el parque.
park and the building. Hedges connecting to the extended building approaches form the border between these zones and the park.

Las fachadas están formadas por los balcones prolongados y por bandas horizontales de hormigón que envuelven el edificio. Entre ellas aparecen huecos de una altura y
The façades are formed by the protracting balconies and the concrete bands that wrap horizontally around the building. Between them storey-height windows
paneles de vidrio en tonos alternos que forman, junto con las contraventanas de protección solar correderas, un juego de superficies entre lo reflectante y lo mate, lo transparente y lo translúcido. Los criterios de aplicación del color se desarrollaron con el artista Adrian Schiess. Hacia la calle los vidrios son azul oscuro y violeta, mientras
and alternately coloured glass panels form together with sliding anti-sun and screening glass panels an interplay of reflecting and matt, translucent and transparent coloured surfaces. The colour concept was developed together with the artist Adrian Schiess. Facing the street the glazing is dark blue and violet while
que hacia el parque los tonos evolucionan del azul al verde y al rojo.
facing the park the colour tones progress over large spaces from blue tones to green and then red.

La impresión del juego cambiante y fluido de colores se intensifica por la posición variable de los paneles correderos: en última instancia, los residentes pueden modificar las composiciones cromáticas y crear otras nuevas cada día, incluso cada hora.
The impression of the fluent, changing play of colours is enhanced by the varying positions of the sliding elements— ultimately the residents amend and create new colour compositions every day, even every hour.

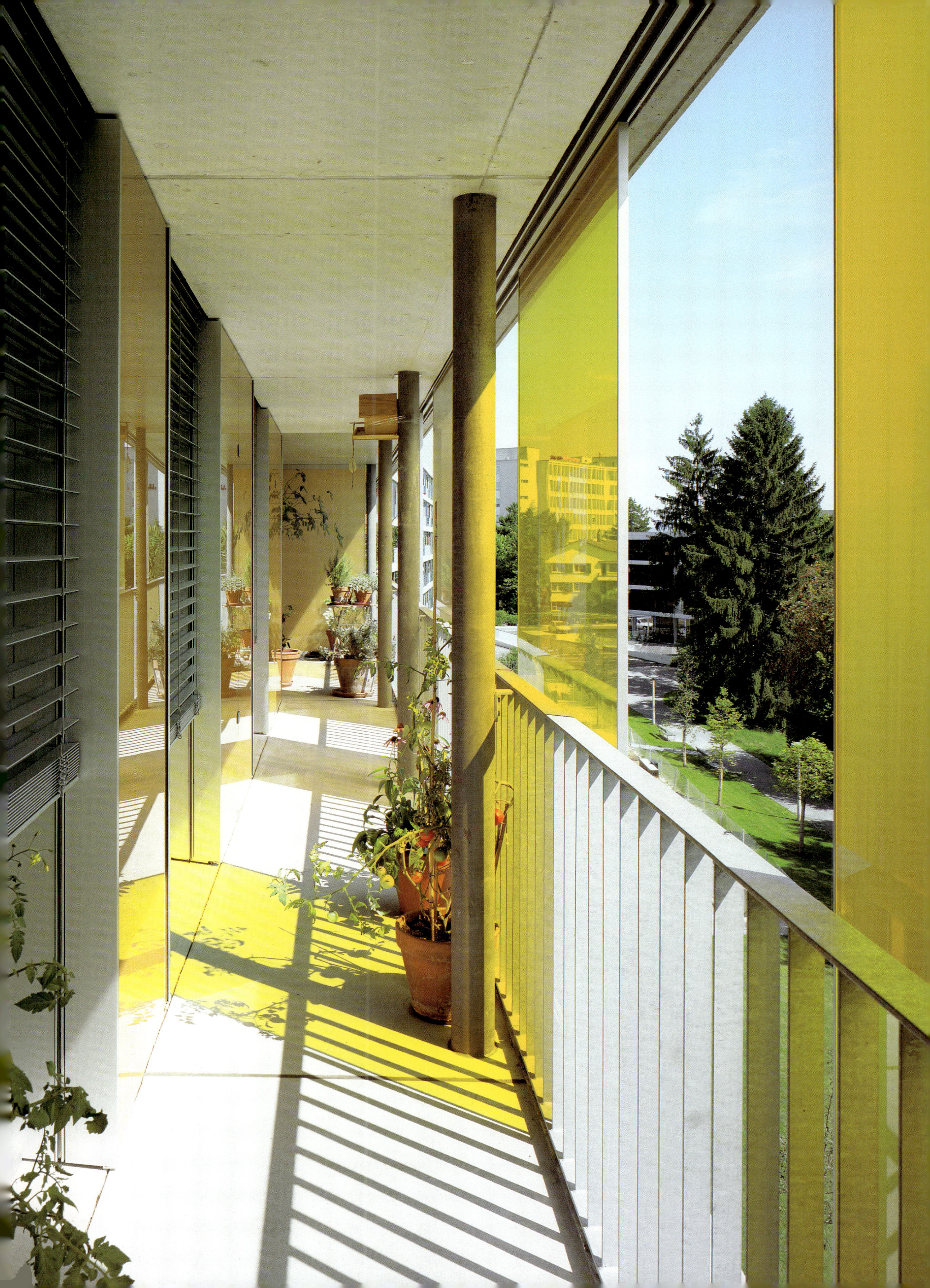

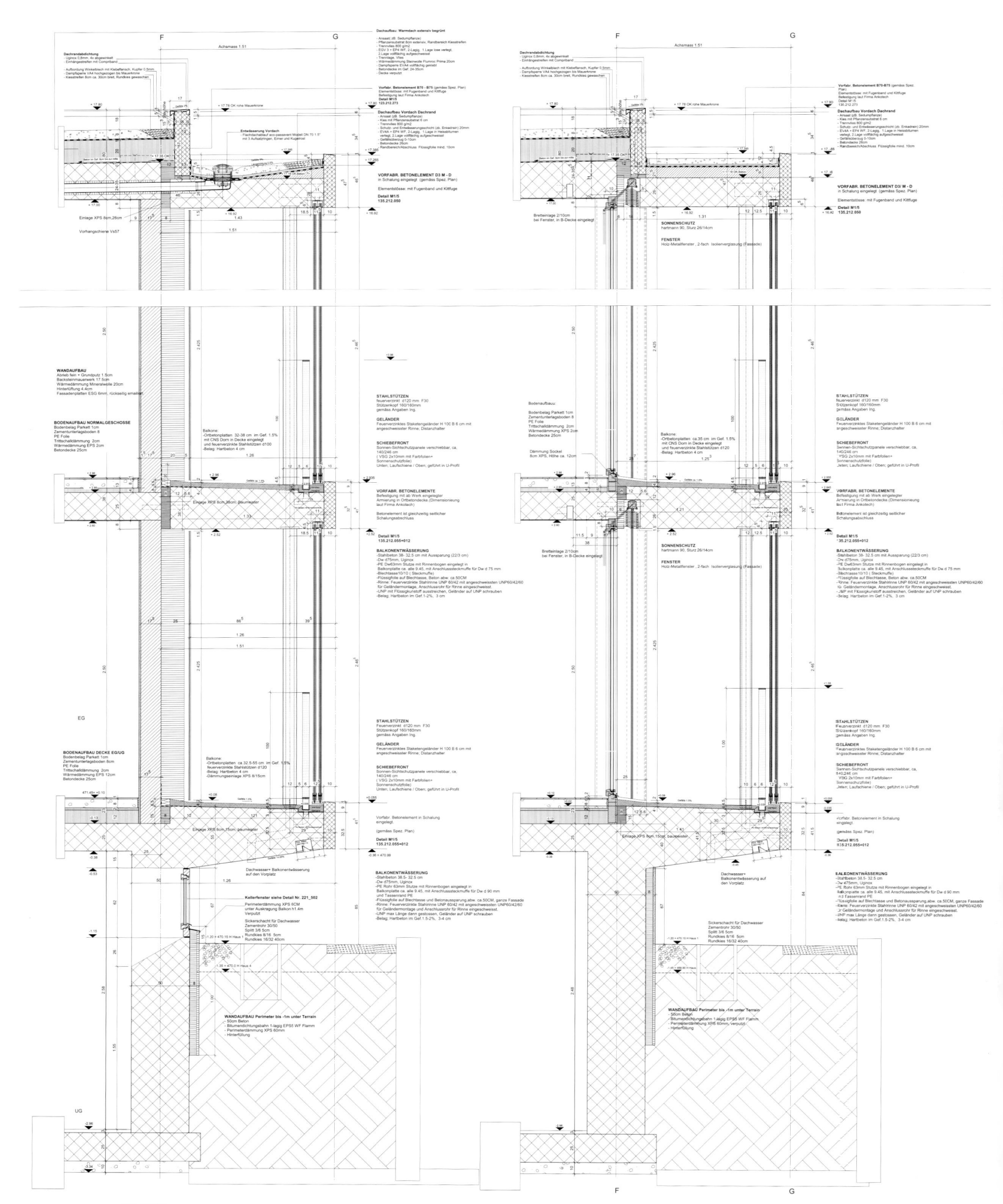

Secciones verticales balcón (Edificio Hofwiesenstrasse) / Balcony vertical sections (Hofwiesenstrasse Building)

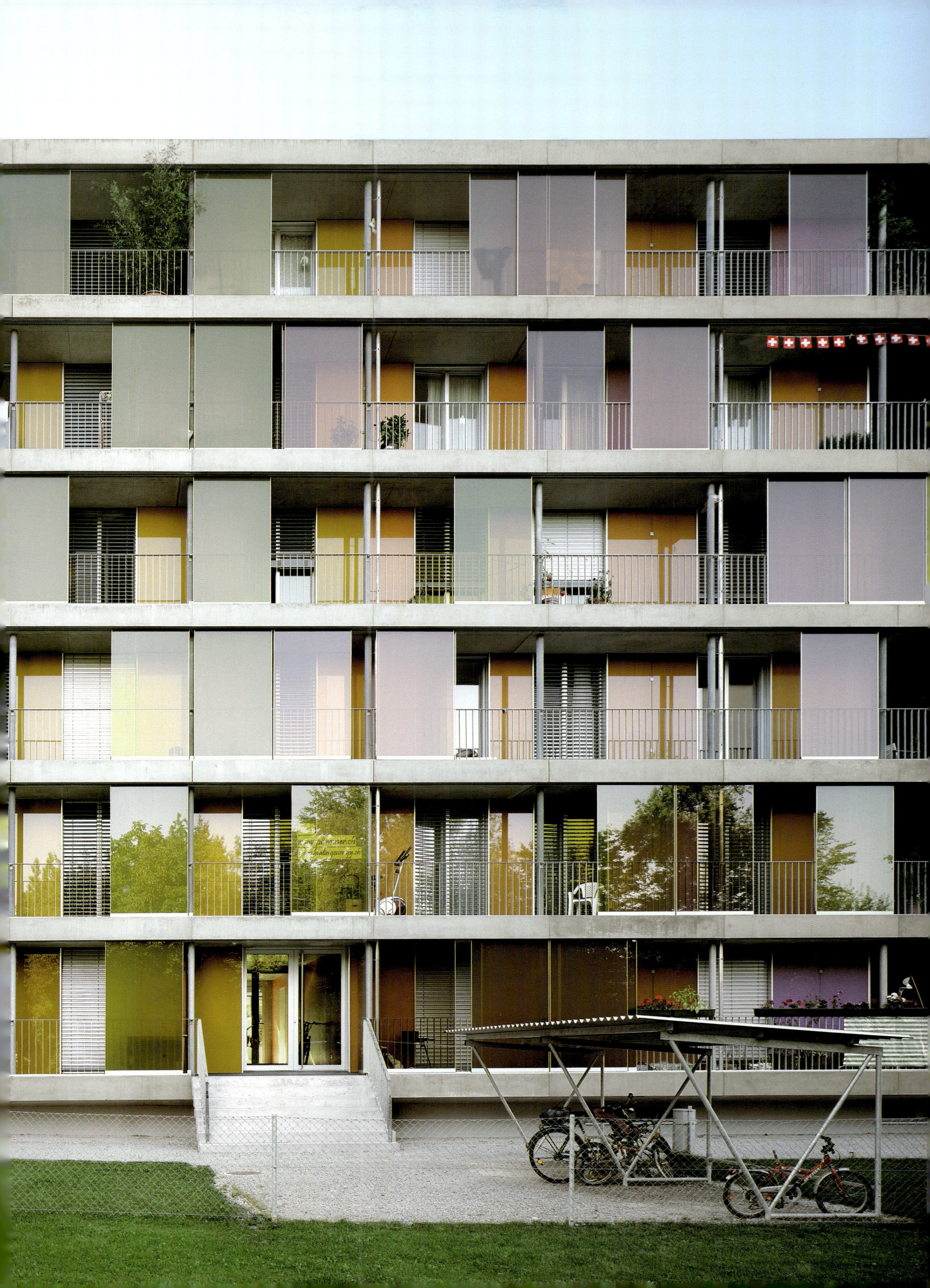

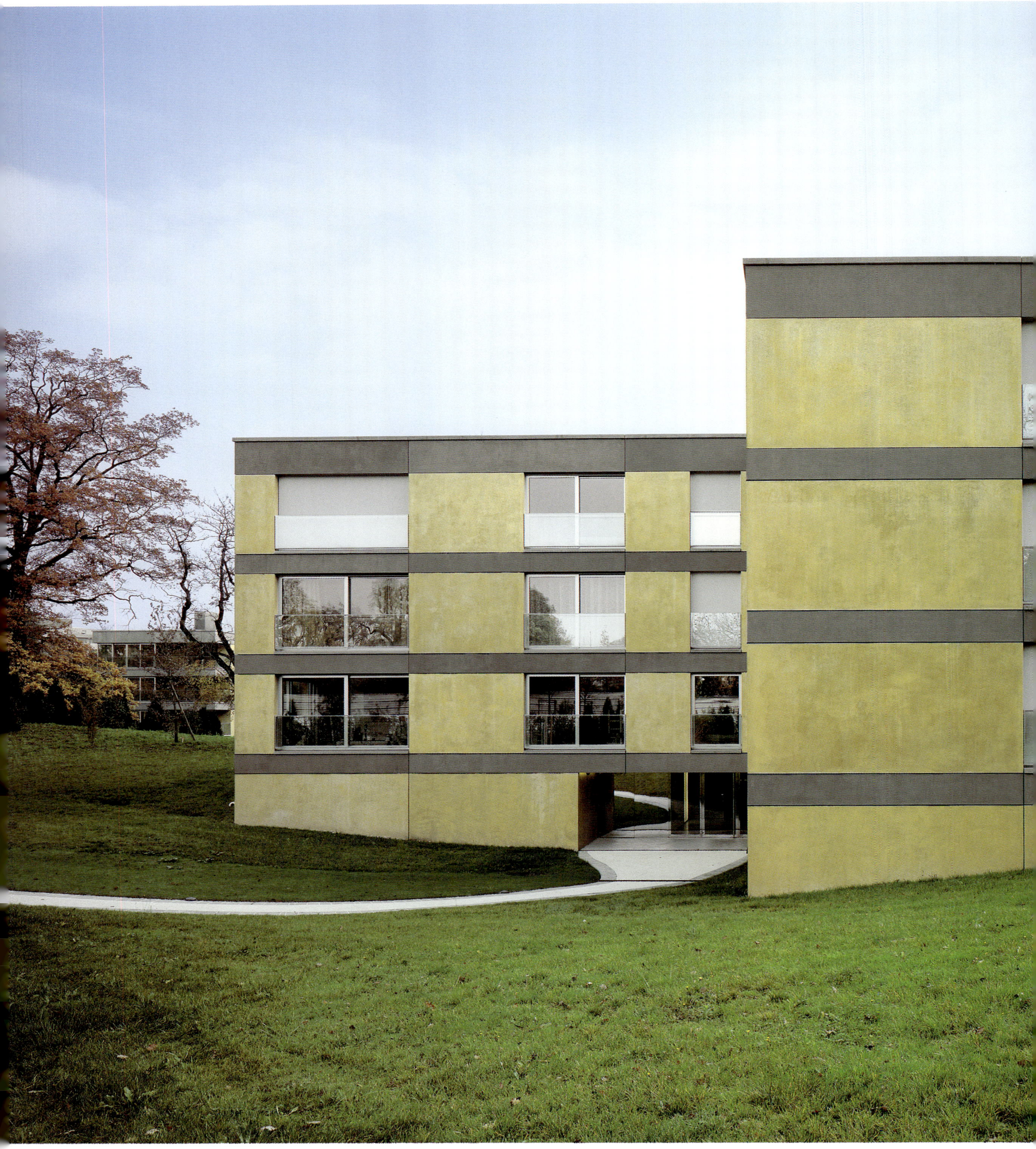

Conjunto Residencial Pré-Babel Ginebra
Résidence du Pré-Babel, Geneva

SUIZA / SWITZERLAND 2004 2008

CONCURSO PRIMER PREMIO / COMPETITION FIRST PRIZE

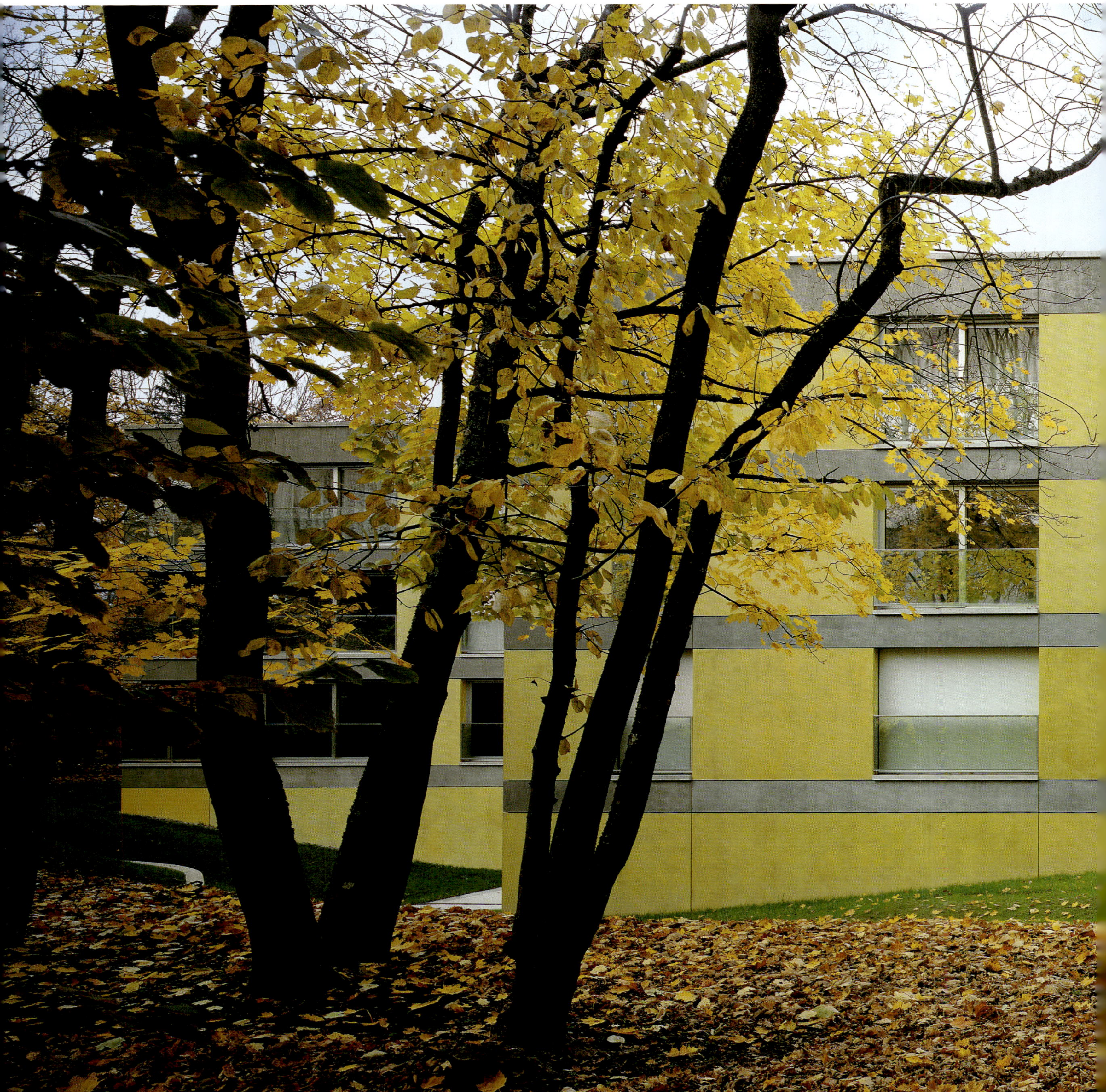

Alzado Sur / South elevation

Emplazamiento. Planta de cubiertas y nueva ampliación / Location. Roof plan and extension

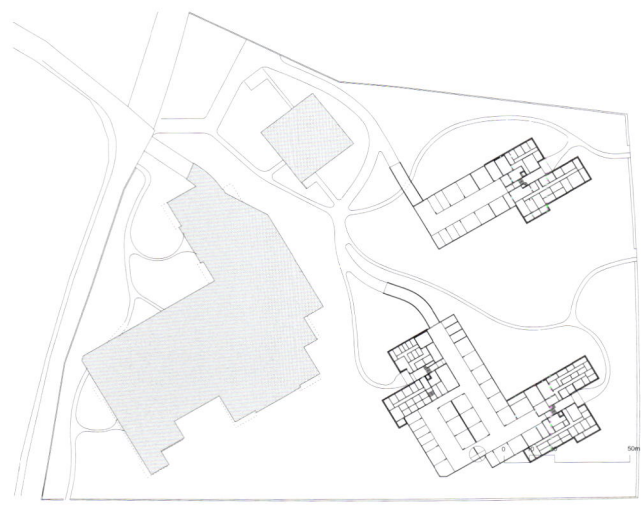

Situación actual. Planta sótano. Garaje / Location. Basement floor plan. Garage

La construcción de bloques de pisos de varias alturas y estándares en los antiguos campos deportivos y el parque de Pré-Babel mantiene la idea de ocupación selectiva, tratando de mantener el máximo espacio verde y la mayor cantidad posible de árboles entre los edificios. La primera fase de contrucción, Pré-Babel I, consta de tres bloques de tres alturas (B1, B2, B3) con un total de 28 pisos de lujo. Para la segunda fase del mismo emplazamiento, Pré-Babel II, se previeron tres edificios altos de tipo intermedio que incluyen también viviendas protegidas, tal como estipula un aspecto particular de la normativa de construcción de Ginebra. Encontrar un lenguaje arquitectónico común y una tipología similar para las tres categorías fue uno de los retos que planteó el desarrollo del proyecto.

The erection of blocks of flats of varying heights and standards on the former Pré-Babel sportsground and park site is in keeping with the idea of selective infilling, aimed at retaining as much open green space and as many of the existing trees around and between the buildings as possible. The first building phase, Pré-Babel I, comprises 3 three-storey blocks of flats (B1, B2, B3) with a total of 28 freehold flats in the luxury price sector. Three tall buildings of an average standard, which were also to include subsidised housing in line with a peculiarity in Geneva's building regulations, were foreseen in the second phase on the same site, Pré-Babel II. Finding a common architectural language and similar housing typology for all three categories was one of the challenges of developing this park site.

La disposición y la forma de los edificios crea "habitaciones" exteriores alternas que están intercaladas con árboles o caracterizadas por espacios abiertos. Cada tipo de vivienda se beneficia tres o cuatro orientaciones, con vistas exteriores que incluyen extensas praderas o masas boscosas.

The siting and shape of the buildings create alternating external 'rooms' which are either interspersed with trees or characterised by open spaces. Each flat type benefits from facing in either three or four directions, with views of different outdoor areas comprising expanses of lawn or groups of trees.

Los caminos de acceso a los edificios atraviesan el parque y conducen a unas zonas de entrada ligeramente hundidas. Para mantener el parque libre de tráfico tanto como fuera posible, las vías que conducen a los garajes subterráneos se independizan antes de llegar a los edificios. Unos vestíbulos de proporciones generosas proporcionan acceso a las casas desde el parque y desde el garaje. Además, los pasamanos de acero cromado pulido abren estos espacios desde el punto de vista óptico, como también lo hacen el pavimento de terrazo gris claro y la piedra prefabricada con gránulos de mármol. Las puertas de los pisos son de roble oscuro, flanquedadas por paneles ampliamente iluminados. Por su parte, los muros de hormigón visto contrastan con los materiales más refinados de las escaleras, otorgándoles una apropiada calidad cotidiana.

The access paths to the buildings wind through the park and lead to slightly sunken entrance areas. To keep traffic away from the park as much as possible, the approach roads to the garage level branch off before reaching the buildings, leading motor vehicles underground to the houses. The generously proportioned entrance halls combine both approaches— providing access from the park and the garage. Polished chromium steel banisters open up these spaces optically, as does the light grey flooring of terrazzo and prefabricated reconstituted stone with marble granules. The front doors to the flats are of dark oak, flanked by wide illuminated panels. Exposed concrete walls form a contrast to the more refined materials on the staircases and lend the latter an appropriate everyday quality.

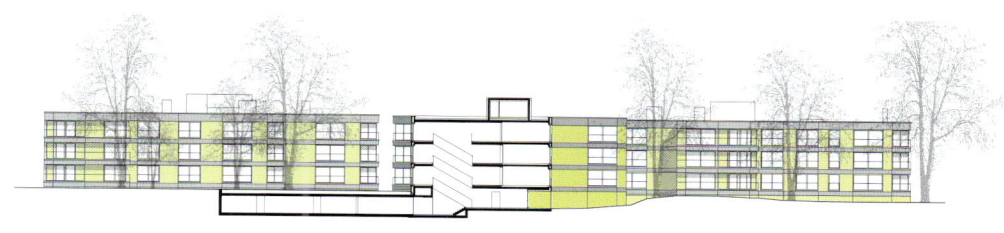

Sección AA por edificio 2 / Section AA through house 2

Sección BB por edificio 3 / Section BB through house 3

Planta baja del conjunto
Ground floor plan of complex

Alzado Este / Elevation East

0 10 20 50m

Desde cada nivel de escalera se accede a dos viviendas y a un apartamento
The naturally-lit staircases provide access to two flats and a one-roomed studio
de una sola habitación por planta. Los pisos son amplios, con tres o cuatro orientaciones
apartment on each floor. The flats themselves are large, face in three or four different directions and have an above-average ceiling height of 2.70 m.
y una altura media de techos de 2,70 metros. A partir del vestíbulo el espacio se divide en dos zonas principales: una de día (con cocina, comedor, estar y estudio), y
From each flat's entrance area, the accommodation is divided into two main zones: a day-time area with a kitchen, dining room, living room and study, and
otra de noche (con dormitorios, baños en suite y vestidores). Cada piso tiene una espaciosa terraza en galería y un jardín de invierno. Y una de las viviendas situadas
a night-time area comprising bedrooms with en-suite bathrooms and dressing rooms. Each flat has a large, roofed balcony and an additional winter garden.
en la segunda planta de cada edificio disfuta de su propio acceso privado a la terraza de la azotea.
One flat in each building on the second floor has its own private access to the large roof terrace with pavilions.

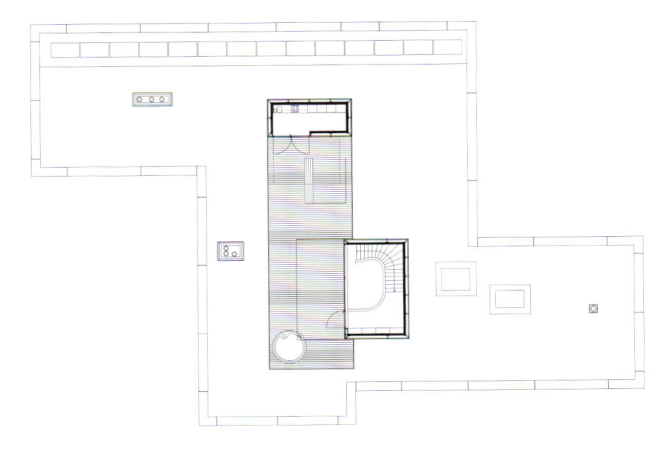

Planta ático / Attic floor plan

Planta primera / First floor plan

Planta segunda / Second floor plan

Planta baja / Ground floor plan

Planta sótano. Aceso / Basement floor plan. Entrance

EDIFICIO 1 / HOUSE 1

Alzado Este / Elevation East

Detalles escalera / Staircase details

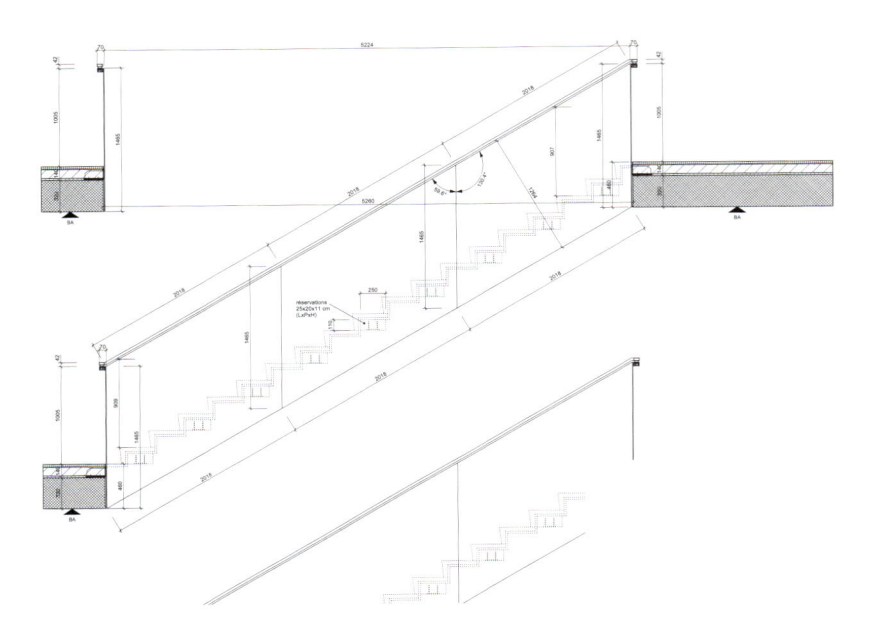

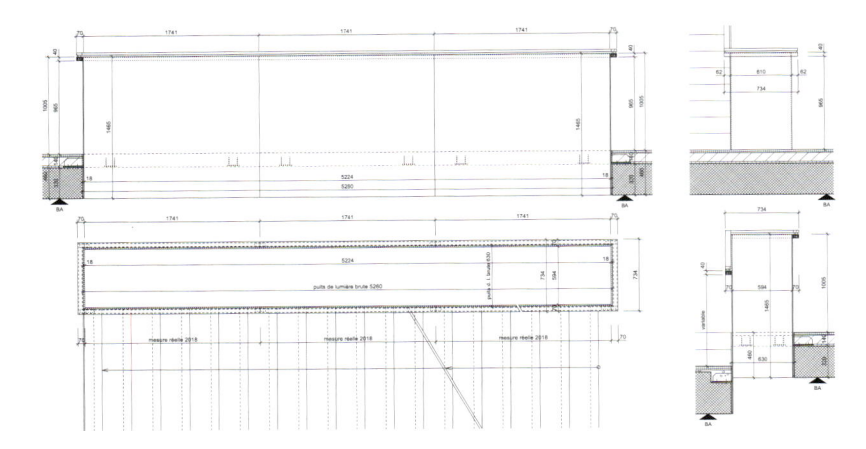

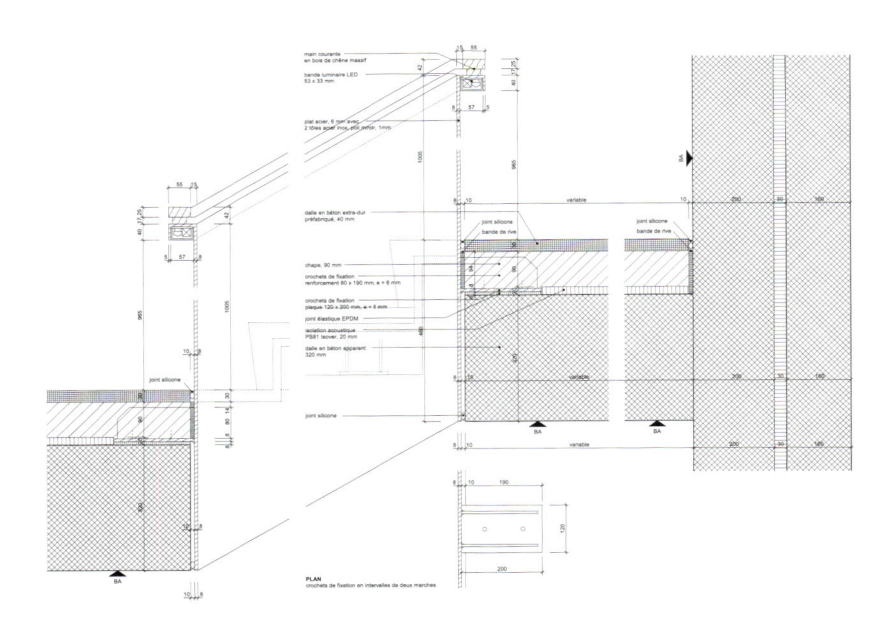

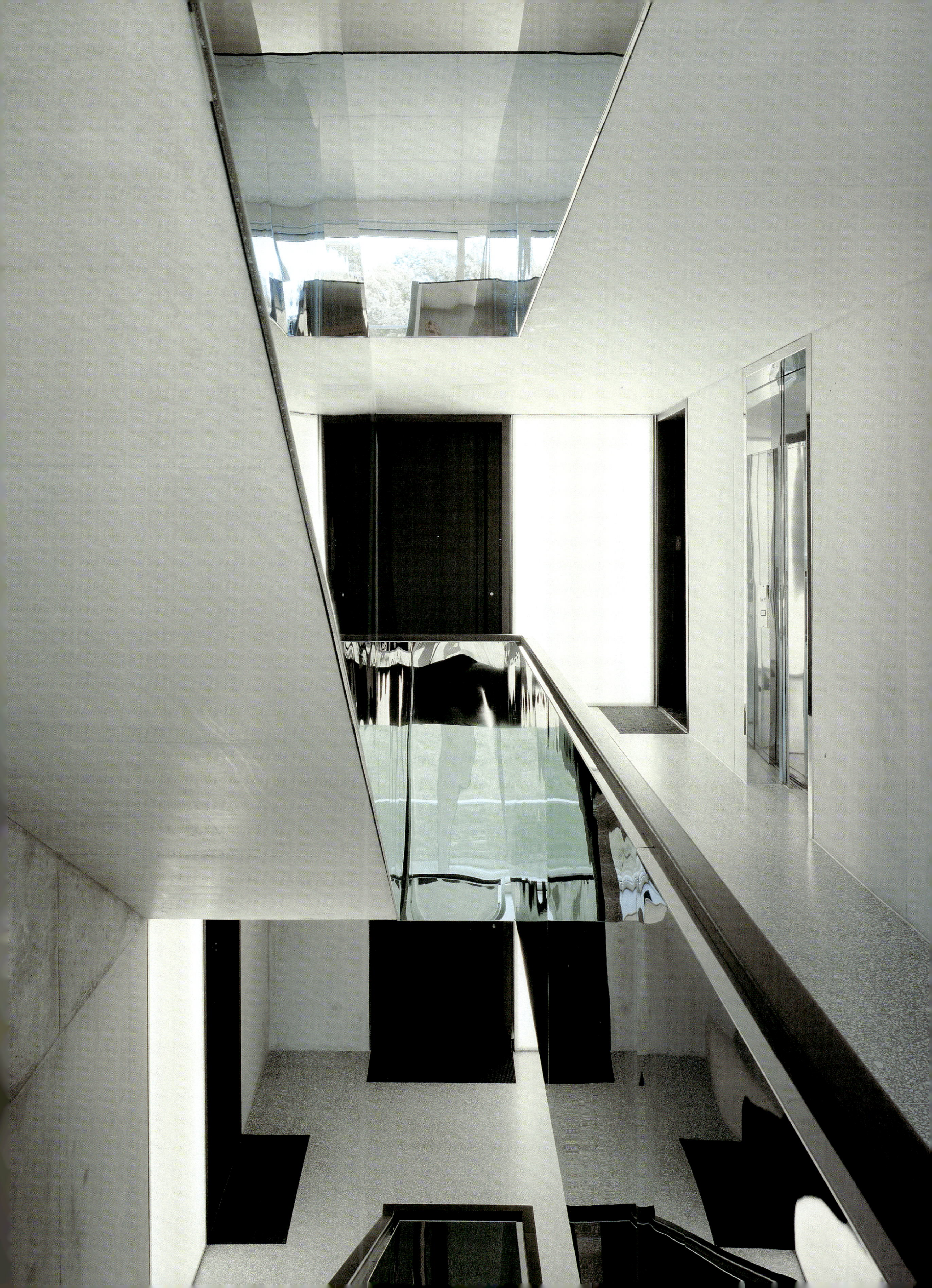

Fixation stores

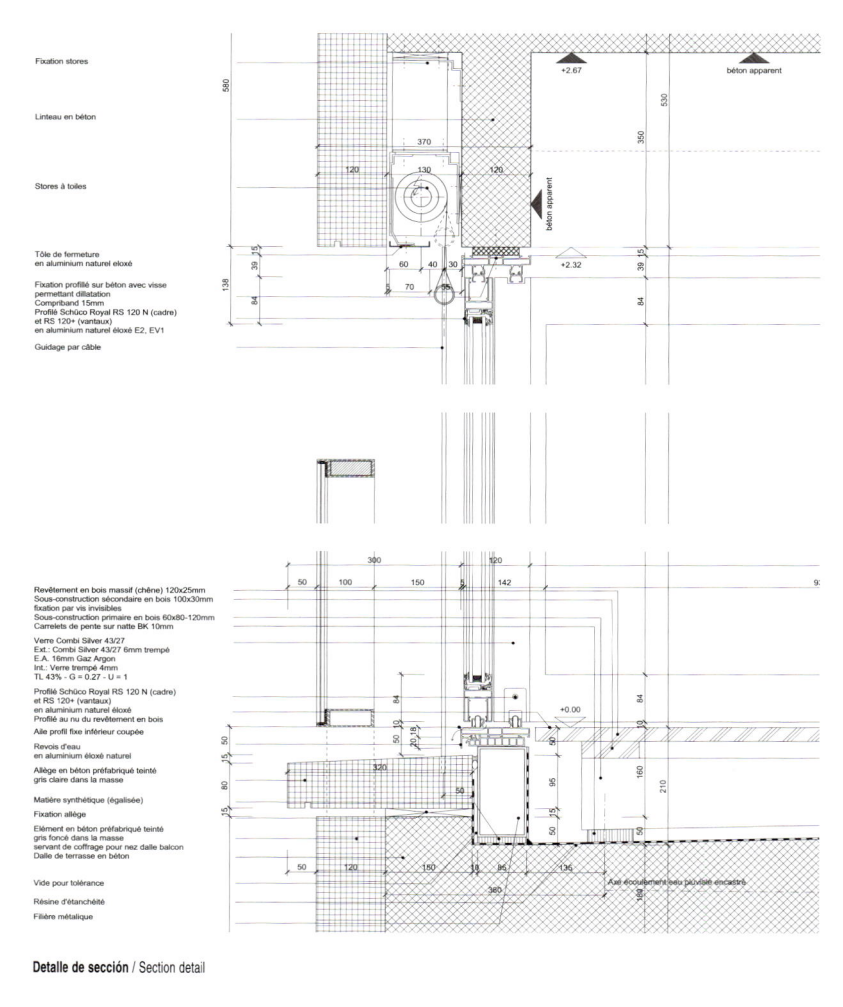

Linteau en béton

Stores à toiles

Tôle de fermeture
en aluminium naturel éloxé

Fixation profilé sur béton avec visse
permettant dilatation
Compriband 15mm
Profilé Schüco Royal RS 120 N (cadre)
et RS 120+ (vantaux)
en aluminium naturel éloxé E2, EV1

Guidage par câble

Revêtement en bois massif (chêne) 120x25mm
Sous-construction secondaire en bois 100x30mm
fixation par vis invisibles
Sous-construction primaire en bois 60x80-120mm
Camelets de pente sur natte BK 10mm
Verre Combi Silver 43/27
Ext.: Combi Silver 43/27 6mm trempé
E.A. 16mm Gaz Argon
Int.: Verre trempé 4mm
TL 43% - G = 0.27 - U = 1
Profilé Schüco Royal RS 120 N (cadre)
et RS 120+ (vantaux)
en aluminium naturel éloxé
Profilé au nu du revêtement en bois
Aile profil fixe intérieur coupée
Revois d'eau
en aluminium éloxé naturel
Allège en béton préfabriqué teinté
gris claire dans la masse
Matière synthétique (égalisée)
Fixation allège
Elément en béton préfabriqué teinté
gris foncé dans la masse
servant de coffrage pour nez dalle balcon
Dalle de terrasse en béton

Vide pour tolérance
Résine d'étanchéité
Filière métallique

Detalle de sección / Section detail

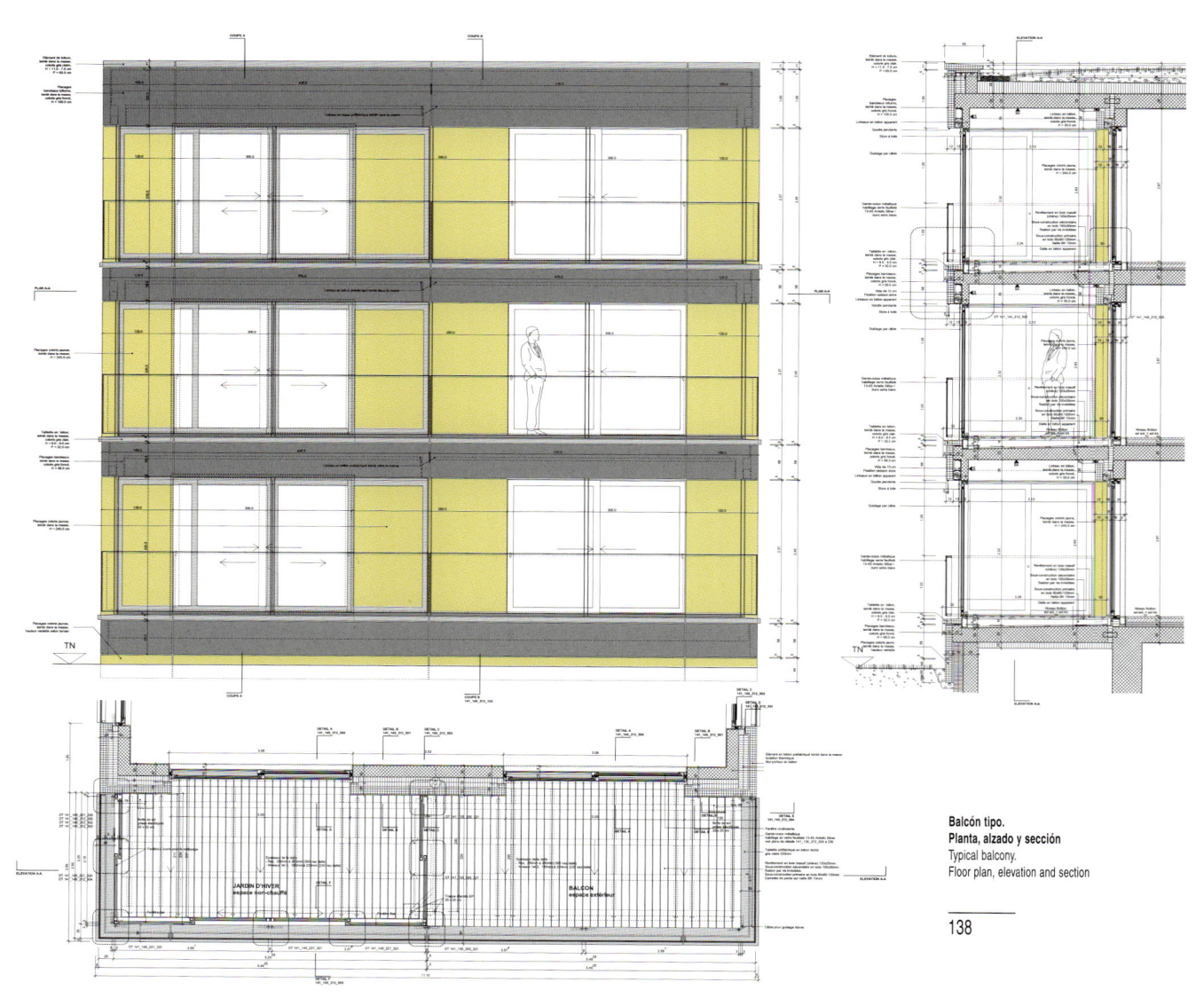

Balcón tipo.
Planta, alzado y sección
Typical balcony.
Floor plan, elevation and section

138

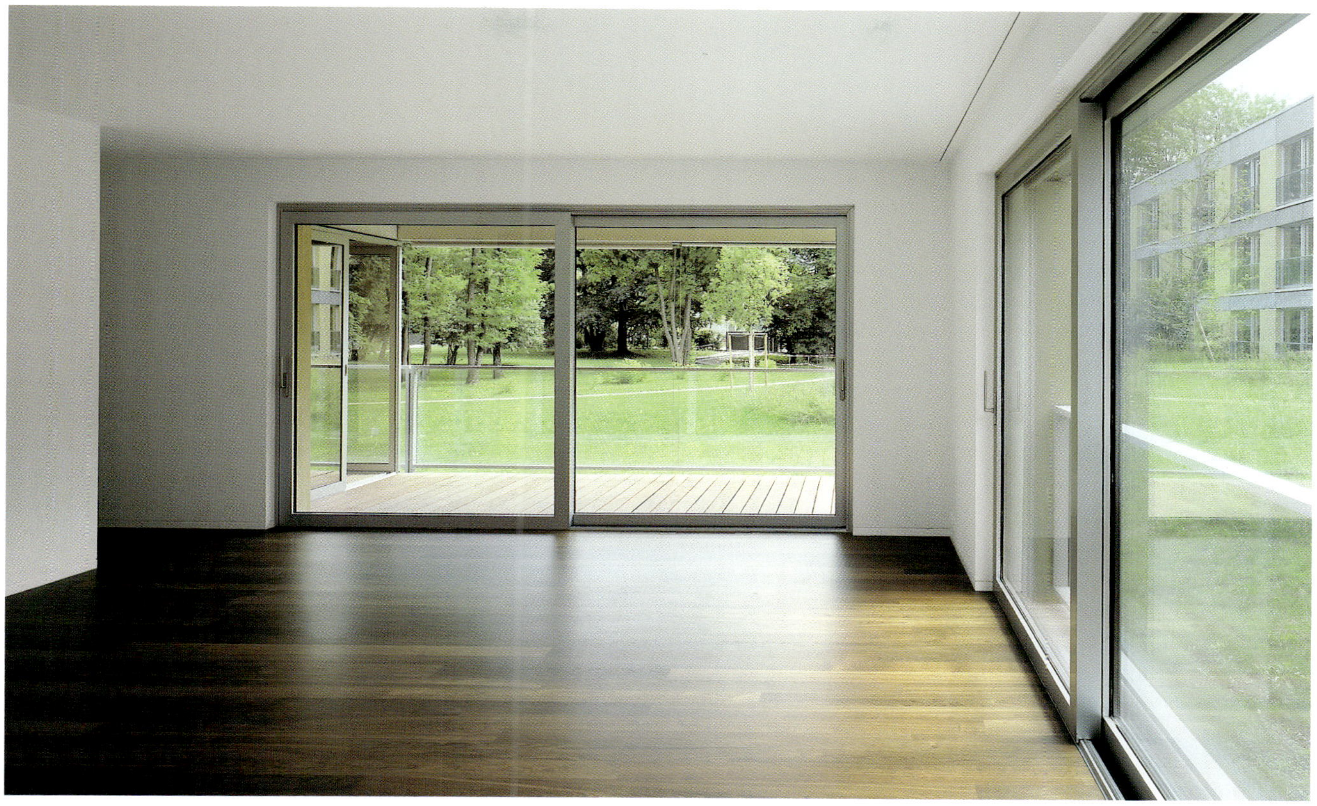

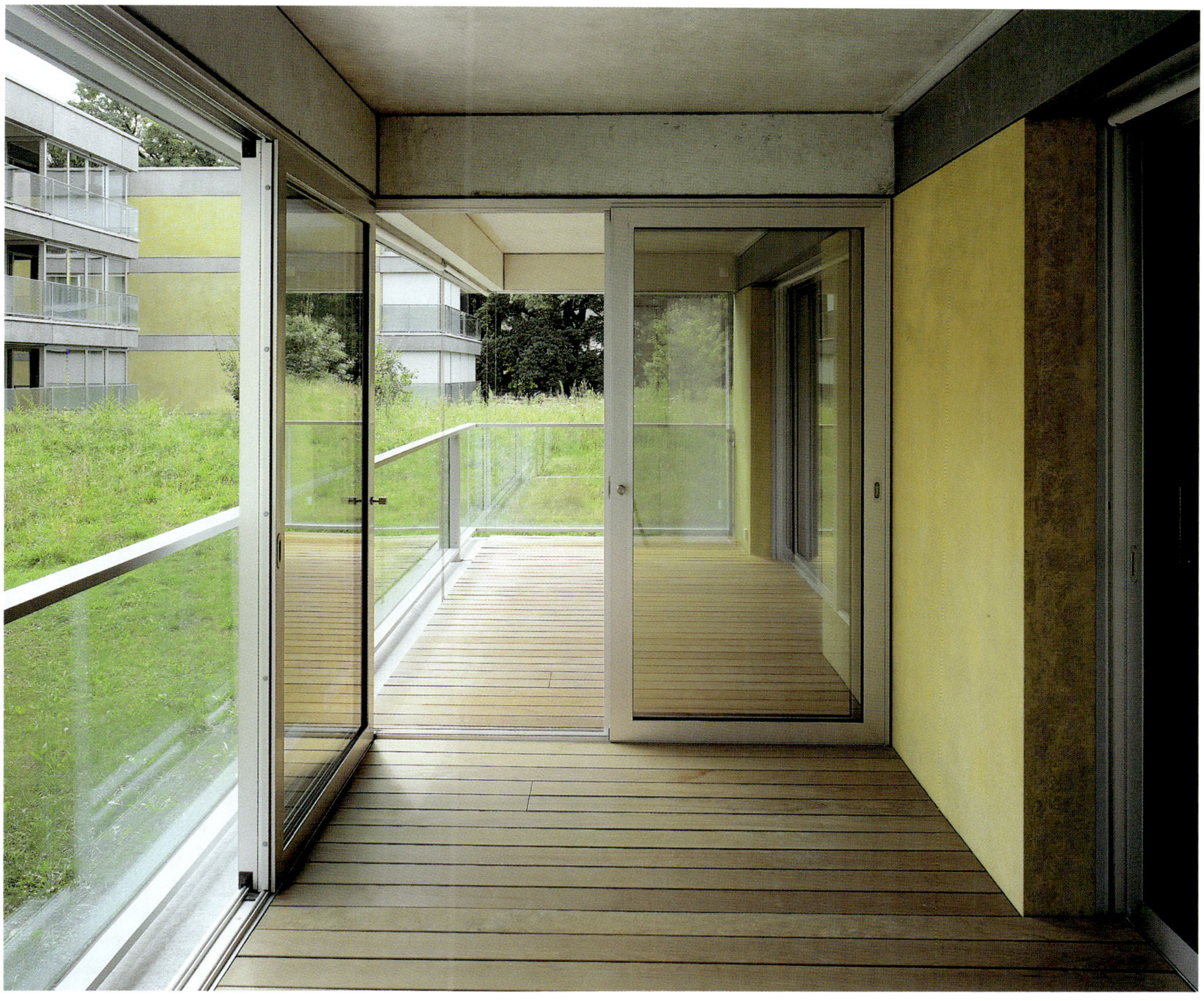

El corpus de los edificios resulta de una combinación casi clásica en apariencia de elementos prefabricados de hormigón dispuestos horizontal y verticalmente. Estos elementos son bandas horizontales grises y bandas verticales amarillas; la anchura de estas últimas varía y su color remite al de la piedra arenisca característica de tantos edificios de Ginebra.

The building corpuses constitute compositions of horizontal and vertical prefabricated concrete elements which are almost Classical in appearance. The concrete elements comprise grey horizontal bands and yellow vertical sections of varying widths which pick up on the yellow colouring of the sandstone buildings in Geneva.

Grandes ventanas con marcos de aluminio alternan con las piezas de hormigón amarillas. Además, el vidrio reflectante de las balaustradas intensifica el juego de reflejos de los árboles en las ventanas, ampliando la impresión de que las fachadas forman una suerte de tejido geométrico con hilos de plata.

Large windows with slim aluminium frames alternate with yellow concrete elements. In addition, reflecting glazed balustrading intensifies the play of mirrored trees in the windows. These also amplify the impression of the façades' forming a 'geometrical fabric interwoven by silver threads'.

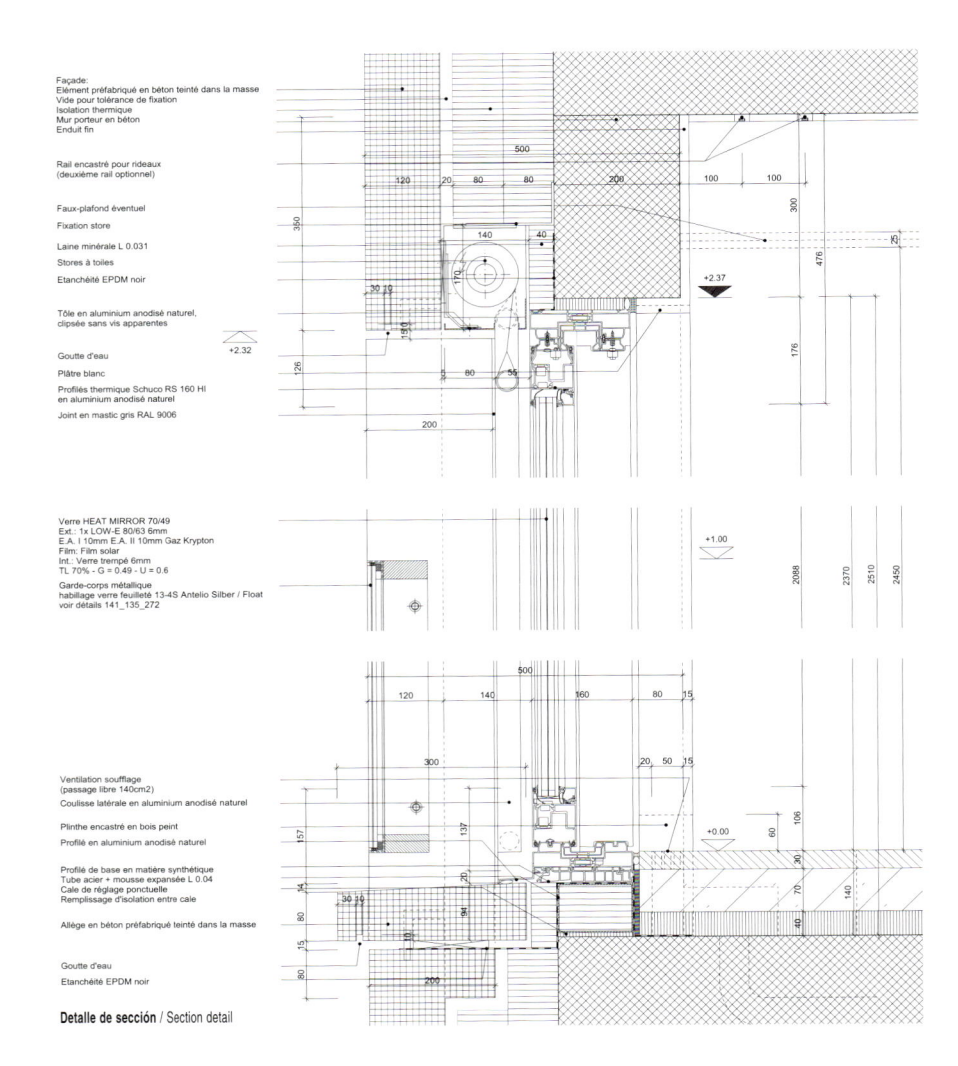

Detalle de sección / Section detail

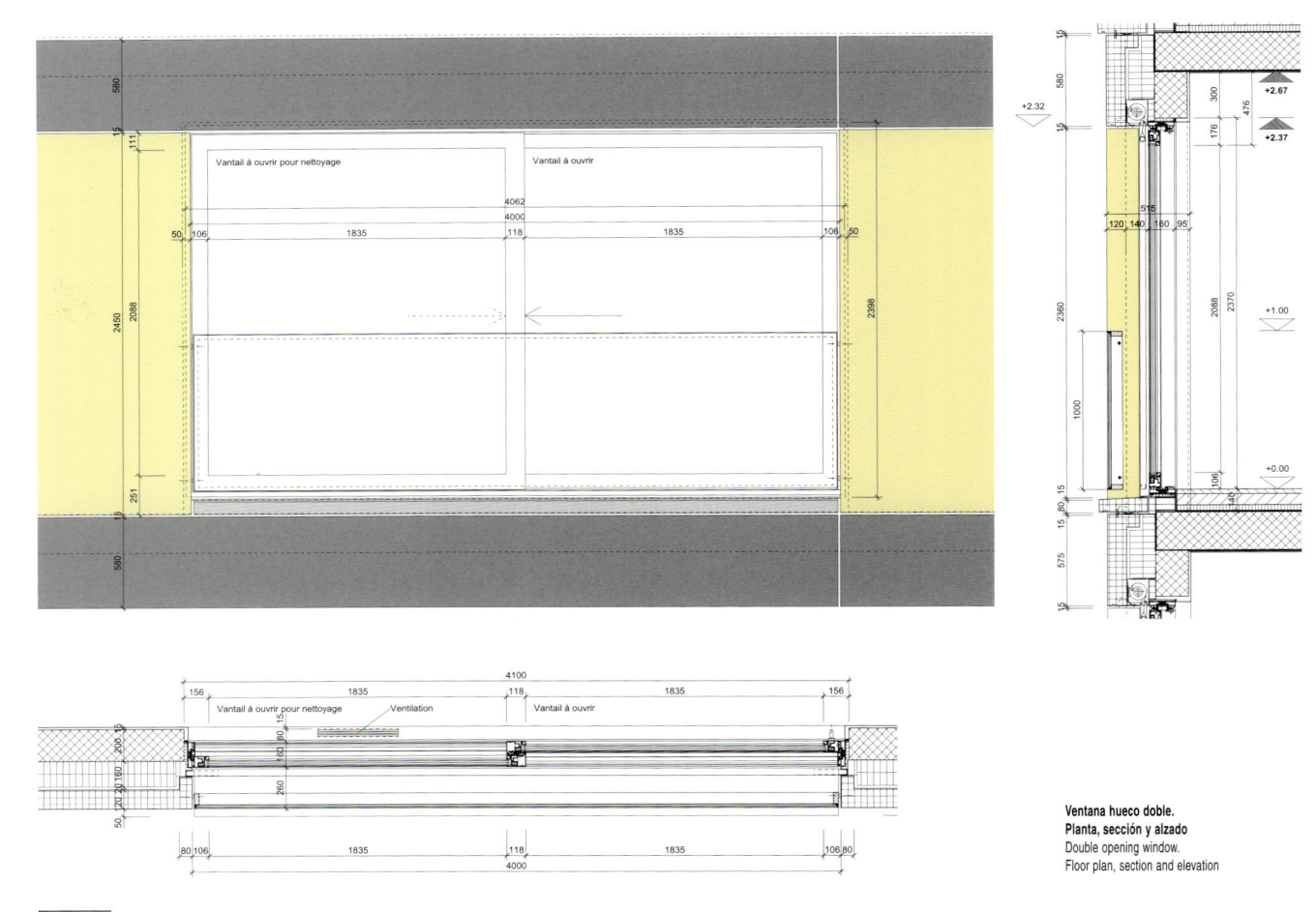

**Ventana hueco doble.
Planta, sección y alzado**
Double opening window.
Floor plan, section and elevation

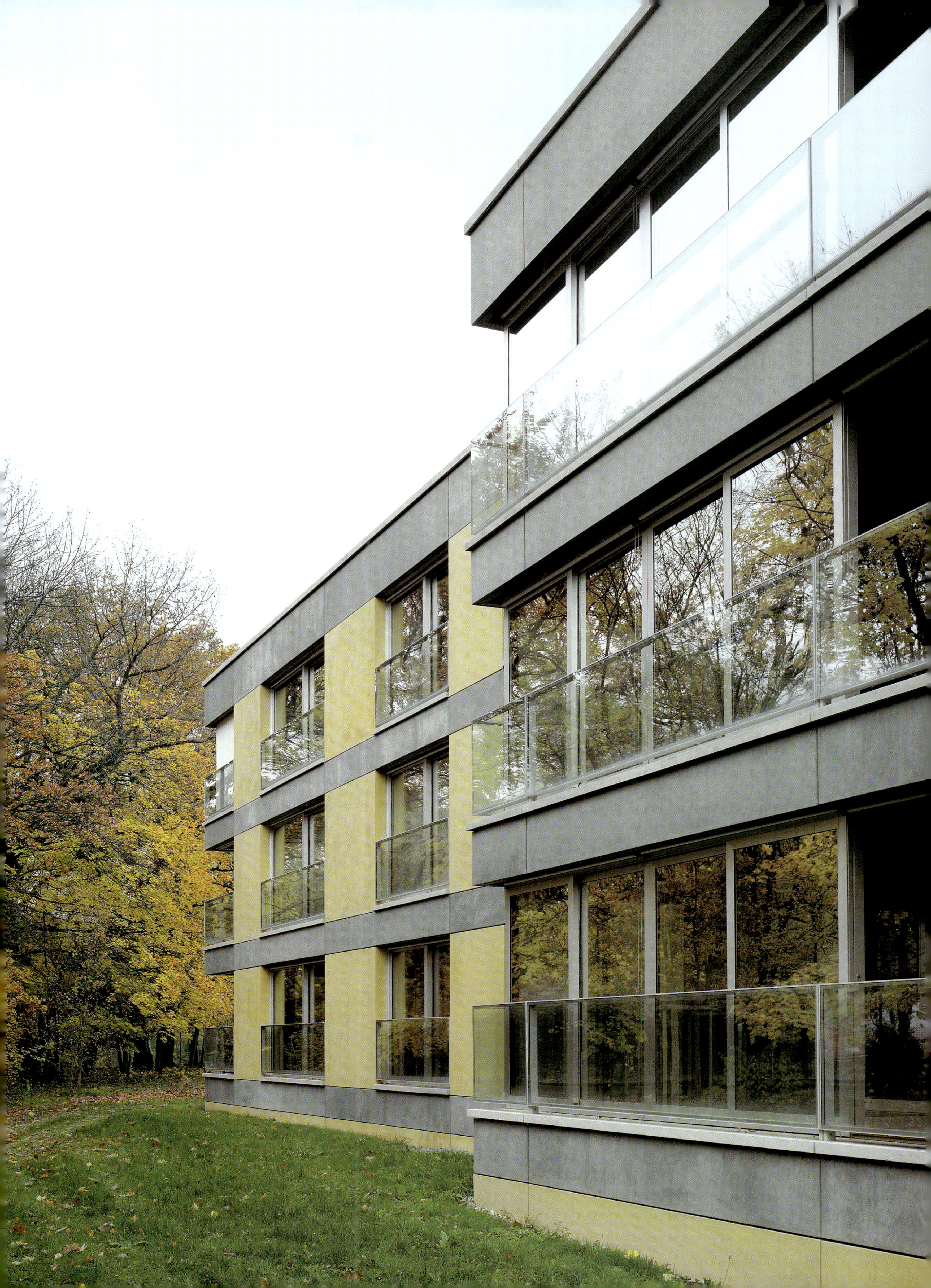

CENTRO DE ARTE LÖWENBRÄU CON TORRE RESIDENCIAL Y OFICINAS
LÖWENBRÄU ARTS CENTRE WITH RESIDENTIAL TOWER AND OFFICES

SUIZA
ZURICH, SWITZERLAND 2003-

La historia de esta antigua fábrica de cerveza Löwenbräu presenta capítulos de remodelación, adición o sustitución de parte de los edificios existentes, pero el momento realmente decisivo fue cuando se decidió su cambio de uso, en la década de 1980, para dedicarlo a la exposición de obras de arte. Precisamente el nuevo proyecto parte de esta afortunada transformación de edificios existentes, aunque añade e incrementa usos con la creación de espacios residenciales, de oficinas y expositivos. El mantenimiento de los edificios históricos es un paso importante para conservar la identidad del antiguo barrio y juega un relevante papel a la hora de hacer visible la historia de la ciudad.

The history of the Löwenbräu site, a former brewery complex, is one of remodelling, adding on and replacing parts of the existing buildings, whereby the change of use from a brewery to an art exhibition and gallery complex in the 1980s marked the real turning point. The new project is based on this successful conversion of existing structures, while supplementing and increasing the variety of uses for this complex with new residential, office and exhibition spaces. The retention of the original historical building is an important step towards preserving the identity of the former industrial district and renders an important chapter in the city's history visible.

El plan de desarrollo urbano estipula un foco de tres cambios estructurales en forma de nuevos edificios que se insertan en el complejo existente: el Nuevo Edificio Oeste, para extender los potenciales usos artísticos; el Nuevo Edificio de Oficinas Este; y la Torre Residencial Central. Junto con la torre de acero y los silos de Swiss Mill, el edificio residencial en altura define la silueta del conjunto y, hasta cierto punto, de la ciudad como un todo.

The urban development plan stipulates a focus on three structural changes in the form of new buildings within the existing complex: the New West Building, to expand potential use for the arts, the New East Office Building, and the Central High-rise Residential Building. Together with the steel tower and the Swiss Mill silos, the high-rise residential building defines the site's silhouette and —to a certain extent— even that of the city as a whole.

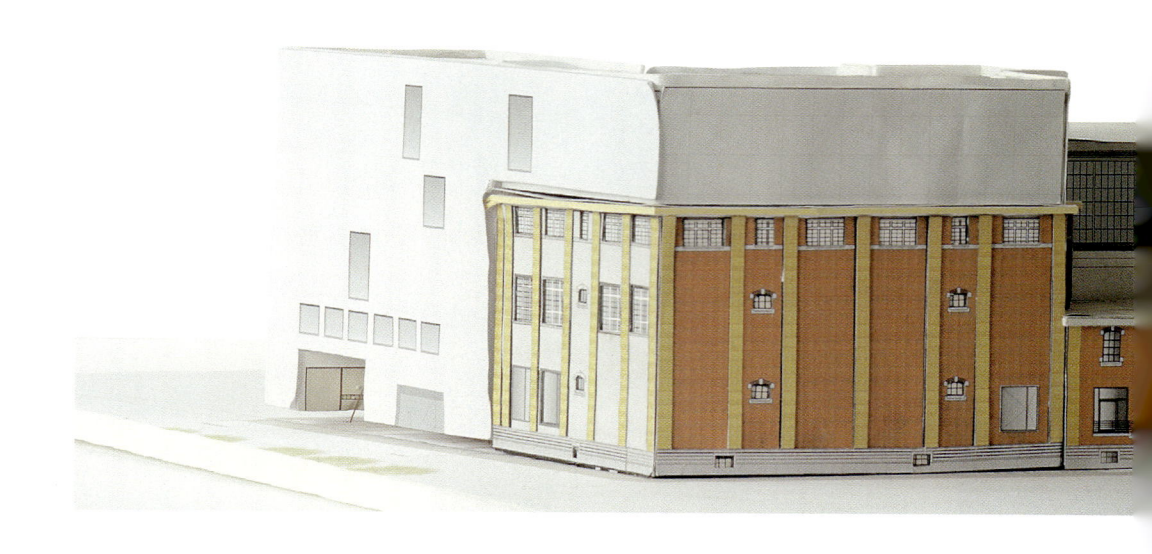

Con el añadido de edificios al complejo existente está garantizada la evolución natural de un nuevo conjunto urbano en Löwenbräu que tendrá como centro neurálgico la Torre Residencial Central. Los antiguos edificios alargados junto con el que fue edificio principal de la cervecera en Limmatstrasse se enmarcan hacia el oeste con la adición de un nivel más sobre el centro de arte y con el más alto Nuevo Edificio de Oficinas Este en el extremo opuesto y cerca del viaducto del ferrocarril.

By adding buildings to the existing complex, a new urban ensemble can evolve naturally— with the Central High-rise Residential Building forming the focal and pivotal point of the Löwenbräu site as a whole. The elongated, older structures with the former main brewery building on Limmatstrasse are framed to the west by the addition of a further level on top of the art centre and by the taller New East Office Building at the opposite end near the railway viaduct.

En el futuro, este nuevo enclave de Löwenbräu no sólo se verá desde la calle y desde lejos, sino también desde sus dos grandes patios, que están vinculados con otro y con las calles adyacentes. El antiguo Patio de la Cervecería, protegido como bien cultural, da acceso a los edificios próximos y queda definido como un espacio exterior de estancia libre de tráfico. La nueva entrada a las instituciones dedicadas al arte se encuentra en el llamado Patio del Arte, que incluye aparcamiento para los visitantes y una entrada de mercancías.

In future, the new Löwenbräu site will not just be seen from the street and from a distance, but also from its two courtyards which are linked both to one another and the adjacent roads. The former Brewer's Yard —a listed historical site— provides access to the immediate buildings as well as being a traffic-free outside space for relaxation. The new entrance to the art institutions can be found in the open Art Courtyard which also includes parking spaces for visitors and a delivery entrance.

Junto con la zona de entrada a la sección de arte y el espacio adicional de almacenamiento en este extremo del complejo, el Nuevo Edificio Oeste configura los ángulos del extremo derecho y linda con los antiguos talleres que dan al patio, alojando salas de arte, alojamiento para invitados y oficinas.

Together with the entrance area to the art section and the additional storey at this end of the complex, the New West Building projects at right angles and adjoins the former workshops on the courtyard side. It includes art rooms, guest accommodation and offices.

Los espacios destinados al arte y una sala multifuncional pueden combinarse según distintos requerimientos, se iluminan mediante ventanas laterales y tienen acceso directo desde la entrada a la sección de arte. Este espacio se ha concebido como un nuevo vestíbulo de proporciones considerables, con escaleras y ascensores. A la escalera se accede directamente a través del vestíbulo con entradas en Limmatstrasse y desde el patio, donde un espacio exterior cubierto sirve tanto para la recepción de mercancías como para exposiciones o fiestas.

The art spaces and a multi-function room can be combined as required. They are lit by side windows and are accessed directly from the entrance area to the art section. This space has been conceived as a new, generously proportioned foyer with a staircase and lifts. The staircase hall on the ground floor is directly accessible from the through hall with entrances on Limmatstrasse and from the courtyard, where a covered external space serves both for deliveries but can equally well be used for exhibitions and parties.

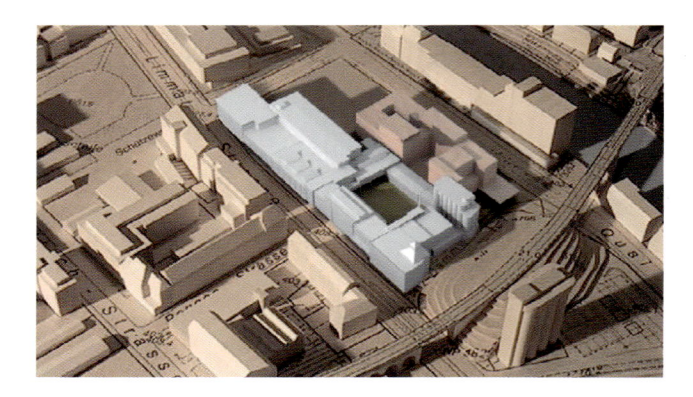

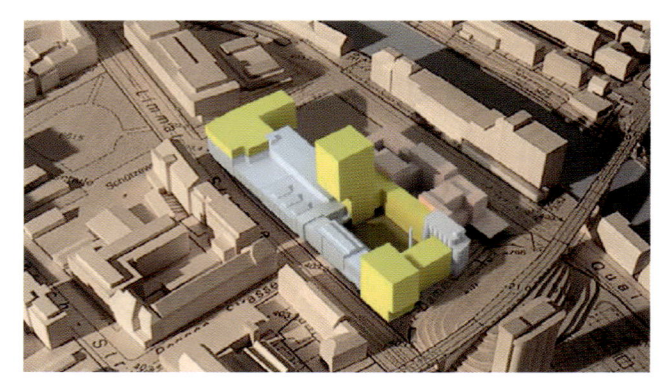

La Torre Residencial Central, con su gran voladizo hacia el sur, incluye plantas con una, dos, tres o cuatro viviendas, todas ellas con varias orientaciones. El volumen del edificio se contrae en el nivel más bajo para a continuación descender y configurar una base angular para el Patio de la Cervecería. El programa residencial incluye 35 apartamentos con vistas de la ciudad, el lago y el valle de Limmat, y 21 en la base, abiertos hacia el sur y la quietud del patio. Se han instalado servicios comunitarios en el sótano, además de la conexión entre los dos patios y las entradas a las viviendas.

The Central High-rise Residential Building, with its large overhanging projection to the south, comprises one, two, three or four flats on each floor which all face in several directions. The volume of the high-rise contracts at one level to continue in the form of an angular base structure down into the Brewer's Yard. The high-rise includes 35 flats with views over the city, the lake and the Limmat valley, and 21 flats in the base structure which face south into the quiet courtyard. Service facilities are housed on the ground floor in addition to the link between the two courtyards and the entrances to the flats.

El Nuevo Edificio de Oficinas Este es asimismo una pieza rectangular con una parte más alta hacia Limmatstrasse y un segmento más bajo entre Dammweg y el Patio de la Cervecería. En planta baja, el vestíbulo de entrada a las oficinas se encuentra bajo el voladizo, en tanto que la galería y los espacios adicionales tienen acceso a través del patio. La anchura variable de las salas en las plantas superiores permite configurar distintos tipos de oficina.

The New East Office Building is also a rectangular structure with a higher section on Limmatstrasse and a lower segment between Dammweg and the Brewer's Yard. On the ground floor, the entrance lobby to the offices is under the projection, whereas the gallery and retail spaces are accessed via the courtyard. The varied widths of the rooms on the upper office floors enable them to be adapted to suit a range of different office constellations.

Edificios existentes. Edificios nuevos / Existing buildings. New buildings

Programa de usos / Programme functions

Las fachadas de la Torre Residencial Central y del Nuevo Edificio de Oficinas Este se revisten de elementos cerámicos con acabados vítreos en negro y rojo que resaltan entre el color del ladrillo de los edificios existentes. Dobles ventanas de aluminio con hendiduras / rendijas de ventilación adicional componen una hoja exterior de vidrio plano y otra interior de vidrio aislante con oscurecimiento entre ambas. En la torre residencial, galerías con ventanas que pueden abrise hacia arriba procuran espacio adicional: exterior en los días soleados o resguardado en invierno. La torre se proyecta sobre los edificios más antiguos que dan a Limmatstrasse como un volumen oscuro y resplandeciente. Con la incidencia de la luz en las superficies cerámicas, en las fachadas se dibujan diferentes retículas semejantes a las partes acristalas de las zonas con ventanas, dotando a esta construcción en altura de una imagen cambiante en función del ángulo de visión.

The façades of the Central High-rise Residential Building and the New East Office Building are clad with moulded ceramic elements with black and red glazed finishes, which pick up on the coloured brickwork of the existing buildings. Double unit aluminium windows with additional ventilation slits comprise an external pane of plain glass and an inner pane of insulation glass with blinds in between. Loggias, with windows that can be opened upwards, provide an external space on sunny days in the flats in the high-rise, and an enclosed space in winter. The high-rise stretches up above the various older buildings along Limmatstrasse as a dark, shimmering volume. The walls form different grid structures with the play of light on their ceramic surfaces coming very close to that of the glazed window areas, lending the structure a changing appearance when viewed from different angles.

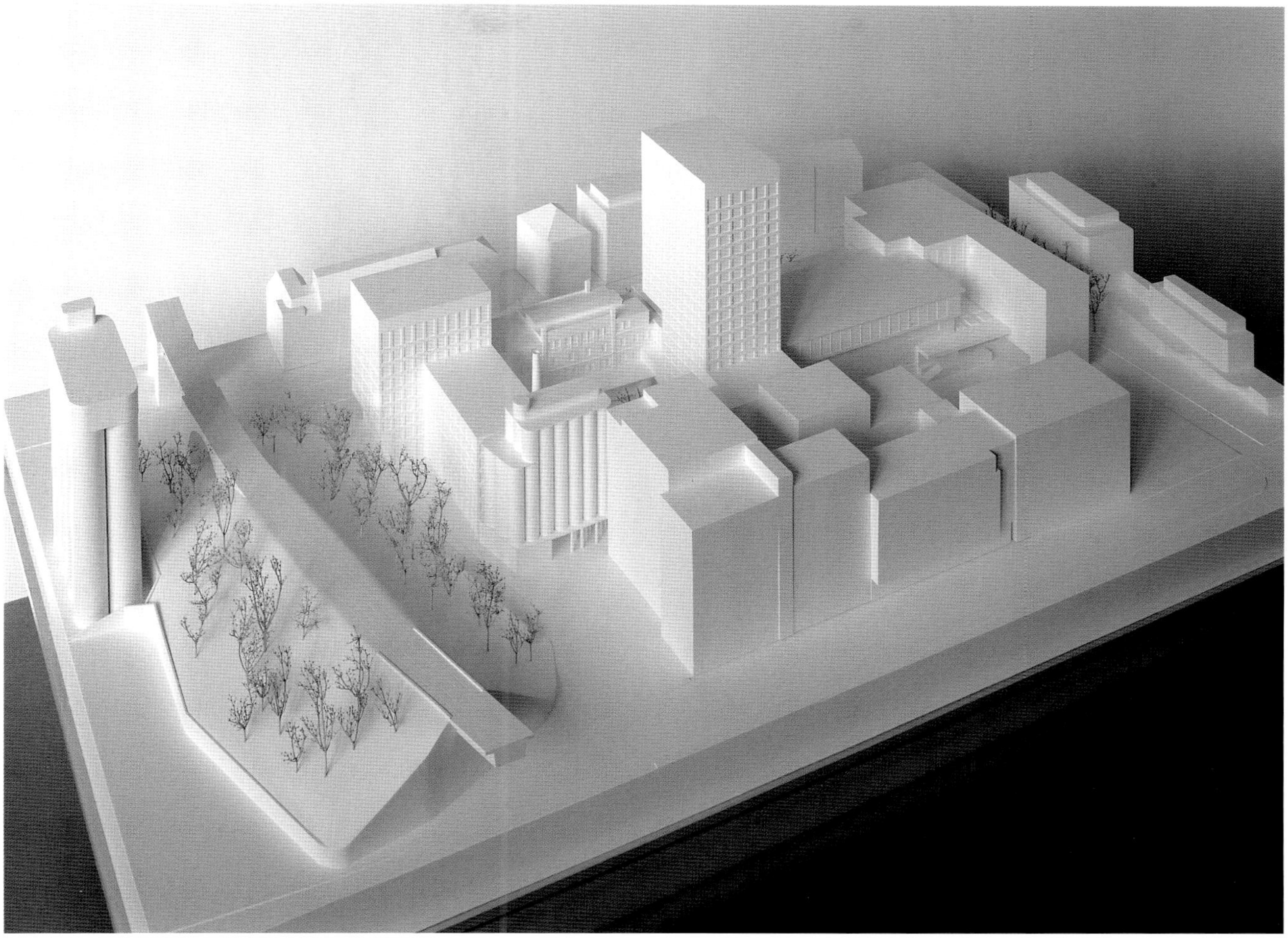

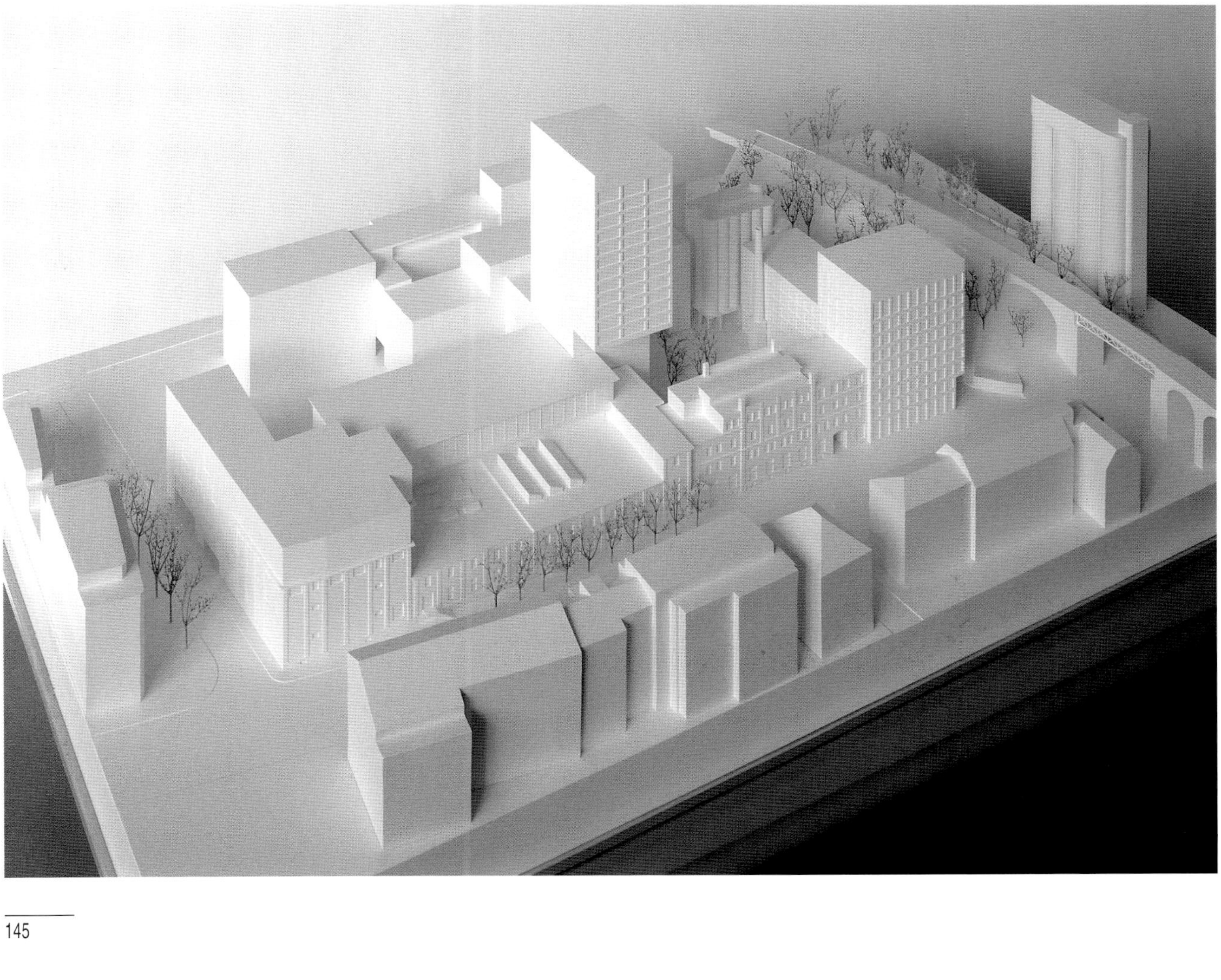

Sección longitudinal / Longitudinal section

Planta nivel 01 / Floor level 01

Planta nivel 0 / Floor level 0

Alzado Sur / South elevation

Alzado Norte / North elevation

Sección GG / Section GG

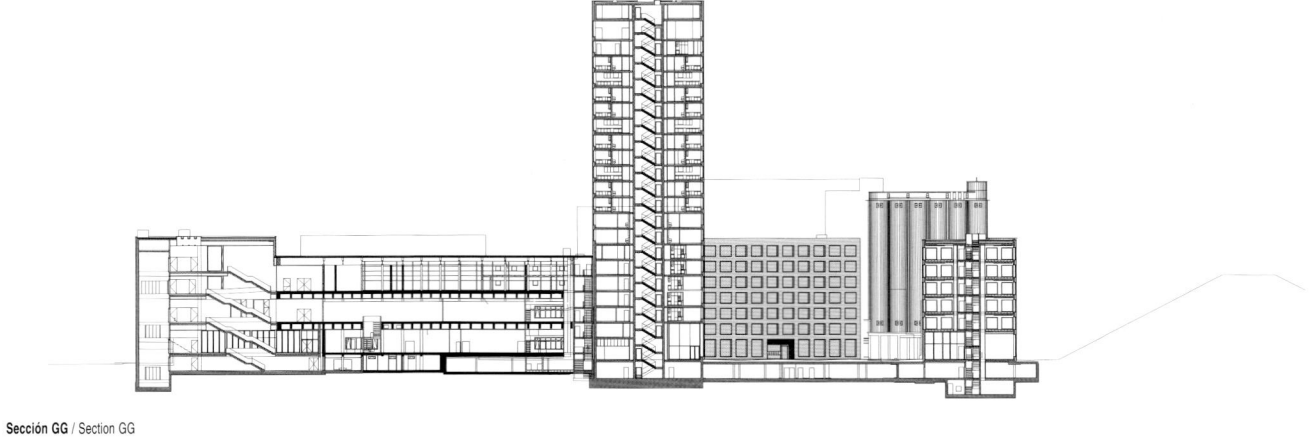

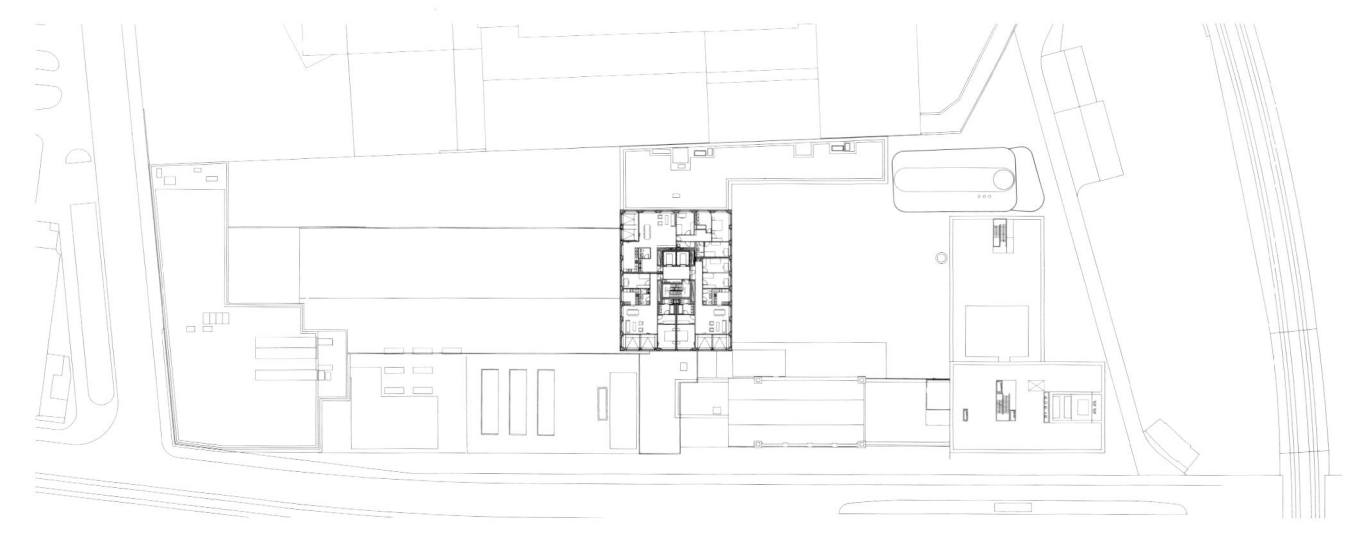

Planta niveles 09-12-14-15-17 / Floor levels 09-12-14-15-17

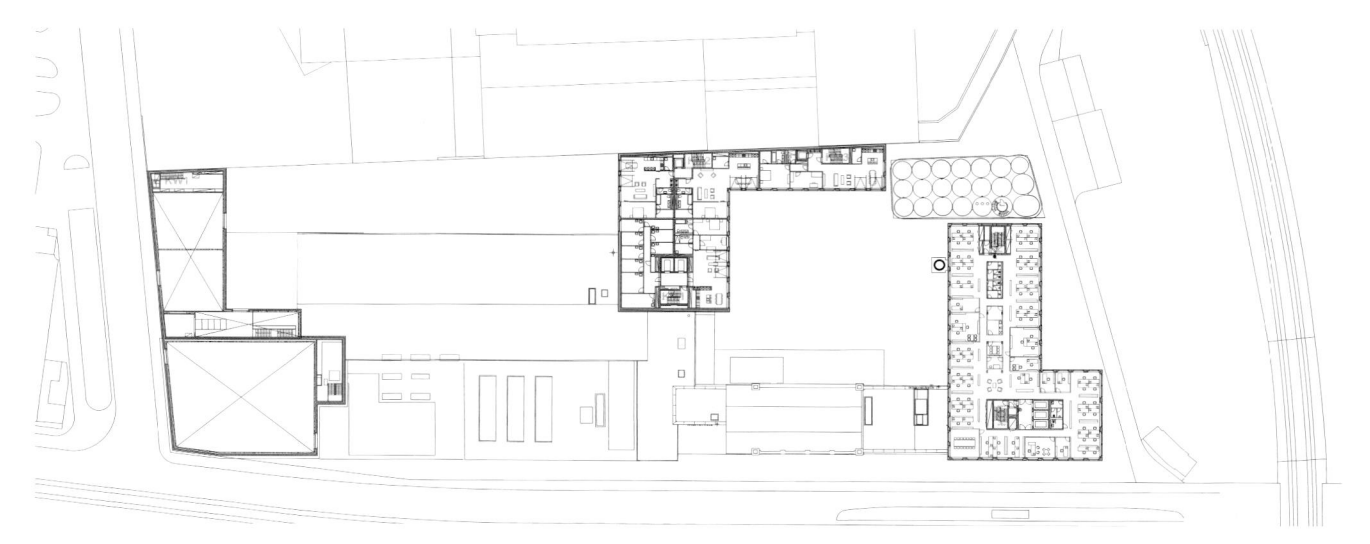

Planta nivel 04 / Floor level 04

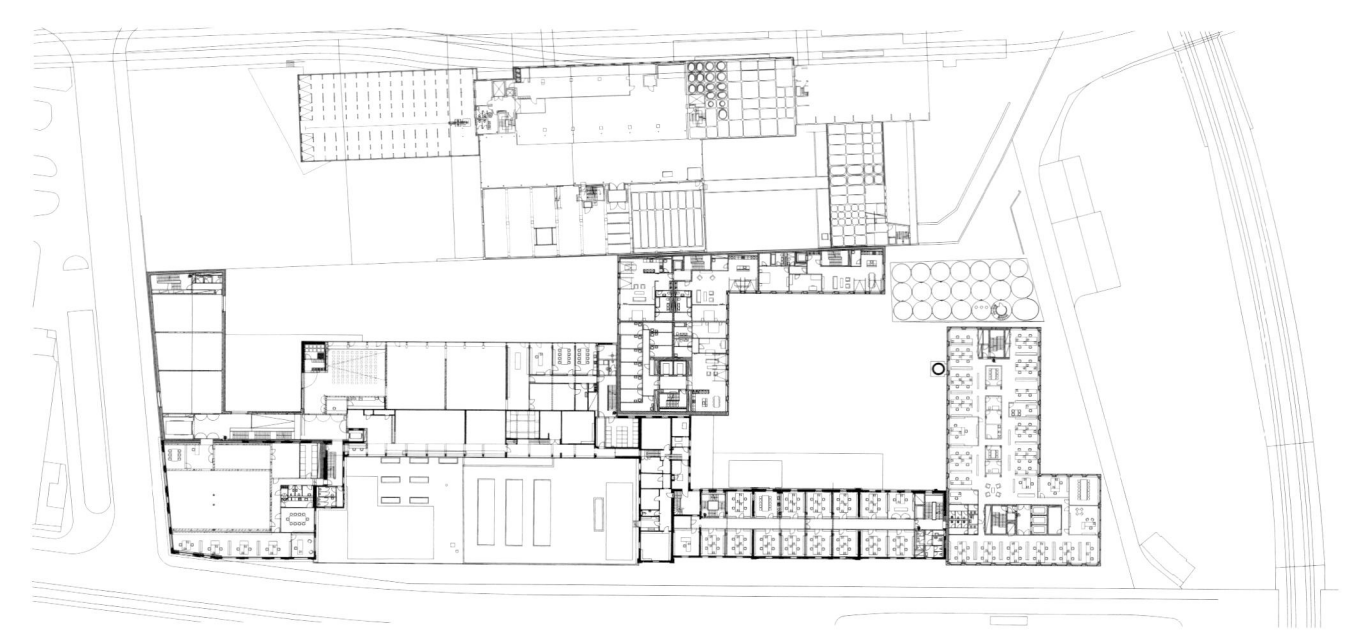

Planta nivel 02 / Floor level 02

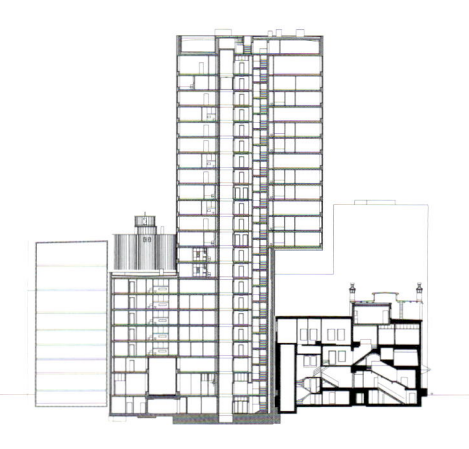

Sección DD / Section DD

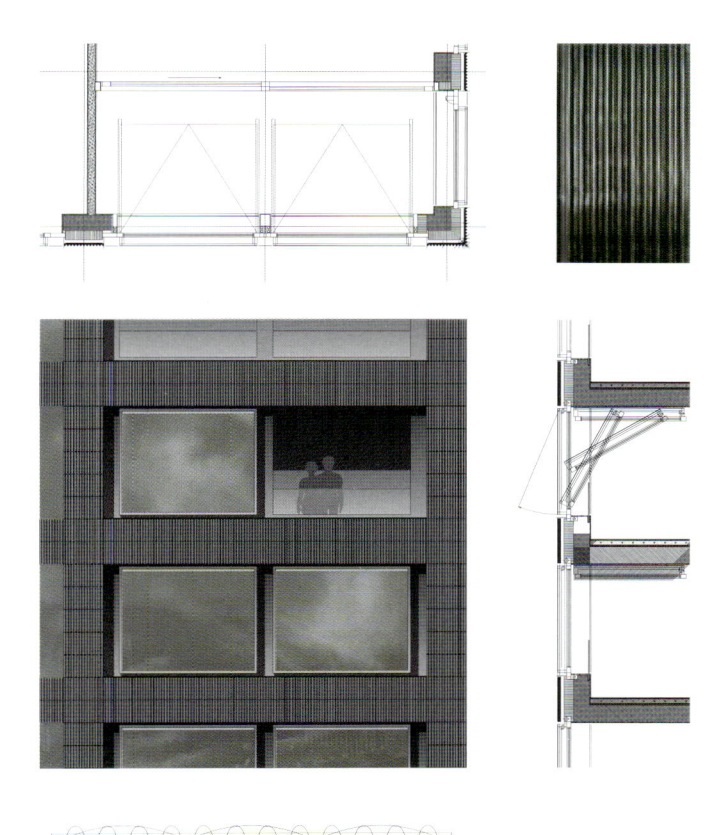

Detalles de fachada. **Edificio residencial** / Facade details. Residential building

Detalles de fachada. **Edificio de oficinas** / Facade details. Office building

149

OFICINAS 'PRIME TOWER'
OFFICE BUILDING 'PRIME TOWER'

SUIZA CONCURSO PRIMER PREMIO
ZÜRICH, SWITZERLAND 2004- COMPETITION FIRST PRIZE

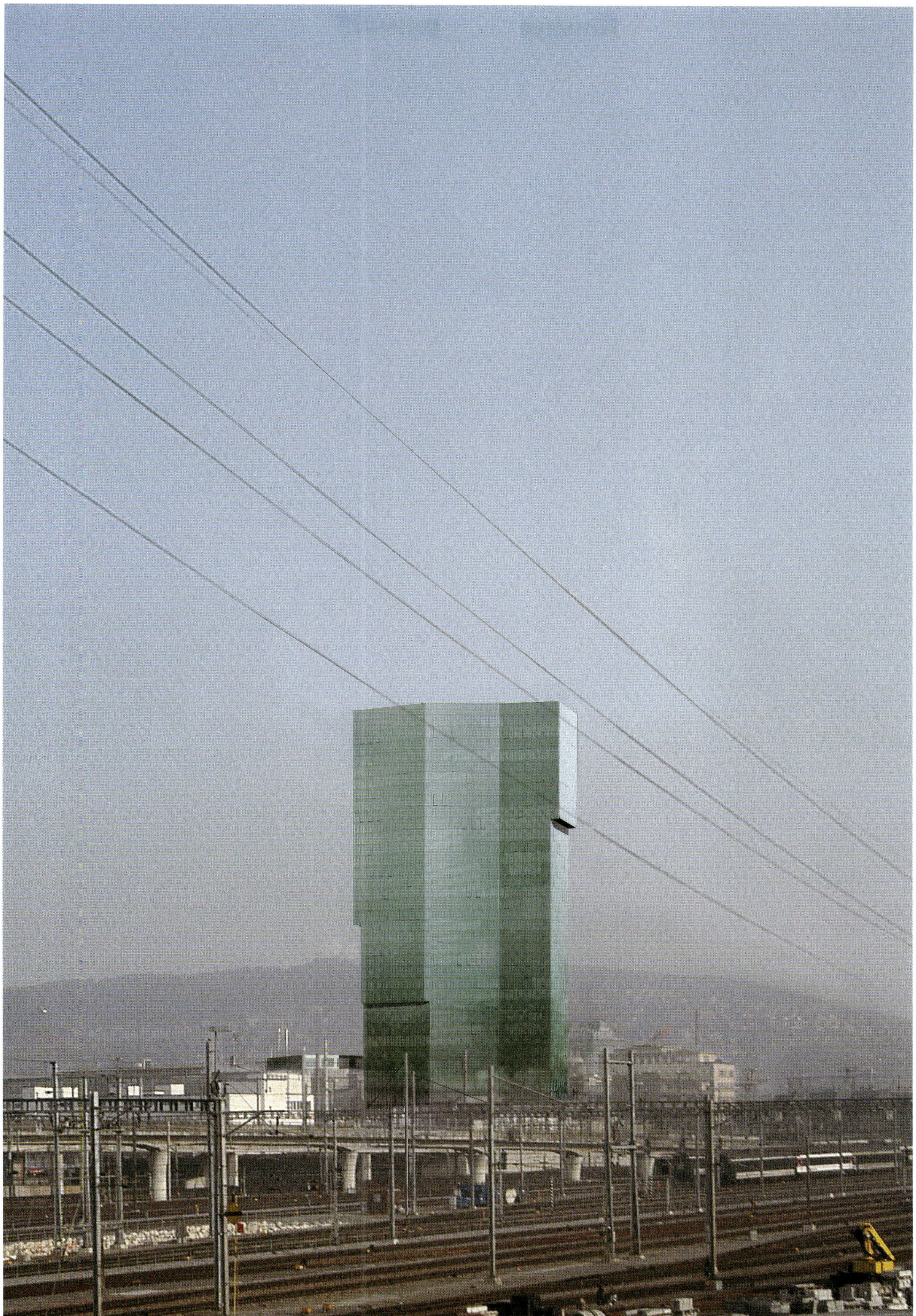

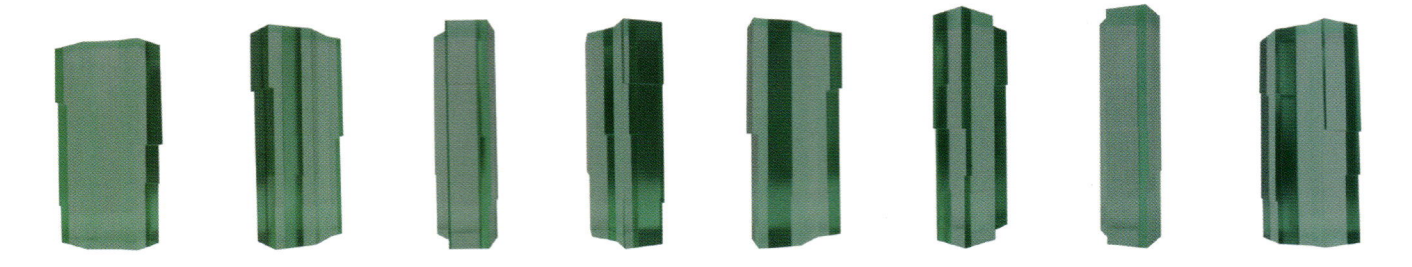

La Torre Prime es un edificio volumétrica y constructivamente sencillo, aunque de imagen cambiante. Su diseño pretende, por un lado, obtener una planta flexible con un
Prime Tower is a building that is basically simple in shape and structure but varied in appearance. The design aimed, on the one hand, for a ground plan yield-
máximo de puestos de trabajo bien iluminados; y por otro, dotarse de una imagen llamativa y diferenciada desde cualquier punto de vista. El resultado de estos intereses
ing a maximum number of well-lit workplaces and, on the other, for an overall shape that is both striking and different in impact from all directions. The outcome
es un edificio con planta en forma de poliedro irregular que confunde nuestros hábitos perceptivos ensanchándose conforme asciende.
of these efforts is a building on an irregular polyhedral ground plan that works against perceptual habits by broadening towards the top.
El emplazamiento de este edificio en altura es una antigua zona industrial que en su momento estuvo abandonada. Ahora en proceso de remodelación, poco a poco se con-
The high-rise building is located on industrial premises that were once closed off. Now in a process of redevelopment, the area will gradually be converted into
vertirá en un barrio residencial y de negocios con servicios asociados. Situado muy cerca de la estación de tren de Hardbrücke, éste será el edificio más alto de Zúrich y,
a business and residential district with attendant services. Situated in the immediate vicinity of Hardbrücke railway station, the building will be the tallest in Zurich
de hecho, de toda Suiza —o al menos lo es en el momento de proyectarse—.
and, in fact, in all of Switzerland— at least for the time being.
Se trata de un elemento distintivo no sólo para el barrio, sino también para todo el futuro distrito Zúrich Oeste.
It is a distinctive feature not only of the neighbourhood, but also of the entire up-and-coming district of Zurich West.

Desde el punto de vista urbano, el edificio tiene un doble significado, dependiendo de si se contempla desde cerca o desde lejos. En la distancia se percibe como un volu-
In terms of urban planning, the building has a dual significance, relating to its impact when seen from nearby and from a distance. From afar, it appears as an
men abstracto y elegante hecho de vidrio de un tono verdoso que cambia dependiendo del tiempo atmosférico y de si se contempla de lado (desde el norte o el sur) o de
abstract, elegant volume made from greenish glass that changes depending on whether it is seen from the side (from the north or south) or head-on (from the
frente (desde el este o el oeste). Los planos de fachada, inclinados en varias direcciones, reflejan la luz y el paisaje circundante de distintas formas, articulando y subdi-
east or west). The planes of the façade, slanted in various directions, reflect the light and the surroundings in different ways, articulating and subdividing the
vidiendo el volumen en lo que podría describirse como una gigantesca 'superficie pixelada'. El efecto que el edificio produce cuando se observa de cerca también cambia
volume of the building into what might be called gigantic 'pixel surfaces'. The impression the building makes when seen nearby also changes with the specta-
con el punto de vista del espectador. Esta visión de primer plano revela partes del edificio que se proyectan y crean un efecto integrador en su entorno. Dicho efecto óptico
tor's standpoint. These close-up views reveal that the projecting portions of the building exert an integrating effect on the surroundings. The optical effect derives
se deriva de la suerte de diálogo establecido entre las líneas evanescentes de las partes que sobresalen y las cubiertas de los edificios de alrededor. Estas partes promi-
from a kind of dialogue between the vanishing lines of the projecting sections of the new structure and those of the roofs of the surrounding buildings. The pro-
nentes proporcionan un sentido de escala que articula los planos ascendentes de la fachada. Ensanchándose en lugar de estrecharse conforme asciende, el edificio parece
jecting parts provide a sense of scale that articulates the ascending planes of the façade. By widening towards the top instead of narrowing, the building looks
una suerte de carámbano, un contrapunto vertical al tipo de desarrollo urbano que lo rodea.
somewhat like an icicle, a vertical counterpart to the urban development around it.

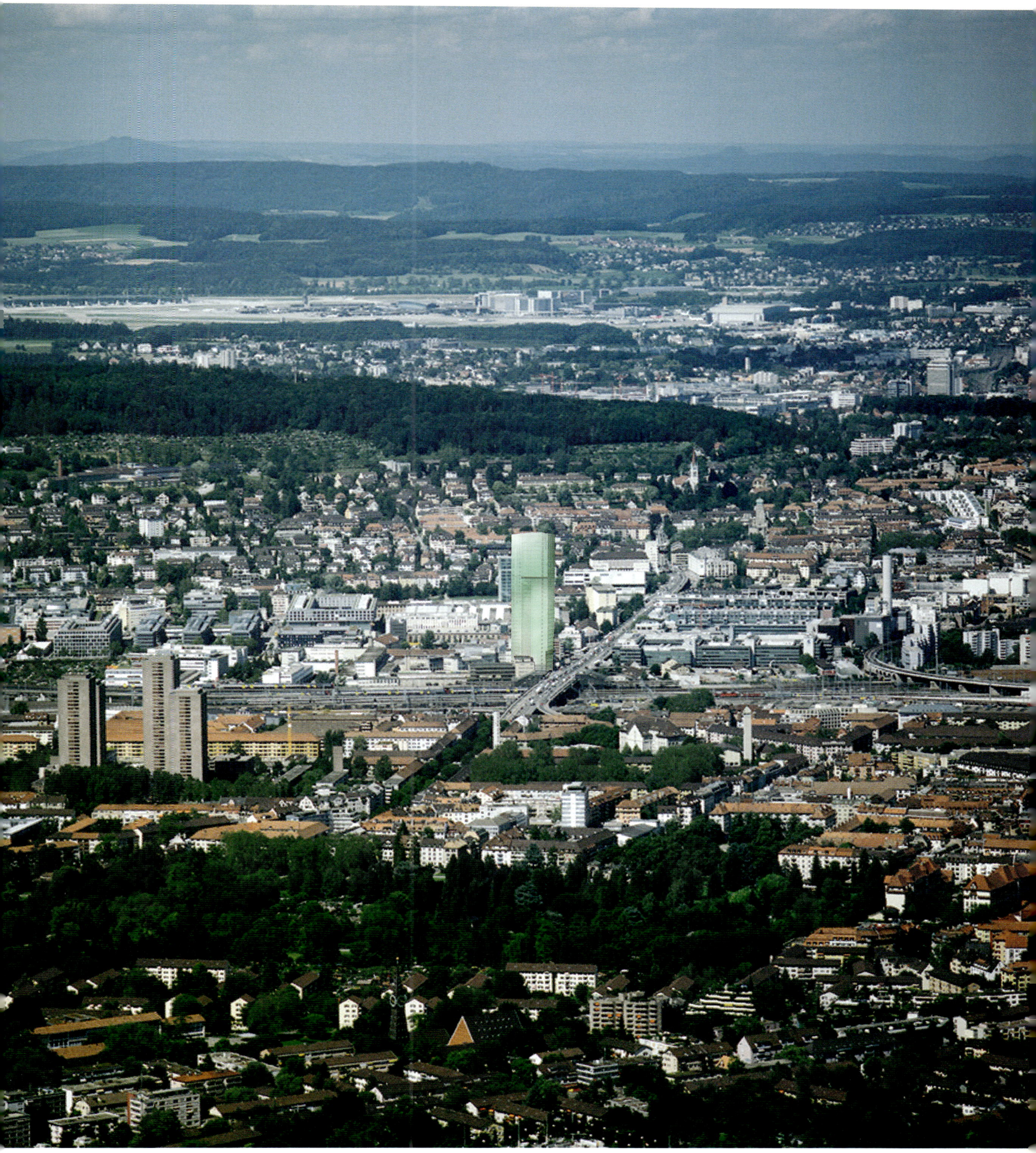

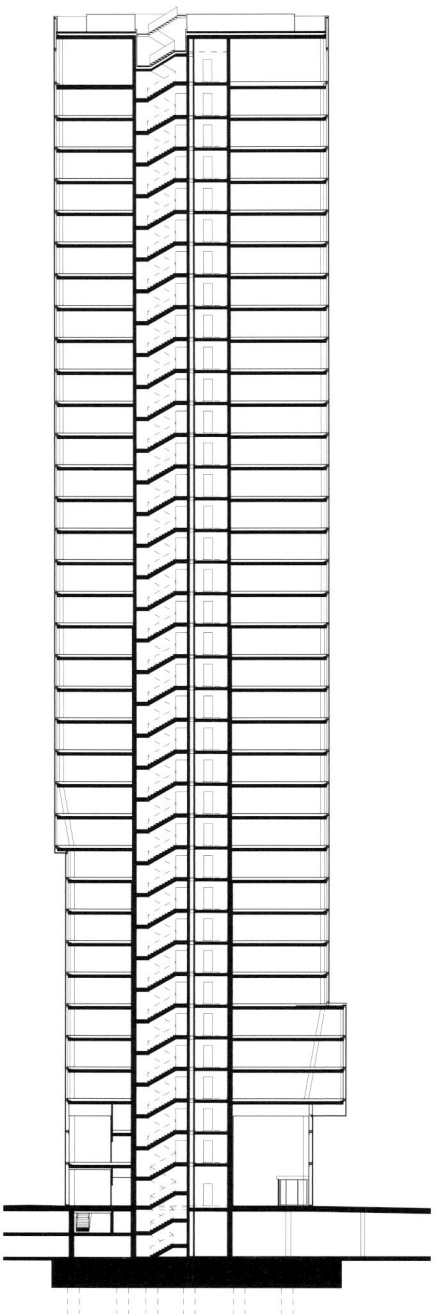

Sección transversal / Cross section

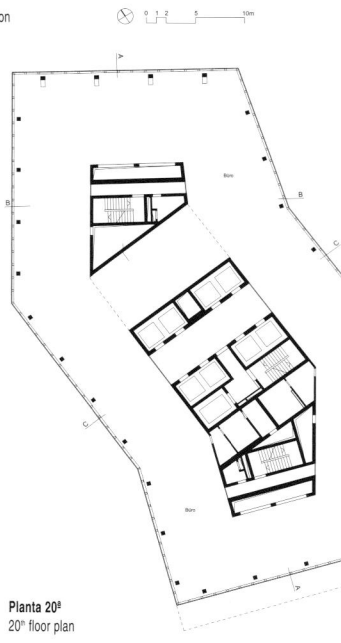

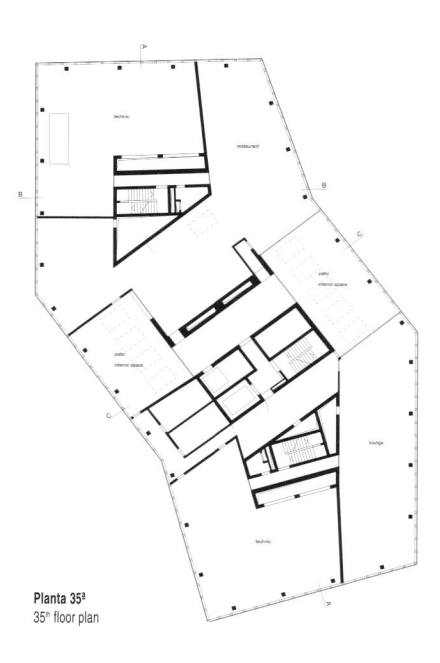

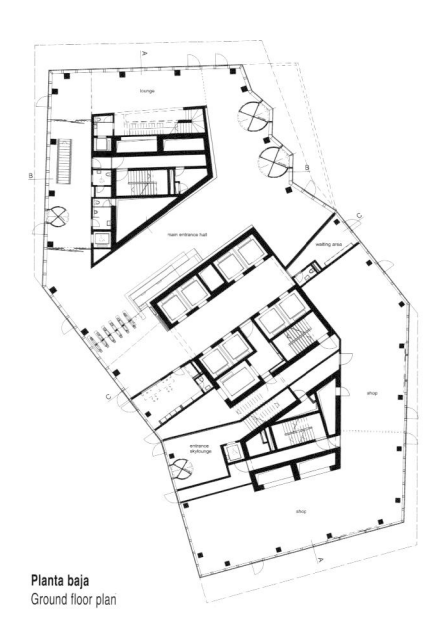

Planta baja
Ground floor plan

Planta 20ª
20th floor plan

Planta 35ª
35th floor plan

154

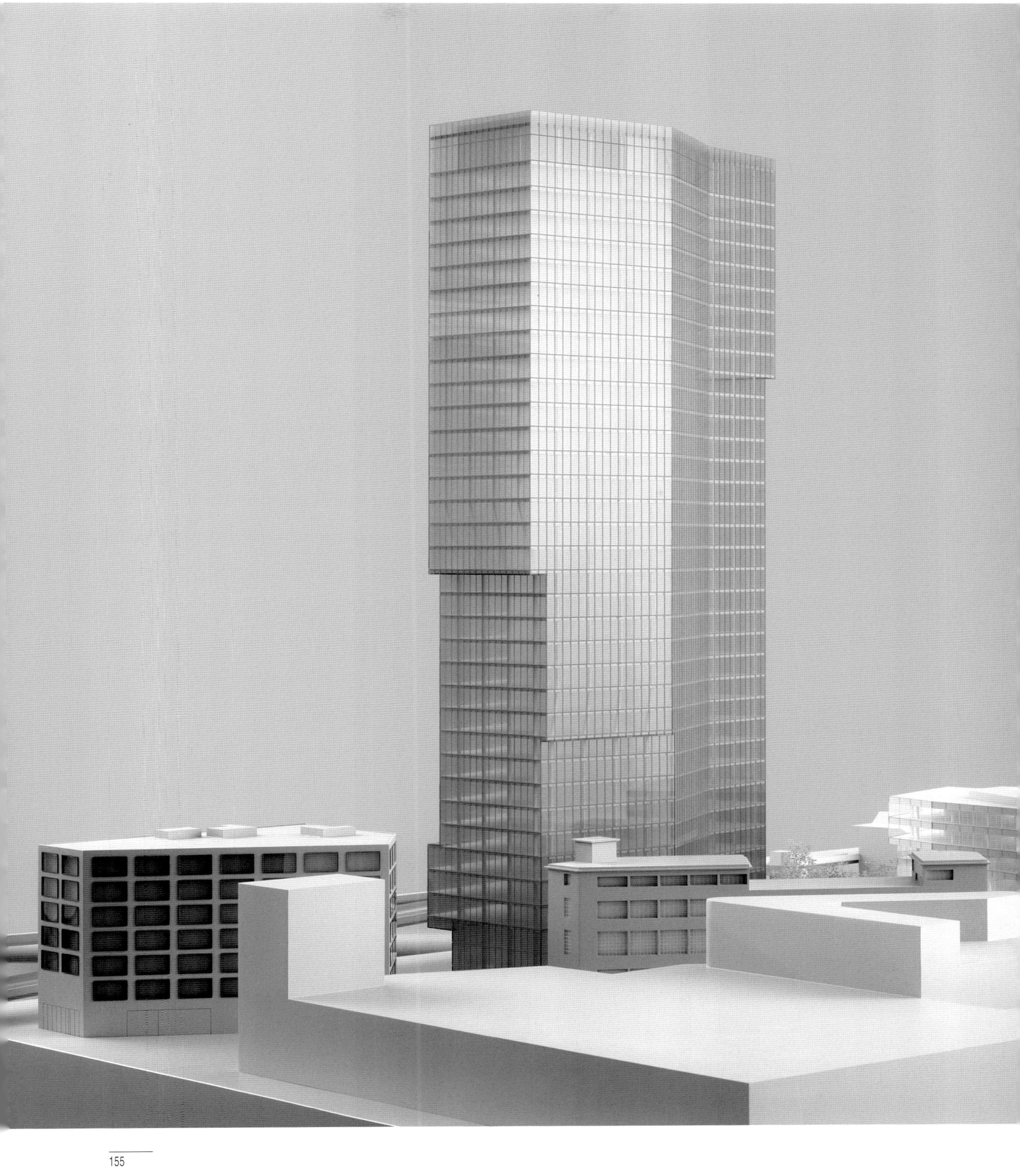

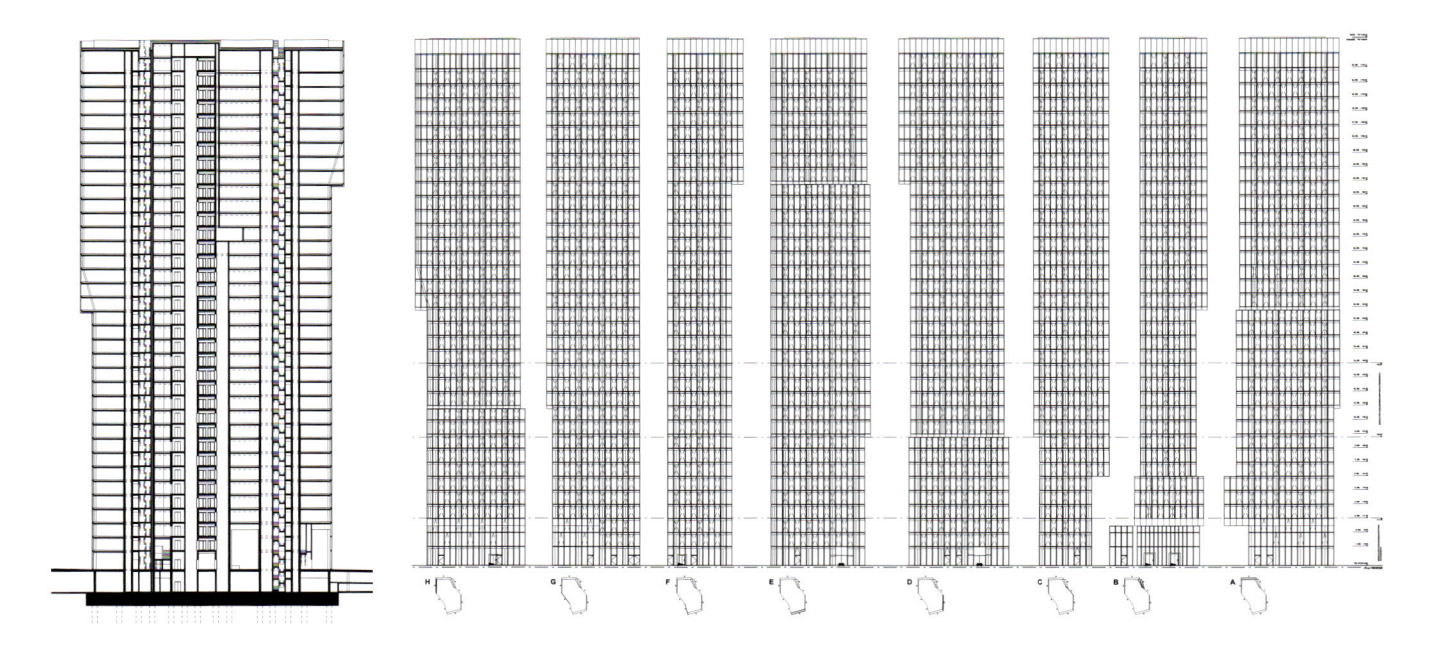

Sección longitudinal y desarrollo de fachadas / Longitudinal section and facade development

En la Geroldstrasse, una espaciosa zona exterior situada entre el edificio y su nueva construcción vecina, el Cubus, conduce a la entrada de la Prime Tower y a la Lichtstrasse. At Geroldstrasse, a spacious outdoor area between the high-rise building and the new neighbouring building, Cubus (Cube), leads to the entrance of the Prime **En dirección sureste, hacia el edificio situado diagonalmente, se ha creado una plaza protegida del ruido del tráfico que permite disponer de sitio para un lugar al aire libre** Tower and into Lichtstrasse. Towards the listed building sited diagonally in the south-west, a plaza has been created, screened from traffic noise and providing **en el restaurante. La planta baja, abierta al público, alberga, además del restaurante, tiendas y una cafetería que pueden usar los empleados de las oficinas y los transe-** space for outdoor seating for the restaurant. The ground floor, open to the public, houses a restaurant, shops and a café for the use of both office employees **úntes. Un ingrediente especial que aporta la torre en la última planta son dos ámbitos semipúblicos abiertos que incluyen un espacio de estancia y otro restaurante.** and passers-by. A special feature on the top floor are two semi-public Sky Courts, a Sky Lounge and a fine Dinning Restaurant.

Los núcleos y escaleras de emergencia se disponen de manera que dos, tres o cuatro arrendatarios distintos puedan ocupar diferentes oficinas en la misma planta o a la The cores and emergency stairs are arranged so that two, three or four tenants can occupy offices on the same floor or, conversely, one business can occupy **inversa, que una misma empresa pueda ocupar varios pisos, con escaleras interiores. Las partes del edificio que sobresalen proporcionan espacio adicional de oficinas** several floors, with internal staircases. The projecting portions of the building create additional office space on the higher and therefore more profitable stories **en la parte más alta de la torre, y facilitan el acomodo de distintos tipos de espacios de trabajo.** of the building as well as providing greater variety in using the space for different types of offices.

**La estructura portante de la torre es de hormigón, con núcleos pretensados. Las partes que sobresalen se sustentan inclinando los soportes en fachada a lo largo de dos
o tres plantas. Para mejorar las condiciones de los espacios de trabajo y solventar los requisitos de protección contra el fuego que requieren ventilación de humos, uno
de cada dos huecos es practicable. Al carecer de carpinterías exteriores, las ventanas prefabricadas transmiten al edificio la imagen de un volumen singular acristalado.**
The load-bearing skeleton structure of the tower is made of concrete with buttressing cores. The projections are supported by slanting the supports of the façade
over two or three stories. The façades consist of an insulating glazing. To enhance conditions at the workplace, and to meet fire regulation every alternate window can be opened. The prefabricated windows are frameless on the exterior. They grant the building the appearance of a unified glass volume.

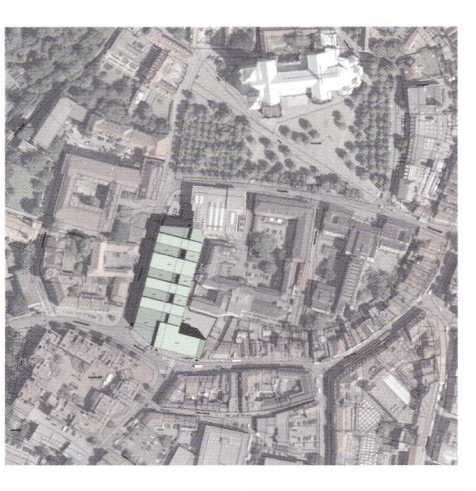

MUSEO ESTATAL DE ARTE E HISTORIA DE MÜNSTER
STATE MUSEUM OF ART AND HISTORY, MÜNSTER

ALEMANIA CONCURSO
GERMANY 2005 COMPETITION

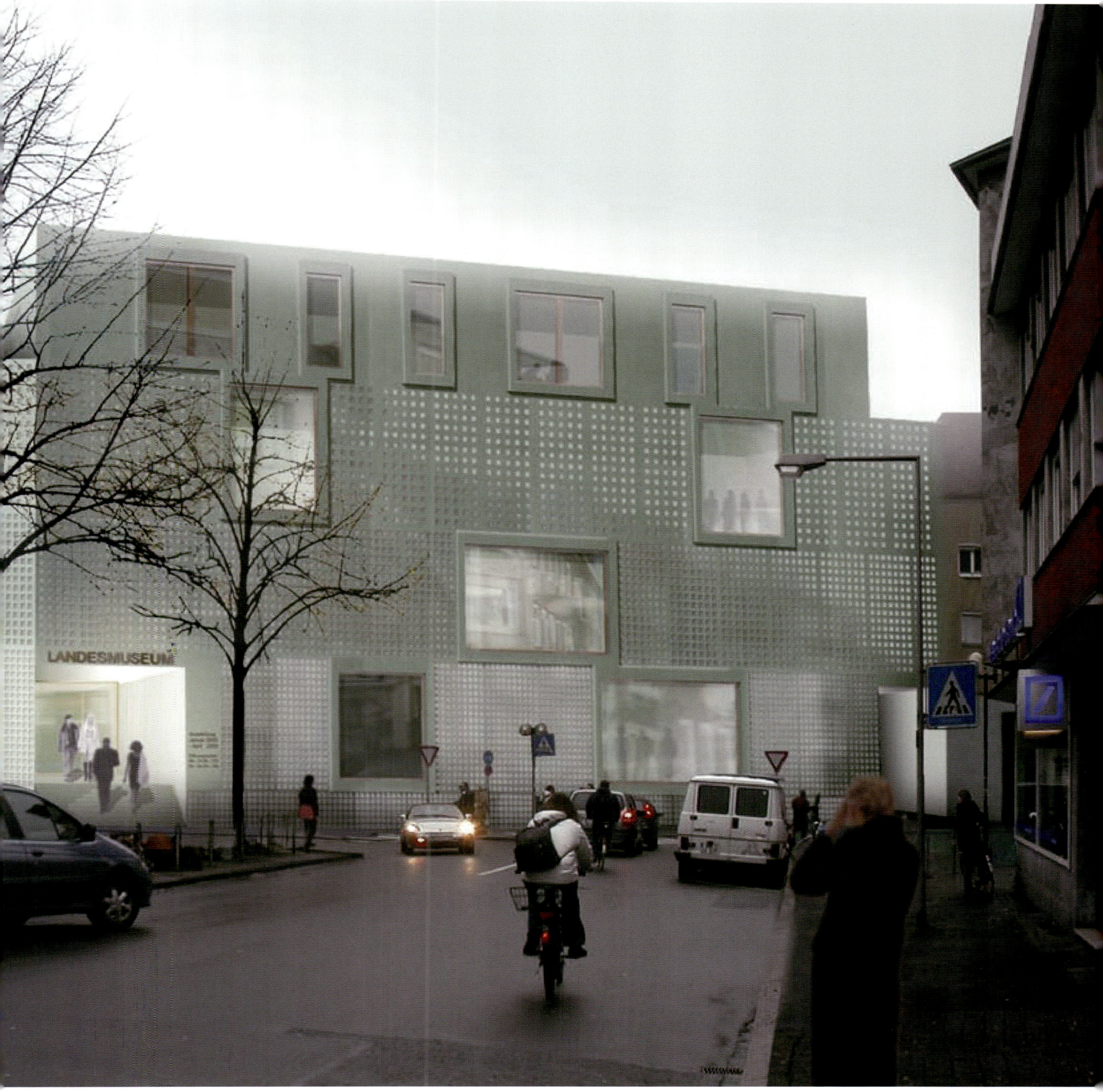
LANDESMUSEUM

El planeamiento urbano y el concepto arquitectónico estipulan un solo volumen, cada uno de cuyos lados debe diseñarse de una forma concreta y diferenciada, en tanto que el edificio en su conjunto debe acabarse con materiales que refuerzen su identidad como museo estatal.

The urban planning and architectural concept stipulates the design of a volume, each side of which is to be formed in an appropriate and yet differentiated manner, while the building is to be finished using materials that uphold its identity from all perspectives as the Landesmuseum.

El volumen responde a su emplazamiento en Aegidiistrasse/Rothenburg con una elevación de la fachada y con zonas de menor altura en la parte que vuelca hacia los edificios vecinos de Rothenburg y en la esquina de Pferdegasse. Dada la estrechez de esta última calle, el frente aquí se resuelve subdividiéndolo mediante unas superestructuras ligeras y elevadas. Por su parte, la fachada hacia la plaza de la catedral tiene también menor altura y se retira para no robar protagonismo al edificio histórico.

The volume responds to the urban situation on Aegidiistrasse/Rothenburg by presenting a heightened elevation with lower sections towards the neighbouring buildings on Rothenburg as well as the corner of Pferdegasse. The handling of the façade the length of the narrow Pferdegasse is subdivided by overhead light superstructures. The façade facing the cathedral square is lower and set back to give prominence to the historical building.

Al museo puede accederse por dos lados: desde la plaza de la catedral y desde Rothenburg. Un pozo de luz vincula ambas entradas y forma un corredor que se duplica para dar lugar al vestíbulo, arropado por espacios que sirven para distintos usos y por 'áreas especiales'. Una sucesión de elementos acristalados interiores y la luz procedente de los lucernarios de pavés, que baña el vestíbulo, proporciona iluminación y estructura a este larguísimo espacio deviniendo en una suerte de gran lámpara de luz natural.

Access to the Landesmuseum is from two sides; from Domplatz and Rothenburg. An internal lightwell links both entrances and forms a corridor which doubles as a foyer, adjoined by spaces serving a variety of uses and 'special areas'. A succession of internal glazing elements and overhead lights made of glass bricks, which penetrate the foyer area to differing extents, provide light and structure the long drawn-out space, forming huge lamp-like shafts of natural light.

Enmarcada entre dos finos muros y a uno de los lados de las salas de exposición hay una rampa de proporciones generosas a través de la que efectuar una suerte de promenade arquitectónico-museológica y cronológica por el edificio. De la yuxtaposición entre luz en zonas elevadas y rampas diagonales resultan las perspectivas cambiantes que ofrecen tanto el vestíbulo que se encuentra debajo como de las salas exteriores.

Located between the twin walls along one side of the exhibition halls is a generously dimensioned ramp that acts as a chronological promenade museale/architecturale through the building. The juxtaposition of high-level overlights and diagonal ramps results in changing views into the foyer below and into the outer rooms.

Los nuevos espacios de exposición —que son de tamaño considerable, serenos y de forma rectangular la mayoría de ellos— pueden servir para otros usos o requerimientos. La posición variada de los lucernarios y las distintas alturas de techo subdividen la extensa área expositiva. El acabado de las salas es semejante al de una refinada carcasa que puede modificarse para ser más acorde con el contenido y el diseño de cada montaje concreto. Los suelos y techos son de hormigón, y los muros se acaban con pladur, madera, Eternit y también acero. Algunas zonas, incluida la capilla con su crux triumphalis, son enteramente de hormigón. La mayoría de las salas se ilumina sólo con luz artificial, como dictan las normas de conservación. Sin embargo, algunos huecos permiten que la luz natural quede integrada en el concepto de iluminación y, además, que los visitantes tengan vistas ocasionales de la calle. Algunas salas de la primera, y sobre todo de la segunda planta, tienen grandes ventanales en la cara norte.

The new exhibition spaces are generous in size, quiet, mostly rectangular rooms and can be used flexibly depending on requirements. The varied positioning of overlights and ceiling heights subdivide the extensive exhibition areas. The finish of these rooms is similar to that of a refined building shell that can be altered to match the appropriate design of each exhibition. The floors and ceilings are of cast concrete, the walls fitted with plasterboard, wood, Eternit and also steel. Some areas, including the chapel with its crux triumphalis, are to be entirely of concrete. The majority of rooms are illuminated exclusively by artificial light in accordance with conservational stipulations. Several windows do, however, permit natural light to be integrated in the lighting concept and, in addition, offer the visitor an occasional view to the streets outside. A number of rooms on the first and especially on the second floor have high-level, north-facing windows along the side.

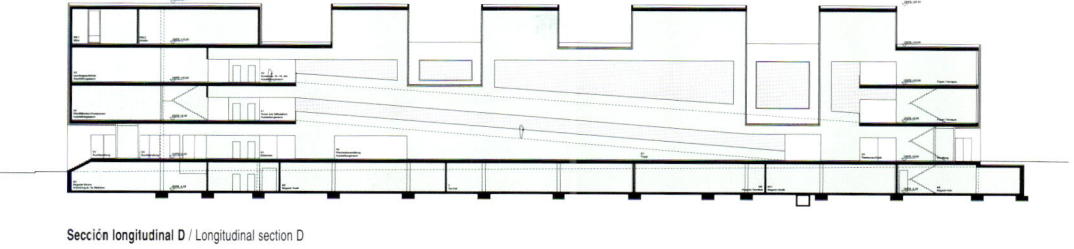

Sección longitudinal D / Longitudinal section D

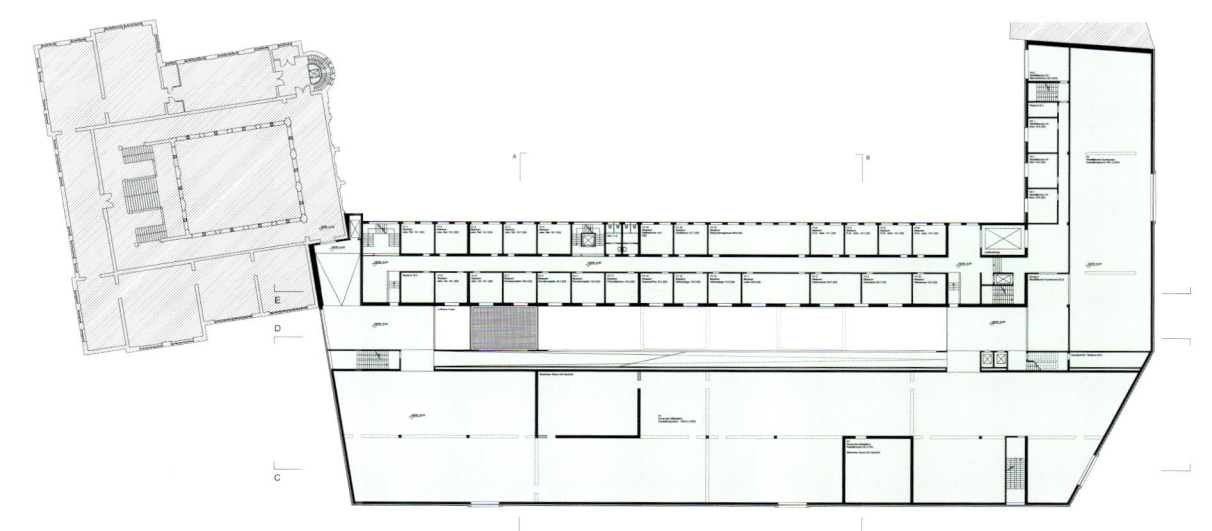

Planta primera / First floor plan

Sección transversal A / Cross section A

Sección longitudinal E / Longitudinal section E

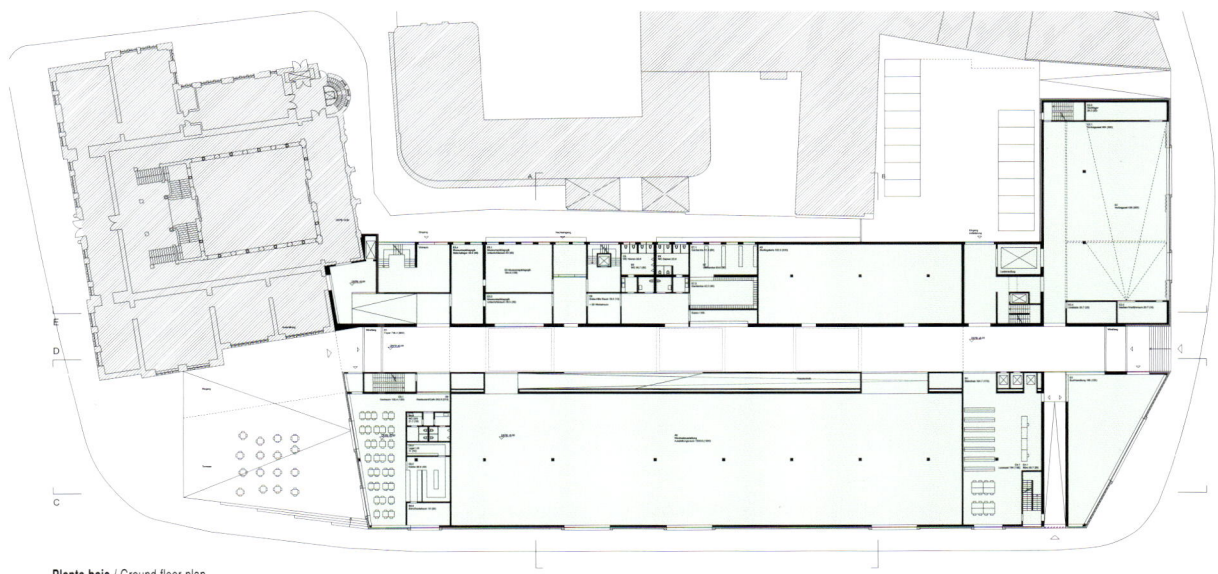

Planta baja / Ground floor plan

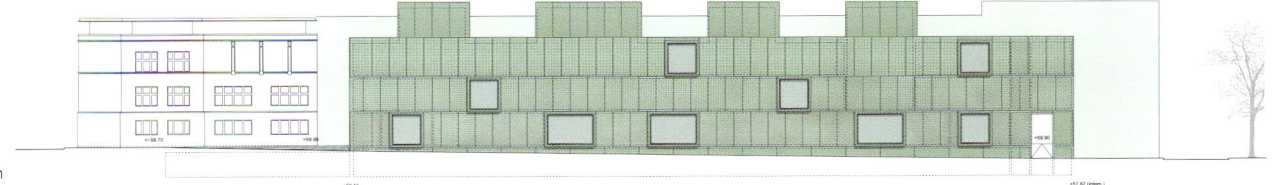

Alzado Oeste / West elevation

161

Alzado Norte / North elevation

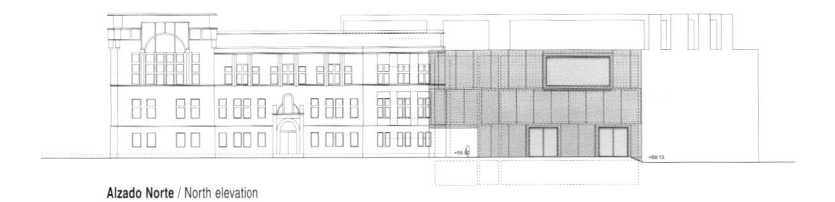

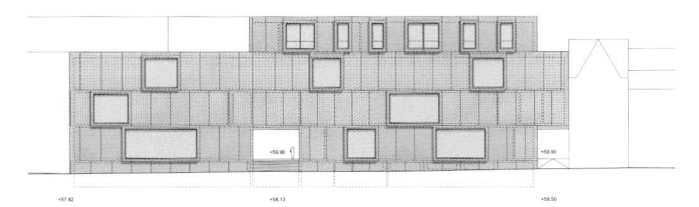

Sección transversal B / Cross section B

Alzado Sur / South elevation

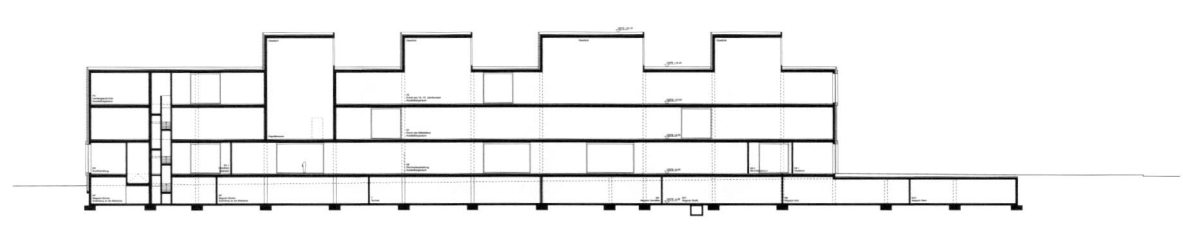

Sección longitudinal C / Longitudinal section C

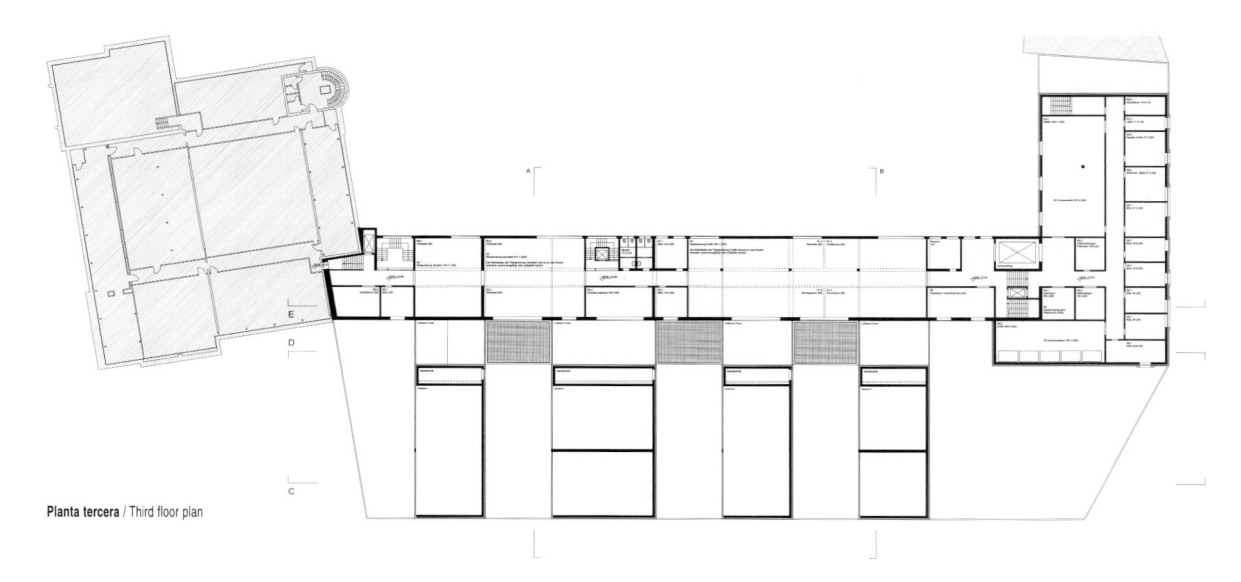

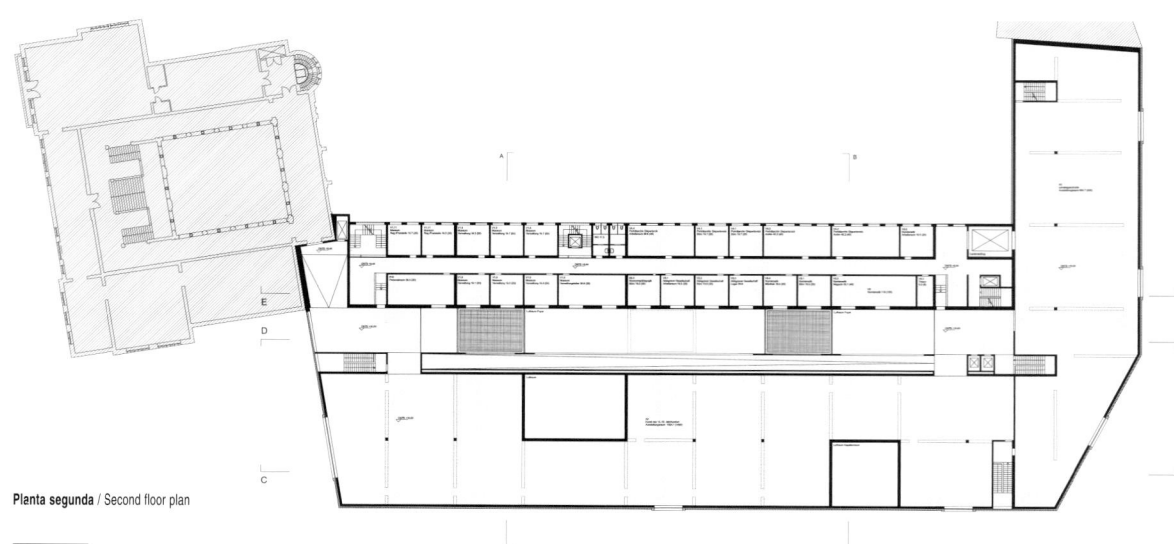

Planta tercera / Third floor plan

Planta segunda / Second floor plan

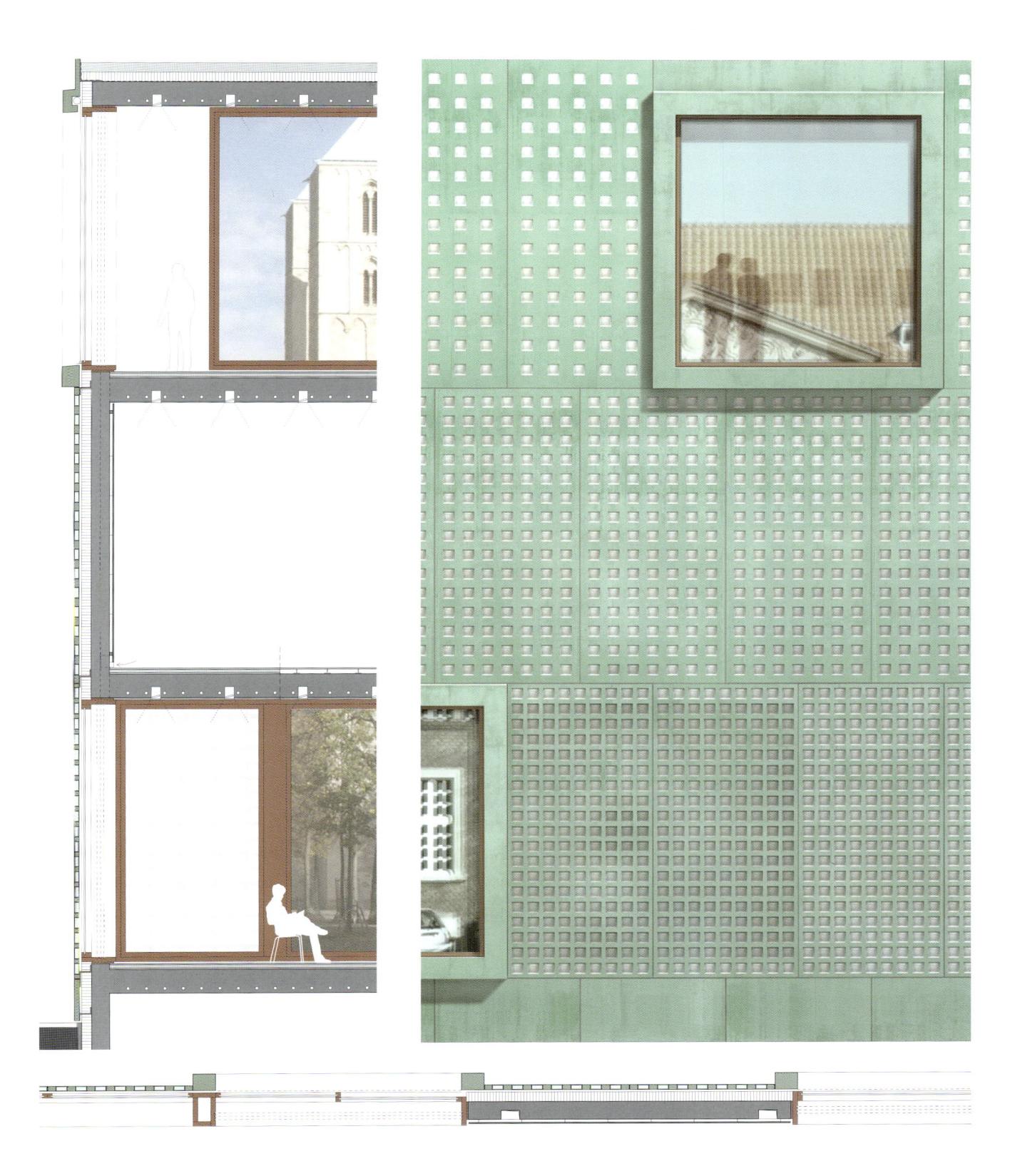

La estructura del nuevo edificio es de hormigón y albañilería. La fachada se ha diseñado como un muro portante translúcido y ligero, realizado con elementos de pavés: las piezas de vidrio se insertan como piedras preciosas entre los elementos de hormigón. En la planta baja estos elementos tienen un alto porcentaje de piezas de vidrio y relativamente poco hormigón; sin embargo, la proporción se invierte en la parte superior del edificio, donde se emplea únicamente hormigón para las ligeras superestructuras que contienen la iluminación cenital de las salas de exposición. Esta gradación entre elementos translúcidos y opacos lleva a cabo una sutil subdivisión del edificio. Pigmentos verdosos y arena de sílice se mezclan con el cemento en las partes de hormigón, donde amplios huecos ponen un acento de excepción en la disposición de estratos de piezas de pavés y proporcionan a los habitantes de la ciudad, aquí y allí, ocasiones de entrever el interior del museo.

The load-bearing structure in the new building is of concrete and masonry. The façade has been designed as a translucent and 'light bearing' wall, made of glass brick elements— the glass bricks being set like precious stones in the concrete elements. While on the ground floor these elements have a very high percentage of glass bricks and relatively little concrete, the ratio diminishes towards the top of the building, where only concrete is used for the overhead light superstructures above the exhibition rooms. The gradual change from translucent to opaque results in a refined subdivision of the building. Greenish pigments and siliceous sand are mixed in the cement for the concrete sections. Generous window openings in concrete frames form exceptions and set an accent within the arrangement of layered glass brick elements, providing the city's residents the opportunity of catching a glimpse, here and there, of the inside of the building.

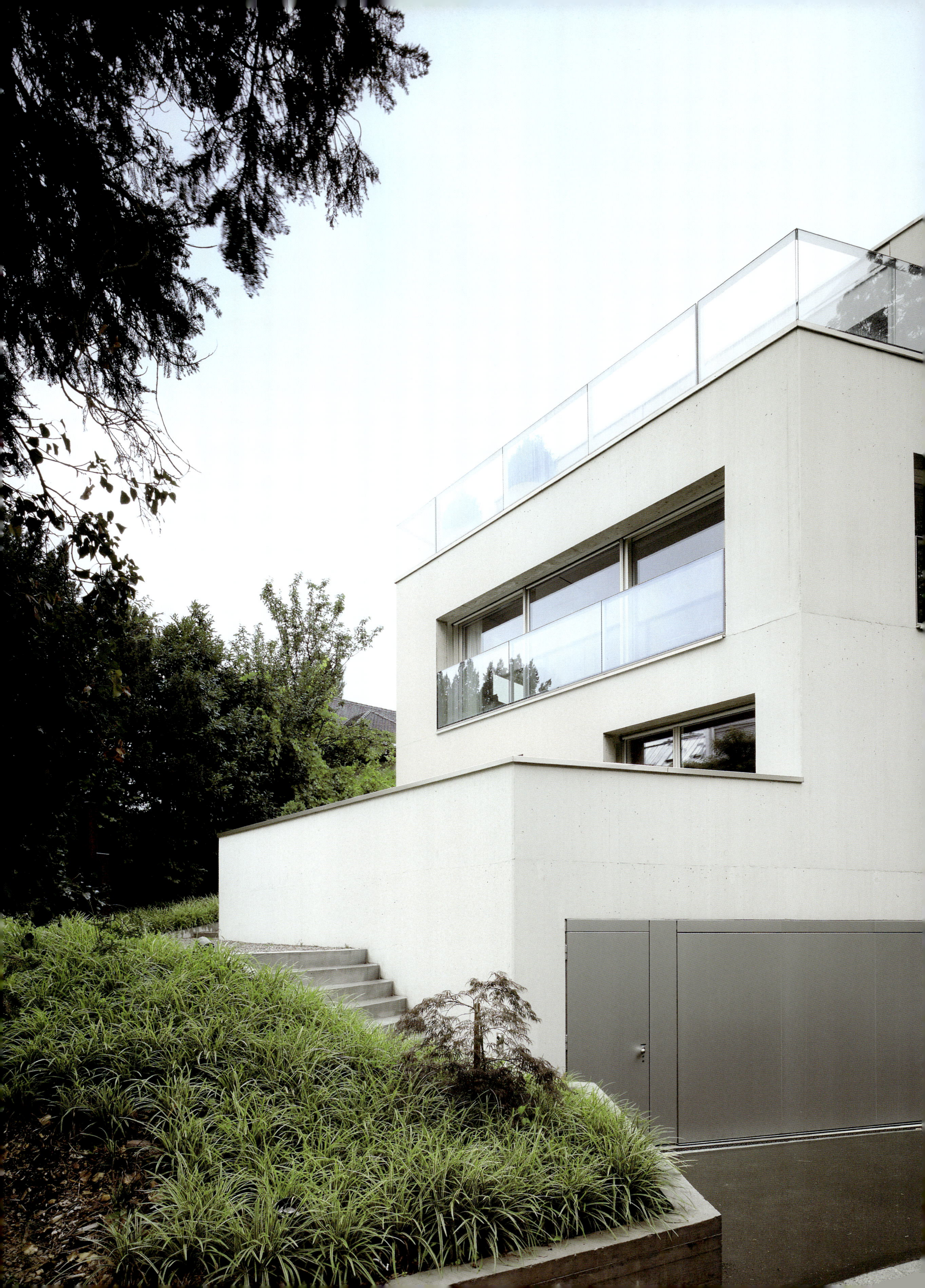

Casa Unifamiliar en Küsnacht
SUIZA

Detached House in Küsnacht
SWITZERLAND 2005 2007

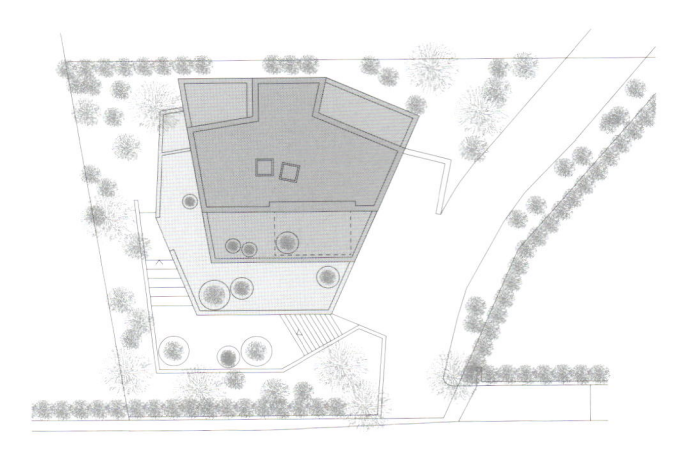

El solar sobre el que se levanta la casa exenta es el antiguo jardín de una vieja
The site of this new detached house is the former garden of an old villa sur-
villa rodeada de árboles. La geometría del jardín, los árboles existentes —entre
rounded by trees. The geometry of the garden plot, the existing trees which
ellos, un magnífico cedro— y la pendiente del terreno dictan un edificio poligonal
include a magnificent cedar, and the steep terrain dictate a polygonal struc-
y escalonado. Una terraza, la entrada y el garaje constituyen el nivel de sótano,
ture which rises in tiers up the slope. A terrace, the entrance and a garage
sobre el que se elevan dos plantas más y una última de terraza-cubierta.
form the basement level, with two storeys above and a further roof terrace level.

Una escalera de múltiples ángulos y generosas proporciones que gira sobre sí misma
A generously proportioned multi-angular turning staircase links all four lev-
conecta las cuatro plantas —desde el vestíbulo a las habitaciones de los niños, la
els, from the entrance hall to the children's rooms, the living area and the
zona de estar y el dormitorio de los padres— y, como elemento espacial definitorio
parents' bedroom and, as a spatially defining element within the house it does
de la casa, elimina cualquier ordenación jerárquica de los distintos niveles. El estar
away with any hierarchical classification of the different floors. The living-din-
comedor se sitúa en el segundo piso, beneficiándose de su elevada posición; las
ing room is on the second floor and benefits from its elevated position, the
habitaciones de los niños, en la primera planta, tienen acceso directo al jardín; y el
children's rooms on the first floor have a direct access to the garden, and the
dormitorio de los padres, en el nivel superior, disfruta de la terraza de cubierta.
parents' bedroom on the top level has its own large roof terrace.

Con la colaboración del artista Harald F. Müller, algunas superficies interiores se
In cooperation with the artist Harald F. Müller, certain internal surface areas
han pintado de colores intensos. Los techos de las habitaciones de los niños son
have been painted in bold colours. The ceilings in the children's rooms are bright
naranja brillante y dorado; una pared de la habitación de los padres es celeste;
orange and gold, one wall in the parent's bedroom is light blue, the wall under
la pared bajo el lucernario del estar es negra; y el techo del hueco de la escalera
the overhead light in the living room is black and the ceiling above the large
es rojo anaranjado.
stairwell is an orangey-red.

El terrazo oscuro empleado en todos los suelos de la casa confiere a las distin-
The dark terrazzo floor throughout the house give the various rooms an over-
tas habitaciones una coloración neutra y establece una relación cromática con
all muted coloration and establishes a correlation to the concrete used for
el hormigón de la estructura, compuesta por losas y muros exteriores portantes
the load-bearing structure. This comprises concrete floor slabs and a load-bear-
que definen la fachada. Las particiones interiores de albañilería no son portan-
ing external concrete shell which forms the façade. Internal walls of masonry
tes y recubren el aislamiento.
are not load bearing and clad the insulation.

La fachada de hormigón visto cobra una sorprendente presencia física gracias al
The exposed concrete façade gains a striking physical presence due to the ver-
rugoso enconfrado vertical y a la profundidad de los huecos de las ventanas, que
tical rough planking and the deep soffits of the window openings which under-
subrayan la fuerza del edificio contra el terraplén. La aplicación sobre el hormigón
line the structure's sturdiness against the earth bank. The white scumble on the
de un delicado matiz de color en cada lado enfatiza el juego de luces y sombras en
surface of the concrete with a delicate nuance of colour on each side, empha-
las superficies y huecos. La balaustrada de vidrio tiene un acabado ligeramente
sises the play of shadows on the surfaces and perforations. The glazed balustrad-
reflectante que, por un lado, protege de las miradas ajenas y por otro, sirve para
ing has a slightly reflective finish to prevent being overlooked on the one hand,
reflejar los árboles de alrededor.
and to mirror the nearby trees in the garden on the other.

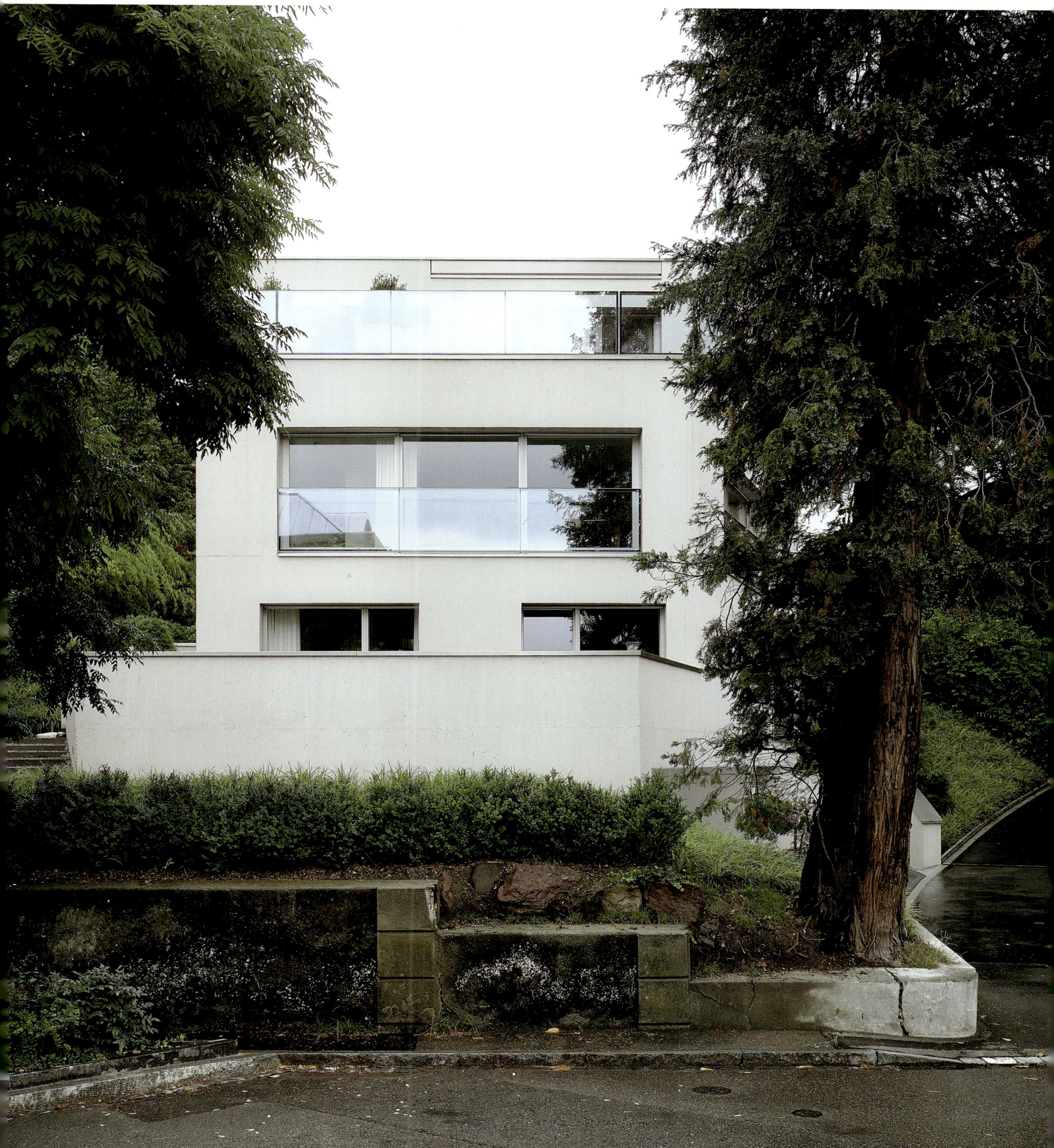

Planta segunda / Second floor plan

Planta primera / First floor plan

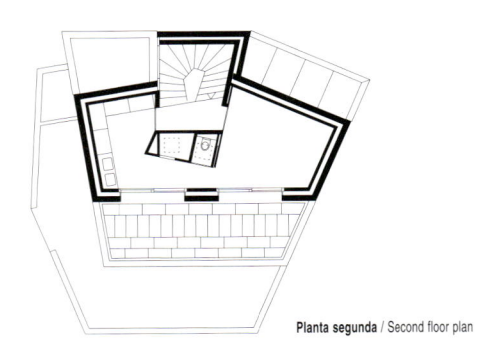

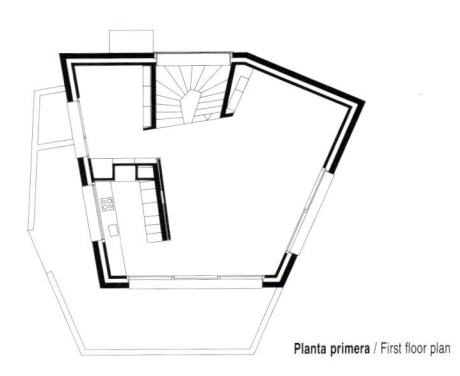

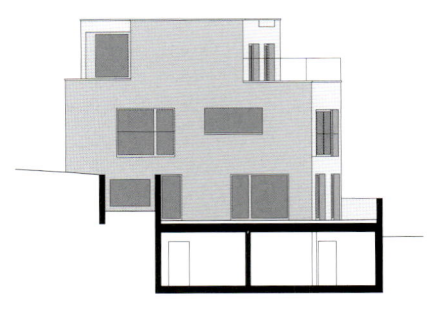

Alzado Norte / Elevation North

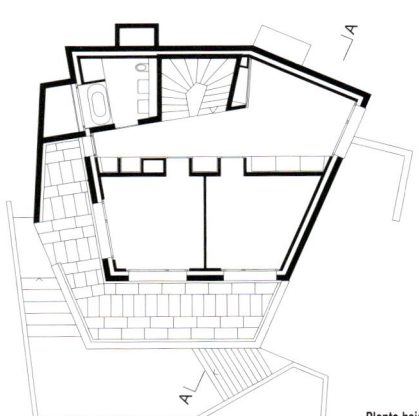

Planta baja / Ground floor plan

Alzado Oeste / Elevation West

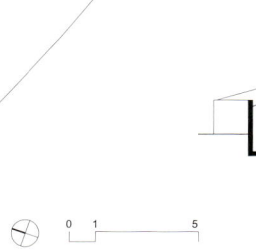

Planta sótano / Basement floor plan

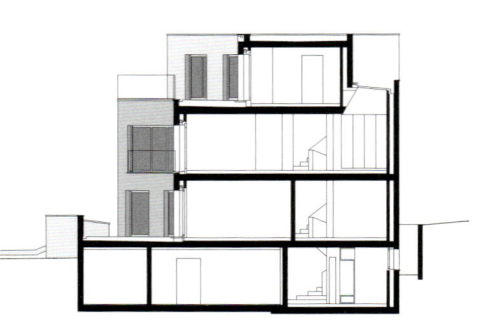

Sección transversal AA / Cross section AA

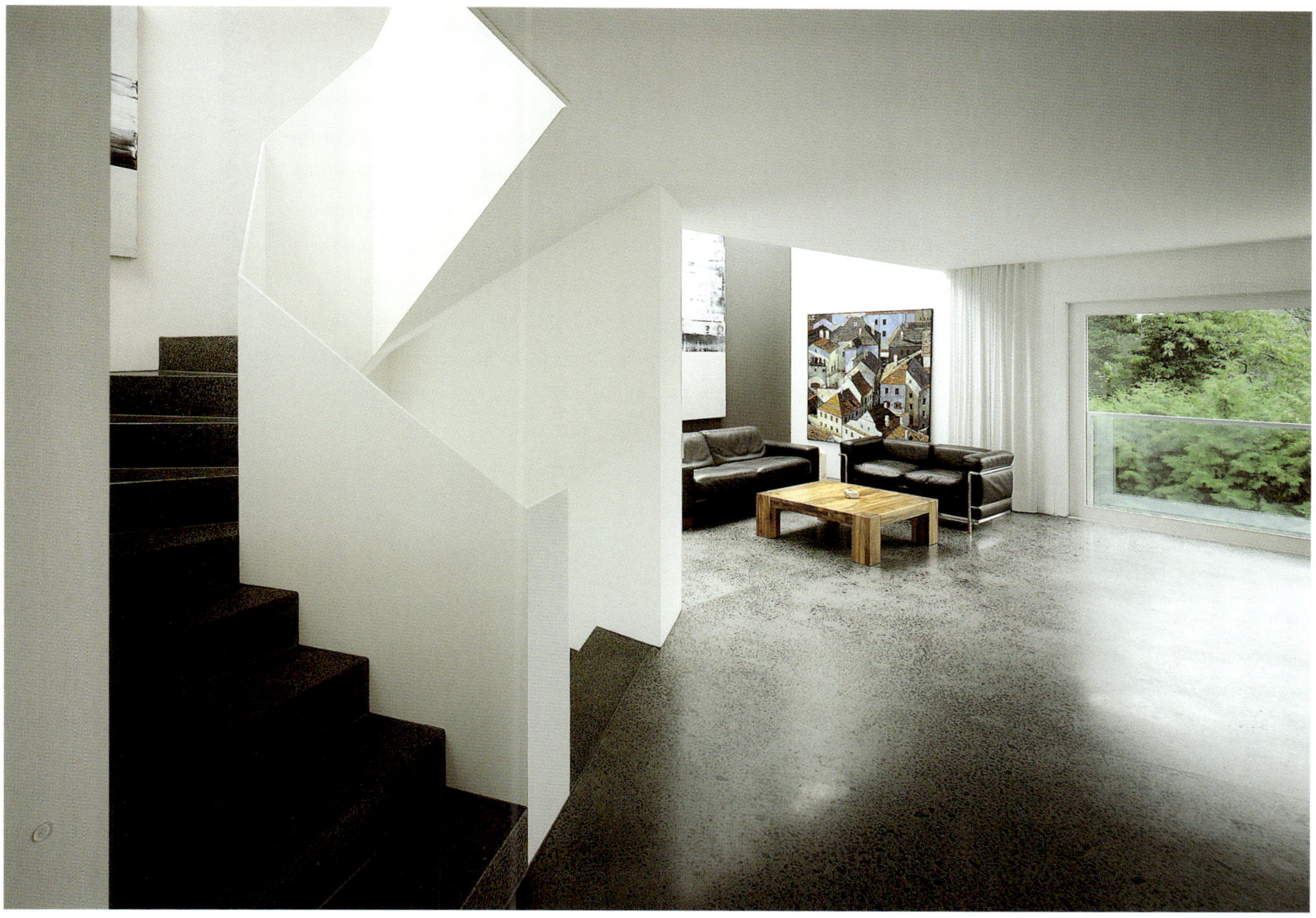

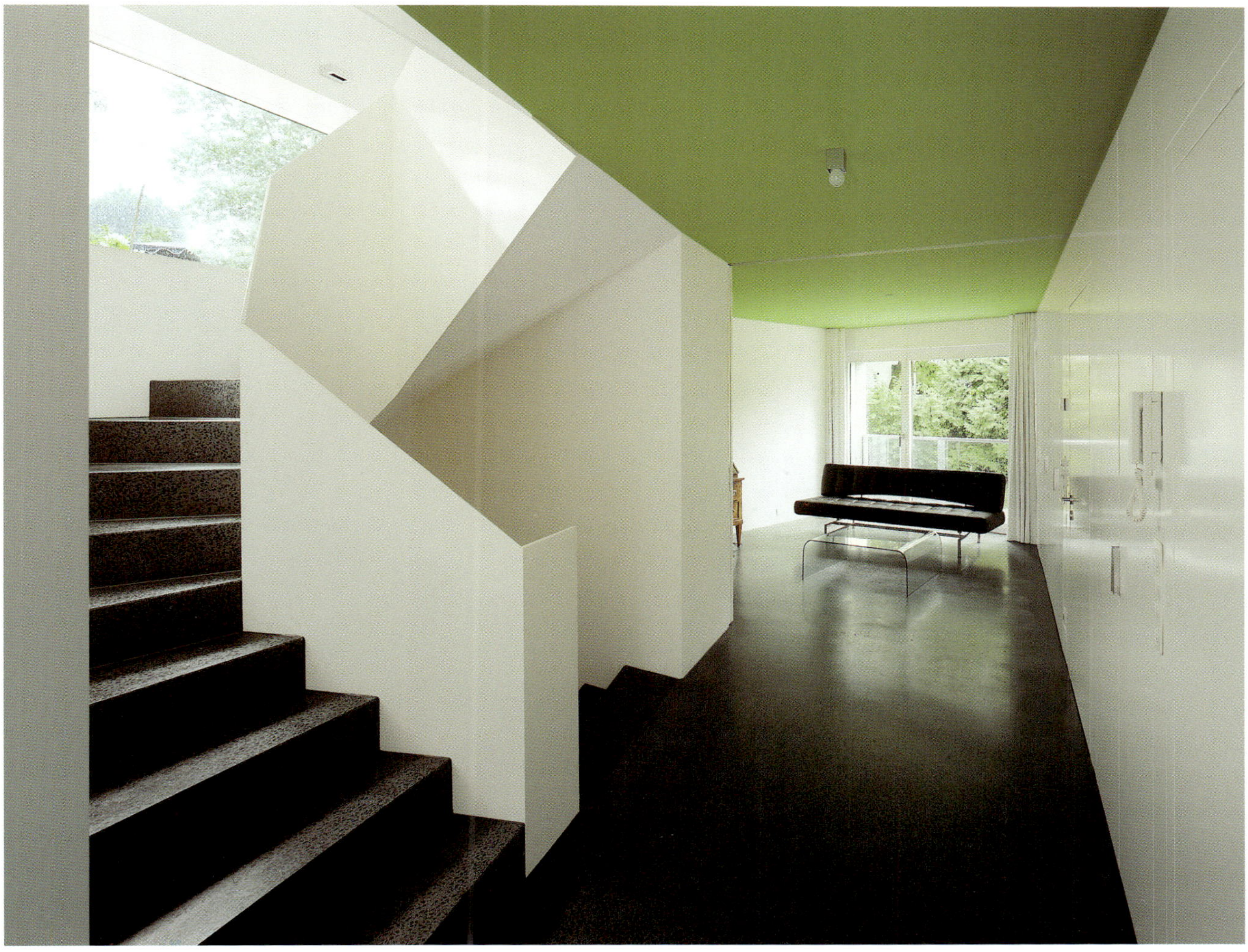

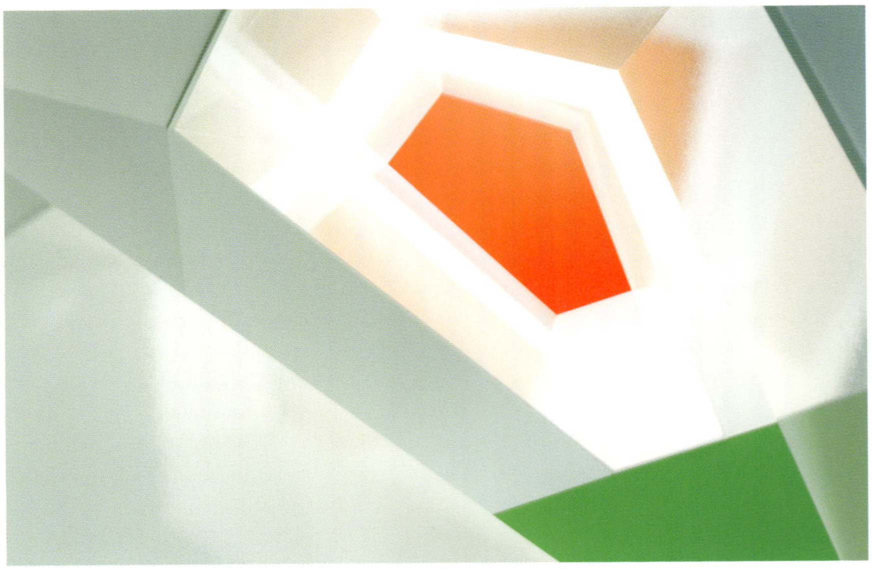

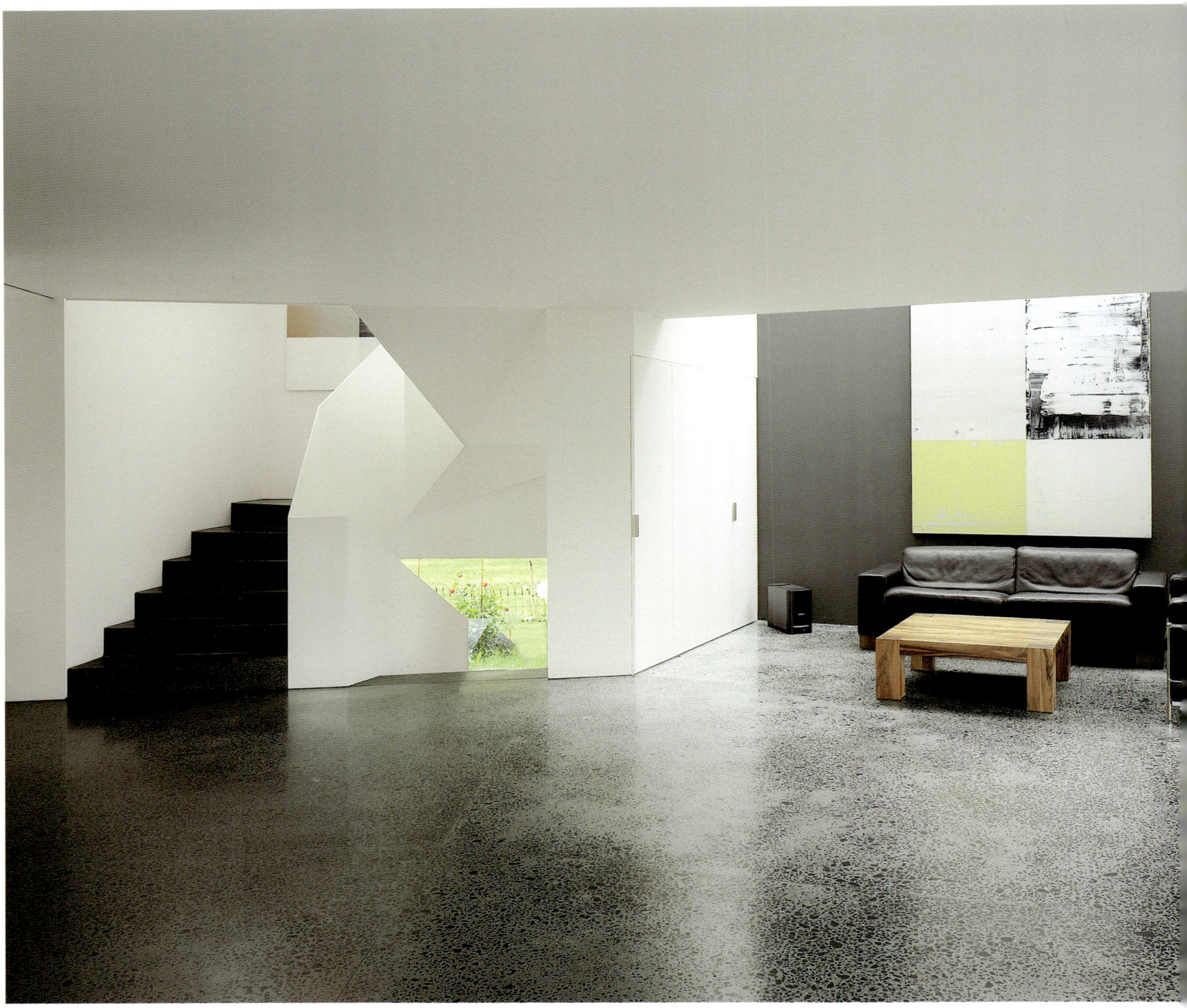

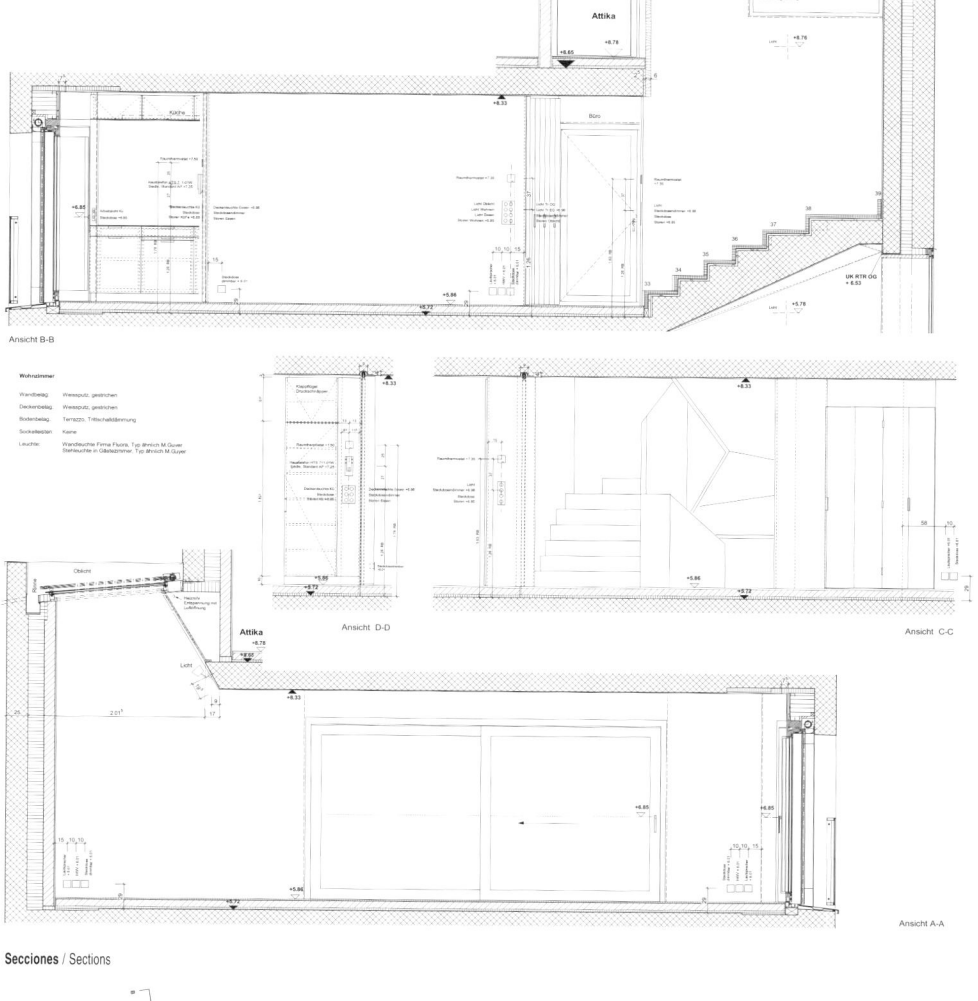

Ansicht B-B

Ansicht D-D   Ansicht C-C

Ansicht A-A

Secciones / Sections

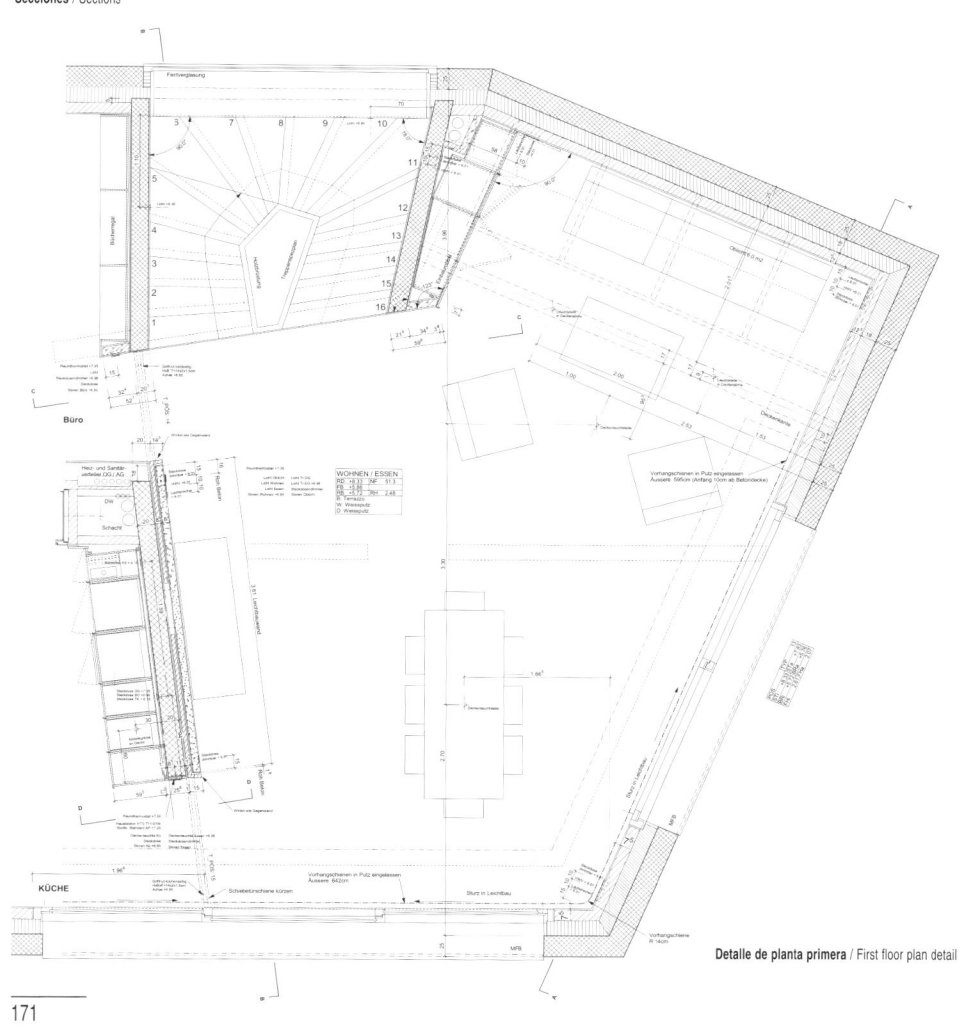

Detalle de planta primera / First floor plan detail

Casa Unifamiliar en el Cantón de Los Grisones
One-family home in the canton of Graubünden

SUIZA
SWITZERLAND 2005 2007

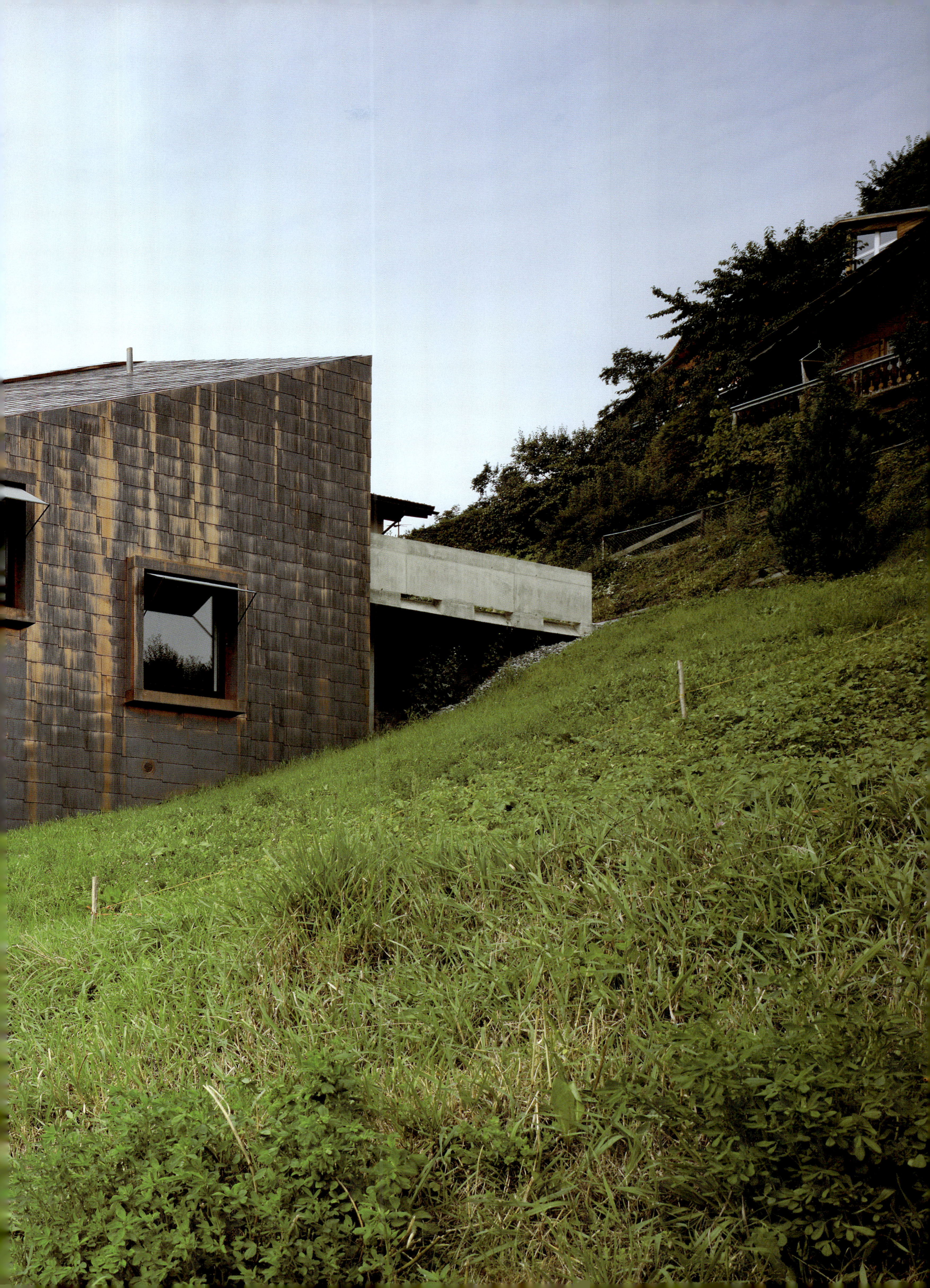

Situación / Site

La casa está situada en una parcela con un fuerte desnivel, y en la parte baja del pueblo. Desde la calle trasera de acceso, el puente que conduce a la casa crea un pequeño
The home is located on a steep slope below the village centre. From the street in back, a wide bridge leads to the house, forming a level courtyard and a parking
patio y la zona de estacionamiento. Las estrictas normas de edificación vigentes para las zonas de montaña fijan la altura de la construcción así como la cubierta a dos
area. The building is defined by the mountain community's strict building code, which stipulates height and a saddleback roof oriented towards the village church.
aguas, orientada hacia la iglesia. La lumbrera se perfila paralela a la inclinación de la ladera, y el edificio vuela hacia el valle como si estuviese suspendido sobre la misma.
The ridge of the roof runs parallel to the incline of the slope. The building is cantilevered toward the valley so that it seems to be suspended above the steep slope.
Con las fachadas y la cubierta uniformemente revestidas de láminas de cobre marrón rojizo, la casa armoniza con la madera dominante en las construcciones de la loca-
With the façades and the roof uniformly clad in brownish red copper shingles, the structure fits in with the wooden buildings of the village. As an over-all rain
lidad. Por su condición de piel totalmente impermeable, este revestimiento no exige un tratamiento específico ni del volumen ni de los huecos, lo que también otorga al
skin, the cladding allows a reduced treatment of both volume and openings, which lends the building a contemporary look as well.
edificio una imagen más contemporánea.

El interior también se hace eco de la topografía. Bajo un techo inclinado la sala de estar y el comedor alcanzan una altura de siete metros, con entreplantas escalonadas
The interior also reflects the topography of the terrain. Under the slanted roof, the living and dining rooms reach a height of seven metres and staggered mez-
según la inclinación del terreno. La escalera vincula los cuatro niveles de entreplanta, y generosas puertas correderas de suelo a techo permiten tanto la interacción espa-
zanine levels follow the sloping hillside. The central staircase links all four mezzanine levels. Wide floor-to-ceiling sliding doors allow for spacious interaction
cial como la independencia entre las distintas habitaciones.
between the rooms as well as closing them off at night.
La estructura es de elementos de madera prefabricados con relleno de aislamiento térmico. La superficie interior de los paneles de madera teñida está protegida del clima
The loadbearing structure consists of pre-fabricated wooden elements filled with thermal insulation. The inner surface of white-washed wood panels is protected
por la fachada ventilada de cobre. Las ventanas pivotantes, de tamaño uniforme y provistas de toldos, parecen estar caprichosamente distribuidas, pero su posición res-
from the weather by the back-ventilated copper shingling. Pivot windows of uniform size with awnings appear to be scattered across the façade at random but
ponde a la organización espacial. La gran ventana escaparate de la sala ofrece un espectacular panorama vertical del fondo del valle, las colinas y las montañas de enfrente.
they actually reflect the spatial layout of the interior. The tall show window offers a spectacular vertical panorama down into the valley, over to the hills and up
Como ajena a la presencia de la casa, la vegetación silvestre que crece en su entorno se suma a las de las propiedades vecinas creando un continuo vegetal sólo inte-
into the mountains on the other side. Wild grasses growing on the land around the house seem oblivious to its presence and seamlessly join the grazing grounds
rrumpido por un corte en el terreno hacia el oeste.
of the neighbouring property. They are interrupted only by a deck cut into the terrain to the west.

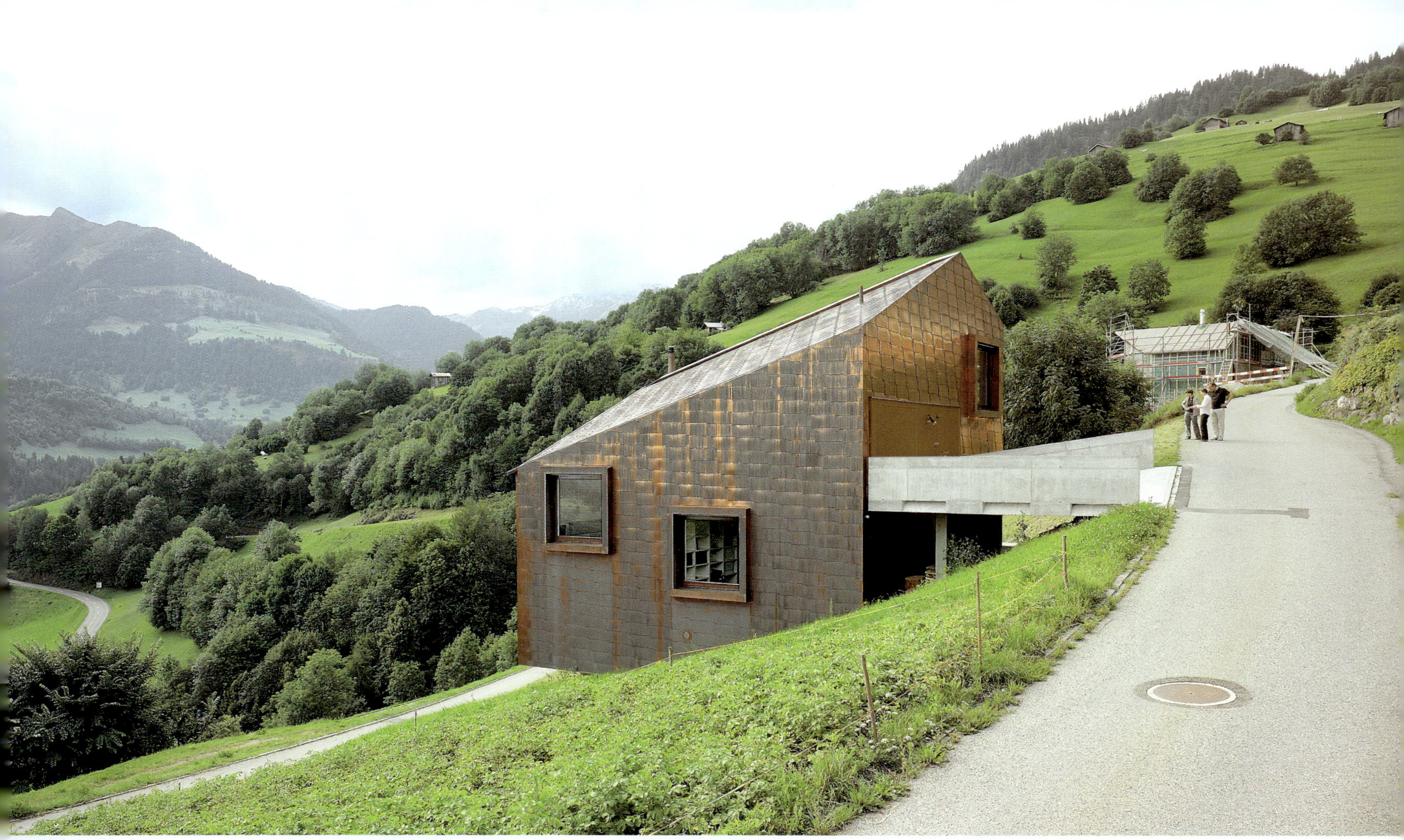

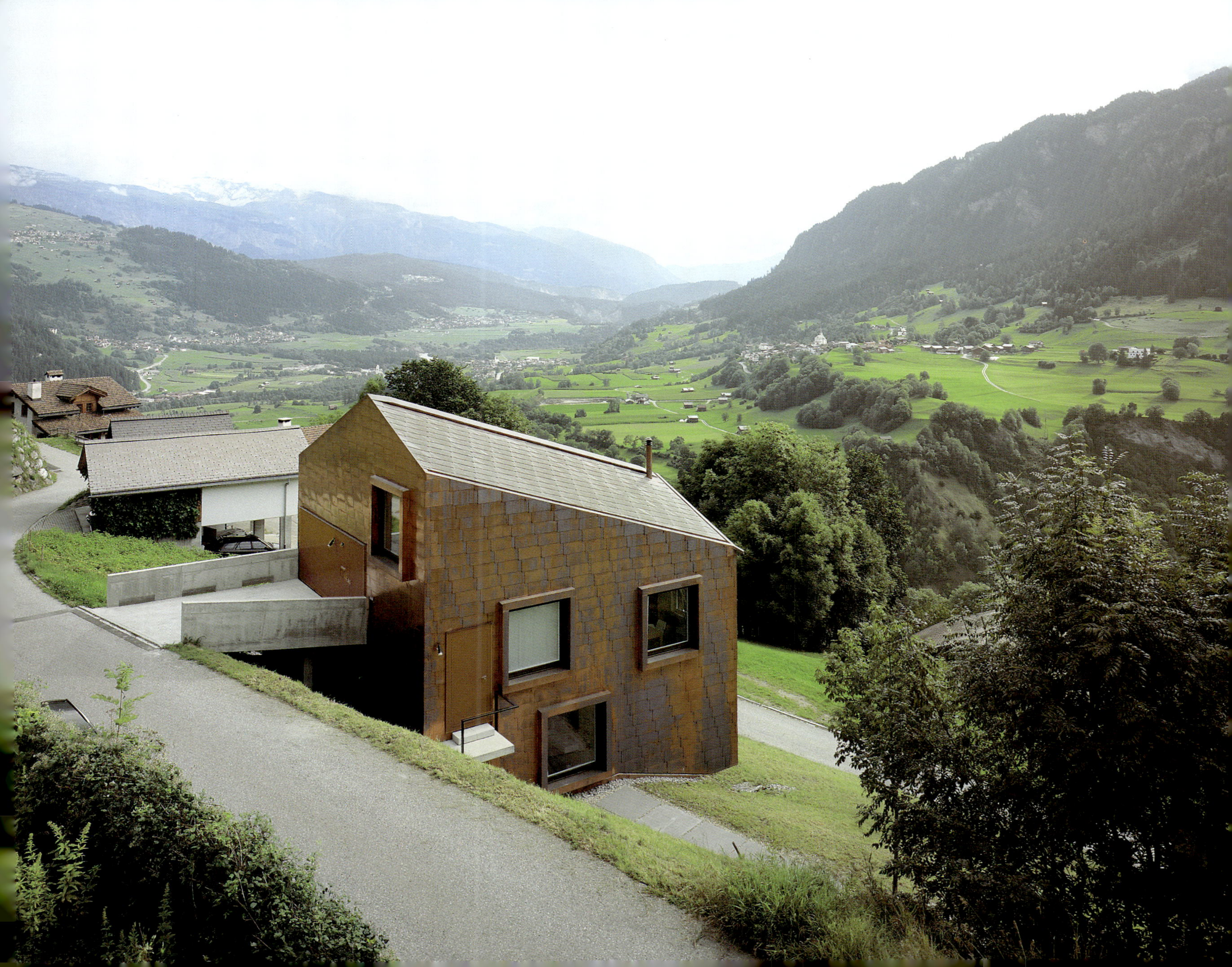

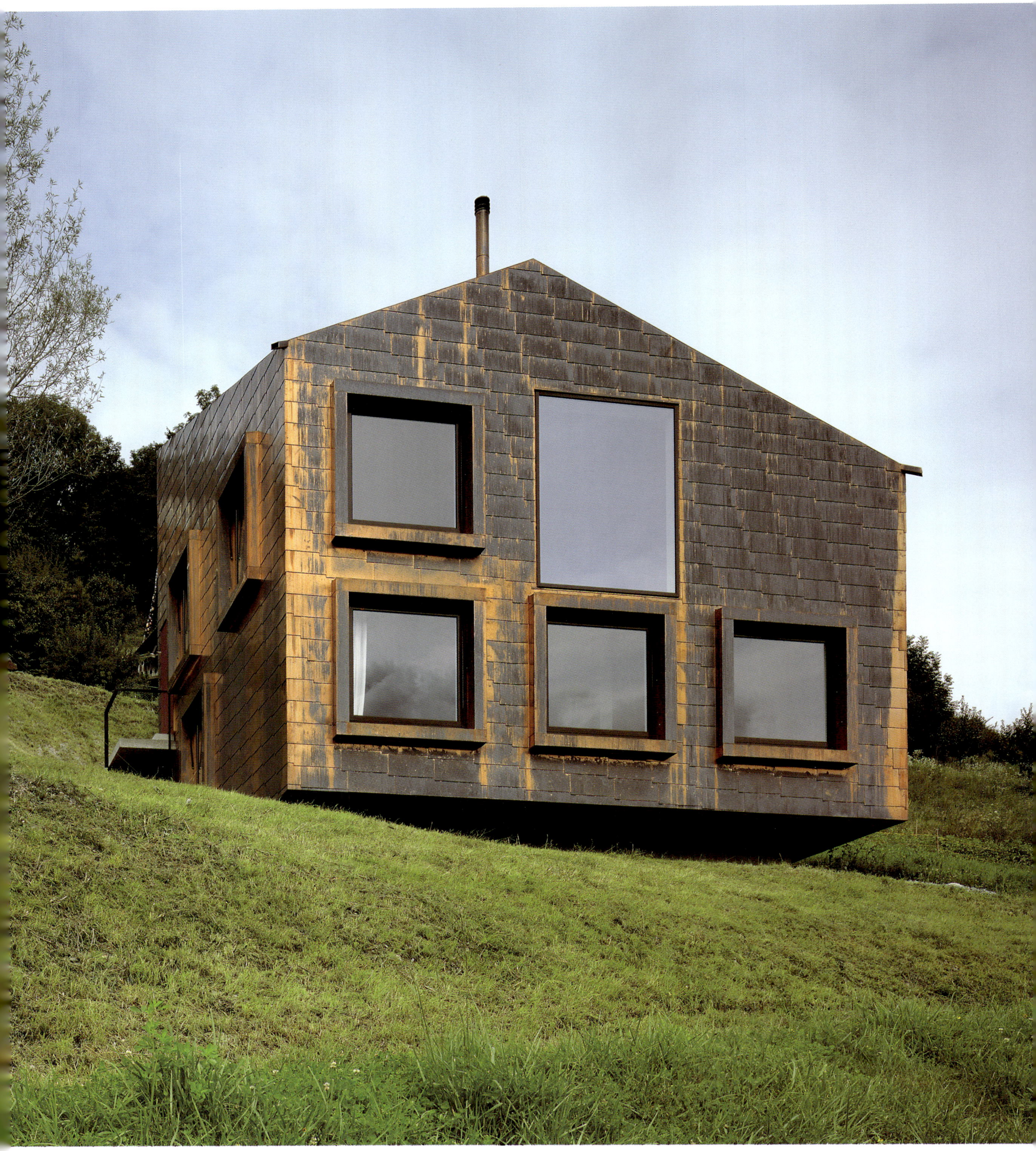

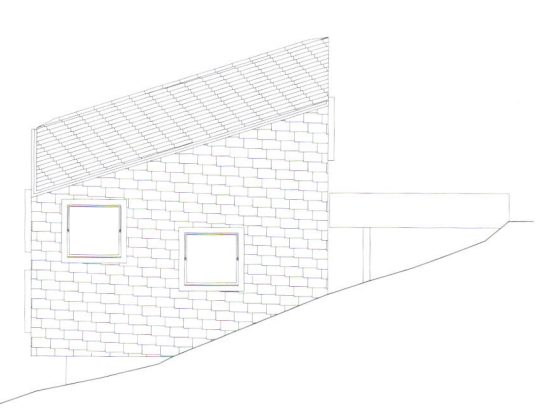

Alzado Norte / North elevation

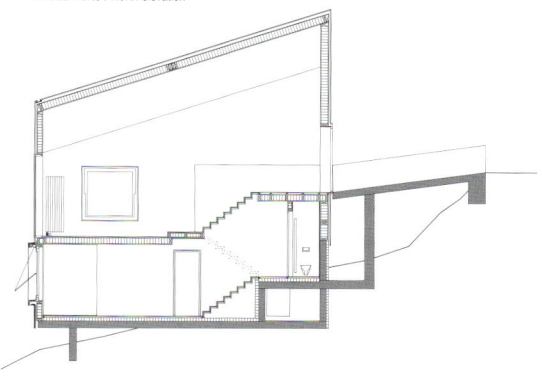

Sección por acceso / Section through entrance

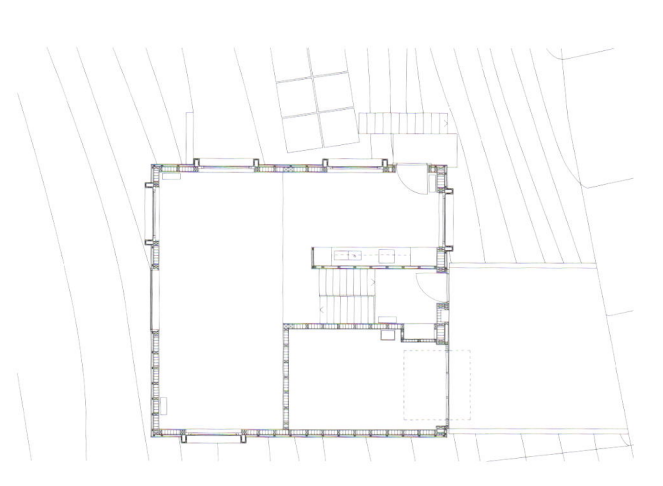

Planta primera / First floor plan

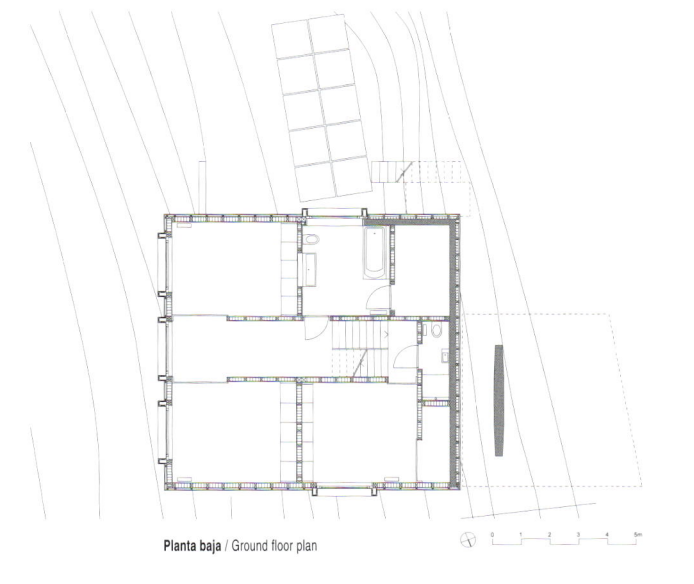

Planta baja / Ground floor plan

Sección por acceso / Section through entrance

Planta primera / First floor plan

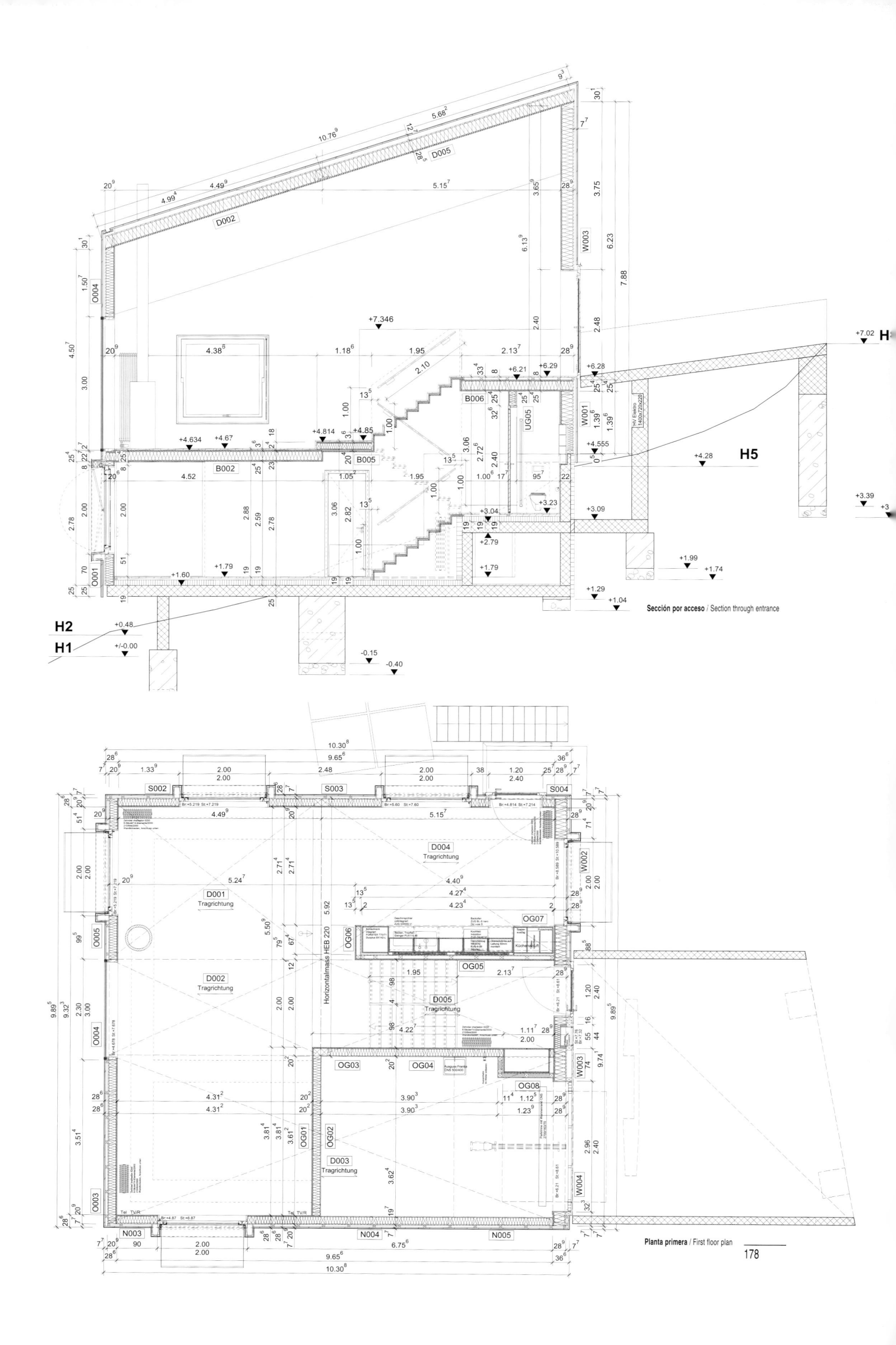

178

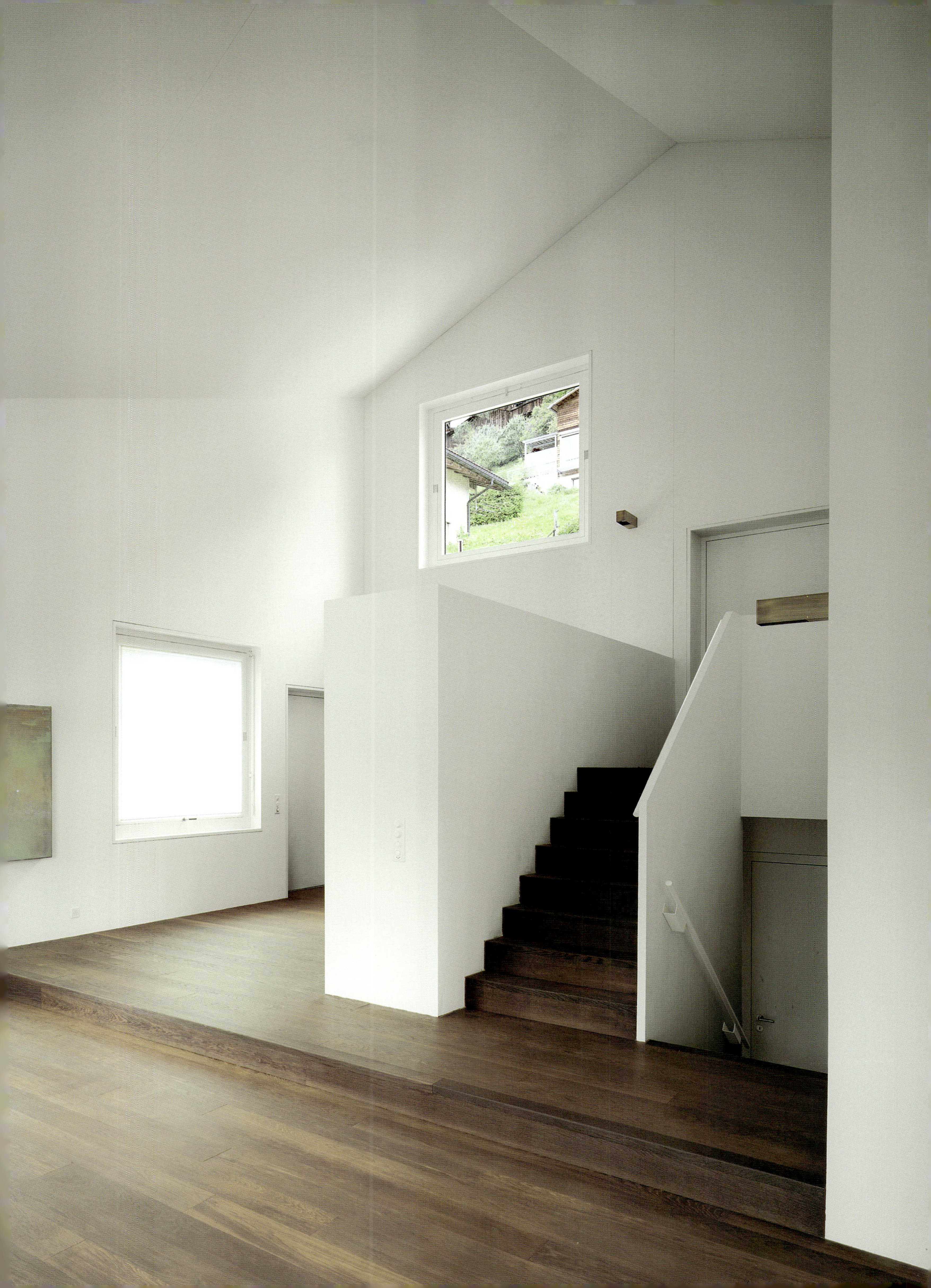

Sección por cocina y comedor / Section through kitchen and dining-room

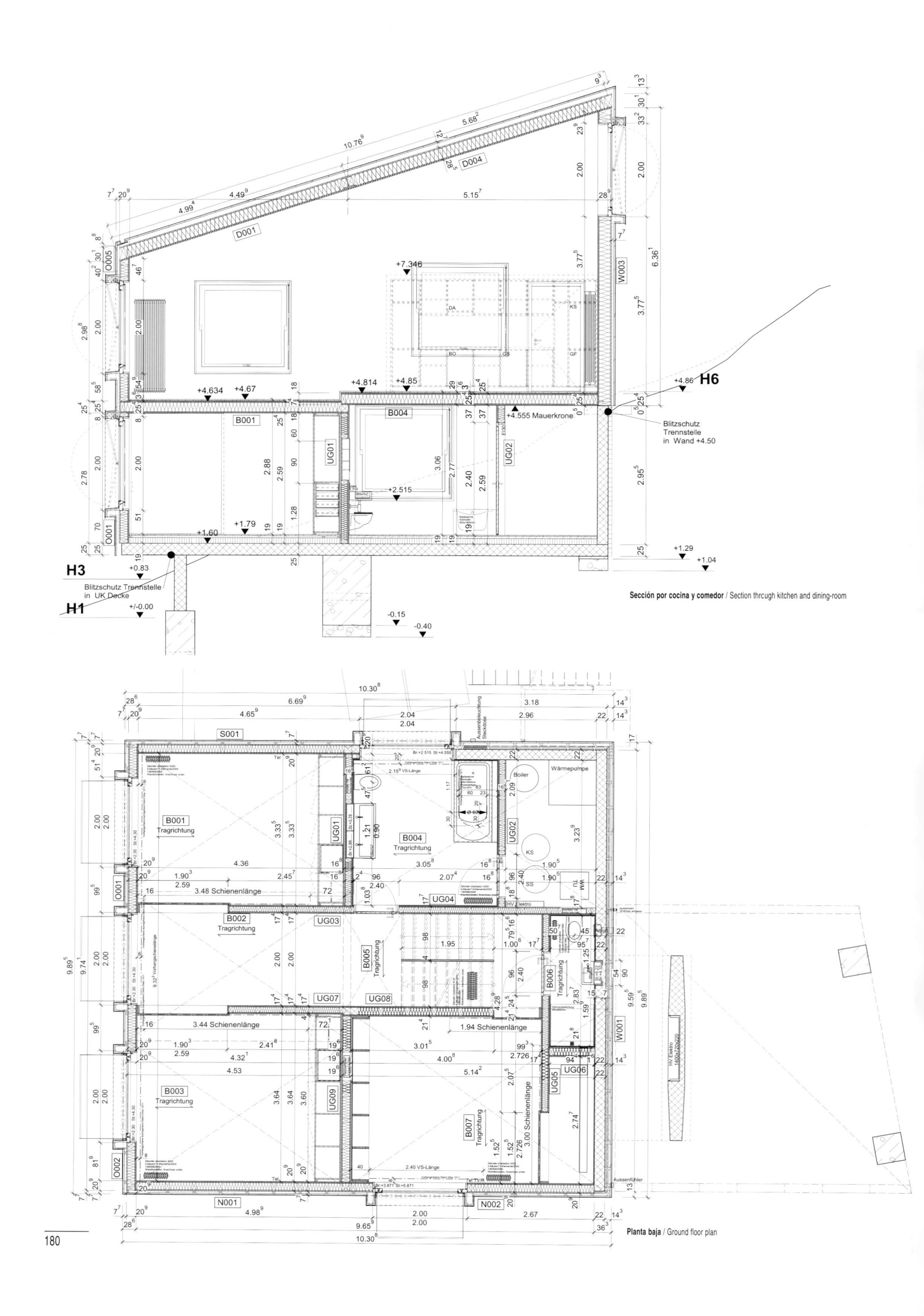

Planta baja / Ground floor plan

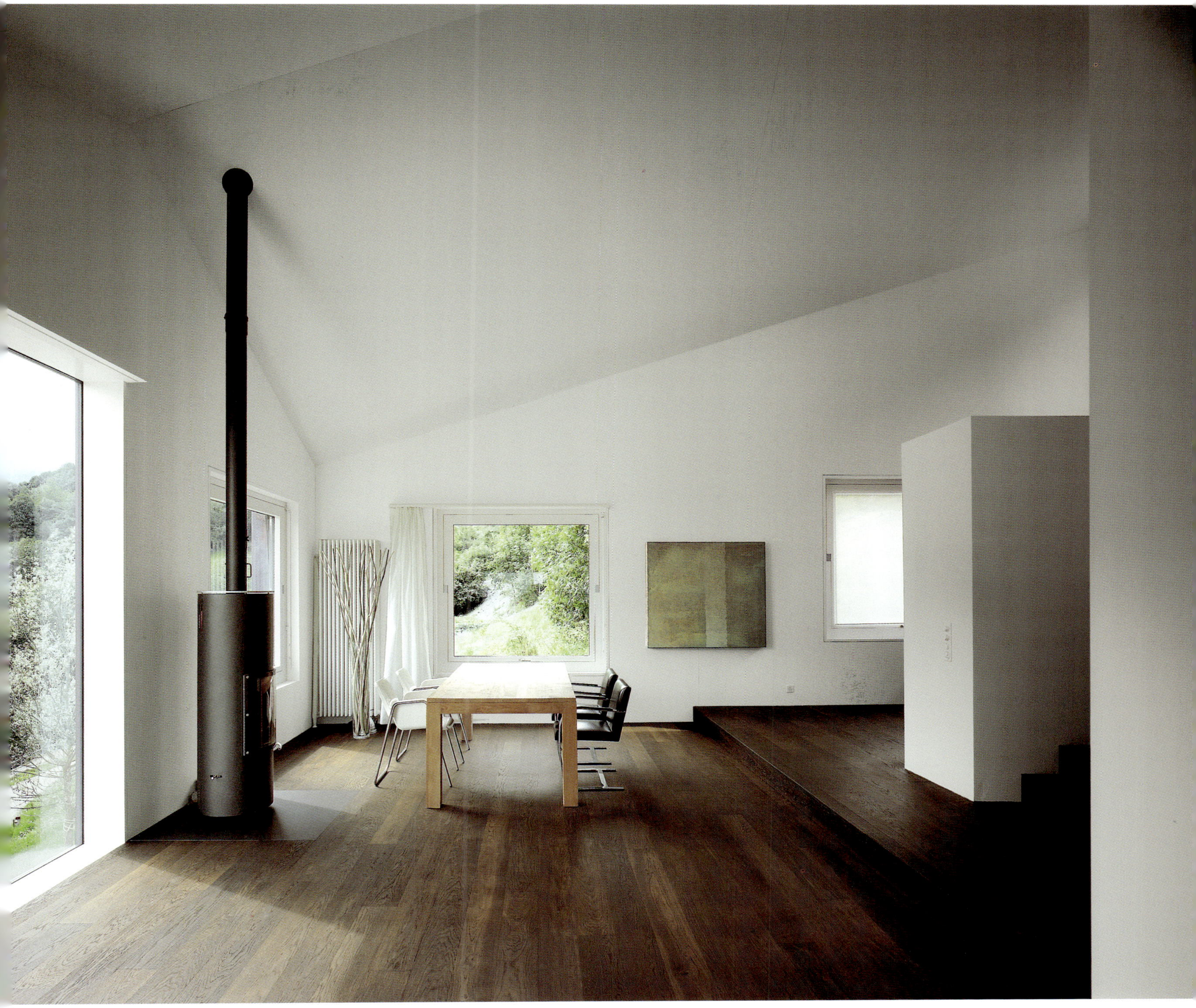

Sección vertical / Vertical section

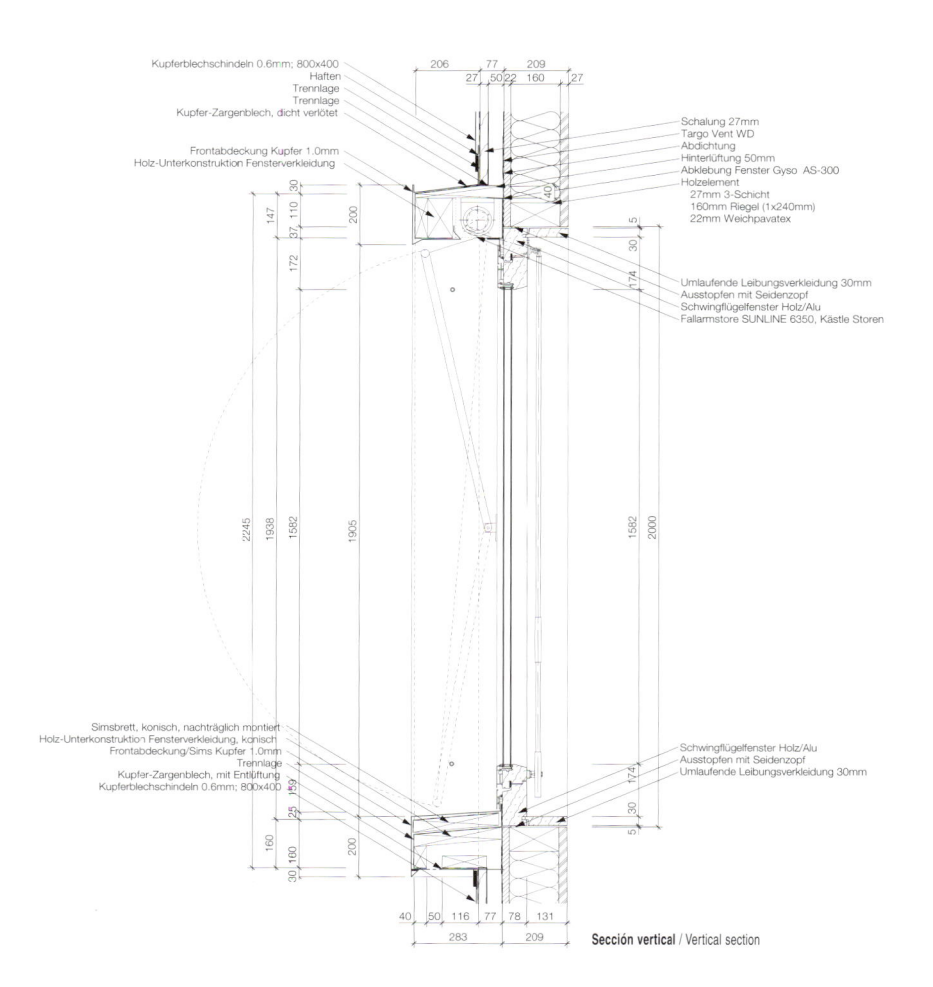

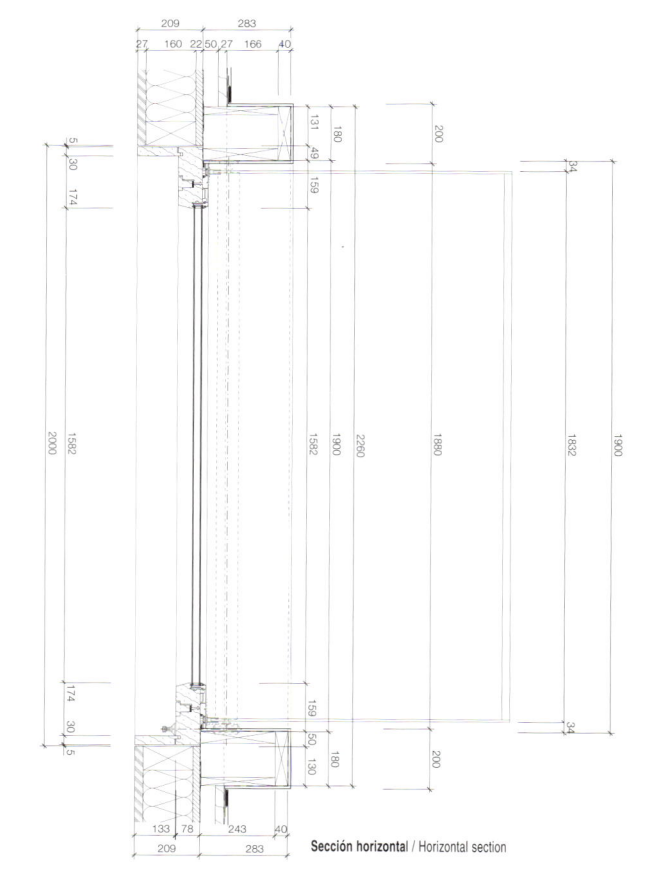

Sección horizontal / Horizontal section

Detalles de ventana tipo / Typical window details

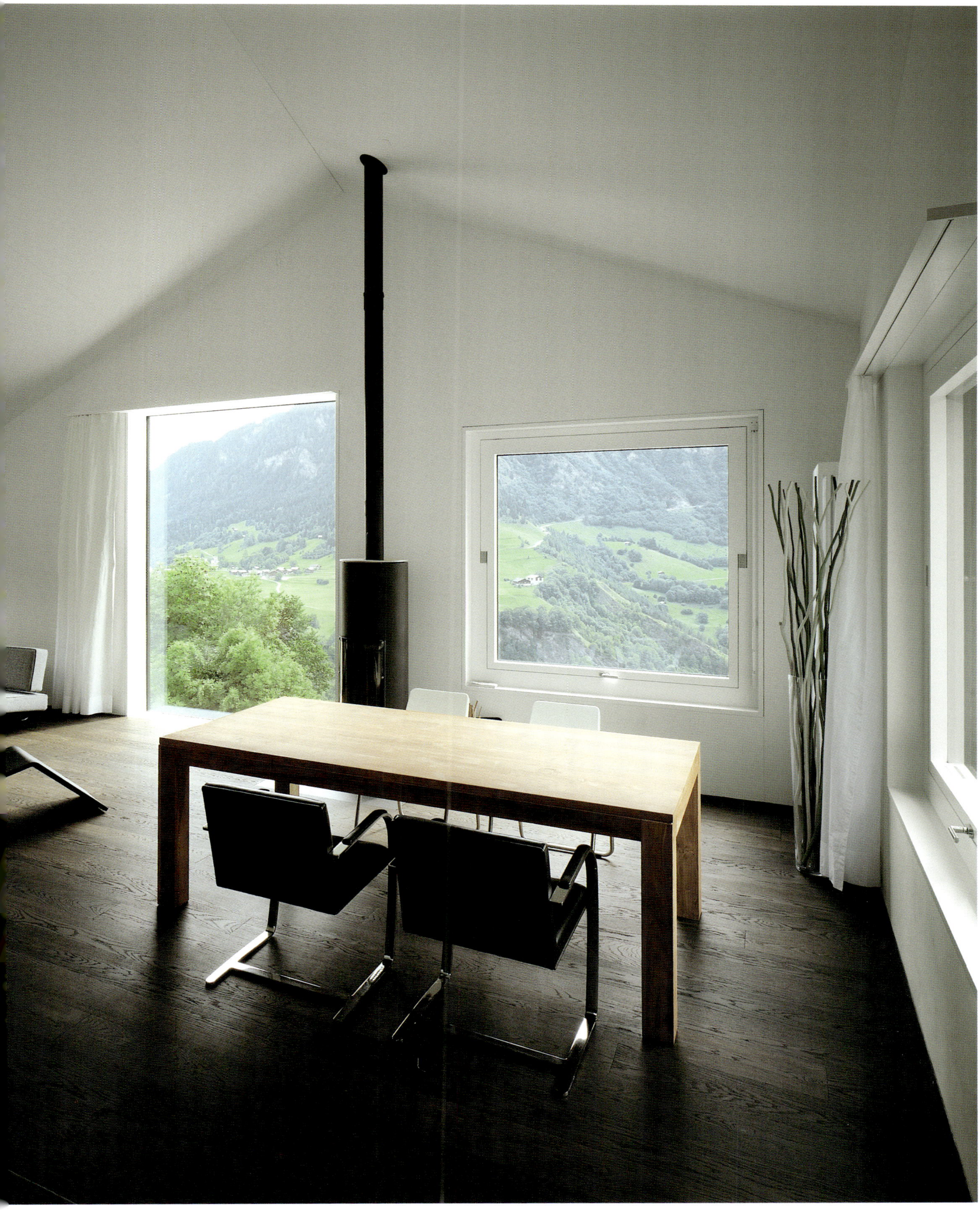

2007 2008

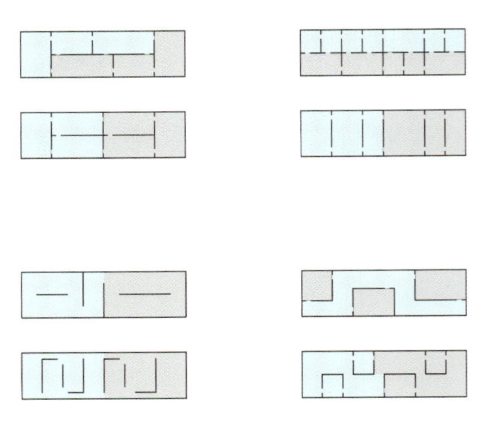

CONCURSO
COMPETITION

AMPLIACIÓN DEL MUSEO STÄDEL
EXTENSION TO THE STÄDEL MUSEUM

ALEMANIA
FRANKFURT AM MAIN, GERMANY

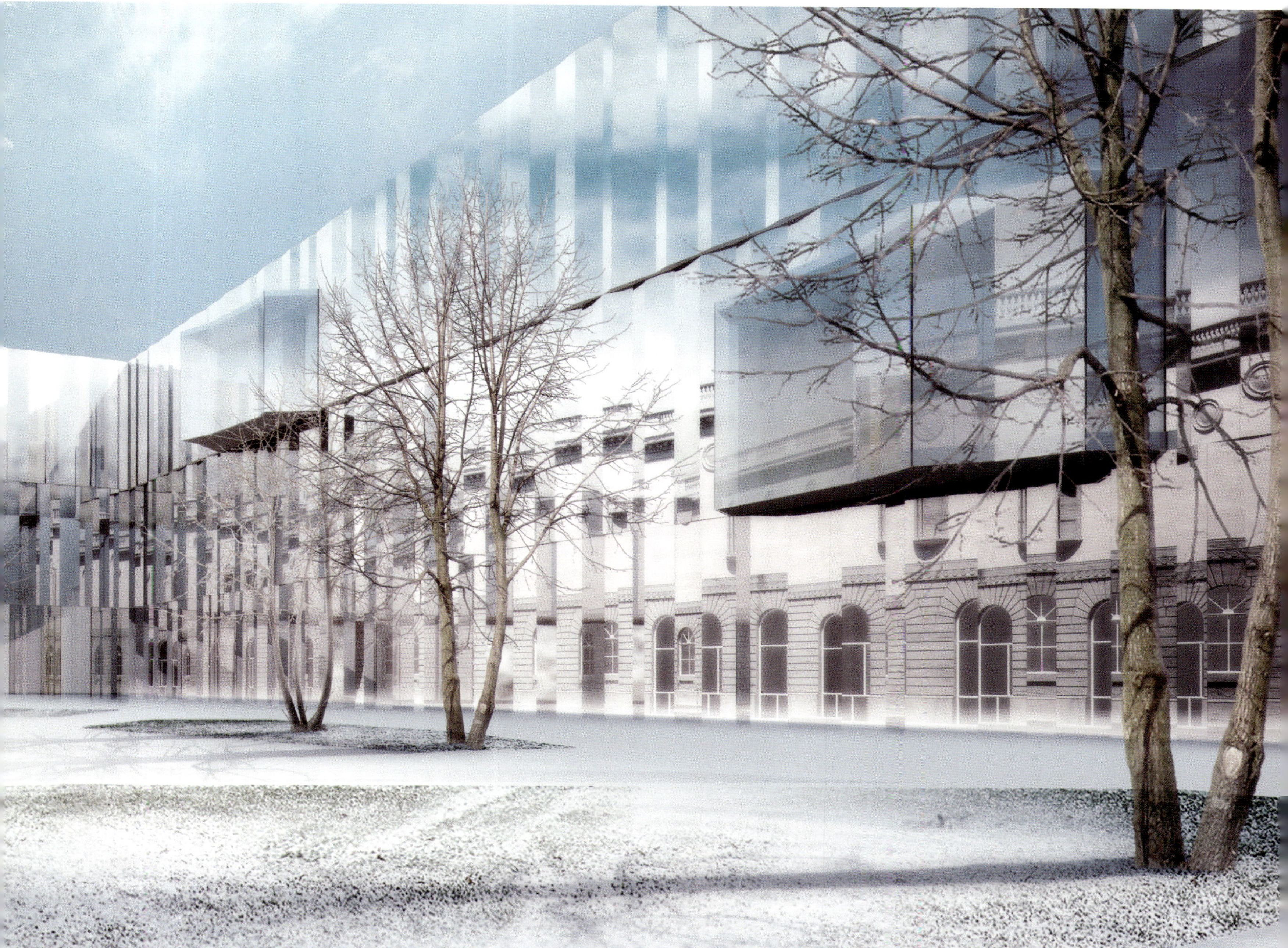

Plano de situación / Site plan

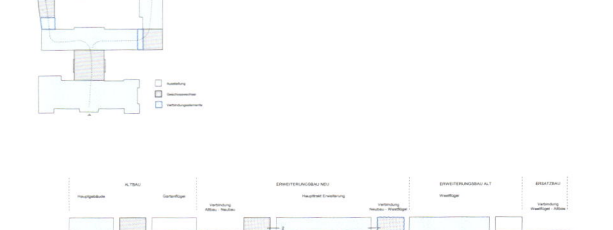

Áreas de exposición y zonas de comunicación vertical / Exhibition and vertical communication areas

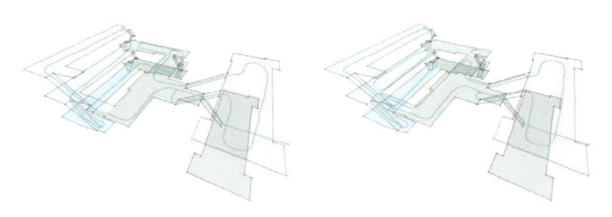

Diagramas de itinerarios por los espacios interiores / Diagram of routes through the interior space

La nueva ampliación del Städel Museum complementa el ala del jardín (diseñada por los arquitectos Von Hoven y Heberer) y el cuerpo anejo del oeste (de Gustav Peichl) con idea de configurar un conjunto de edificios alrededor de un jardín. Esta zona verde es sin embargo accesible tanto desde el Auditorio como desde la calle. El frente del jardín a lo largo de la calle, en el que existen distintos árboles maduros, se puntúa con huecos que establecen una relación visual tanto con el edificio de ampliación como con el patio del propio jardín. El espacio 'se amuebla' con alfombras verdes en las que abedules y robinias alternan con grava de color suave, así como con esculturas y bancos para la contemplación.

The new extension to the Städel Museum complements the garden wing (designed by the architects von Hoven and Heberer) and the west wing annex (Peichl) to form a configuration of buildings enclosing the garden area. This area of green is, however, still accessible and can be enjoyed from both the Festival Hall and from the street. The front garden zone along the road with its wealth of mature trees is punctuated by an opening which establishes a visual correlation both to the extension building as well as into the courtyard garden itself. Green 'carpets of plants' with birch and robinia alternate with the light-coloured gravel, and sculptures —as well as seating— 'furnish' the space.

El edificio de ampliación se ubica frente a la principal planta de exposiciones, en el ala histórica del jardín, y crea un volumen de conexión a modo de puente y de una sola planta. Un estrecho bloque de tres alturas y paralelo a la Academia de Bellas Artes y al ala del jardín —que se acopla al ala oeste en los ángulos derechos— constituye el cuerpo principal de la ampliación; este volumen en gran parte articula el intinerario a seguir por los espacios interiores.

The extension building is attached 'head on' to the main exhibition floor in the historical garden wing and forms a bridge-like, single-storeyed connecting volume. The principal corpus of the extension is a narrow, three-storeyed block lying parallel to the Academy of Fine Arts and the garden wing, docking onto the west wing at right angles. The volume of the new building largely maps out the route to be followed through the interior space.

El público visitante accede a la ampliación por la amplia escalera principal existente y por el ala del jardín. La 'cabecera' del nuevo edificio está formada por la zona de entrada hacia el este, empezando con un espacio de 'distribución y orientación' adosado al ala del jardín.

Visitors access the new extension via the wide, existing main staircase and the garden wing. The 'head' of the new building is formed by the entrance area to the east, starting with a 'distribution and orientation' space which latches onto the garden wing.

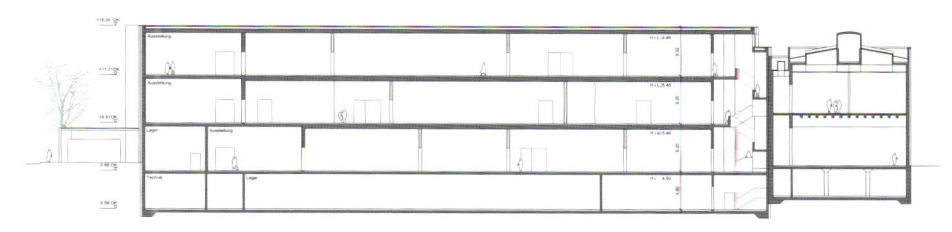

Sección longitudinal / Longitudinal section

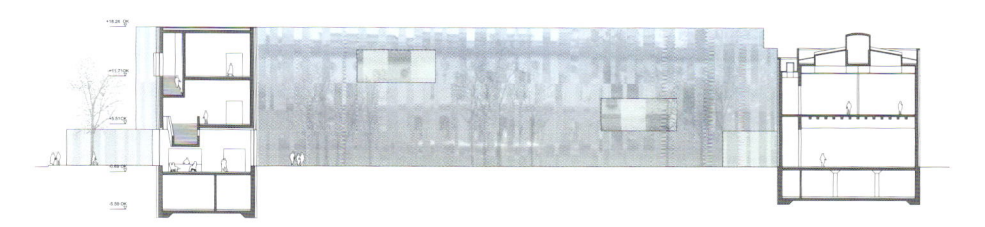

Sección longitudinal. Fachada Norte / Longitudinal section. North façade

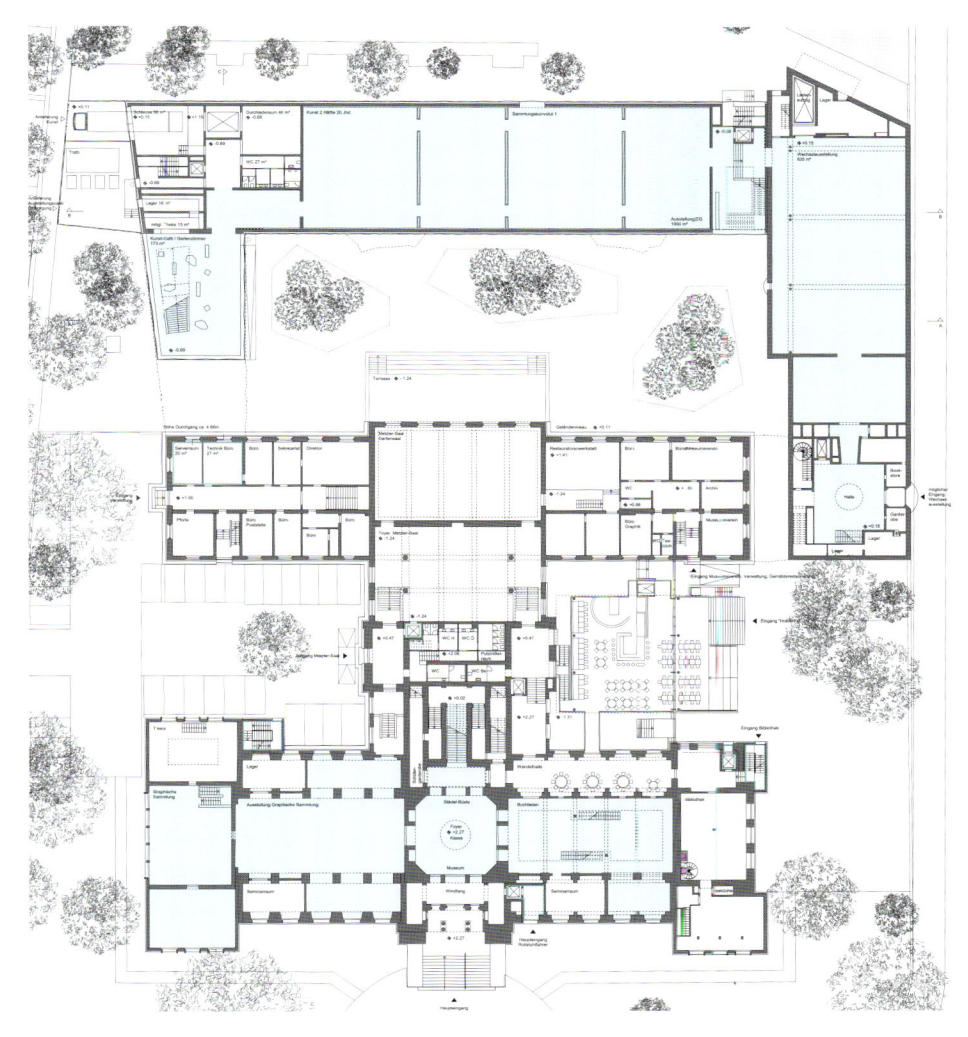

Uno de los itinerarios posibles se despliega desde aquí y continúa por las salas de exposiciones de la segunda planta y las secciones de arte vía la escalera oeste, volviendo a la cabecera para continuar hacia la Sala del Jardín y los espacios expositivos de la planta baja. La Sala del Jardín se ha concebido como una cafetería del arte; es aquí donde interactúan los espacios exteriores e interiores, la ciudad y el jardín; es un lugar donde combinar la fruición estética y el disfrute de un café.

One of the possible tour routes leads from here up into the exhibition rooms on the second floor, via the west stairs to the art sections on the first floor and back to the 'head' again, to the Garden Room and the exhibition spaces on the ground floor. The Garden Room has been conceived as an art café; it is here that internal and external spaces, urban and garden areas interact, and it is here that the delights of art and coffee can be enjoyed.

Planta baja / Ground floor plan

Las salas de exposiciones son discretas en su diseño: suelos de roble ahumado, paredes suavemente enlucidas o pintadas y techos con iluminación fluorescente que crean un fondo comedido para las obras de arte. Ventanas tipo mirador de varias profundidades orientan al visitante de una sala a otra y sirven también para hacer una pausa en el recorrido.

The exhibition rooms are reserved in design: smoked oak parquet floors, smooth plastered and painted walls and ceilings with fluorescent lighting create a restrained background for the works of art. Crystaline, glazed oriel-style windows of varying depths serve as points of orientation for visitors moving from room to room, as well as relaxation zones.

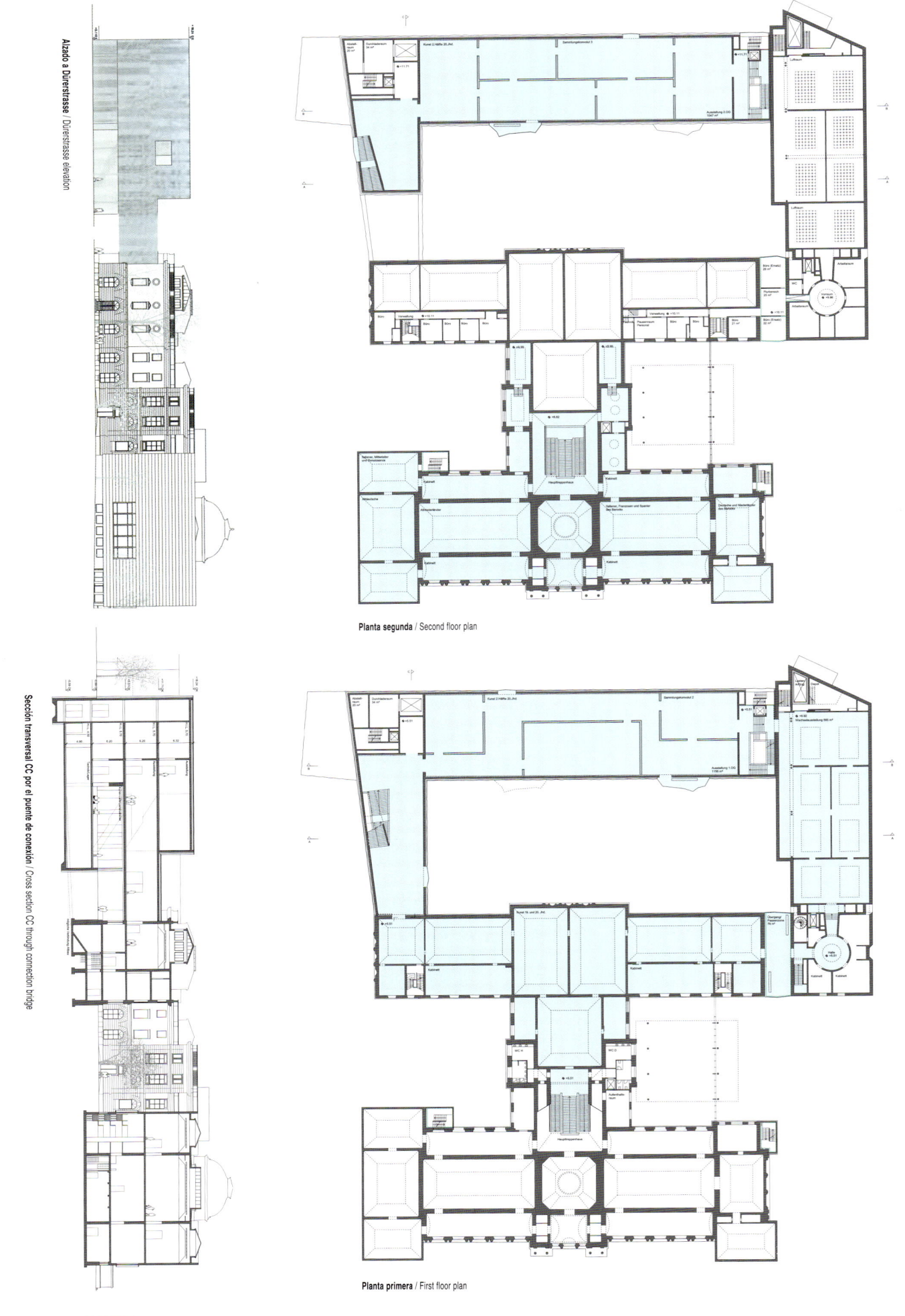

Alzado a Dürerstrasse / Dürerstrasse elevation

Sección transversal CC por el puente de conexión / Cross section CC through connection bridge

Planta segunda / Second floor plan

Planta primera / First floor plan

Alzado / Elevation

↑ **Sección horizontal por hueco** / Horizontal section through opening

Detalle fachada Norte / North façade detail → **Sección vertical** / Vertical section

---

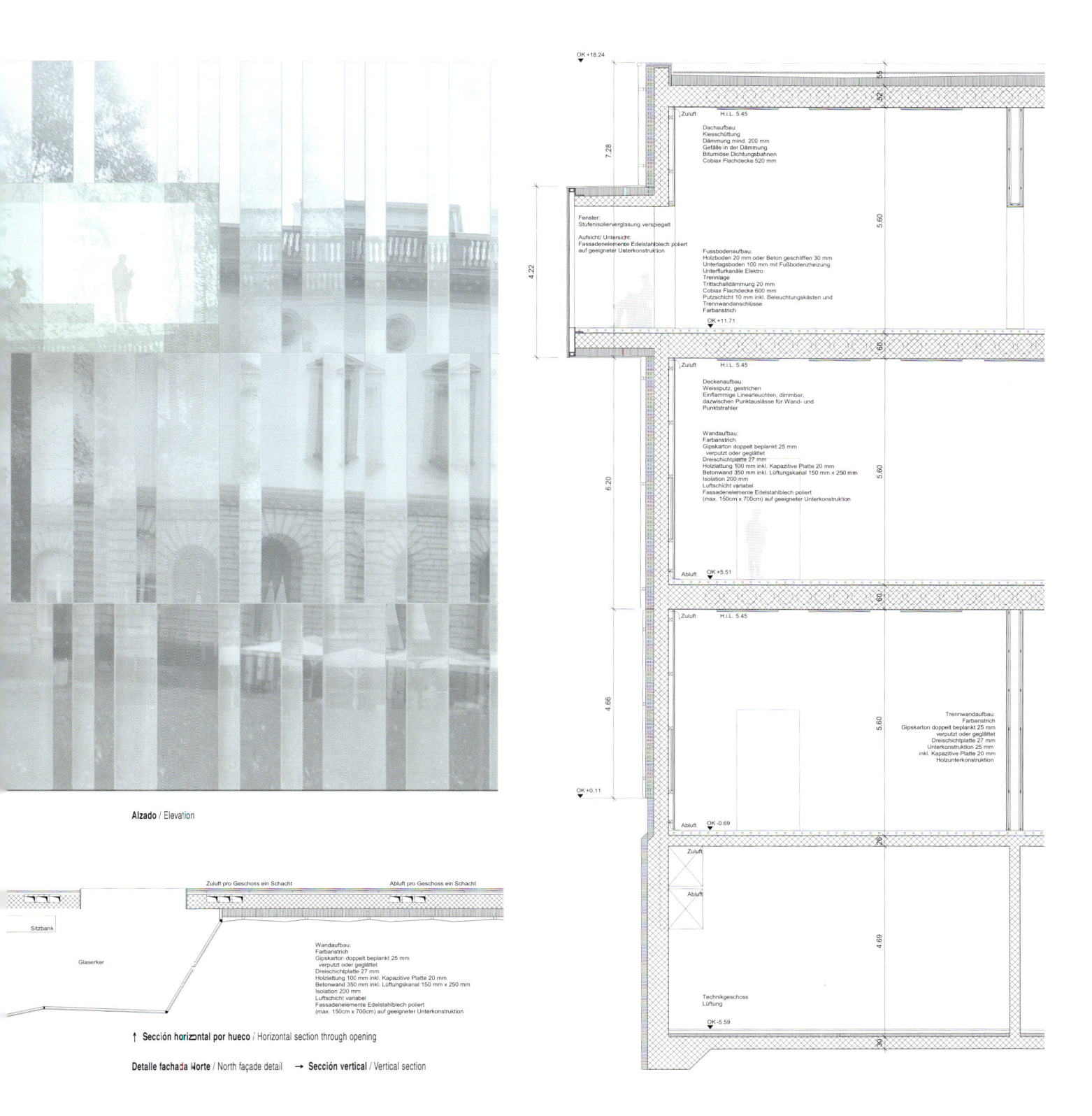

Todas las salas de exposición ubicadas en cada una de las tres plantas del cuerpo principal se han diseñado para poder usarse de varias maneras, especialmente para poder yuxtaponer piezas concretas de la colección del museo con grupos de otras en préstamo de colecciones privadas. Ello es posible gracias a que el espacio interior se dilata al no tener pilares a la vista, y a que se integran los conductos de ventilación en los muros exteriores. Además, la altura de los techos crea generosas combinaciones espaciales. La estructura del edificio de ampliación es de hormigón. El revestimiento de planchas de acero inoxidable rítmicamente plegadas protege las capas de aislamiento y reflejan el cielo, los edificios históricos y los innumerables árboles. El cuerpo principal captura la luz y juega con ella, haciéndose presente a través del reflejo multifacetado de los alrededores, generando al mismo tiempo un sentido de espacio y distancia respecto a los otros edificios del museo.

The exhibition rooms on the three floors in the main building corpus have been designed to be used in a variety of ways, especially with regard to the juxtaposition of individual pieces in the museum's collection with groups of works loaned from private collections. This is facilitated by spanning the interior spaces of the building without columns and integrating ventilation ducts in the exterior walls. In addition, a lofty ceiling height creates generously proportioned spatial combinations. The load-bearing structure of the extension building is of concrete. The façade cladding of rhythmically folded stainless steel sheeting protects the layers of insulation and mirrors the sky, the historic buildings and the trees countless times. The building corpus captures and plays with light, and establishes a presence through the multifaceted reflection of its surroundings while at the same time creating a sense of space and distance to existing museum buildings.

Emplazamiento. Planta baja / Location. Ground floor plan

AMPLIACIÓN DE LA KUNSTHAUS DE ZURICH
KUNSTHAUS EXTENSION, ZURICH

SUIZA CONCURSO
SWITZERLAND 2008 COMPETITION

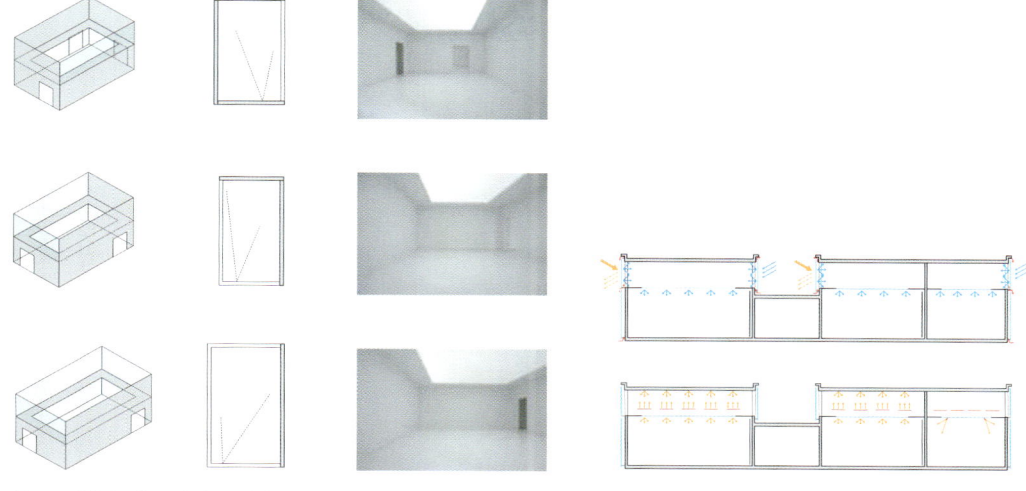

Diagramas de iluminación en salas de exposición / Exhibition spaces. Light diagrams

Junto con la Kunsthaus, la ampliación como su equivalente convierte la Heimplatz en un espacio urbano que vincula ambas construcciones a cada lado de la calle. La nueva construcción tiene una presencia análoga a la de los edificios institucionales de Rämistrasse. La disposición de las estructuras de cubierta, sin embargo, también remite a la pequeña escala de su entorno inmediato. Un voladizo y una sección articulada se enfrentan a la Heimplatz y crean un patio de acceso como gesto de bienvenida dirigido no sólo hacia el museo histórico situado enfrente, sino hacia toda la ciudad. El edificio de ampliación es urbano, macizo y sólido en apariencia. Los distintos tipos de vidrio que se usan en la fachada muestran que, a pesar de su apariencia 'pétrea', éste es un edificio 'luminoso', un museo cuyo objetivo es llevar la luz al interior y trabajar con ella.

Together with the Kunsthaus, the extension as its counterpart turns Heimplatz into an urban space which links the two buildings both sides of the street. Analogue to the institutional buildings on Rämistrasse the new museum extension also has a generous footprint. The arrangement of roof superstructures, however, also picks up the small scale of its immediate neighbours. A projection and a recessed section front Heimplatz and create a forecourt. A welcoming gesture is created that not only relates to the historical museum building opposite but also extends to the city itself. The new building is urban, sturdy and solid in appearance. The various types of glass used on the façade show that, despite its 'stony' mantle, this is a 'light' building— a museum whose task it is to transmit light into the interior, and to work with light.

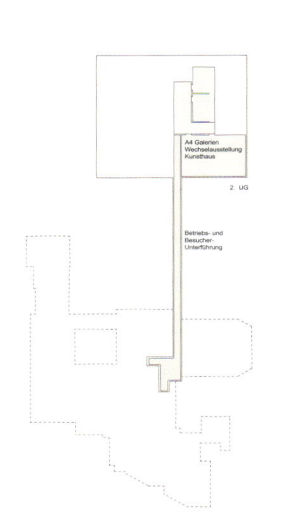

Comunicación subterránea entre los museos
Subterranean linking between the museums

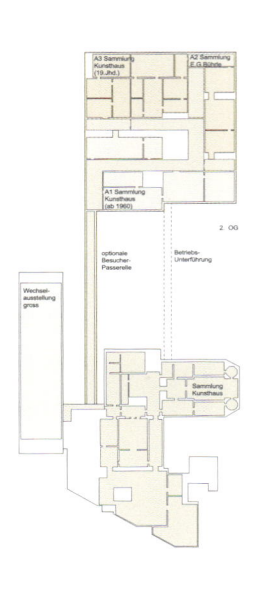

Posible pasarela de comunicación entre los museos
Optional future gangway between the museums

Una 'alfombra de piedra' continua con diferentes tipos de acabado se extiende desde la Kunsthaus hasta su ampliación. La Heimplatz se transforma en un espacio público generosamente proporcionado que pone en relación ambos edificios y se pone al servicio del museo. Las líneas de tranvía y los bordillos crean elementos de relieve; y la calle es como un dibujo sobre el suelo.

One continuous 'stone carpet' with different surfaces stretches from the existing Kunsthaus to the extension building. Heimplatz is transformed into a generously proportioned public space that links the two buildings while opening up this additonal area for the Kunsthaus to use. Tramlines and curbs create relief-like elements; road markings a form of ground painting.

En la planta baja del nuevo edificio, el hall central de entrada, las salas de actos y el vestíbulo de la tienda se han diseñado conforme a un sistema de 'plazas y calles', invitando a los visitantes a acceder al interior desde varios puntos. Esta secuencia de 'plazas y calles' se repite en el jardín, donde se crean unas 'islas artísticas' que destacan sobre el telón de fondo de los árboles existentes. El pavimento que cubre la totalidad de la Heimplatz se prolonga hacia el interior del museo en el suelo del vestíbulo y hacia el jardín mediante losas cuyas dimensiones y acabados son diferentes: liso, pulido y por partes alternas, así como de grava.

On the ground floor of the new building, the central entrance hall, the events rooms and shop foyer are designed to create a system of 'squares and paths', inviting visitors to access the building from various points. The sequence of 'squares and paths' is repeated in the garden where 'art islands' are formed against the backdrop of existing trees. Paving is laid over the whole of Heimplatz, is continued inside the museum building with the hall floor covering and in the form of slabs in the garden. Varying dimensions and surface finishes are used— smoothed, polished and in sections, as well as gravel.

Las 'plazas' y 'calles' tienen una función estructuradora en el interior del museo. De proporciones generosas, son espacios de conexión llenos de luz que orientan al visitante y abren ejes visuales: arriba y abajo, entre las plantas, y hacia fuera, hacia el jardín y la ciudad. Estos ámbitos de 'movimiento y luz' sirven también como remansos y como puntos informativos, además de para la 'puesta en escena', ya que no sólo son de estancia y tránsito, sino que se han diseñado como espacios para el arte. Las propias salas de exposición pueden incorporarse a este dispositivo para crear tanto rutas obligatorias como alternativas. Las salas iluminadas con luz natural y con vistas exteriores son el escenario para las distintas áreas de exposición y sirven también como pausas en el recorrido. Por su parte, las salas de exposición son más revervadas, clásicas en su concepción, rectangulares y con techos suspendidos de vidrio. Su tamaño y proporción varía, como también la madera usada para revestir los suelos y su colocación.

'Squares' and 'paths' have a structuring function inside the museum. These are generously proportioned, light-filled connecting spaces that orientate visitors and open up visual axes— up and down between the floors and out into the open, into the garden and the city. These high interim spaces for 'movement and light' are used for information and relaxation purposes, as well as for 'setting the scene'. They are both areas visitors pass through as well as spaces for art. The exhibition rooms themselves can be linked to form both associative as well as mandatory routes. The lit naturally rooms with their views to the outside set the scene between different exhibition sections as well as serving as areas for relaxation while touring the building. The exhibition rooms are more reserved—classical, rectangular rooms with suspended light ceilings of glass. Their size and proportions vary as well as the wood used for the parquet floors and the way they have been laid.

Alzado Noroeste / Northwest elevation

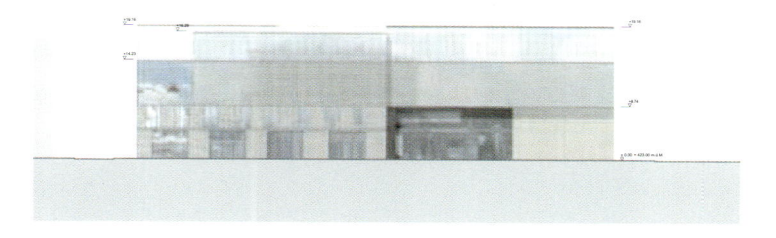

Alzado Suroeste / Southwest elevation

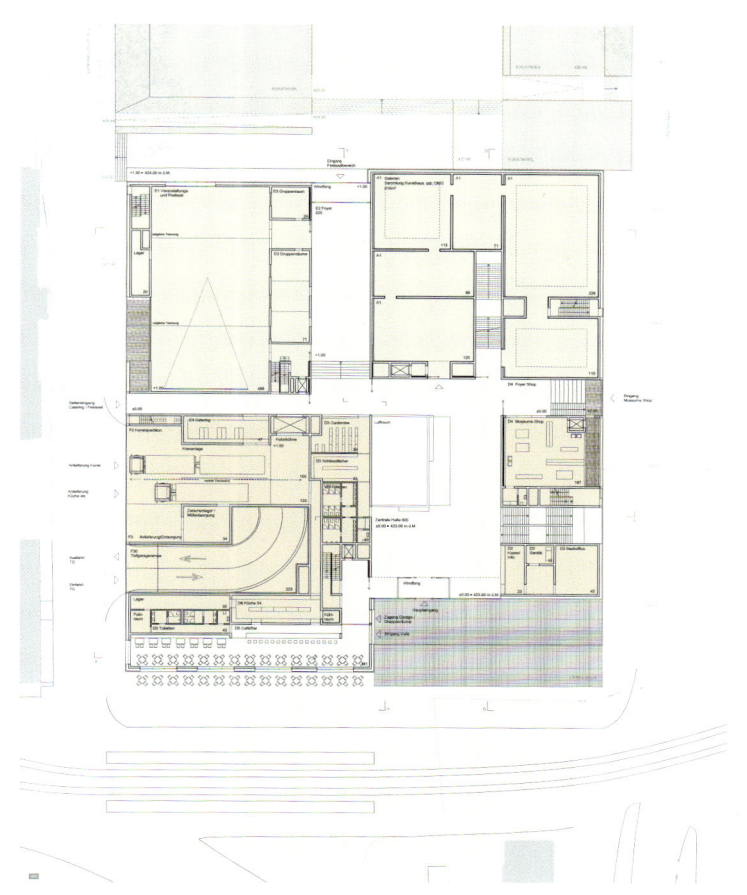

Planta baja / Ground floor plan

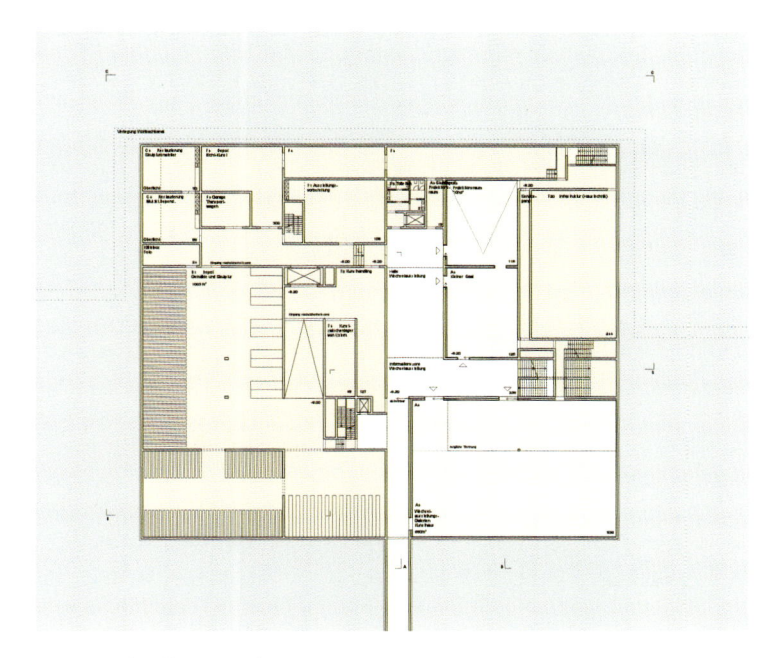

Planta segundo sótano / Second basement floor plan

Sección transversal AA / Sección transversal AA

Se han incorporado varias soluciones de iluminación que permiten no sólo regular la luz natural en las salas de exposición, sino obtener un ambiente lleno de vida. La luz diurna penetra en las salas de exposiciones a través de lucernarios que permiten captarla en sus matices más variados; dependiendo del momento del día y de la estación del año, el clima y la dirección, la luz adquiere unos delicados tintes amarillos, azules o naranjas. Así, el edificio tiene una 'luminosidad propia'; por ejemplo, en las inauguraciones que tienen lugar a la caída de la tarde, mientras el interior está brillantemente iluminado, una pequeña cantidad de luz penetra por las bandas casi completamente cerradas que ciegan los lucernarios de los espacios superiores.

Various lighting solutions make it possible not only to regulate natural light in the exhibition rooms but to create a lively atmosphere. Natural light enters the exhibition rooms from the side of overhead light superstructures in order to capture different shades of light: depending on the time of day and year, the weather and the direction, the light has a delicate yellow, blueish or orange tint. The building's own 'luminosity' comes into its own, for example, when vernissages are held in the evening: while the interior is brightly lit, a small amount of light penetrates the almost completely closed strip blinds in the overhead light spaces.

La estructura es de hormigón en su mayor parte. El acero se ha usado en los lucernarios, donde se han insertado vigas más estrechas y se ha reducido la carga para obstruir lo menos posible la entrada de luz natural. La fachada se ha diseñado como un muro translúcido y ligero. Está hecha de vidrio y piedra, con ventanas y piezas diversas de pavés, y con partes de hormigón en las que se insertan fragmentos de pavés; la imagen resultante ofrece distintos grados de translucencia y transparencia, dependiendo de los requerimientos:

The supporting structure is made largely of concrete. Steel has been used, however, in the overhead light spaces where narrower beams have been inserted and the load reduced so as to obstruct the ingress of light as little as possible. The façade has been designed as a translucent and 'light bearing' wall. It is made of glass and stone— of windows and diverse glass brick elements and concrete sections with glass bricks, the 'grain' of which results in varying degress of translucence and transparency depending on requirements:

El acristalamiento en las fachadas ventiladas de los espacios iluminados cenitalmente y sus bandas de oscurecimiento ajustables está formado por piezas de pavés de gran formato y de alta translucencia. A nivel de suelo se ha utilizado como revestimiento para los muros ventilados piezas de hormigón de color beis/gris que contienen arena de sílice y están puntuadas por pequeñas piezas de vidrio. Esta suerte de 'mirillas' dejan parcialmente visible la estructura de muros del edificio. Los huecos laterales ventilados ocupan todo el paramento. Paneles solares de vidrio situados en la parte superior de los lucernarios proporcionan la más avanzada forma de energía que puede obtenerse de la luz. El vidrio se emplea de varias maneras: con superficie mate, estructurada o reflectante, en piezas de pavés, en paneles o elementos solares, granulado o con efecto puntillista. El material translúcido —el vidrio— proporciona al edificio su carácter singular y lo señala como museo, un tipo de construcción cuya primera función es facilitar la apreciación de las obras de arte bajo unas condiciones de luz óptimas. Los lucernarios tienen una altura diferente en función de la profundidad de las salas de exposición y el número de porciones translúcidas de los muros en los espacios superiores iluminados. Esta ley física cristaliza en un seductor paisaje de cubierta en relieve.

Glazing along the sides of the overhead light spaces and their precisely adjustable strip blinds is in the form of large dimensioned, highly translucent, rear ventilated, etched glass brick elements. At floor level additional, rear ventilated wall cladding has been used made of light beige/grey concrete elements with mortar containing siliceous sand, interspersed with small glass bricks. These blurred 'peepholes' partially render the building's wall structure visible. The side and panorama windows are rear ventilated box windows. Glass solar panels on top of the overhead light superstructures provide the technically most advanced form of energy to be gained from light. Glass is used in various forms: with matte, structured or reflecting surfaces, as 'bricks', panes, or solar elements, grainy or pointillistic. The translucent material —glass— lends the building its distinctive character and signals that this is a museum, a building type whose primary function is to enable the visual appreciation of works of art under optimum lighting conditions. The overhead light superstructures are of different height depending on the depth of the exhibition rooms and the number of translucent light wall sections in the overhead light spaces. This law of physics results in an inviting, relief-like roof landscape.

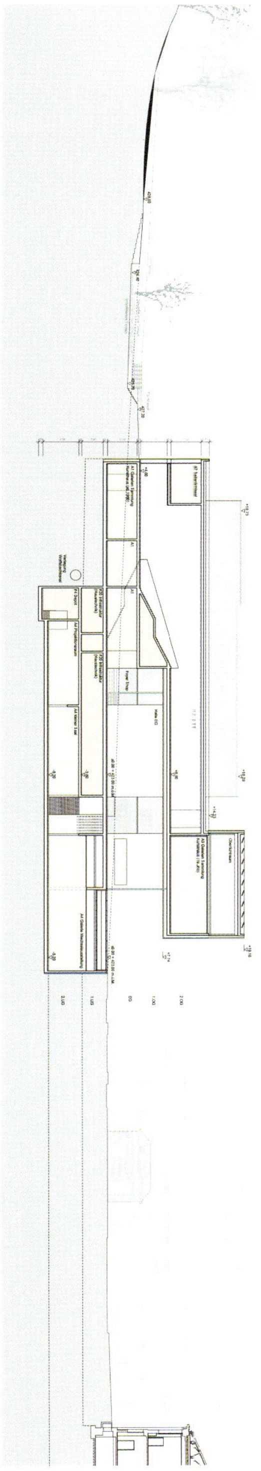

Sección transversal DD / Cross section DD

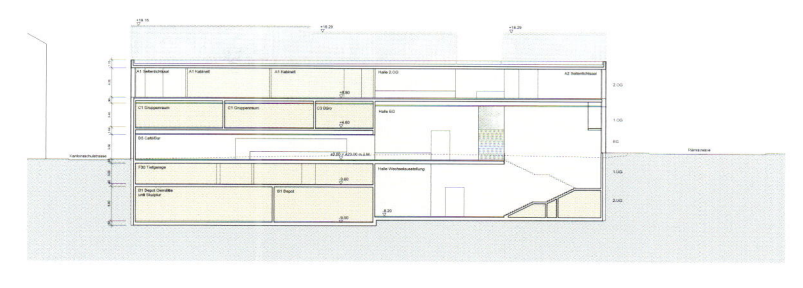

Sección transversal BB / Cross section BB

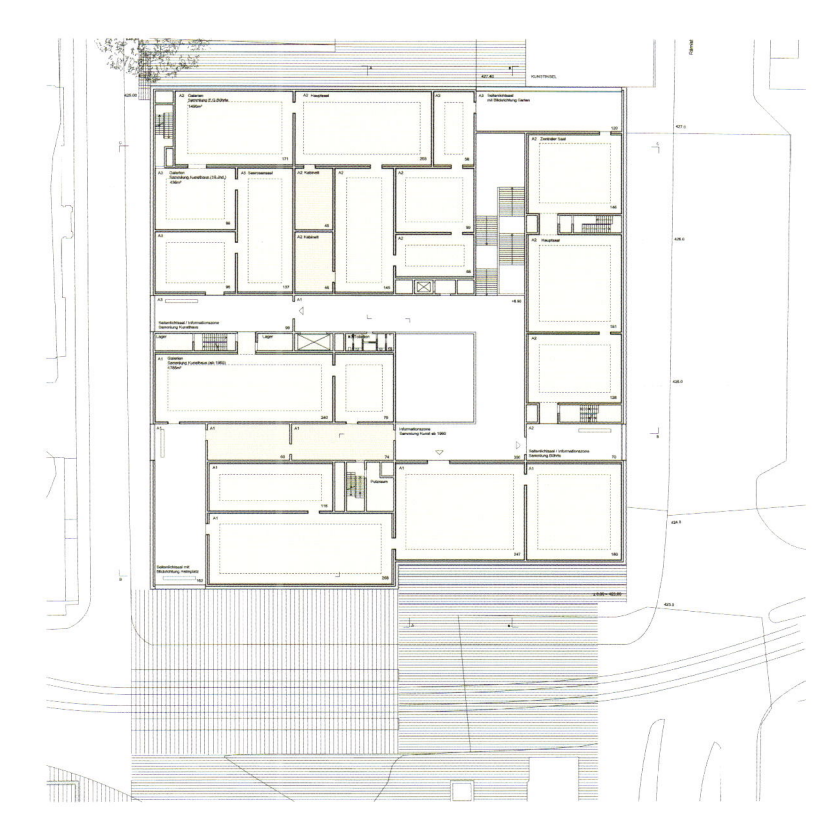

Planta segunda / Second floor plan

Planta primera / First floor plan

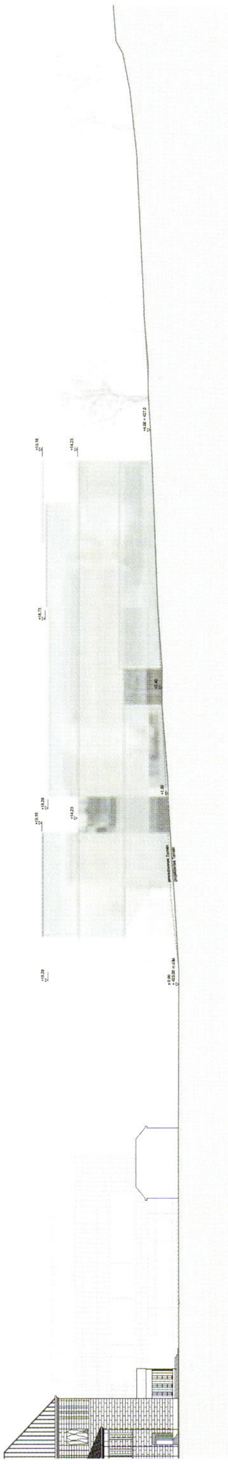

Alzado Sureste / Southeast elevation

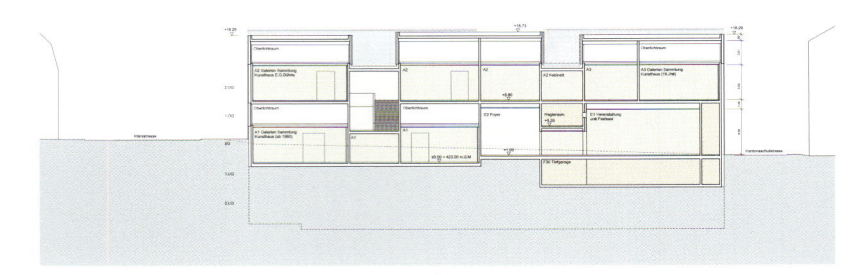

Sección transversal CC / Cross section CC

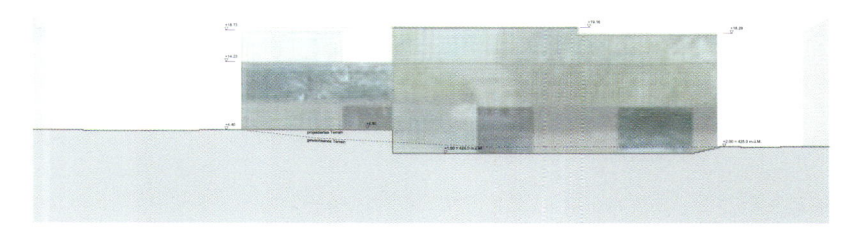

Alzado Nordeste / Northeast elevation

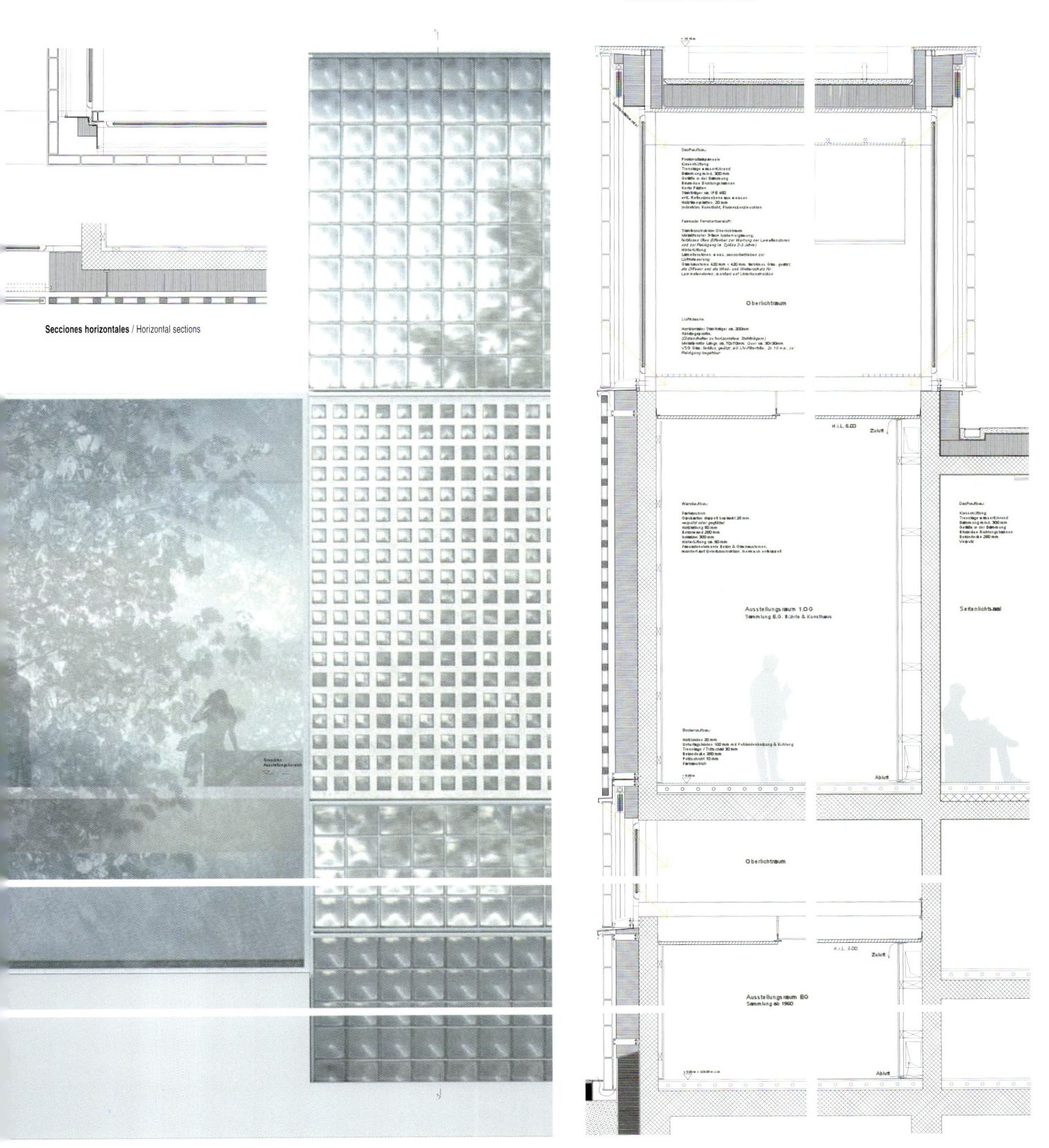

Secciones horizontales / Horizontal sections

Detalle de fachada. Alzado / Façade detail. Elevation

Sección vertical / Vertical section

197

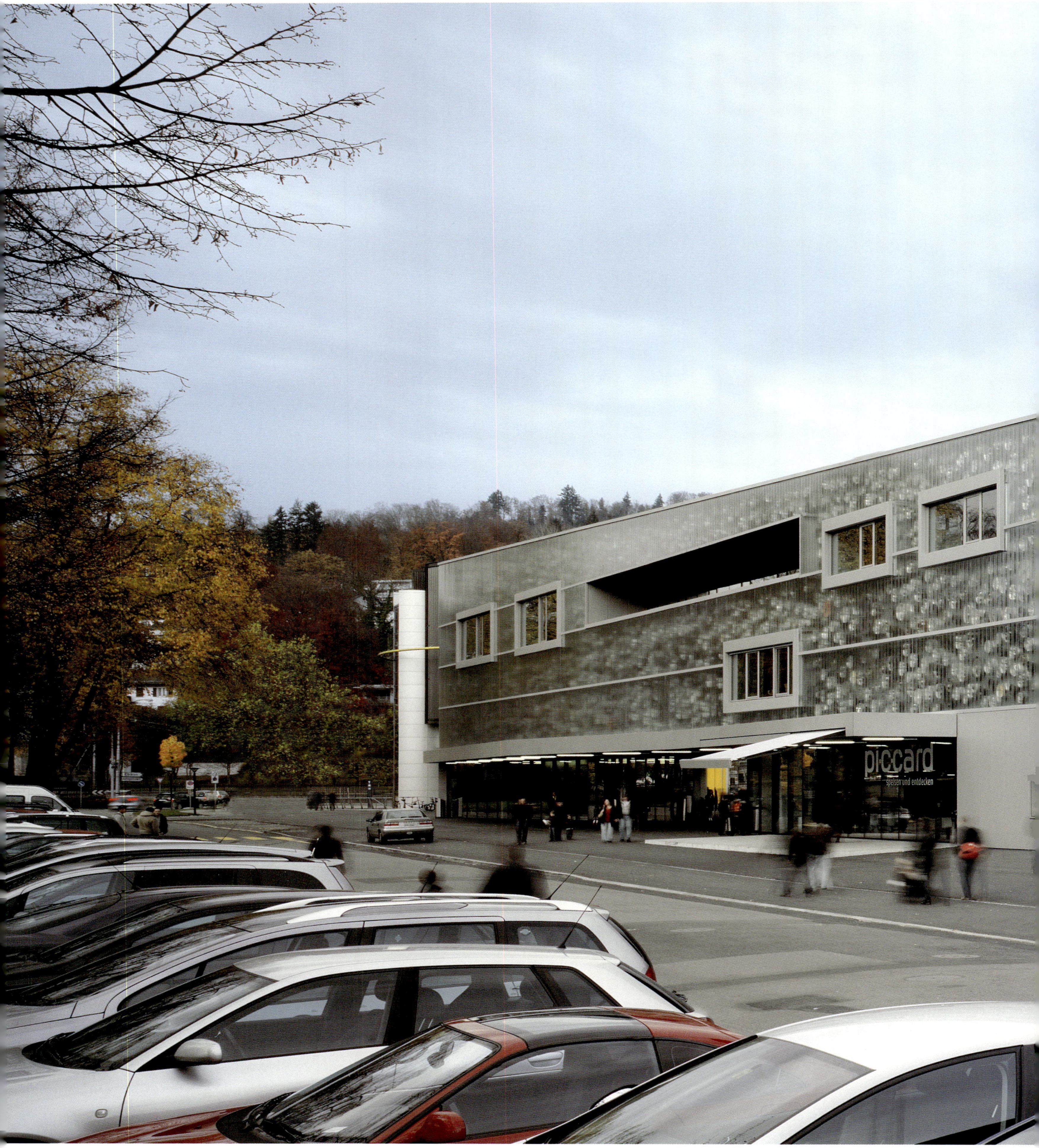
piccard
speisen und entdecken

Museo Suizo del Transporte
Swiss Museum of Transport

SUIZA
LUCERNE, SWITZERLAND 1999/2005 2009

CONCURSO PRIMER PREMIO
COMPETITION FIRST PRIZE

Este proyecto tiene su origen en un concurso de 1999. Entonces se presentó una propuesta urbana para renovar gradualmente el conjunto del museo —formado por varios edificios dedicados a los distintos sistemas de transporte— y construir un nuevo volumen dedicado al Transporte por Carretera.

The current project is based on the 1999 competition. At that point the brief represented an urban design vision for the gradual renovation of the museum complex with its various buildings exhibiting the different means of transport, as well as a new building for the Road Transport Hall.

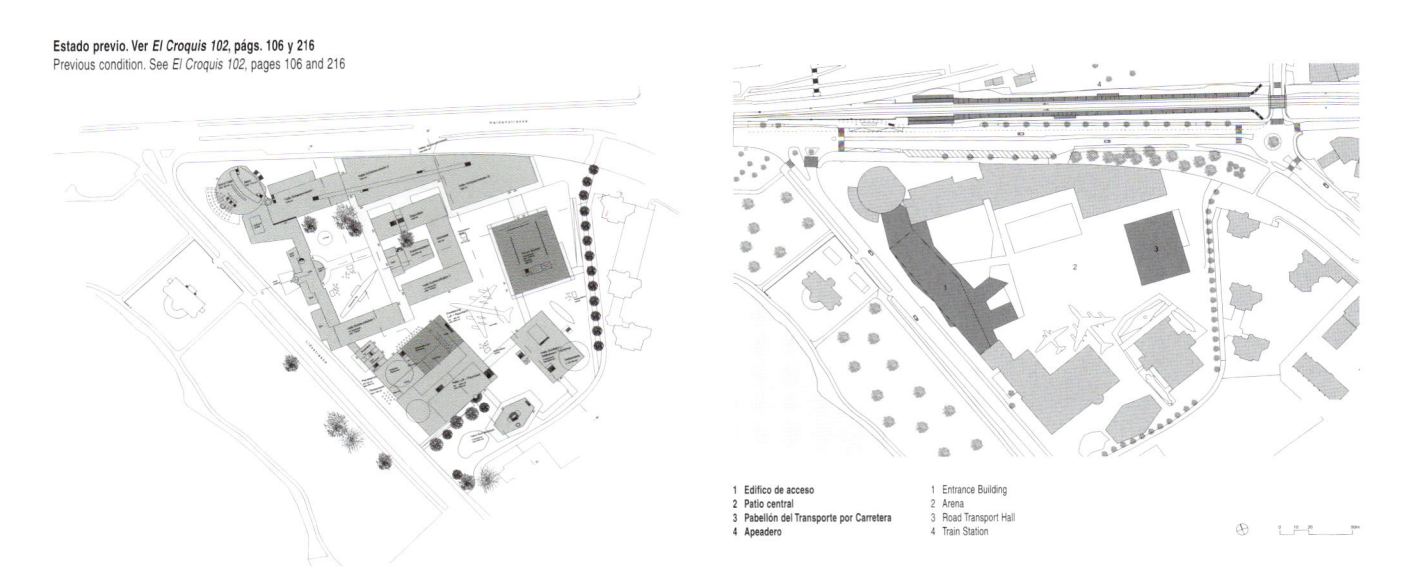

Estado previo. Ver *El Croquis 102*, págs. 106 y 216
Previous condition. See *El Croquis 102*, pages 106 and 216

1	Edifico de acceso	1	Entrance Building
2	Patio central	2	Arena
3	Pabellón del Transporte por Carretera	3	Road Transport Hall
4	Apeadero	4	Train Station

A principios de 2005 se retomó el proyecto. En la primera fase de construcción debía incluirse también un nuevo edificio de entrada (el Futurcom) además del destinado al Transporte por Carretera. Nuestra estrategia urbana de diseño propone un patio central abierto (la Arena), que en la nueva configuración debería dejarse sin desarrollar y crear espacio para exposiciones temporales.

At the beginning of 2005 the project was resumed. In the first construction phase a new entrance building (Futurcom) was also to be provided in addition to the replacement building for the Road Transport Hall. This urban design strategy enables the generation of a central open courtyard (Arena), which in the new scheme should remain undeveloped and creates space for temporary, themed exhibitions.

El nuevo edificio de entrada crea un puente entre los edificios existentes en Lidostrasse (el IMAX, el destinado al Transporte por Ferrocarril y el edificio en altura). En la planta baja se sitúan la taquilla, la tienda y dos restaurantes: uno ofrece servicio de mesas y se abre al lago, y otro es un self-service que se despliega como los dedos de una mano sobre la Arena. En la primera planta se acomodan zonas de exposición, la nueva entrada al Planetario y zonas de servicio.
En la segunda planta, una zona de conferencias con un auditorio para 500 personas y tres salas más pequeñas de reunión.

The new entrance building forms a bridge-like link between the existing buildings on Lidostrasse (the IMAX, the Rail Transport Hall and the high-rise building). It contains on the ground floor the ticket office, shop area and both restaurants— one offers table service and opens towards the lake, the other is conceived as a self-service restaurant that stretches out like fingers into the arena. On the first floor are accommodated the exhibition areas, the new entrance to the Planetarium and also the services area. On the second floor is the conference area with a conference hall that seats 500 guests and three smaller meeting rooms.

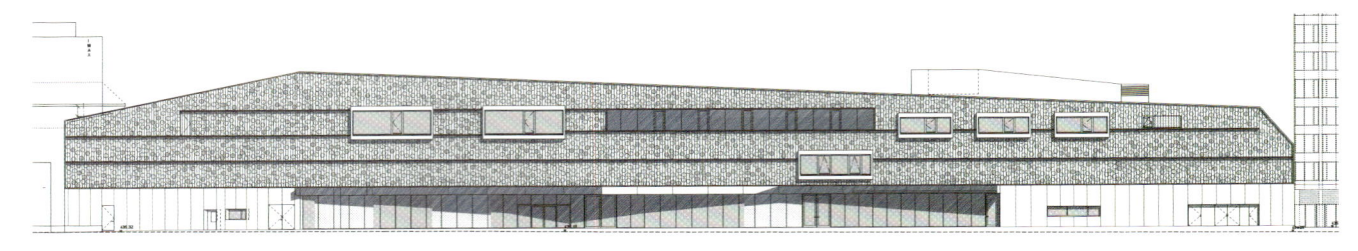

Alzado Oeste / West Elevation

Las fachadas forman casi 'vitrinas' transparentes para toda suerte de ruedas, hélices, llantas, turbinas, piñones, volantes, etcétera.
The façades form roughly transparent 'vitrines' for all kinds of wheels, propellers, wheel rims, turbines, cogs, steering wheels, etc.
El abigarrado conjunto de piezas mecánicas se suspende entre el aislamiento del edificio y los paneles de fachada, constituyendo una brillante y en ciertas partes girato-
The mechanical parts hang densely in front of the building insulation and are behind the façade panes, forming a shimmering, shiny and in parts revolving façade
ria fachada 'interior'. Esta miscelánea u *omnium-gatherum* de los distintos tipos de ruedas constituye un homenaje al elemento básico del movimiento mecánico.
'undergarment'. The *omnium-gatherum* of the various manifestations of the wheel pays homage to this basic element of mechanical movement.

Sección longitudinal / Longitudinal section

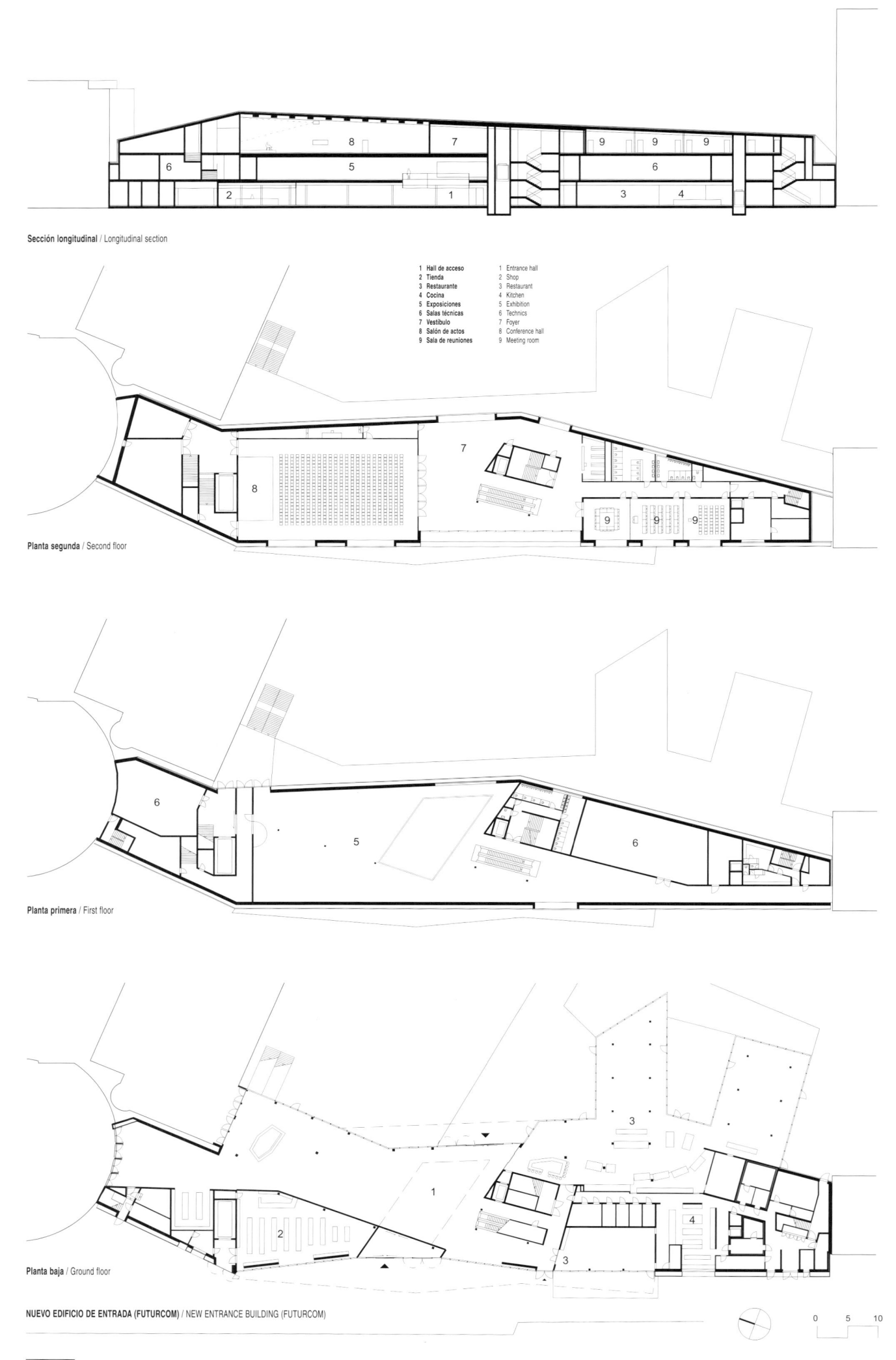

1 Hall de acceso	1 Entrance hall
2 Tienda	2 Shop
3 Restaurante	3 Restaurant
4 Cocina	4 Kitchen
5 Exposiciones	5 Exhibition
6 Salas técnicas	6 Technics
7 Vestíbulo	7 Foyer
8 Salón de actos	8 Conference hall
9 Sala de reuniones	9 Meeting room

Planta segunda / Second floor

Planta primera / First floor

Planta baja / Ground floor

NUEVO EDIFICIO DE ENTRADA (FUTURCOM) / NEW ENTRANCE BUILDING (FUTURCOM)

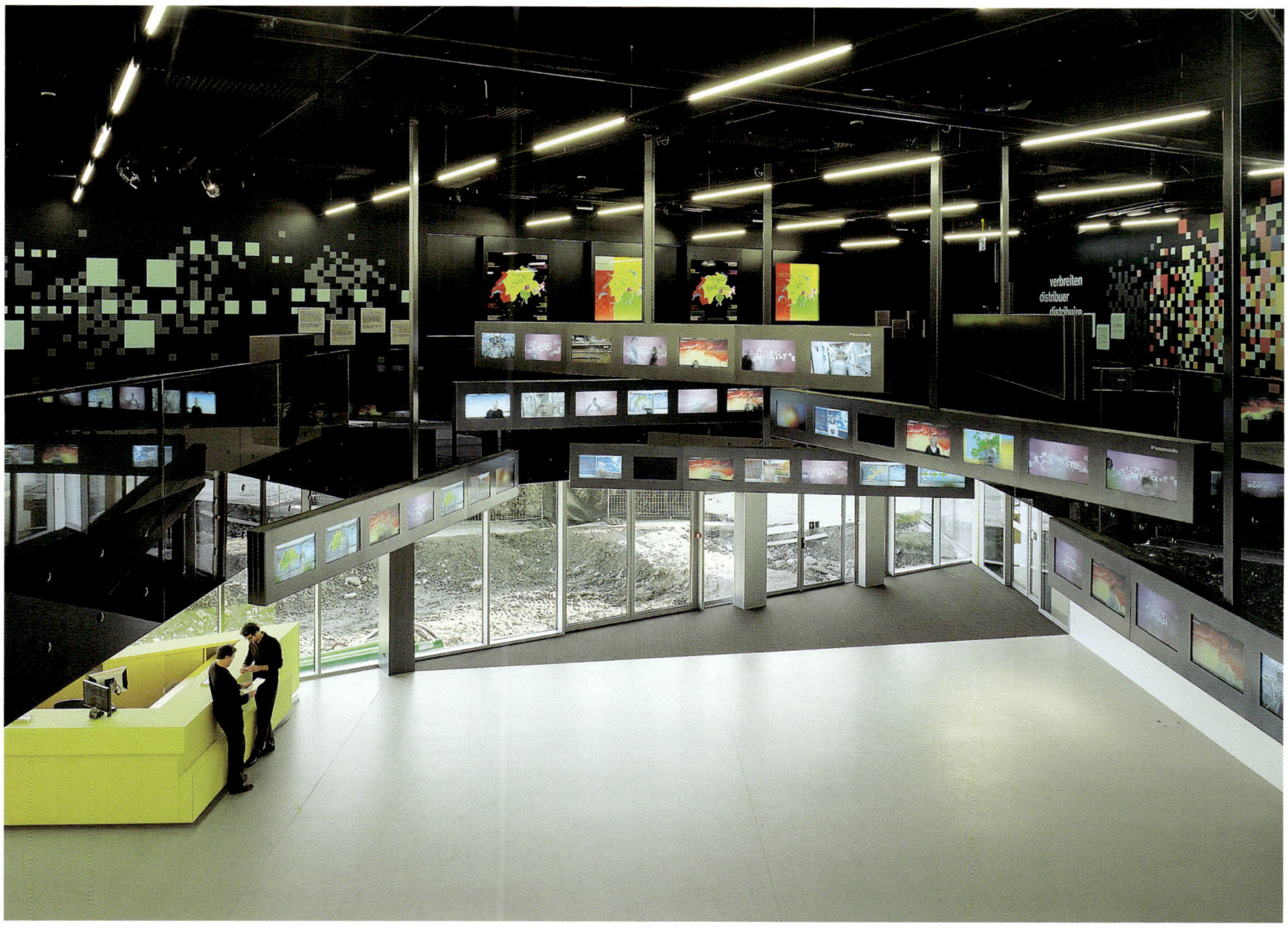
verbreiten
distribuer

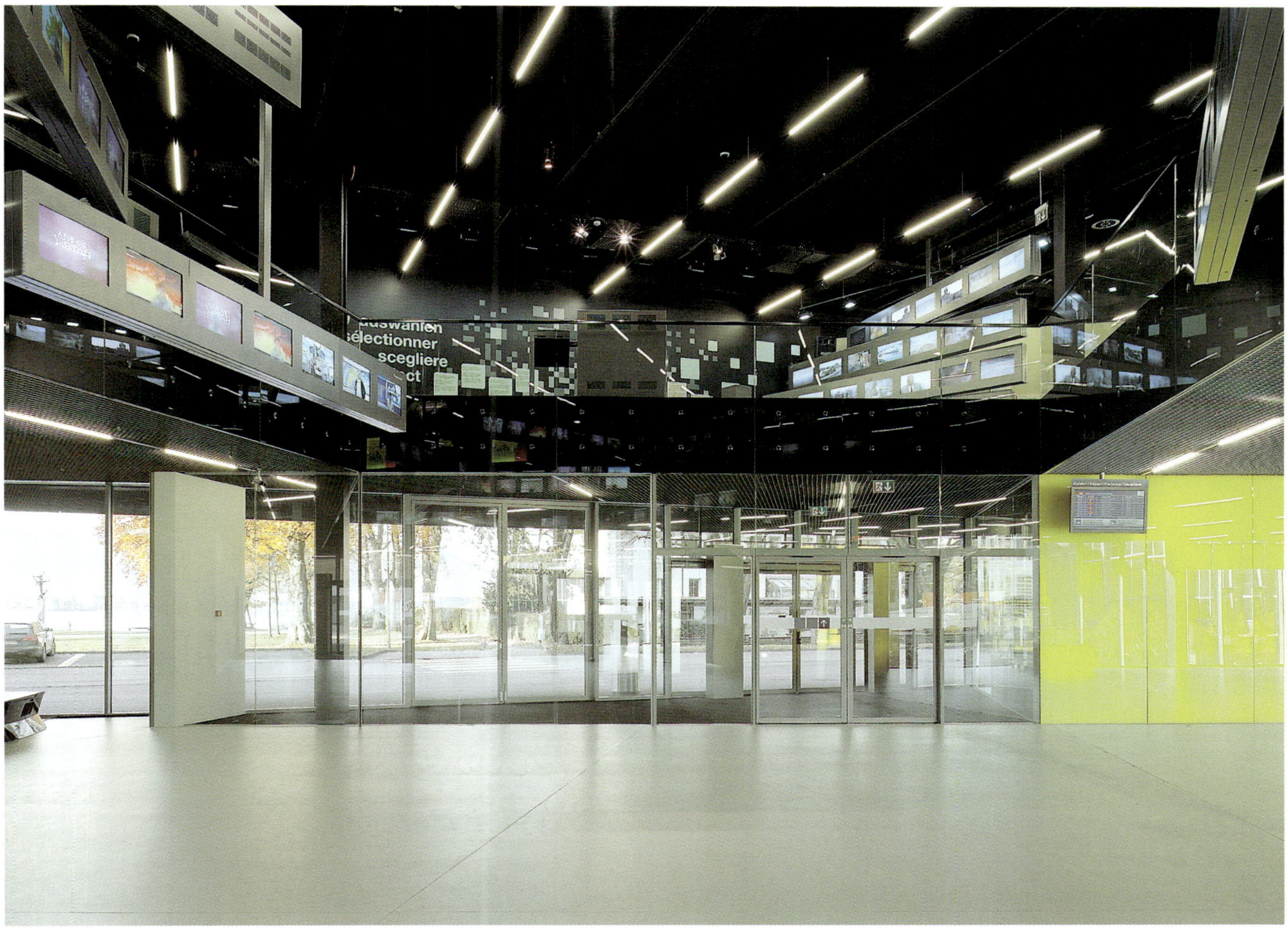
sélectionner
scegliere

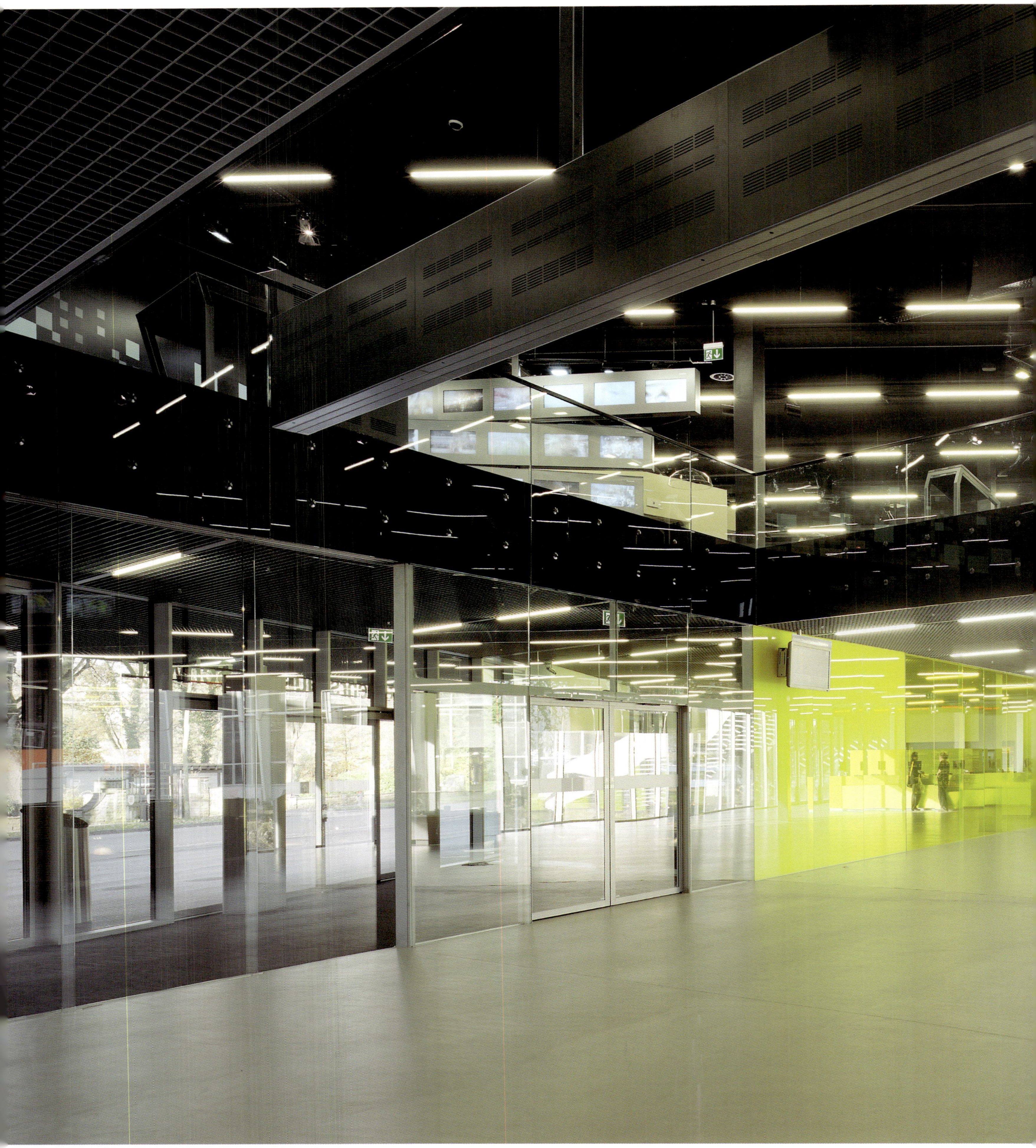

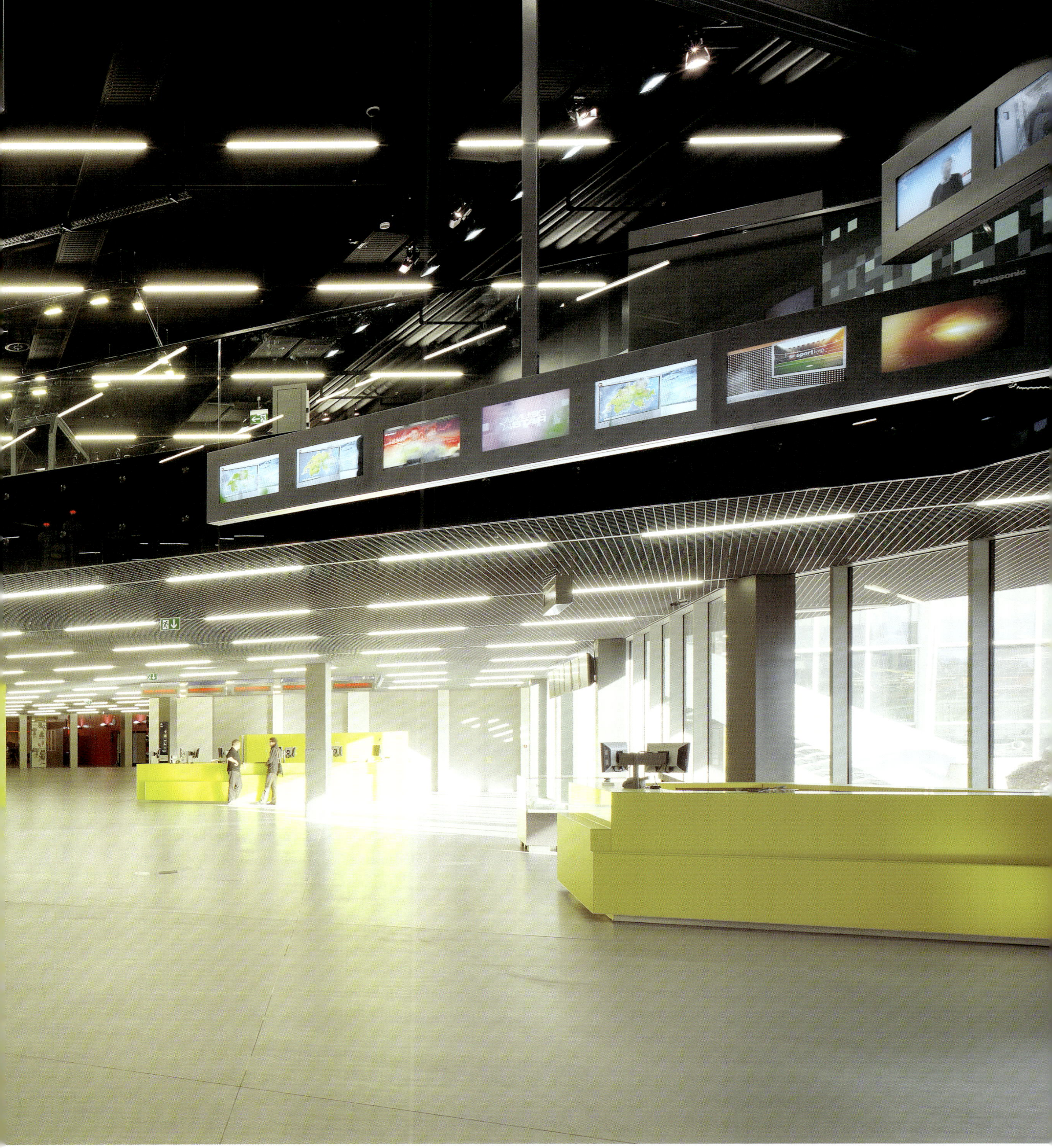
Panasonic

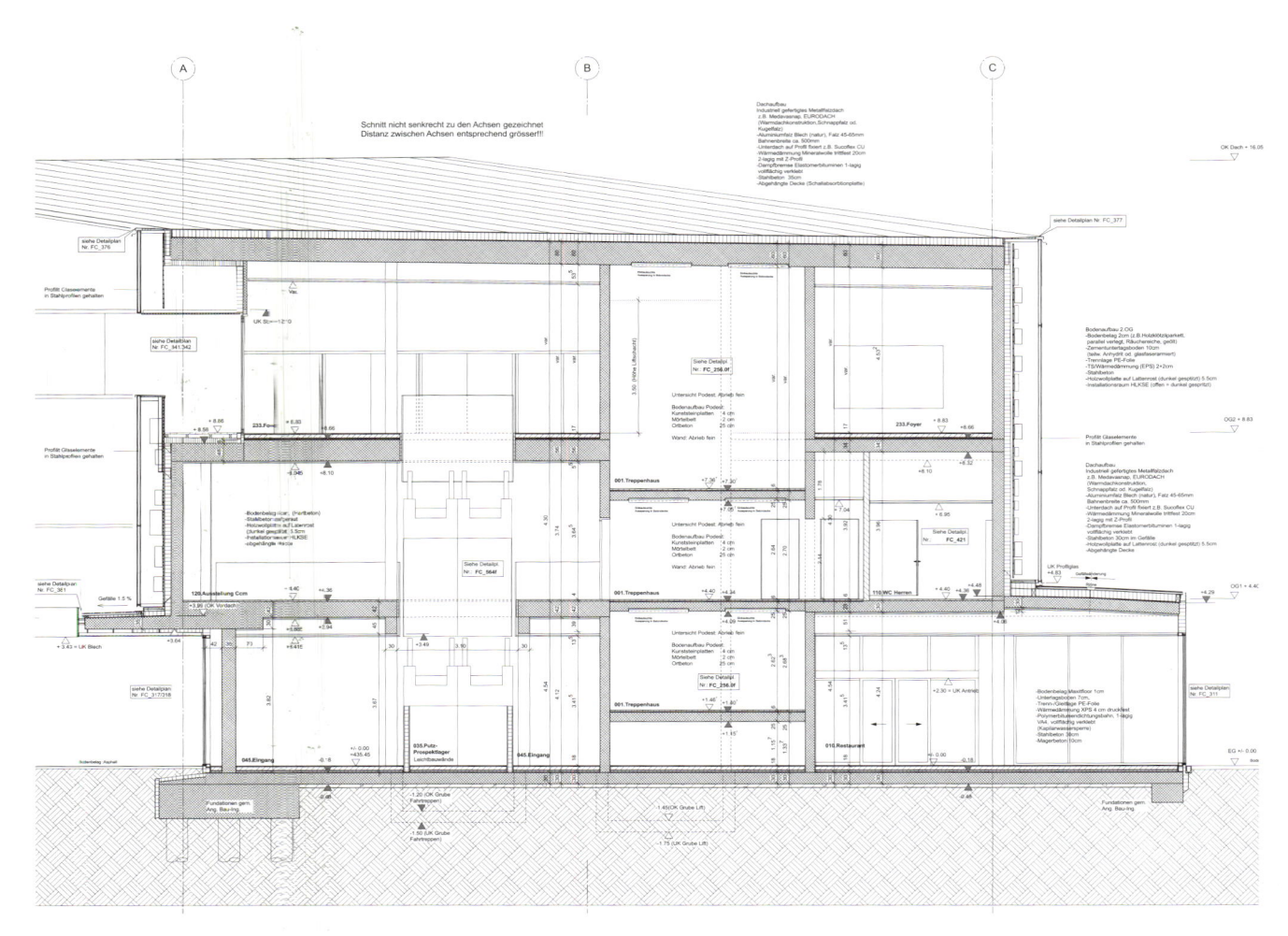

Sección transversal por vestíbulo en planta segunda / Cross section through second floor foyer

Dos vistas del restaurante auto-servicio / Two views of the self-service restaurant

Alzado / Elevation

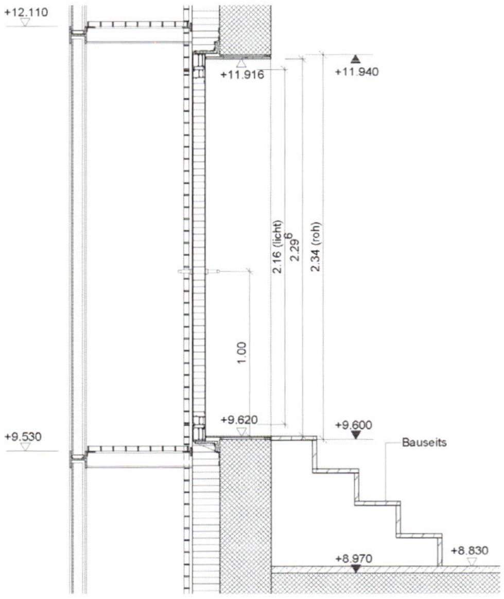

Sección vertical / Vertical section

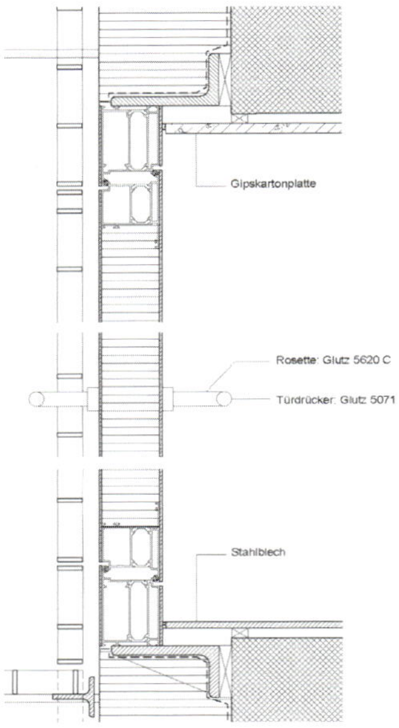

Detalle de sección vertical / Vertical section detail

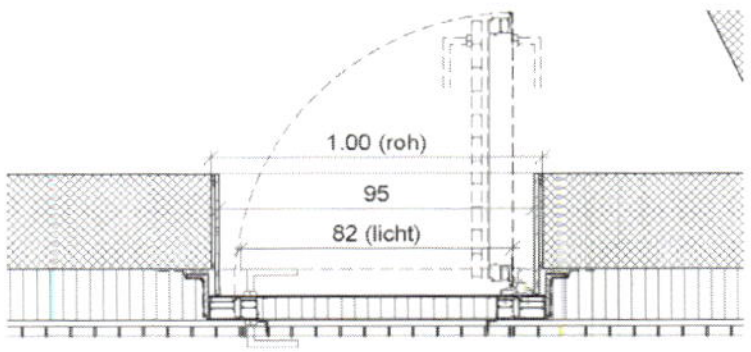

Sección horizontal / Horizontal section

Detalle de puerta de registro en fachada
Detail of door on façade

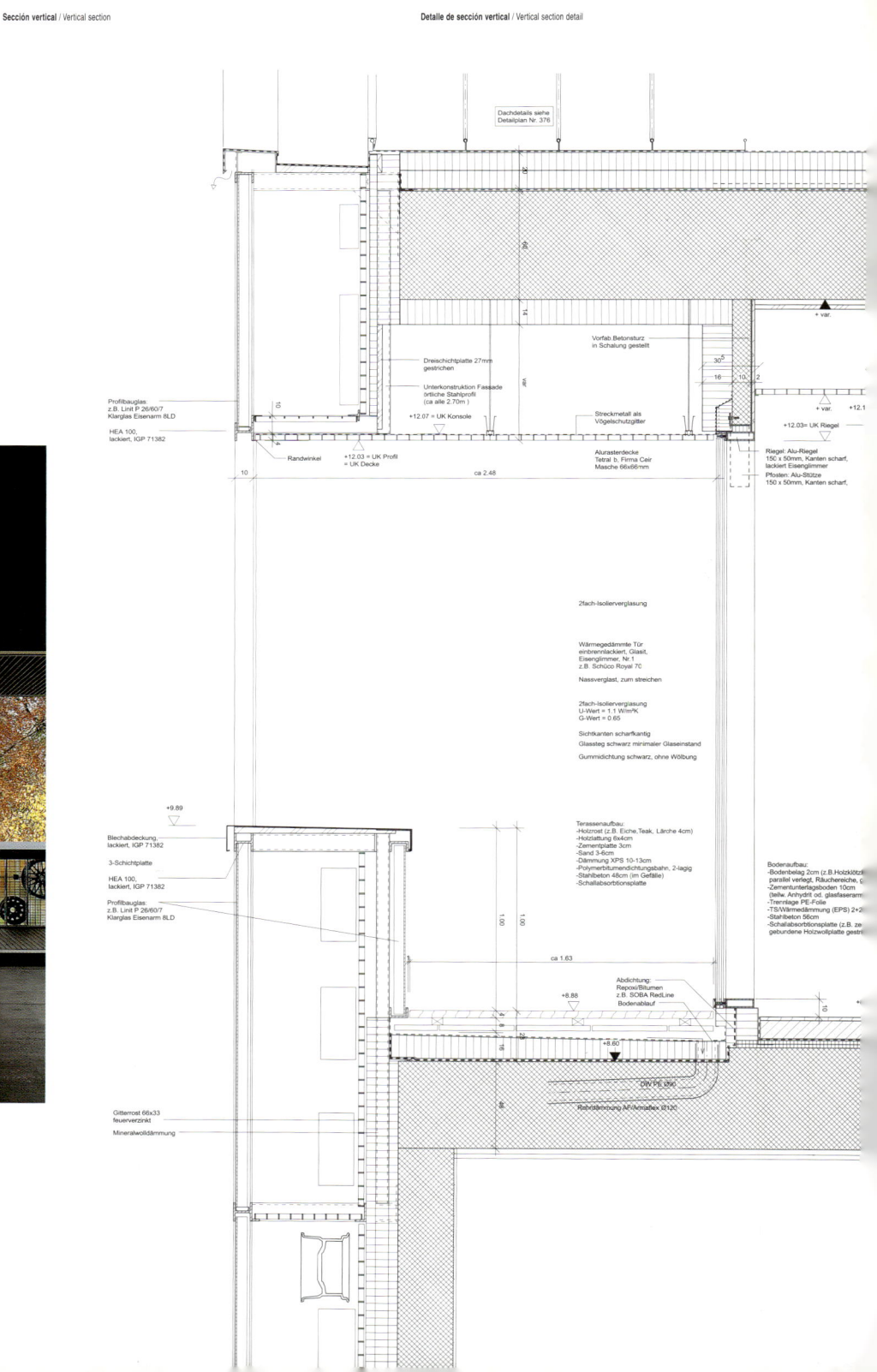

Detalle de sección por fachada. Balcón foyer planta segunda
Wall section detail. Balcony on second floor foyer

210

aus der Schweiz

EDIFICIO DEL TRANSPORTE POR CARRETERA
ROAD TRANSPORT HALL

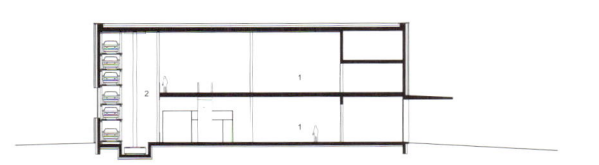

Sección transversal / Cross section

El concepto del edificio destinado al Transporte por Carretera difiere considerablemente del que se
The concept for the new Road Transport Hall differs considerably from the first design during
presentó al concurso en 1999. Lo que originalmente era un volumen de tres alturas con muros de
the 1999 competition. Where originally a three-storey building was conceived with concrete
hormigón reforzado, una fachada portante acristalada y rampas-puente en el exterior, se ha trans-
shear walls, a load-bearing, glazed façade construction and bridge-like ramps on the exterior,
formado en un edificio de dos plantas como una caja negra, más flexible y sobre todo más econó-
the new building should be two-storied, like a black box, more flexible and in particular more
mico. Podría parecerse a esos edificios que a escala nacional se diseñan para almacenar o alber-
economical. It should be a structure that is reminiscent of those buildings countrywide that are
gar coches, es decir, a los aparcamientos en altura.
designed for the storage and housing of cars, i.e. multi-storey car parks. Instead of negotiating
En lugar de conectar las distintas plantas mediante rampas, se usa un sistema de aparcamiento auto-
the floors via ramps, an automated parking system is employed; a shelf-like structure operated
matizado; una especie de anaquel que funciona mediante un ascensor mecánico exhibe la colección
by a mechanical lift displays the collection of classic cars (or even new models) densely posi-
de coches clásicos (e incluso nuevos modelos), colocados unos sobre otros y fuera del alcance de
tioned one above the other and out of reach. At the touch of a button visitors can bring one of
los visitantes. Al accionar un botón el público puede acercar los coches para contemplarlos de cerca.
the cars closer to them and look at it up close. The connection to the open areas on the ground
La conexión con las zonas abiertas de las plantas baja y primera permite la organización de exposi-
and first floors enables the possibility of running different themed exhibitions parallel to this. A
ciones temáticas paralelas. Un taller sirve para mostrar cómo se reparan y mantienen los vehículos.
workshop shows the visitors how the vehicles are maintained and repaired.
El revestimiento de fachada del principal volumen cerrado es de paneles metálicos en diferentes
The facade cladding of the mainly closed building volume is composed of sheet metal in differ-
formatos y colores. Sin embargo, no se emplearán revestimientos estándar ni carrocerías u otros
ing formats and colours. However, standard facade sheeting will not be employed, nor metal
elementos procedentes del desguace de coches (como se consideró durante el proyecto básico),
from car bodies (as envisaged during the preliminary project), but rather they will be clad from
sino más bien el tipo de paneles que se emplean en las señales de tráfico, ya sean informativas o
the sheet metal boards that direct traffic – we are referring to traffic signboards: destination and
normativas. Los muros de señales, que delimitan espacialmente el edificio destinado al tráfico
orientation boards, instruction signs, mandatory signs, prohibition signs, placename signs. The
rodado, se refieren indirectamente a la gran flexibilidad del transporte privado, que se dirige y
signboard walls, which spatially delimit the Road Transport Hall, indirectly refer to the great lat-
regula con la ayuda de estas señales.
itude of private transport, which is directed and regulated with the help of such boards. The
El código de signos también alude a las innumerables localidades vinculadas entre sí por la red de
signs also refer to numerous localities that are connected via different road networks. Amongst
carreteras. Entre ellas podrían estar las localidades de origen de los visitantes, que llegan al Museo
them might be the home towns and cities of the visitors, who arrived at the Swiss Museum of
Suizo del Trasporte a través de distintas rutas y con diferentes medios de transporte, pudiendo des-
Transport via diverse traffic routes and with different means of transport and here can discover
cubrir aquí más cosas acerca de la movilidad.
more about (their) mobility. On the rear facade, towards the neighbouring buildings, the signs
En la fachada trasera, hacia los edificios vecinos, las señales se montan al revés, de forma que
are reverse mounted, meaning that the printed side faces into the building while the untreated,
hacia el exterior exhiben sus reversos metálicos sin tratar. De este modo los vecinos ven esos pane-
metal side faces outwards. Thus the neighbours see these boards just as road users would
les como los usuarios de las carreteras ven las señales de tráfico del lado contrario.
see those signs meant for the oncoming traffic— from the rear side.

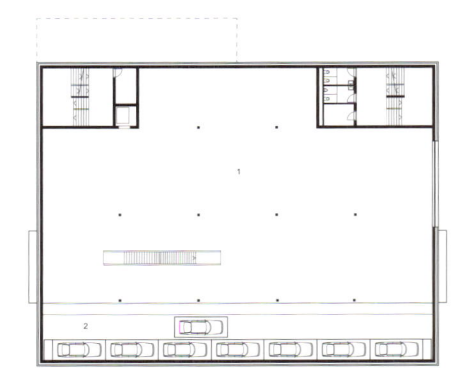

Planta primera / First floor

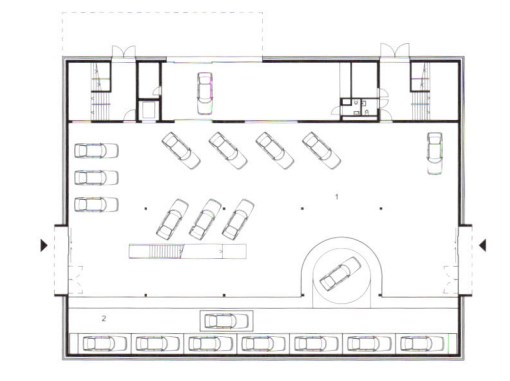

Planta baja / Ground floor

1 Exposiciones
2 Aparcamiento automatizado
1 Exhibition
2 High-rack parking robot

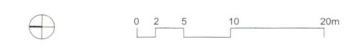

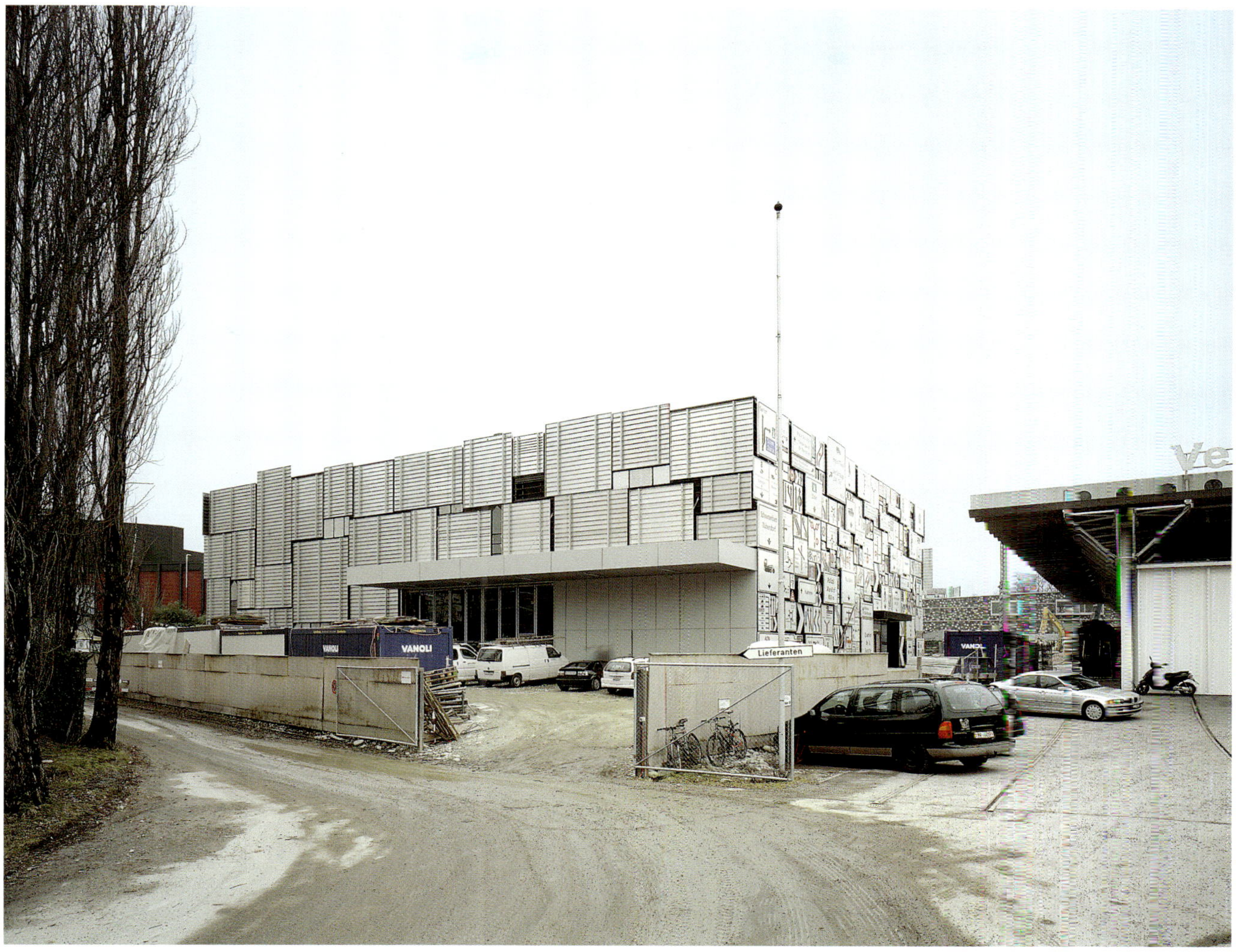
VANOLI
Lieferanten

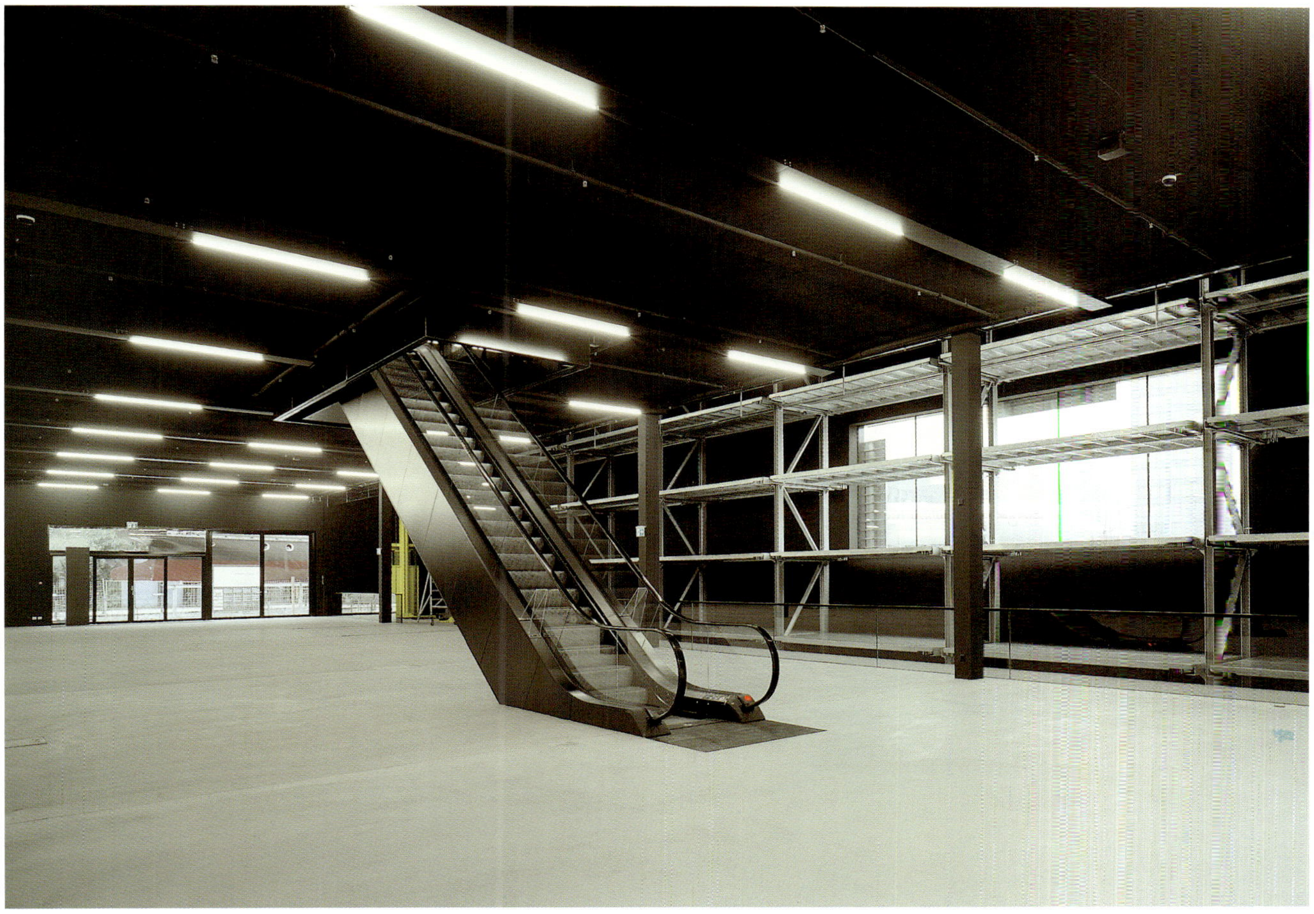

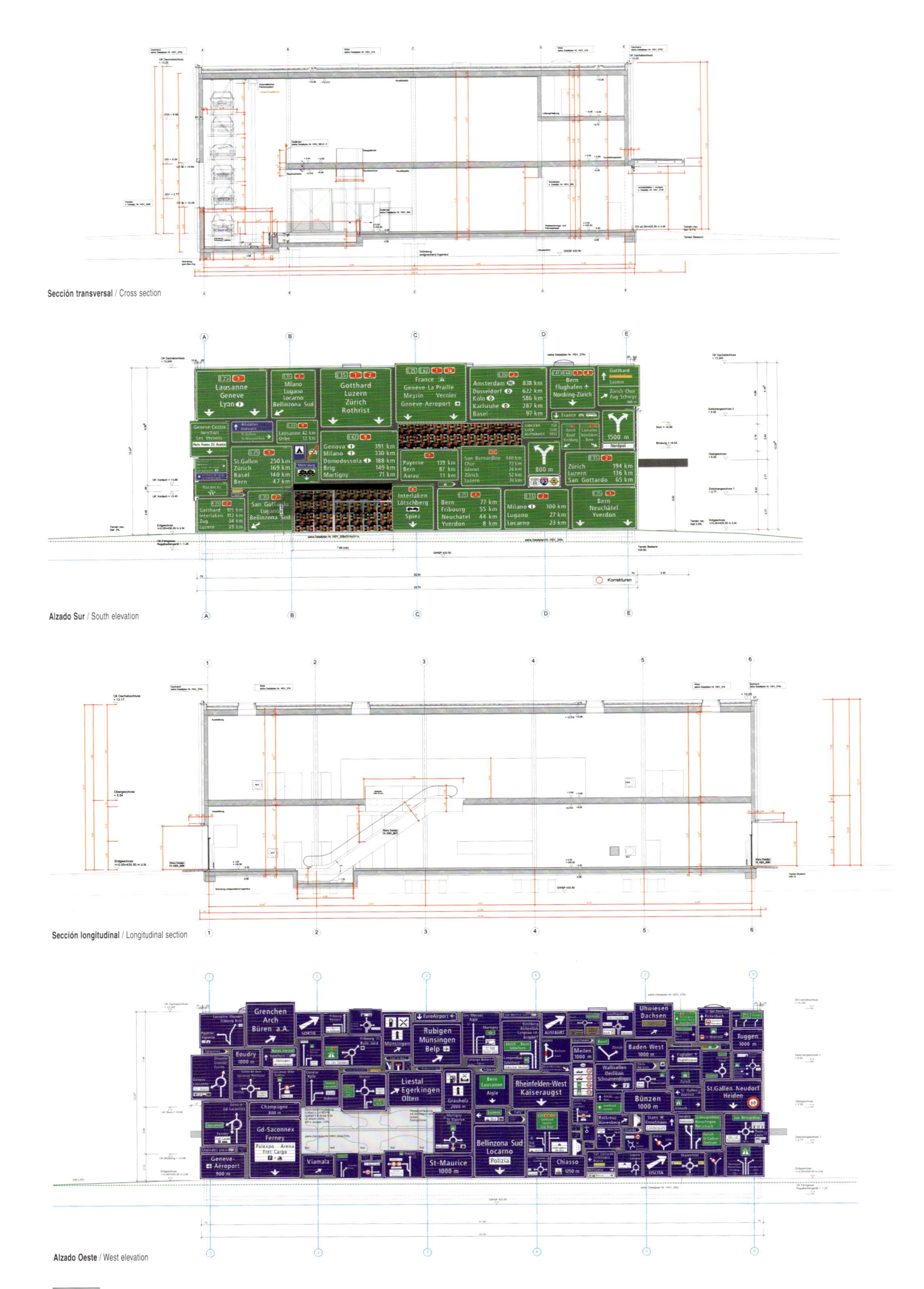

Sección transversal / Cross section

Alzado Sur / South elevation

Sección longitudinal / Longitudinal section

Alzado Oeste / West elevation

Bern
Flughafen
Nordring-Zürich
Amsterdam 835 km
Düsseldorf 622 km
Köln 585 km
Karlsruhe 357 km
Basel 97 km
Luzern
Zürich
1500
800 m
Zürich 194
Luzern 136
Bern
Fribourg 55 km
Neuchâtel 44 km
Yverdon 8 km
Milano 100 km
Lugano 27 km
Locarno 23 km
Bern
Neuchâtel
Yverdon

Lausanne Moudon
Fribourg Bern
Payerne-Vignette
Grenchen
Arch
Büren a.A.
SORTIE
EuroAirport
Epiquerez
Boudry
1000 m
Basel Liestal
Solothurn
Münsingen
Rubigen
Münsingen
Belp
AUSFAHRT
Divonne
Crassier
Eysins
Genève
Lausanne
Z.I. Ouest
Vallée-de-Joux
Cossonay Penthalaz
Genève
Rolle
Liestal
Egerkingen
Olten
Grauholz
2000 m
Bern
Lausanne
Aigle
Rheinfelden-West
Kaiseraugst
Meilen
1000 m
Genève
Gd-Saconnex
Champagne
800 m
Lausanne
Ferney
Fret-Cargo
Gd-Saconnex
Ferney
Palexpo Arena
Fret-Cargo
Choindez 650 m
Bellinzona Sud
Locarno
Viamala

Alzado Norte / North elevation

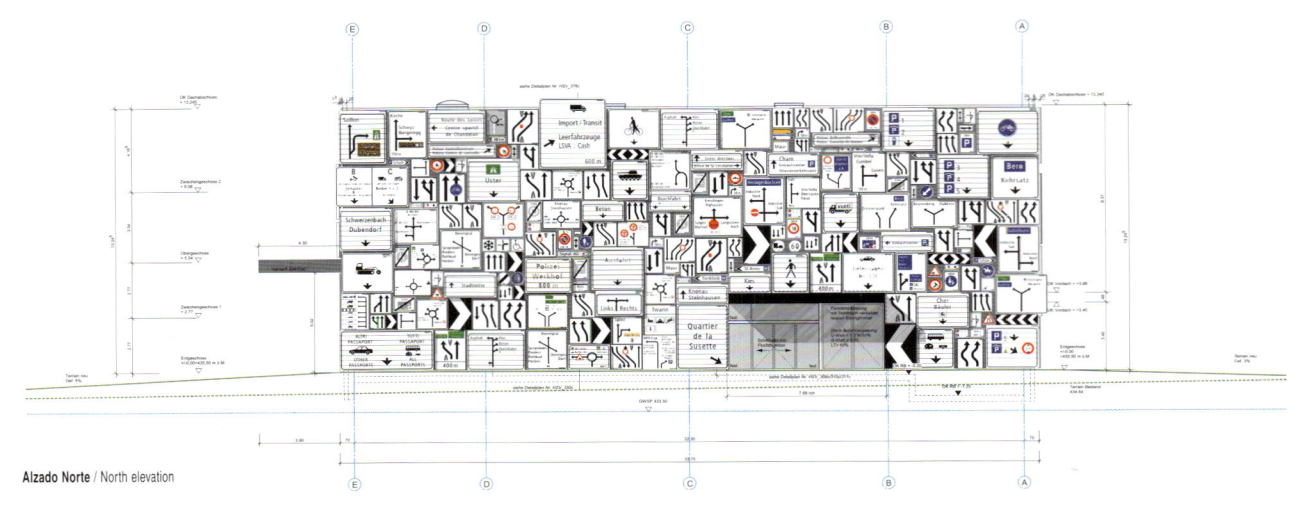

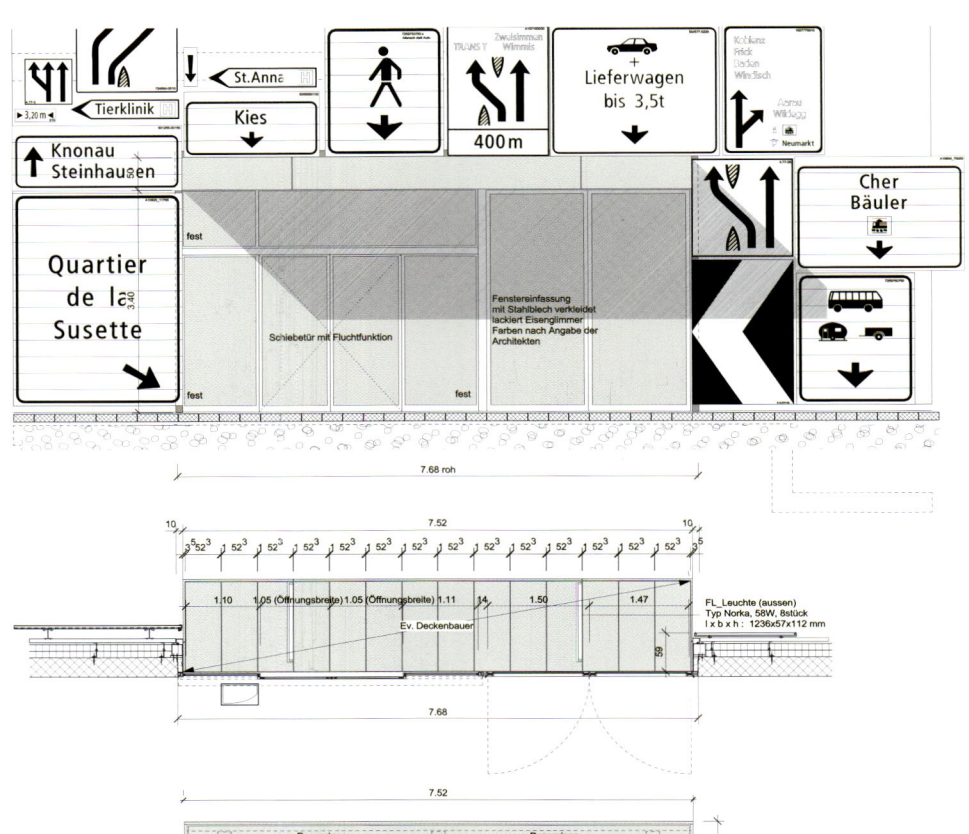

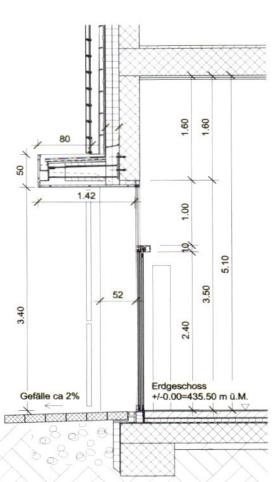

Alzado Norte. Detalle de entrada / North elevation. Entrance detail

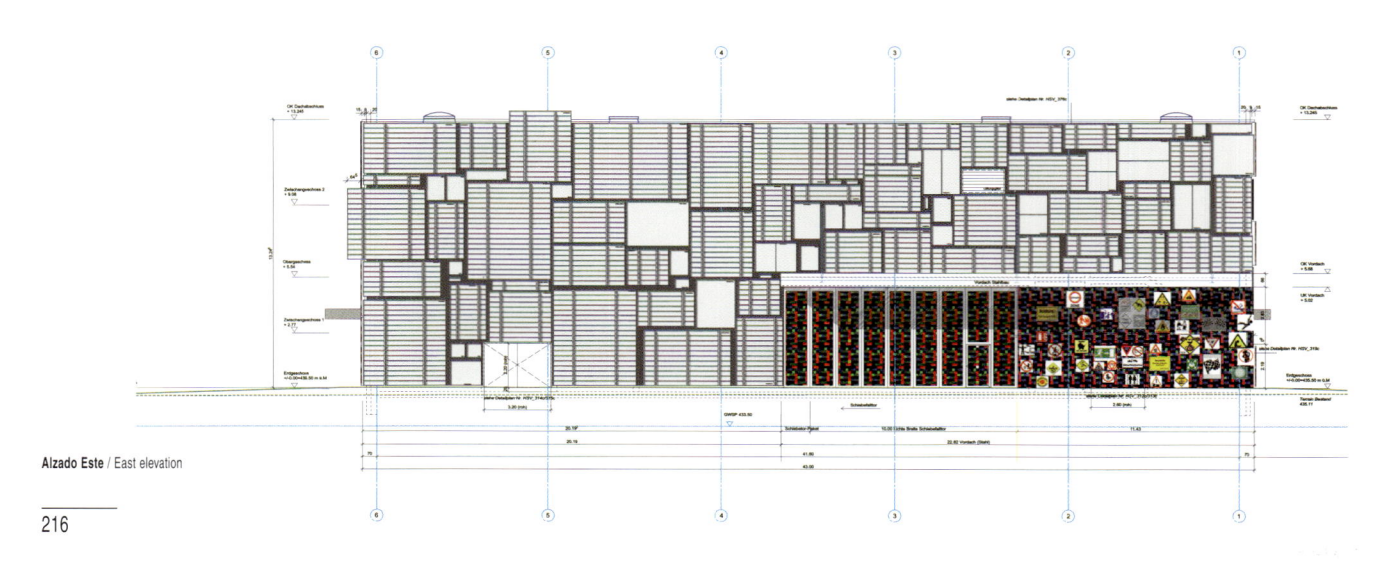

Alzado Este / East elevation

216

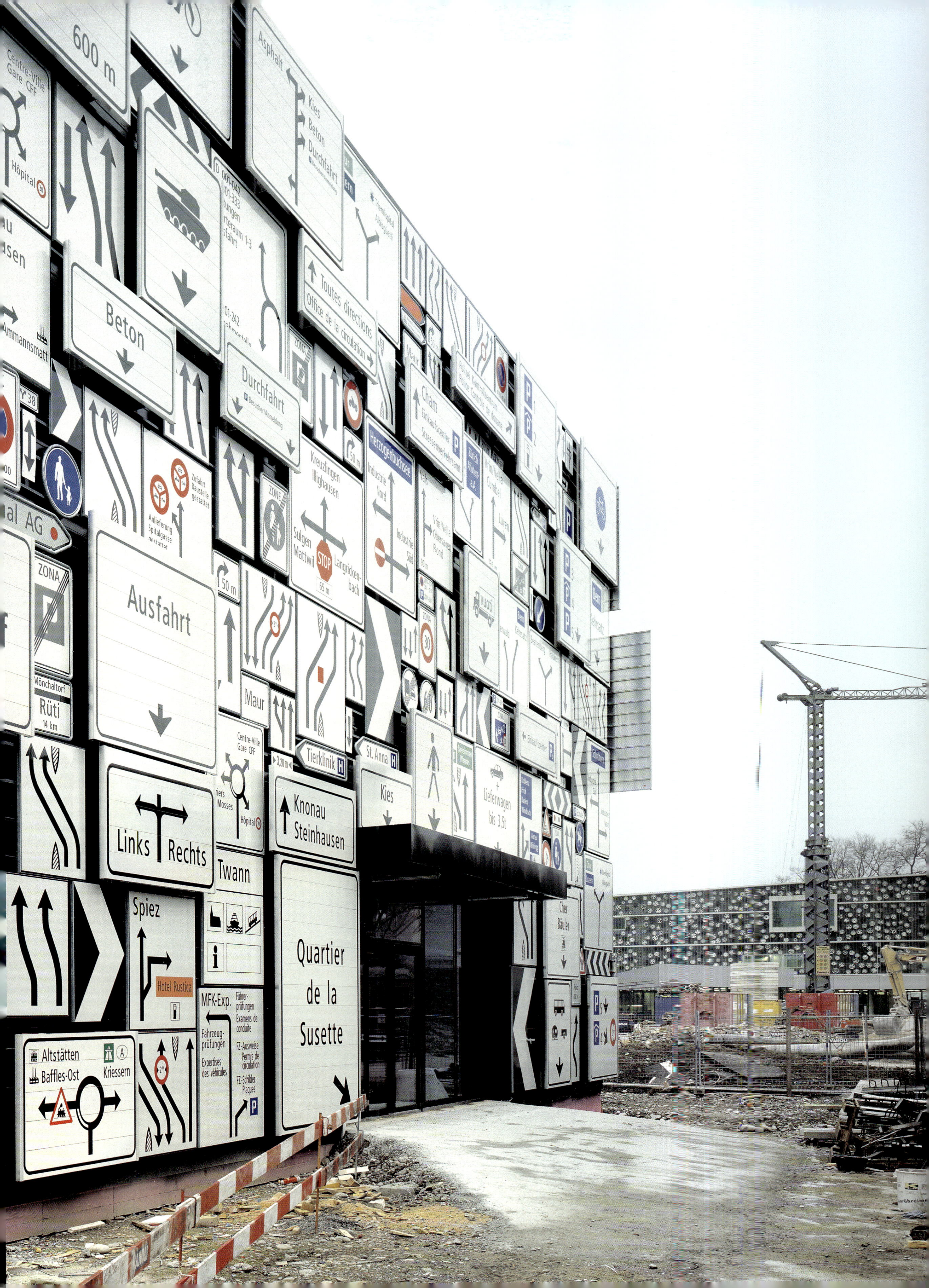

ESTACIÓN S-BAHN / S-BAHN RAILWAY STATION

Sección transversal / Cross section

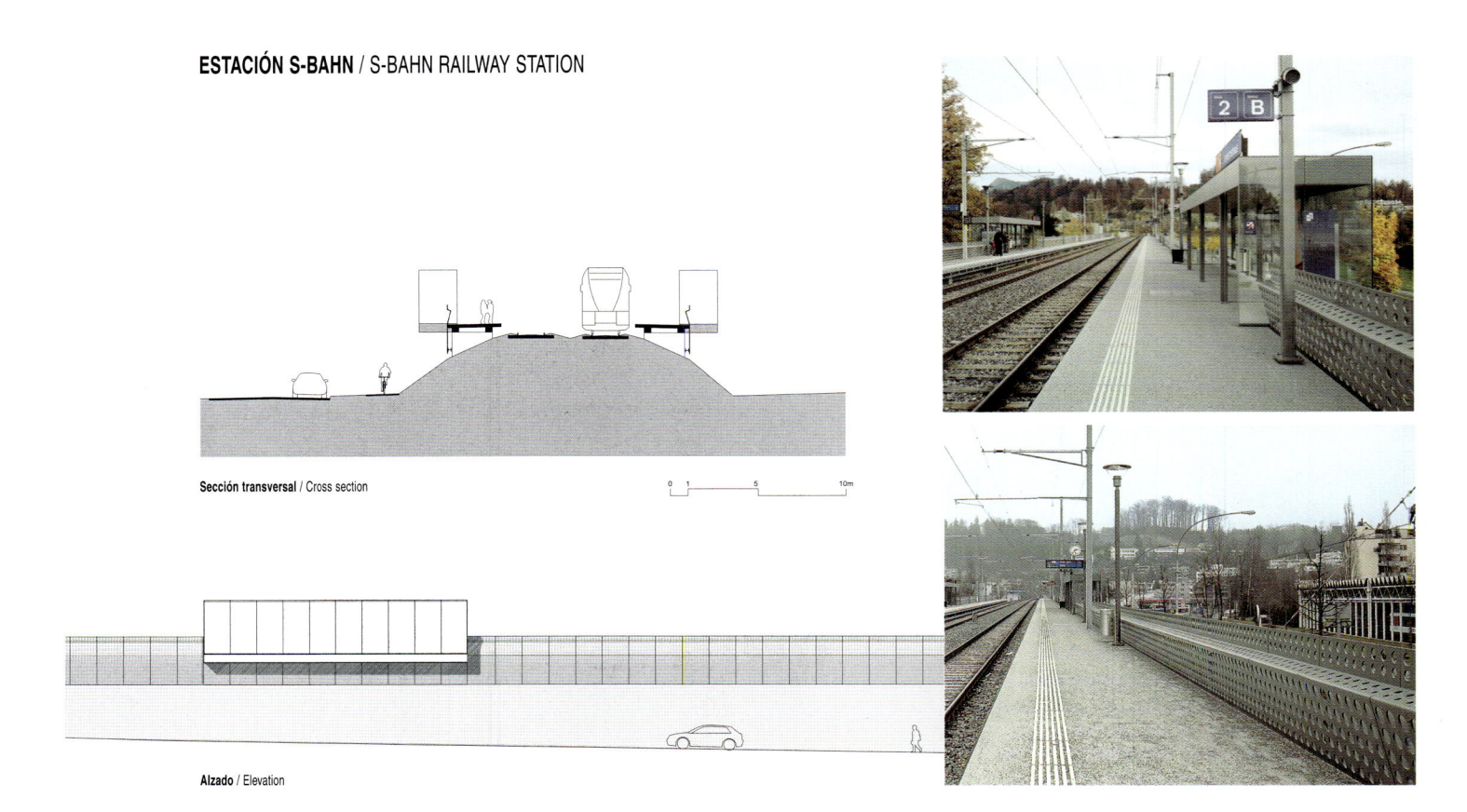

Alzado / Elevation

La estación S-Bahn es un nuevo equipamiento para el Museo Suizo del Transporte que permite la llegada de los visitantes, desde el tren, a la colección de locomotoras,
The new S-Bahn railway station serves the Swiss Museum of Transport, which means that modern trains offer visitors direct access to the historical locomo-
coches, barcos y aviones antíguos del museo. Construida en la parte superior del talud de la línea férrea, la estación se eleva sobre el terreno. La elevación del talud con-
tives, cars, ships and aeroplanes of the museum. Built on top of the existing railroad embankment, the train station is elevated above the surrounding terrain.
tinúa de oeste a este. Un nuevo paso peatonal subterráneo conecta los dos andenes. Unas rampas conducen a los andenes en uno de los extremos, mientras que en el
The embankment continues to rise from west to east. For pedestrians, a new belowground passage links the two train platforms. Ramps lead up to the platforms
extremo este se disponen unas escaleras temporales. Los andenes tienen más de 200 metros de longitud y una zona de espera cubierta consistente en un llamativo cubo
at one end and at the end to the east there are temporary stairs. The platforms are over 200 metres long and each have a covered waiting area, consisting of
de vidrio que sobresale del borde del andén. Para facilitar la construcción y, sobre todo, para optimizar el trabajo nocturno, los andenes consisten en su mayor parte en
a conspicuous glass cube that juts out over the edge of the platform. To facilitate construction and, in particular, to ensure the efficiency of nighttime work, the
elementos prefabricados: paneles de suelo de hormigón sobre pilares prefabricados.
platforms consist largely of prefabricated elements: concrete floor panels placed on prefabricated columns.

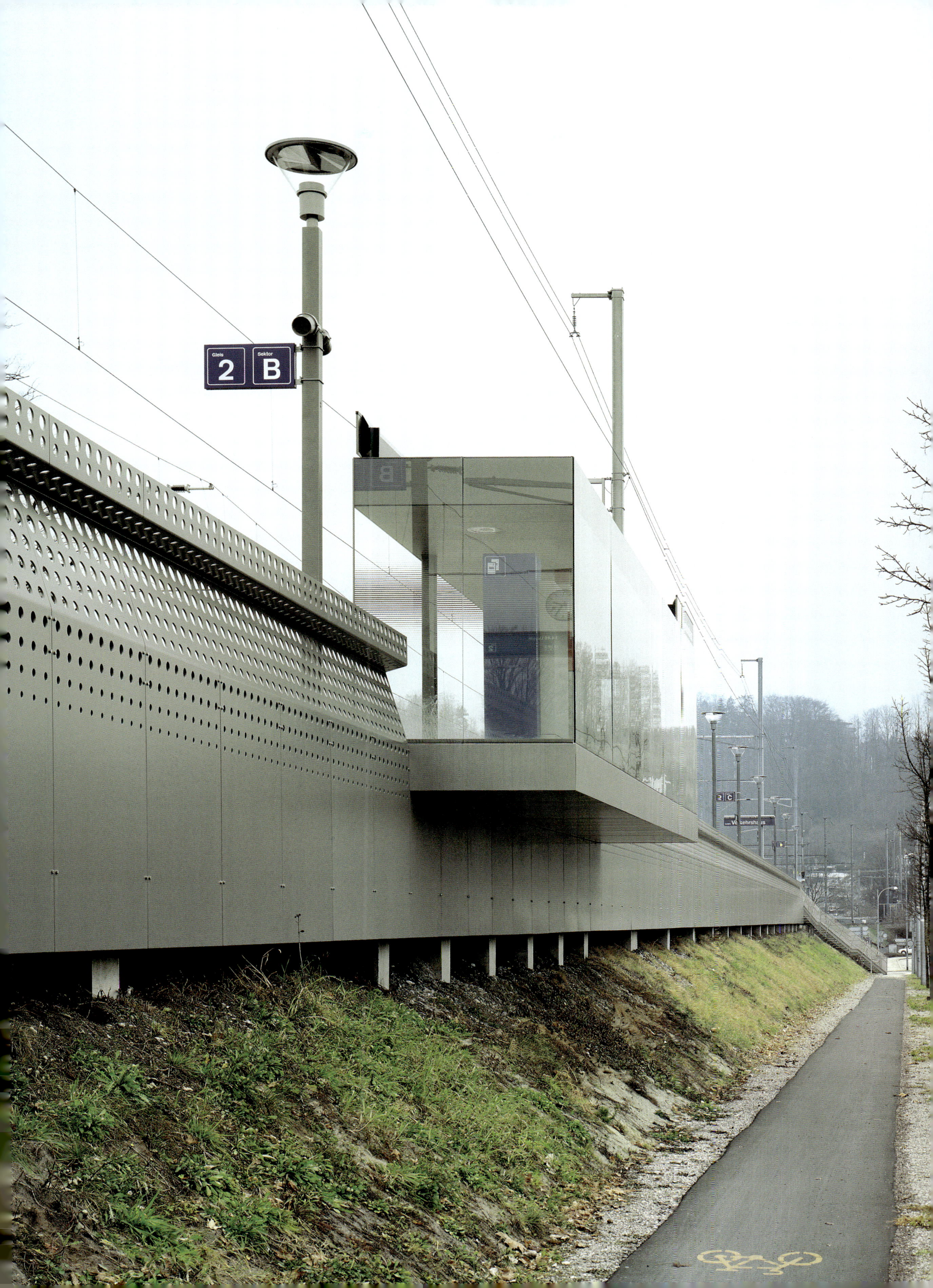
Gleis
2
Sektor
B

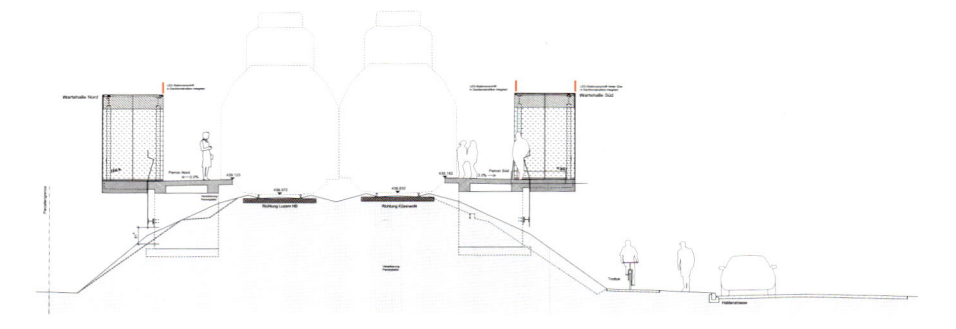

Sección CC / Section CC

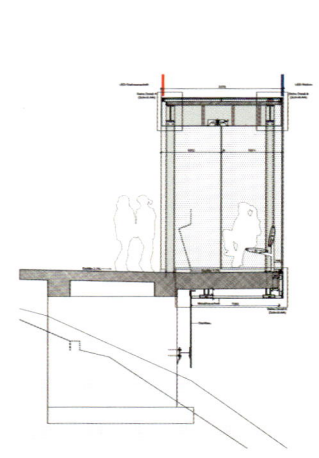

Sección BB / Section BB

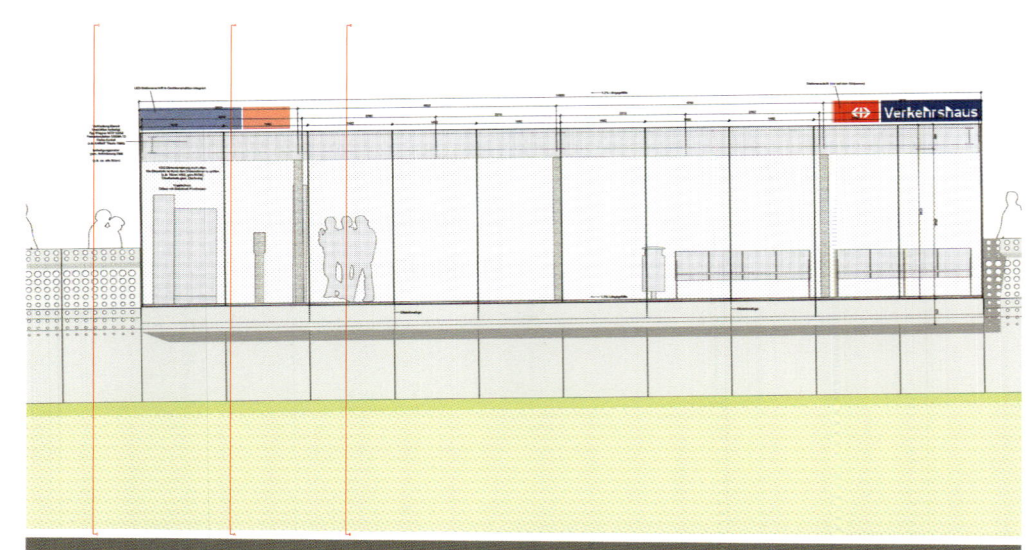

Alzado a la calle / Street elevation

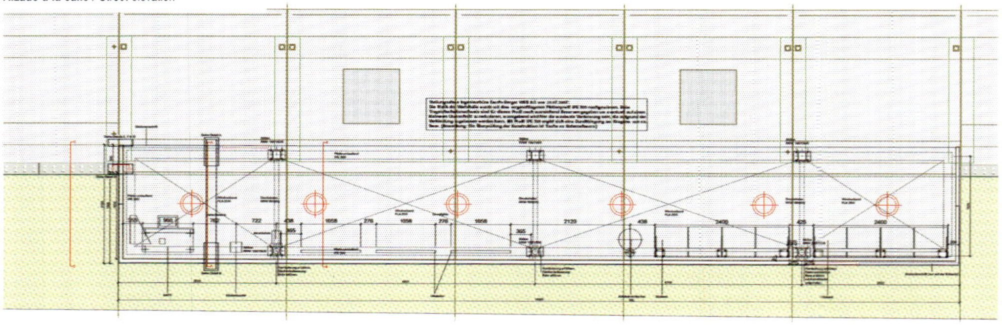

Planta / Floor plan

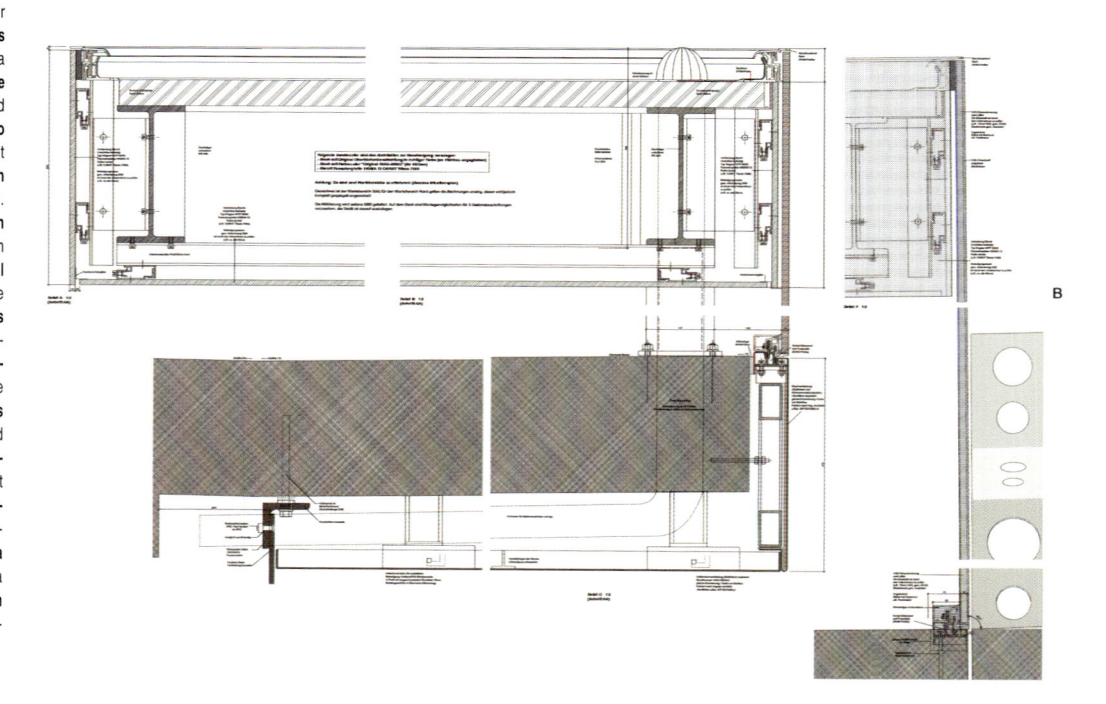

Las grandes planchas de acero moldeado y perforado tienen usos múltiples: en primer lugar, forman la barandilla; en segundo, un banco muy largo; y en tercer lugar, el revestimiento del espacio sombreado que se sitúa bajo los andenes. Estas grandes perforaciones, con forma circular, permiten ver hacia dentro y hacia afuera, y hacen que la estación parezca una cinta flotante que se disuelve en el aire en su parte superior. Las curvas del acero forman un saliente que sirve a los pasajeros de apoyo y descanso no sólo en la sala de espera, sino también a lo largo de todo el andén, y además evitan que se pueda saltar sobre la barandilla. Al igual que los andenes situados arriba, las rampas y los muros portantes del paso subterráneo son de hormigón, mientras que las barandillas y el revestimiento son de paneles de acero sin curvas. Para mejorar la seguridad, el paso se ilumina con una cartelera metálica que anuncia las exposiciones en curso en el Museo del Transporte.

Large-format sheets of moulded and perforated steel are multipurpose: first, they are the railing, secondly, a very long bench and thirdly, cladding for the shady space underneath the elevated platforms. People can see in and out, thanks to the large, round perforations, which also make the station look like a floating ribbon that seems to dissolve into thin air at the top. The bends in the steel form a ledge for passengers to lean against and rest not only in the waiting room but along the entire length of the platform. In addition they prevent people from climbing up and over the railing. Like the platforms above, the ramps and supporting walls of the underpass are made of concrete, while the railings and cladding consist of steel panels, but without bends. To improve passive security, the underpass is illuminated by a metal billboard that advertises the exhibitions at the Museum of Transport.

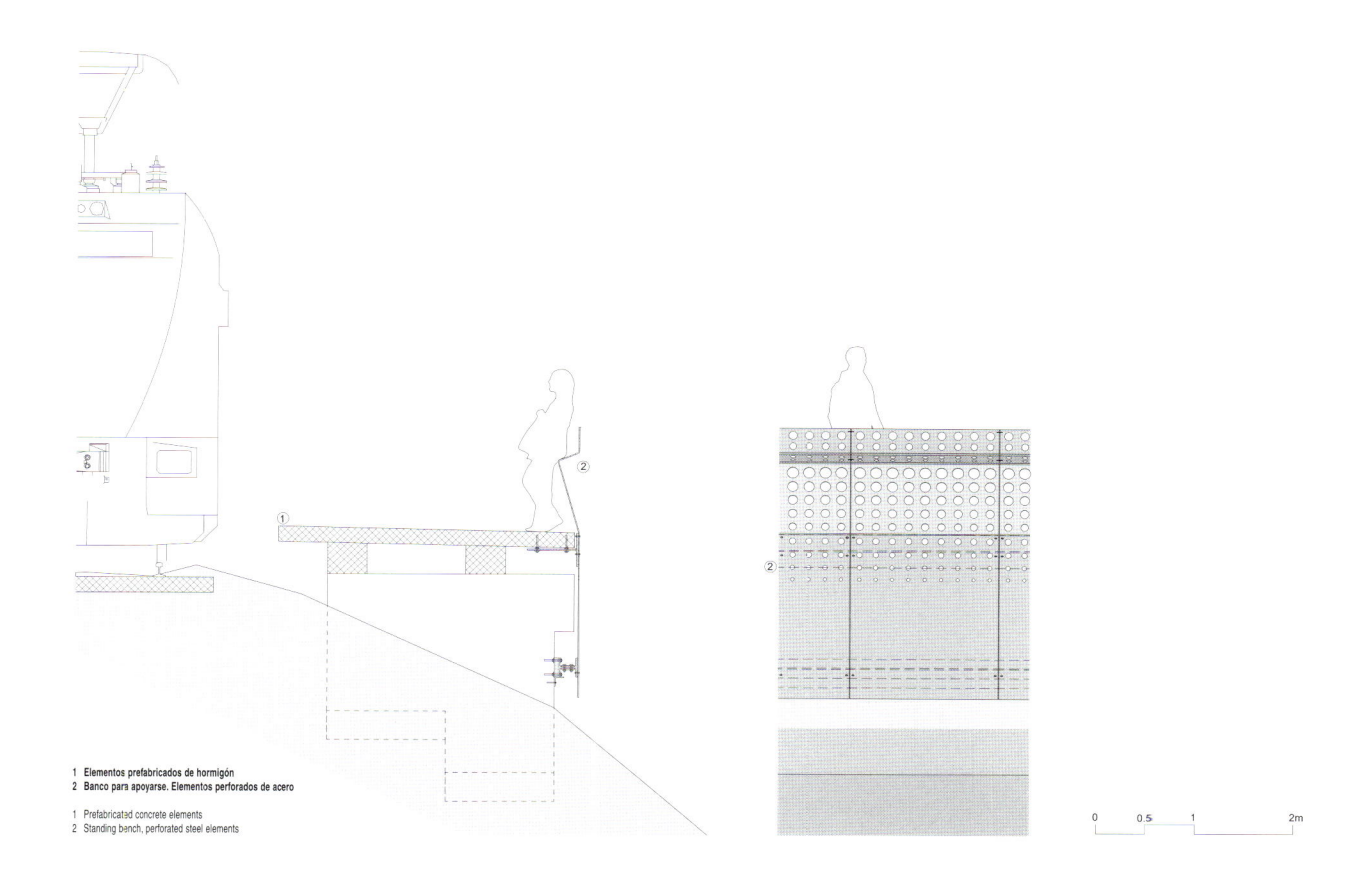

1 Elementos prefabricados de hormigón
2 Banco para apoyarse. Elementos perforados de acero

1 Prefabricatad concrete elements
2 Standing bench, perforated steel elements

0 0.5 1   2m

ALTO Y BAJO
Proyectos recientes de Gigon y Guyer

HUBERTUS ADAM

Han transcurrido veinte años desde 1989, cuando Annette Gigon y Mike Guyer fundaron su estudio en Zúrich y ganaron el concurso del Museo Kirchner en Davos. El museo, inaugurado en 1992 y, sin duda, uno de los edificios suizos más importantes de la década de 1990, estableció una serie de pautas en diversos aspectos. Con una separación nítida entre espacios museísticos servidos y zonas de acceso servidoras, Gigon y Guyer consiguieron que la idea de museo de arte contemporáneo de Remy Zaugg cristalizara de forma ejemplar —un lugar enteramente concebido para la percepcción del arte sin anular las afinidades visuales con el entorno cotidiano— y, así, crearon el germen de una nueva arquitectura del museo suiza. Pero además, con la rigurosa composición estereométrica de volúmenes aparentemente cristalinos incluso fusionaron la visión utópica de la 'arquitectura alpina' de Bruno Taut con la tradición local de la cubierta plana extendida por Rudolf Gaberel y aportaron su propia versión de cómo construir en regiones montañosas.

En septiembre de 2004, quince años más tarde del éxito de aquel primer concurso en Davos, Gigon y Guyer ganaron otro concurso, en este caso, de un edificio en altura para Maag, un enclave en la zona oeste de Zúrich. En este edificio, que se eleva 126 metros y es el más alto proyectado en Suiza, también se parte de la idea de arquitectura cristalina, pero la forma de abordarla conduce a una solución radicalmente distinta. La atención no se centra aquí en un volumen estrictamente ortogonal, sino en su modificación y transformación. Por una parte, era de suma importancia la optimización funcional; por otra, se trataba de crear una imagen escultórica que pudiese quedar impresa en el horizonte de la ciudad. Y una imagen escultórica que podía no parecer en absoluto bidimensional, ya que su compleja estructura no permite una lectura única. Con el complemento de un edificio de oficinas de baja altura en torno a un atrio público, la Torre Prime es, hasta cierto punto, típica de Zúrich porque en la ciudad del río Limmat no hay tradición de arquitectura espectacular, llamativa u ostentosa. A su propia y sutil manera, Gigon y Guyer han transformado el elevado fuste de la torre en una forma mucho más expresiva. Si el rascacielos americano clásico se estrecha en su parte superior, la Torre Prime es el resultado de otra estrategia: a través de proyecciones, el edificio va ensanchándose conforme asciende. Su auténtico atractivo reside en que ofrece una imagen cambiante; según el punto de vista, adopta uno u otro perfil. Como en el caso de una escultura, no hay un lado que sea el 'correcto'; aunque sus rasgos escultóricos no sean apabullantes, para entender cómo es el rascacielos hay que contemplarlo desde distintos ángulos.

OPTIMIZACIÓN ECONÓMICA

El encargo de la Torre Prime fue crucial para la trayectoria de Gigon y Guyer en varios sentidos. En primer lugar, supuso un cambio en la escala de su trabajo. Y en segundo término, eso fue un indicio de su implicación en proyectos arquitectónicos respaldados por inversores o, en otras palabras, de una la relación cliente-arquitecto diferente a la habitual en los primeros proyectos. Empezó a ser cada vez más importante la cuestión de cómo afrontar la acuciante necesidad de optimizar costes sin renunciar a la calidad arquitectónica.

La propuesta que presentaron al concurso del Ericusspitze en el proyecto de transformación del puerto de Hamburgo consistía en un conjunto de cinco torres con forma de disco que respondían a la necesidad de maximizar las condiciones de luz y vistas, y que además se levantaban sobre el mismo lugar en otro tiempo ocupado por una fortaleza que construyó Johan van Valckenburgh.

El Edificio residencial y comercial en Almere que forma parte del plan de Rem Koolhaas/OMA para el centro de esta ciudad también estaba condicionado por la necesidad de economizar y minimizar costes. El edificio ocupa un lugar prominente, concretamente en la cima de la meseta artificial creada por Koolhaas y se orienta hacia el centro peatonalizado de la ciudad y en la dirección opuesta. Se trata de una pieza vertical dominante, una torre de once pisos que puede verse desde la estación. Los tres niveles más bajos están ocupados por una cadena de almacenes holandeses. Las plantas baja y primera se rompen con una retícula en forma de flecha con punta redondeada que apunta hacia arriba desde el mundo subterráneo de Koolhaas; en la segunda, que se usa como almacén, la retícula se ha integrado en el sistema estructural de particiones, tal como se hace habitualmente en los edificios residenciales holandeses.

Gigon y Guyer ganaron el concurso en 2000 (por entonces el proyecto consistía en dos unidades comerciales y once plantas residenciales) con un volumen irregular y poligonal. Las inclinaciones en las fachadas norte y sur son muy expresivas, como lo son sus distintos ángulos, condicionados no sólo por la disposición de las plantas inferiores sino también por la intención de contrarrestar las directrices del plan de Koolhaas y otorgar a los edificios una orientación singular: la proa se orienta al este y marca la entrada al centro de la ciudad, mientras que la popa está dentro de éste, en el punto donde el edificio bordea el conjunto de casas bajas de Christian de Portzamparc y el eje diagonal de acceso.

HIGH AND LOW
Recent buildings and projects by Gigon/Guyer

HUBERTUS ADAM

It is now twenty years since 1989 when Annette Gigon and Mike Guyer founded their architectural practice in Zurich and won the competition for the Kirchner Museum in Davos. The Kirchner Museum, opened in 1992 and, without doubt, one of the most important buildings erected in the 1990s in Switzerland, has set standards in a number of different ways. By making a clear distinction between serviced museum spaces and servicing access areas Gigon/Guyer succeeded in turning Rémy Zaugg's concept of a contemporary art museum into reality in an exemplary fashion —a place in which the focus is on the appreciation of art without rescinding any visual affinity with everyday surroundings— and, as such, created the incunabula of a new Swiss museum architecture. Over and above this, with a strictly stereometric composition of seemingly crystalline volumes, they even managed to merge Bruno Taut's utopian vision of an 'Alpine Architecture' with the local tradition of the flat roof propagated by Rudolf Gaberel and make their own contribution to the subject of building in mountainous regions.

In September 2004, fifteen years after their first competition success in Davos, Gigon/Guyer won the commission for a study for a high-rise on the Maag site in the west of Zurich. The 126-metre-high structure, the tallest building projected in Switzerland, similarly emerged from the idea of a crystalline structure, although their treatment of the subject here lead to a fundamentally different solution. They did not aim at a strictly orthogonal volume structure but at its modification and transformation. On the one hand its functional optimisation was of prime importance, on the other hand the creation of a sculptural image that would be etched into the city's skyline; a sculptural image that could not appear two-dimensional in any way since its complex structure renders it imposible to be read in any one way. Complemented by a low-rise office building grouped around a public atrium, the Prime Tower is, to a certain extent, typical of Zurich— where there is no tradition of blatantly ostentatious, spectacular architecture in the city on the Limmat. In their own subtle way, however, Gigon/Guyer have transformed the soaring shaft into a fundamentally more expressive volume. Whereas classical, American-style high-rises narrow towards the top, a different strategy was used for the Prime Tower: through its projections the building widens the higher it rises. Its real appeal lies in its varying appearance; depending on where it is viewed from, the building's outline changes. As in the case of a sculpture, there is no 'right' side— the high-rise does without any overpoweringly sculptural qualities, as a full comprehension of the building can only be achieved after viewing it from various angles.

ECONOMIC OPTIMISATION

The Prime Tower commision marked a turning point in Gigon/Guyer's career in a number of different ways. Firstly, it brought about a change in the dimensions of their work. And, secondly, it was evidence of the preoccupation with architectural projects backed by investors, in other words, of a different relationship between the client and the architect than that typically found in early projects. The question became increasingly important as to how to achive quality in architecture in the face of the pressing need to optimise costs.

Gigon/Guyer's proposal for the Ericusspitze competition in Hamburg's Habour City development envisaged an ensemble of five tall disc-shaped towers, the configuration of which was based on the need to optimise views and lighting which, in addition, picked up on the fortress built by Johan van Valckenburgh that once existed on this site.

The project for a Residential and commercial building in Almere as part of a master plan devised by Rem Koolhaas and his office OMA, for the centre of the town, was also conditioned by the need to economise and minimise costs. The building occupies a prominent site, namely on the crest of the artificial plateau created by Koolhaas and faces the pedestrianised town centre as well as in the opposite direction: it is a dominant, vertical structure in the form of a tower that can even be seen from the station, with eleven stories above ground level. The lowest three floors are occupied by the Dutch department store Hema. The ground floor and the first floor are broken up by a rounded, arrow-shaped grid that points upwards from Koolhaas' subterranean world; on the second floor —that is used for storage—the grid has been integrated into the partitional structure system so typically found in residential buildings in the Netherlands.

Gigon/Guyer won the competition in 2002 (at that time, the project comprised two retail units and eleven storeys of flats) with an irregular, polygonal-shaped volume. The bends along the long north and south façades are significant features, as are their different angles, conditioned not only by the arrangement of ground plans but also by the intention to counteract the formal structural layout of Koolhaas' plan and give the buildings a distinctive orientation: the prow faces east and marks the entrance into the town centre while the stern is within it— at the point where the building borders Christian de Portzamparc's lower housing complex, SeARCH's development structure and the diagonally positioned access axis.

La ceñida planta baja responde al imperativo de construir apartamentos, tantos como fuera posible, en todo el solar, que tiene una profundidad de 27 metros. La pérdida de superficie en el centro se compensa no sólo inclinando el volumen, sino también incrementando la superficie en planta a medida que el edificio se eleva, como si fuera un embudo. Las 72 unidades residenciales de categoría intermedia estaban en principio destinadas a la venta, pero ahora se alquilan. Todos los apartamentos tienen balcones; la verdadera fachada está detrás de la balaustrada, de forma que se crea un espacio abierto triangular. Como resultado, la inclinación del edificio se repite a menor escala en cada apartamento.

Ya en los primeros compases del proyecto se decidió otorgar a este destacado edificio una identidad propia mediante el uso de vidrio coloreado. Gigon y Guyer pensaron como opción inicial en una tonalidad uniforme cuya intensidad fuese disminuyendo hacia arriba; y después trabajaron con diferentes gradaciones de color: recorriendo diagonalmente las fachadas para subrayar el dinamismo del edificio, o con modulaciones que comprendían desde el verde hasta el gris blanquecino o el amarillo; desde el azul claro hasta el rosa; desde el rosa hasta el naranja. Resultó que este planteamiento entraba en conflicto con la plasticidad del volumen y que disimulaba su peculiar forma. La idea de Adrian Schiess de un tratamiento distinto para las seis fachadas, enfatizando así el concepto arquitectónico, fue la que finalmente se adoptó. Los dos frentes del flanco este que se encuentran en ángulo agudo se revisten con vidrio coloreado en naranja y forman una entidad que envuelve toda la esquina. La adyacente fachada norte es azul; y el muro del fondo orientado a oeste, verde. Las superficies intermedias entre el verde y el naranja, o el azul respectivamente, en las caras norte y sur, están acabadas con paneles plateados de vidrio tipo espejo. Ello permite que el edificio proyecte su propio reflejo horizontalmente, mientras que —como consecuencia de la variación de ángulos en las fachadas— el cielo o el entorno se reflejan verticalmente. Su imagen cambia continuamente al caminar alrededor. Generalmente sólo se ve un color en un momento determinado, y sólo desde ciertos ángulos se distinguen dos.

Así, Shiess y los arquitectos posibilitaron la apreciación de las singulares cualidades del volumen construido, que por otra parte está totalmente integrado en su entorno y muestra hasta qué punto puede interactuar con lo que le rodea. El revestimiento vítreo no es en última instancia una estrategia con la cual pueda mantenerse el control del efecto de un edificio, igual que su ejecución —como es norma en los Países Bajos— no está en manos de quien lo ha diseñado.

REPETICIÓN Y SINGULARIZACIÓN

Aunque Gigon y Guyer son cada vez más conocidos por sus edificios residenciales de lujo —el <u>Edificio de Neumünsterallee</u> en Zúrich es uno de los últimos ejemplos de esta línea de trabajo—, en los últimos años han participado en concursos de viviendas de bajo coste y promoción municipal. El proyecto más importante de esta serie es el <u>Conjunto residencial Brunnenhof</u> en Unterstrass, de nuevo en Zúrich. Y en Bucheggplatz, un gran cruce de tráfico en el noroeste de la misma ciudad, construyeron (tras ganar un concurso convocado en 2003) 72 viviendas subvencionadas para una organización que proporciona alojamiento a familias numerosas. Estos edificios sustituyeron a otro conjunto residencial anterior que constaba de siete bloques de tres alturas con plantas bajas mínimas y sin balcones, es decir, en nada coincidentes con las necesidades de las familias con muchos niños. Como esas necesidades no podían satisfacerse con la remodelación de lo existente, se decidió construir nuevos edificios que duplican las zonas de estancia gracias a un aprovechamiento más eficiente del solar. Los nuevos pisos, de entre 3 y 5 dormitorios y entre 110 y 154 metros cuadrados, se han combinado para formar dos volúmenes alargados de cuatro a seis plantas, cada uno con un pliegue en medio. Al edificio se accede desde el lado de la calle y las principales zonas de estancia se abren a un parque vecino hacia el este y el sur, respectivamente. A los pisos del lado oeste se llega desde una zona a cubierto que se usa como espacio exterior de almacenaje; desde ahí, un corredor central da acceso a las habitaciones y conduce a una zona de estancia que recorre toda la profundidad del edificio con una galería de proporciones generosas. En el lado este todas las habitaciones de disponen en torno a una zona húmeda central.

Los frentes que dan no a la calle, sino a un espacio verde, tienen balcones que crean fachadas multicapa. El patrón cromático —como en Almere y Diggelmannstrasse— lo ideó Adrian Schiess. Para las fachadas que corresponden a la calle y a los extremos de los edificios, el concepto es simple: ventanas de suelo a techo alternan con paneles de vidrio opacos, púrpura profundo, casi negros, para un volumen, y azul oscuro para el otro. Las fachadas que dan al parque, en cambio, son más complejas y coloristas: los paneles correderos coloreados que proporcionan intimidad y protección solar son de un vidrio translúcido que contrasta con el revestimiento opaco de las fachadas. Horizontalmente el color varía entre el amarillo, el naranja y el azul. Aunque la gama cromática es estable, los paneles correderos consiguen un efecto de variación constante y contribuyen a animar la imagen del conjunto.

The waisted ground plan has come about due to the need to build flats, as far as possible, on the whole plot which has a depth of 27 metres. The loss of surface area in the middle is compensated by not only tilting the volume but also by increasing the floor surface the higher the building rises, like a funnel. The 72 medium category flats were originally intended to be sold but are now being let. All flats have balconies; the actual façade is set back behind the balustrading so that a triangular open space is created. As a result, the bend in the building is repeated on a smaller scale with every flat.

At an early stage it was decided to give this dominant building its own identity using coloured glass. Originally Gigon/Guyer planned a uniform colour scheme with the intensity diminishing towards the top, towards the sky. In a second stage they worked on different variations of colour gradations, from running diagonally across the façades to underline the building's dynamic design, to modulations ranging from green to a whitish-grey or yellow, from light blue to pink, from pink to orange. It turned out that this colour scheme clashed with the plasticity of the volume as it disguised its characteristic shape. Adrian Schiess' idea of treating the six façades differently, thereby emphasising the architectural concept, was ultimately implemented. The two fronts on the exposed eastern flank that meet at an acute angle are clad with an orange-coloured glass and form an entity that wraps around the whole corner. The adjacent north façade is blue; the west-facing end wall, green. The intermediary surface areas between the green and the orange, or blue respectively, on the north and south sides of the building are clad with silver mirrored glazed panes. This allows the building to cast its own reflection horizontally, whereas —as a result of the façades' varying angles— either the sky or the surroundings are mirrored vertically. The building's appearance changes continuously if one walks around it. Generally only one colour can be seen at any one time— and only from certain angles are there two.

As a result, Schiess and Gigon/Guyer succeeded on the one hand in enabling the volume's unique qualities to be experienced. On the other, the building is firmly anchored in its surroundings and demonstrates the extent to which it interacts with its environment. Glazed cladding is ultimately not a strategy with which the effect of a building can be kept in check, as its execution —as is the norm in the Netherlands— does not lie in the hands of the designer.

REPETITION AND INDIVIDUALISATION

While Gigon/Guyer have become well-known for their high-quality, luxury residential buildings —the Block of flats in Neumünsterallee in Zurich being among the most recent in this line of work— in the past few years they have taken part in competitions for low-cost housing backed by the city. The most important project in this series is the Brunnenhof residential estate in Unterstrass, Zurich. 72 subsidised housing units for an organisation providing accommodation for large families were built on Bucheggplatz, a major traffic junction in the north west of Zurich, following a competition held in 2003. These were replacement buildings for an estate previously on the site, comprising seven, three-storey blocks with minimal ground plans and no balconies, which did not meet today's requirements for families with many children. Since actual needs could not be covered through a conversion, it was decided to erect new buildings which resulted in doubling the living area thanks to a more efficient use of the plot. The new flats, with between 3 and 5 bedrooms and ranging from 110 to 157 square metres, have been combined to form two large, long-drawn-out volumes of four to six storeys, each with a bend in the middle. Access to the building is from the side fronting the road, with the main living areas facing an adjoining park to the east and south respectively. The flats in the building to the west are approached via a covered area used for outside storage; from here a central corridor provides access to the rooms and leads into a living area running the full depth of the building with a generously proportioned loggia. In the building to the east, all rooms are arranged around a central wet area.

Balconies have been fitted along the fronts of both building that do not face towards the city but open onto a green space, resulting in a multi-layered façade structure. The colour scheme chosen for these buildings —as in Almere and Diggelmannstrasse— was devised by Adrian Schiess. The concept for the façades facing the road and at the ends of the buildings was simple: windows stretching from floor to ceiling alternate with opaque glazed panels —deep purple, almost black— for the one volume and dark blue for the other. The façades overlooking the park, however, are more complex and colourful: sliding coloured panels to provide privacy and protection from the sun are made of bright translucent glass which contrast with the opaque cladding on the façades. Horizontally, the colouring varies between yellow, orange and blue. Although the spectrum of colours used has been established, the movable panels result in constantly new variations and contribute to enlivening the building's appearance.

EL COLOR COMO TEMA

El color ha jugado un papel muy importante en la obra de Gigon y Guyer desde siempre. Pero no es que se hayan mantenido fieles a un estilo detederminado, sino que continuamente investigan nuevas soluciones y ensayan diferentes composiciones. Si el color de los materiales condicionó la imagen de Museo Kirchner, los arquitectos decidieron usar colores más fuertes y brillantes en el centro deportivo (1992-1996) que realizaron muy cerca del museo y que supuso el inicio de su colaboración con el artista Adrian Schiess. En el escenario alpino, la distinguida dignidad del museo encuentra su contrapunto en el mundo colorista del deporte. El juego de color culmina en la última planta de hotel, donde una hilera de bandas pintadas de distintos tonos recorre en toda su longitud el pasillo de entrada a las habitaciones. La luz procedente de lucernarios proyecta delicados reflejos en la pared opuesta, de forma que caminar por ese corredor es como encontrarse en un túnel de color.

La contribución artística de Adrian Schiess tiene una escala mucho mayor en el emplazamiento del <u>Pflegi de Zúrich</u> (1999-2002). Inicialmente, los arquitectos intentaron diferenciar las tres partes del conjunto usando amarillo, naranja y rojo. Decepcionados con el resultado, pidieron a Schiess un nuevo concepto. En lugar de resaltar los volúmenes concretos, el artista adoptó un punto de vista diferente y se centró en los espacios abiertos y en el parque. Así, el jardín que da a Samariterstrasse está invadido por el azul brillante de la fachada sur, mientras que en el patio se enfrentan un muro blanco y otro amarillo verdoso. Como en un condensador, donde las chispas saltan entre los electrodos, el color del lado norte proyecta un reflejo a modo de rayo de sol sobre la fachada opuesta y baña el patio con una delicada y brillante luz teñida.

El punto culminante de la colaboración con Schiess es sin duda su diseño de un nuevo <u>Auditorio para la Universidad de Zúrich</u>, obra de Karl Moser. Si el color en el exterior es uno más entre muchos elementos, fundamentalmente tomado del entorno cotidiano, en el interior consigue su expresión más poderosa cuando se convierte en factor condicionante dentro de un espacio: el cavernoso salón de conferencias. Es aquí donde el color define el espacio: es espacio. Dado el poco margen de movimiento que tenían Gigon y Guyer en este proyecto, la estructura del auditorio es sencilla desde el punto de vista arquitectónico: cuatro paredes, un techo y un suelo en pendiente y escalonado con el mismo ritmo que las filas de asientos. Como siempre que los arquitectos lo invitan a trabajar con ellos, Schiess empezó por las superficies, usando combinaciones de color. El primer paso fue establecer la composición de una calidad tonal constante. El rosa empleado fuera —un color explícitamente artificial— se eligió como punto de partida y reaparece en variaciones más claras y oscuras. También se añadió azul. La distribución del color se optimizó usando una maqueta y bandas coloreadas plegadas. La secuencia muestra claramente que no se trataba de destacar ciertas partes de la sala, sino de crear una cualidad tonal global y un impacto espacial coherente. El color respeta ciertos elementos arquitectónicos e ignora parcialmente otros.

El efecto del esquema de color y las mesas verdes es asombroso cuando se accede a la sala por primera vez. La luz natural y artificial modula el espacio en función del momento del día con distintas refracciones y reflexiones; las superficies barnizadas crean un equívoco juego de luz que prácticamente elimina los límites de la sala y deja las paredes y el techo sin restricciones espaciales. Como los residentes de Brunnenhof cuando tienden la colada, los estudiantes pintan un cuadro espacial continuo con los colores de su ropa. Cuando el auditorio está vacío, es como una partitura musical que primero debe hacerse audible a través de los instrumentos y la interpretación. Este aspecto vinculado a la interpretación cambia continuamente el carácter de la sala, manteniéndola en un estado de fluidez y definición continuas y convirtiéndola en una lección de percepción. La relación con el color, y esto es válido para muchos de los proyectos de Gigon y Guyer, puede tipificarse particularmente bien en estos espacios interiores protegidos, donde resulta especialmente sorprendente. Nadie espera encontrar una composición artística en la sala la primera vez que entra en ella. Cuando Schiess trabaja en galerías de arte y museos —espacios habituales de su obra y en los que las exposiciones tienen su propio aura en un contexto institucional— la confrontación con el color se da por sentada. Los estudiantes entran en la sala sin ningún tipo de expectativa, algo que no puede conseguirse en una galería o un museo. Aquí el arte tiene que dejar su marca en un escenario cotidiano. Sin embargo, a pesar de lo llamativo del planteamiento cromático y de todas las intervenciones artísticas, ni el artista ni lo arquitectos están actuando ideológicamente; no pretenden condicionar la percepción de quienes miran ni dirigirla hacia un aspecto concreto: no dictan la reacción; su auténtica fuerza reside en las múltiples posibilidades de lectura, y en la invitación a que cada cual haga la propia.

En el caso de los estanques de la terraza de la Universidad, Schiess ha conseguido trasladar a una escala mayor composiciones ensayadas primero en espacios interiores de museos. En este caso el agua asume más o menos la función de las superficies barnizadas de su otra intervención: garantiza lo efímero que perpetúa la renovación sobre un fondo estático. Se ha creado una superficie volátil que se convierte en herramienta cognitiva al interpretar la percepción. La realidad se refleja, pero alterada y convertida en otro reflejo. De hecho, según los arquitectos y el artista, se intentó ampliar la zona de agua hasta el punto de dejar sólo una estrecha banda entre el borde del estanque y el edificio. El momento de confusión habría tenido un efecto más poderoso, pero el cliente lo descartó.

COLOUR AS A SUBJECT

Colour has played an important role in Gigon/Guyer's work from the very outset. They do not keep to one specific style but are always investigating new solutions with a variety of different trial compositions. While the colour of the materials used conditioned the appearance of the Kirchner Museum, the architects decided on strong, bright colours for the neighbouring sports centre (1992-96), working together with the artist Adrian Schiess for the first time: the museum's distinguished dignity finds its counterpart in the colourful world of sport down in the valley. The game with colours culminates in the corridor on the hotel level. A row of painted fields finished in each of the various colours runs the length of the north wall along the long entrance corridor. Light from shafts above casts delicate reflections of the respective colours on the opposite wall, so that walking down the hallway is like being in a corridor of colour.

Adrian Schiess was able to apply his art on a much larger scale on the Pflegi site in Zurich (1999-2002). Originally, the architects had intended distinguishing the three wings in the complex by the use of yellow, orange and red. Dissatisfied with this result, they asked Schiess to come up with a new concept. Instead of accentuating the individual volumes, the artist adopted a different viewpoint and focused instead on the open spaces and the park: the garden facing Samariterstrasse is dominated by the bright blue south façade whereas, in the courtyard, a white and a yellowish-green wall face one another. Like in a capacitor where sparks leap across the gap, the colour on the northern side casts a coloured reflection like sunlight on the façade opposite and bathes the courtyard in a gently shimmering coloured light.

A culmination in the work with Schiess can doubtlessly be seen in his designs for Zurich University's Auditorium by Karl Moser. While the colours outside are one element among many, basically picking up on their everyday surroundings, they are at their most powerful when they become a conditioning factor within a space: in the cavernous lecture theatre. This is where it is the colours themselves that constitute the space. With the little room for play available to Gigon/Guyer on this project, the structure of the lecture theatre is architecturally not complex: four walls, a ceiling and a steeply sloping floor in keeping with the rhythm of the rows of seats. As always when Schiess is drawn into a project by the architects, he began by working on the surface areas using a combination of colours. The first step was to establish the composition of consistent tonal quality. The pink used outside —an explicitly artificial colour— formed the starting point and reappears here in both lighter and darker variations. Blue has also been added. The distribution of the colours was optimised using a model and folded strips of colour. The sequence of colours clearly shows that it was not a question of highlighting certain sections of the room but of creating one overall tonal quality and a consistent spatial impact. Colour respects certain architectural factors while partially ignoring others.

The effect of the colour scheme with its green desks is stunning the first time one enters the lecture theatre. Natural and artificial light modulate the room depending on the time of day, resulting in different refractions and reflections; the varnished surfaces create a confusing play of light which virtually rids the subterranean room of its boundaries and renders the walls and ceiling devoid of any spatial restrictions. The colours of the students' clothes paint a continuously new spatial picture— in a similar way as the residents do at Brunnenhof. When the lecture theatre is empty, it is like a visual sheet of music which first has to be rendered audible by the instruments and the performance. This performance-related aspect continuously alters the character of the internal room, keeps it in a continuous state of flux, of being, and becomes, as such, a lesson in perception. The confrontation with colour, and this goes for many of Gigon/Guyer's projects, could be typified particularly well within this protected interior space and is especially surprising. Nobody entering the lecture theatre for the first time expects an artistic composition. When Schiess works in galleries and museums —in other words in spaces in which exhibits are given their own aura in institutional surroundings—, as is normally the case, the confrontation with colour is incidental, and it is not the result of a visitor's preconceived expectations. Students enter the lecture theatre without any such expectations— something that can never be achieved in a gallery or a museum. Here, art has to make its mark in an everyday situation. However, despite the bold colour scheme, despite all artistic interventions, neither the architects nor the artist are acting ideologically: they are not attempting to steer a viewer's perception in any predetermined direction; they are not dictating the reaction. Its very strength lies in the multiple ways it can be read, as visitors are animated literally to orientate themselves on their own.

In the case of the water basins on the terrace at the university, Schiess has succeeded in transposing the compositions he has primarily applied to interior spaces in a museum context onto a larger scale, with the use of different materials. In this case, water more or less assumes the function of the varnished surfaces in his other work: it guarantees the ephemeral that ensures its perpetual renewel against a static background. A volatile surface has been created that develops into a cognitive tool through the action of performative perception. Reality is mirrored but modified and turned into a different reflection. In actual fact, according to the architects and the artist, the area of water was intended to be bigger. So large in fact that only a narrow strip would have been left between the edge of the basin and the building. The moment of confusion would have had a more powerful effect; the client however turned this request down.

MUSEOS

Como evidencia la sala de conferencias universitaria, las actuaciones de Gigon y Guyer en edificios existentes son simultáneamente delicadas y rotundas. Ello puede apreciarse en la Reforma del Museo de Arte de Basilea (2007), un tipo de museo pionero que Paul Bonatz y Rudolf Christ construyeron entre 1931 y 1936. La característica mezcla de monumentalidad y modernidad que se encuentra en el edificio original aparece ahora realzada como resultado de la nueva pero comedida intervención. Se ha abierto un recorrido alrededor del patio trasero para presentar la colección, y las salas antes ocupadas por la biblioteca en la planta baja se han transformado en espacios expositivos, con una cafetería y un restaurante instalados en una zona abierta en el antiguo corredor que da al patio. Con un lenguaje formal sobrio y minimalista pero contundente se responde a la arquitectura existente, que ha recuperado su fuerza. Gigon y Guyer han permanecido fieles a su principio de crear espacios museísticos neutrales que ceden el protagonismo a las obras de arte y que, desde el Museo Kirchner, se han construido o proyectado con distintas variaciones.

El Espacio de Arte Concreto para el Legado Albers-Honegger en Mouans-Sartoux, en el sur de Francia, representa un hito en la trayectoria de los arquitectos. La nueva construcción es vertical, un museo en forma de torre que se ha situado al noroeste del castillo y en un pediente, de forma que parece alzarse hacia el infinito entre los árboles, mientras que desde el parque semeja una villa y respeta la altura de los aleros en las torres del castillo. El verde amarillento armoniza con la vegetación mediterránea pero proclama la condición artificial de la pieza de hormigón visto. Una vez más, Gigon y Guyer se han centrado en la interacción entre arquitectura y naturaleza: en el caso del Museo Kirchner usaron distintos elementos revestidos de vidrio para crear el efecto de cristales de hielo; los cubos de hormigón de la Colección Oskar Reinhart en Winterthur parecen hechos de material sedimentario por el uso de pigmentos; y para el Centro de entrenamiento de Appisberg, al norte de Männendorf, terminado en 2003, un tóxico verde brillante elegido por los arquitectos y el artista Harald Müller dirige la atención hacia los setos y flores.

La planta baja del nuevo museo de Mouans-Sartoux es prácticamente cuadrada; sin embargo, las protuberancias que se proyectan en todas direcciones transforman la torre cúbica en un volumen escultórico que interactúa con su entorno. Estas adiciones se disponen en el sentido de las agujas del reloj desde la base hacia arriba. La idea de utilizar formas para expandir el volumen del cuerpo principal se mantiene hasta el nivel de cubierta, desde el cual los lucernarios de la sala superior, con su mayor altura, sobresalen como plataformas para contemplar las vistas. Al museo se accede aproximadamente a mitad del recorrido ascendente a través de un anejo del vestíbulo que extiende la pendiente a modo de puente. Los niveles expositivos se disponen alrededor de un núcleo central y se escalonan en cada caso a media altura. La solución de escindir los niveles en las tres plantas dedicadas a presentar la colección da como resultado seis niveles. Gigon y Guyer han creado un admirable marco para este museo inequívocamente singular. Las salas tienen un carácter minimalista: suelos grises, paredes y techos blancos, huecos a toda altura y bandas de luminarias como iluminación artificial. Sin embargo, los arquitectos se han alejado bastante conscientemente del aura sagrada del 'cubo blanco'. Las proporciones de las salas son modestas sin ser reducidas; son más habitaciones que salas. La impresión se intensifica por las grandes ventanas, divididas en dos, que ofrecen vistas del parque y los alrededores, y permiten que la fachadas se configuren a través de su disposición asimétrica.

El tratamiento de lo cotidiano constituye un *leit motiv* que, como los acordes de un bajo continuo, resulta fundamental en la obra de Gigon y Guyer y es un punto de partida para componer sus armoniosas construcciones. Los dos nuevos edificios para el Museo Suizo del Transporte en Lucerna son como 'cobertizos decorados', por usar la terminología de Robert Venturi. Cientos de ruedas diferentes —el símbolo de la movilidad por excelencia— se han instalado tras la fachada de vidrio del edificio de acceso, y el que se dedicará al tráfico rodado —la 'Arena'—, tiene una piel exterior de señales de tráfico.

El tópico de lo 'excelso y lo cotidiano' puede apreciarse también en el Almacén de arte de la galería Henze & Ketterer en la localidad rural de Wichtrach, cerca de Berna, otro caso de fusión entre uso público y privado. Gigon y Guyer diseñaron un edificio con una cubierta inclinada inspirada en las construcciones agrícolas de la zona. La cubierta inclinada y los aleros los impuso la normativa establecida para preservar el paisaje de la zona, pero los arquitectos interpretaron esas normas sin caer en el perifollo vernáculo. Se construyó un edificio de hormigón con cubierta inclinada. Mientras las fachadas más largas corren paralelas una a la otra, los extremos de las pendientes están a ángulos diferentes, de forma que el paralelogramo irregular resultante permite un aprovechamiento óptimo del solar.

Se trata sin duda de un edificio sólido. Sobre el hormigón hay una capa aislante de 20 centímetros de espesor que garantiza una temperatura ambiente constante en el interior. Las hojas de metal canteadas y perforadas que revisten la fachada se duplican con una capa intermedia. Esa piel, que obviamente no es portante y no llega hasta el suelo, parece iridiscente u opaca, dependiendo de la luz, y tiene también una función térmica: reduce la radiación solar en huecos y muros y unifica el edificio transformándolo en un volumen casi cristalino. El almacén de arte encaja en su contexto geográfico aunque, al tiempo, pertenece a otro mundo.

MUSEUM BUILDINGS

As the university lecture theatre goes to show, Gigon/Guyer's treatment of existing structures is characterised by a sensitiveness and, at the same time, by an assertiveness. This can also be seen in the Revamping of the art museum in Basel, completed in 2007— a trail-blazing museum building by Paul Bonatz and Rudolf Christ from 1931-36. The characteristic mixture of monumentality and Modernism found in the original structure has become more apparent as a result of the new but restrained intervention. A route around the rear courtyard has been opened up for the presentation of the collection and the rooms previously occupied by the library on the ground floor have also been transformed into exhibition spaces with a café and restaurant installed in an open area in the former corridor facing the courtyard. A restrained, minimalistic and yet decisive formal language responds perfectly to the existing architecture which has regained its original impact once again. Gigon/Guyer have remained true to their principle of creating neutral museum spaces which give pride of place to the works of art and which, since the Kirchner Museum, have been built or drafted in a number of different variations.

The Espace de l'Art Concret for the Albers-Honegger Collection in Mouans-Sartoux in the south of France represents a milestone in their work. The new building is a vertical museum structure in the shape of a tower that has been positioned to the north-west of the castle on a slope so that it appears to soar upwards into infinity between the trees, whereas the volume resembles a villa when viewed from the park and respects the height of the eaves on the castle's towers. The yellowish-green, exposed concrete corpus harmonises with the Mediterranean vegetation while remaining obviously artificial. Time and again, Gigon/Guyer have focused on the interaction between architecture and nature: in the case of the Kirchner Museum they used differently shaped glazed elements that create the effect of ice crystals; the concrete cubes at the Oskar Reinhart Collection in Winterthur resemble sedimentary material through the additional use of pigments; and, for the Training centre in Appisberg above Männedorf completed in 2003, a noxious, bright green was selected by the architects together with the artist Harald Müller, that draws attention to the lawns and flowers.

The ground plan of the new museum building in Mouans-Sartoux is virtually square; protuberances in all directions, however, turn the towering cube into a sculptural volume that interacts with its surroundings. These additions wend their way clockwise from the base upwards. This concept of shapes that expand the volume of the main corpus is continued at roof level, from which the overhead lights in the top room, with its higher ceiling level, project like viewing platforms. The building is accessed from approximately half way up via the annex to the foyer that spans the slope like a bridge. The exhibition levels are arranged around a central core and set off in each case by half a storey. This split-level solution results in the three storeys given over to the presentation of the collection being divided into six levels. Gigon/Guyer have created an impressive framework for this distinctly personal museum. The individual rooms are minimalist in character: grey floors, white walls and ceilings, full-height openings, strip lights as the source of artificial illumination. The architects have, however, quite consciously steered clear of the para-sacral aura of the 'white cube'. The rooms are of modest proportions without being confined; they are more rooms than halls. This impression is intensified by the large windows, divided into two, which provide views over the park and the surroundings and bring the façades to life through their asymmetrical placement.

The treatment of the everyday is a leitmotif that, like a *basso continuo*, is fundamental to the work of Gigon/Guyer and on which they compose their harmonious structures. Their two new buildings for the Swiss Transport Museum in Lucerne are like 'decorated sheds', to use Robert Venturi's terminology. Hundreds of different wheels —the symbol for mobility *par excellence*— have been installed behind the glass façade of the 'Future Com' entrance building; the road vehicle hall —the 'Arena'— that is still in the planning stage, is to be given an external skin of traffic signs.

The topic of 'high and low' can also be seen in the art depot at the Henze & Ketterer gallery in rural Wichtrach near Bern, another case of a fusion of public and private use. Gigon/Guyer designed a building with a pitched roof like a large barn which picked up on the agricultural buildings in the area. A pitched roof and overhanging eaves were stipulated in the building regulations for the conservation area and the architects adapted these regulations without slipping into the prettified vernacular. A two-storey, load-bearing, concrete structure with a pitched roof was erected. While the longer façades run parallel to each other, the gable ends are at different angles, resulting in an irregular parallelogram— a shape that permits the optimum use of the plot.

It is a decidedly solid structure: on top of the concrete shell there is a 20-centimetre-thick layer of insulation that ensures a constant ambient temperature inside. The canted and perforated sheet metal cladding on the façades is basically doubled by a mantle installed in the space in between. This skin, which is obviously not load-bearing and which does not reach right down to the ground, appears iridescent or opaque, depending on the light and also serves a thermal function: it reduces solar radiation on the windows and walls while unifying the building and turning it into an almost crystalline volume. The art depot fits in well in its geographical context although, at the same time, it is part of different world.

Hubertus Adam (Hannover, Germany, 1965) estudió historia del arte, arqueología y filosofía en Heidelberg, y es director de la publicación de arquitectura *archithese* desde 1998. Historiador de arte y crítico de arquitectura, ha publicado numerosos escritos sobre historia de la arquitectura del siglo veinte y sobre arquitectura contemporánea, y ha recibido el Swiss Art Award 2004 a la crítica del arte y la arquitectura.

Hubertus Adam (Hanover, Germany, 1965) studied art history, archaeology and philosophy at Heidelberg, and has been editor of architecture magazine *archithese* since 1998. A freelance art historian and architecture critic, Hubertus Adam has published widely on twentieth-century architectural history and contemporary architecture and has received the 2004 Swiss Art Award for art and architecture criticism.

CRÉDITOS
CREDITS

AUDITORIUM, UNIVERSITY OF ZURICH
Location	Universität Zürich Zentrum, Künstlergasse 12, CH - 8001 Zürich
Architects	Annette Gigon / Mike Guyer, Architects
Collaborators	Schematic design: Stefan Gasser, Michael Bucher Planning/Execution: Christian Brunner (Project Manager), Thomas Hochstrasser (site supervision)
Costing	Othmar Brügger, Davos
Colours	Adrian Schiess, Mouans-Sartoux (F)
Landscape Architect	Guido Hager Landschaftsarchitektur AG, Zürich
Civil Engineer	SKS Ingenieure, Zürich
Photographs	Hisao Suzuki / Heinrich Helfenstein

DONATION ALBERS-HONEGGER
Location	Espace de l'Art concret, Château de Mouans, Mouans-Sartoux, France
Architects	Annette Gigon / Mike Guyer, Architects
Collaborators	Competition: Eva Geering, Dalila Chebbi Planning/Execution: Gilles Dafflon (Project Manager), Katja Schubert, Leander Morf
Structural Engineer	BET G.L. Ingénierie, Nice (F) Pre-project: Dr. Lüchinger + Meyer Bauingenieure AG, Zürich
Mechanical Engineer	BET G.L. Ingénierie, Nice (F) Pre-project: 3-Plan Haustechnick AG, Winterthur
Electrical Engineer	BET G.L. Ingénierie, Nice (F) Pre-project: Elkom Partner AG, Chur
Photographs	Hisao Suzuki

NATIONAL PARK CENTRE IN ZERNEZ
Location	Zernez, Switzerland
Architects	Annette Gigon / Mike Guyer, Architects In collaboration with: Othmar Brügger, Architect, Davos; Walter Bieler, Architect, Bonaduz
Collaborators	Volker Mencke, Barbara Schlauri

DETACHED HOUSE IN ZURICH
Location	Zurich, Switzerland
Architects	Annette Gigon / Mike Guyer Architects
Collaborators	Markus Seiler (Project and Site Manager), Pieter Rabijns
Colours	Adrian Schiess, Mouans-Sartoux (F)
Landscape Architect	Zulauf Seippel Schweingruber Gmbh Landschaftsarchitekten, Baden
Structural Engineer	Dr. Lüchinger + Meyer Bauingenieure AG, Zurich
Mechanical Engineer	3-Plan Haustechnik AG, Winterthur
Photographs	Hisao Suzuki

KUNSTMUSEUM BASEL
Location	St. Alban Graben 16, CH-4010 Basel
Architects	Annette Gigon / Mike Guyer, Architects
Collaborators	Christian Maggioni (Project Manager), Thomas Hochstrasser (site supervision) Florian Isler
Structural Engineer	RAPP Infra AG, Basel
Service Engineer	Aicher, De Martin, Zweng AG, Luzern
M + E Engineer	Elektrizitäts AG, Basel
Photographs	Heinrich Helfenstein

HISTORICAL VILLA IN KASTANIENBAUM
Location	Kastanienbaum, Switzerland
Architects	Annette Gigon / Mike Guyer, Architects
Collaborators	Barbara Schlauri (Project Manager)
Project Manager	Koni Witzig, Ruoss Witzig Architekten, Zurich
Structural Engineer	Dr. Lüchinger + Meyer Bauingenieure AG, Zurich
Mechanical Engineer	3-Plan Haustechnik AG, Winterthur
Electrical Engineer	Bühlmann Engineering AG, Luzern
Photographs	Hisao Suzuki / Lukas Peters (interior)

KUNST-DEPOT GALLERY HENZE & KETTERER
Location	Kirchstrasse 26, Wichtrach/Bern, Switzerland
Architects	Annette Gigon / Mike Guyer, Architects
Collaborators	Esther Righetti (Project Manager), Thomas Hochstrasser (costs/site supervision)
Structural Engineer	Aerni + Aerni, Zurich
Mechanical Engineer	3-Plan Haustechnik AG, Winterthur
Electrical Engineer	Elkom Partner AG, Chur
Photographs	Hisao Suzuki

THREE SINGLE FAMILY ROW HOUSES IN RÜSCHLIKON
Location	Rüschlikon, Switzerland
Architects	Annette Gigon / Mike Guyer, Architects
Collaborator	Gaby Kägi (Project Manager)
Contractor	Karl Steiner AG, Zurich
Colours	Adrian Schiess, Mouans-Sartoux (F)
Landscape Architect	Vogt Landschaftsarchitekten, Zurich
Structural Engineer	Henauer Gugler AG, Zurich
Mechanical Engineer	3-Plan Haustechnik AG, Winterthur
Electrical Engineer	Elkom Partner AG, Chur
Photographs	Hisao Suzuki

RESIDENTIAL AND RETAIL BUILDING IN ALMERE
Location	De Diagonaal, Almere Stadshart, The Netherlands
Architects	Annette Gigon / Mike Guyer, Architects
Collaborators	Preliminary Design / Final Design: Christof Bhend, Calculation Documents: Volker Mencke Execution stage: Pieter Rabijns
Project Manager	Blauwhoed Eurowoningen, Rotterdam (NL)
Colours	Adrian Schiess, Mouans-Sartoux (F)
Structural Engineer	ABT, Arnhem (NL)
Mechanical Engineer	Huygen Elwako, Rotterdam (NL)
Façade Engineer	Metaalbouw Vogt bv, Kerkrade (NL)
Photographs	Jeroen Musch / Gigon Guyer Office

NEUMÜNSTERALLEE RESIDENCE IN ZURICH
Location	Signaustrasse 10, Zurich Switzerland
Architects	Annette Gigon / Mike Guyer, Architects
Collaborators	Competition: Markus Lüscher (Project Manager) Planning/Execution: Markus Lüscher (Project Manager until the end of 2004), Kim Sneyders (Project Manager as of 2005), Lorenzo Igual, Markus Seiler, Koni Witzig (budget)
Structural Engineer	Dr. Lüchinger + Meyer Bauingenieure AG, Zurich
Mechanical Engineer	3-Plan Haustechnik AG, Winterthur
Electrical Engineer	Elkom Partner AG, Chur
Structural Physics Eng.	BAKUS Bauphysik und Akustik GmbH, Zurich
Landscape Architect	Schweingruber Zulauf Landschaftsarchitekten, Zurich
ColourS	Adrian Schiess, Mouans-Sartoux (F)
Graphic Design/Signage	Trix Wetter, Zürich
Photographs	Hisao Suzuki

BRUNNENHOF HOUSING COMPLEX IN ZURICH
Location	Hofwiesenstrasse 140, 146, 152, 158 / Brunnenhofstrasse 6, 10, 14, Zurich, Switzerland
Architects	Annette Gigon / Mike Guyer, Architects
Collaborators	Competition: Ulrike Horr, Gaby Kägi Planning/Execution: Markus Seiler (Project Manager), Rolf-Werner Wirtz, Lorenzo Igual, Ulrike Horn
Colours	Adrian Schiess, Mouans-Sartoux (F)
Landscape Architect	Hager Landschaftsarchitektur, Zurich
Structural Engineer	Dr. Lüchinger + Meyer Bauingenieure AG, Zurich
Mechanical Engineer	3-Plan Haustechnik AG, Winterthur
Electrical Engineer	Elkom Partner AG, Chur
Structural Physics Engineer	Lemon Consult, Zurich
Photographs	Hisao Suzuki

RÉSIDENCE DU PRÉ-BABEL GENÈVE

Location	Chemin de Grange-Canal 44 à 48, Chêne-Bougeries, Geneve, Switzerland
Architects	Annette Gigon / Mike Guyer, Architects
Collaborators	*Competition*: Gilles Dafflon, Katja Schubert, Raul Mera *Planning/Execution*: Gilles Dafflon (Project Manager), Matthias Clivio, Christine Jahn, Andréanne Pochon, Pieter Rabijns, Katja Schubert, Michael Wagner
Site Management	Carella Architectes, Geneva / Roberto Carella, Laurent Bernard, Mireille Baumberger, Rainer Braun, Markus Wieland, Olivier Bögli
Landscape Architect	Schweingruber Zulauf Landschaftsarchitekten, Baden
Structural Engineer	Fiechter Ingénieure SA, Chêne-Bourg
Mechanical Engineer	Pool d'ingénieurs: Ryser, Eco Sàrl et Mike Humbert, Genf
Electrical Engineer	ECE SA, Bernex
Photographs	Hisao Suzuki

LÖWENBRÄU ARTS CENTRE

Location	Limmatstrasse 264–270, 8005 Zurich, Switzerland
Architects	ARGE (consortium) Löwenbräu Site Annette Gigon / Mike Guyer, Architects: Mike Guyer (General Manager), Volker Mencke (Planning Manager), in collaboration with: Daniel Friedmann, Bettina Gerhold, Reto Killer Atelier WW, Architects, Zurich: Walter Wäschle / Roman Züst (General Manager), Peter Epprecht (Project Manager), Tatjana Abenseth, Daniel Bünzli, Martin Danz, Christian Verasani
Colours	Harald F. Müller, Oehningen, D
Landscape Architect	Schweingruber Zulauf Landschaftsarchitekten, Zurich
Structural Engineer	Dr. Lüchinger+Meyer Bauingenieure AG, Zurich
Mechanical Engineer	Gruenberg&Partner AG, Zurich
Façade Engineer	GKP Fassadentechnik AG, Aadorf
Electrical Engineer	Schneider Engineering, Zurich
Signs	Integral Ruedi Baur, Zurich
Photographs	Hisao Suzuki

OFFICE BUILDING 'PRIME TOWER'

Location	Hardstrasse 219, Zurich, Switzerland
Architects	Annette Gigon / Mike Guyer, Architects
Collaborators	*Competition*: Stefan Thommen (Project Manager), Franziska Bächer *Planning/Submission*: Stefan Thommen, Christoph Rothenhöfer (Project Managers up to 04/2007), Franziska Bächer, Martin Bischofberger, Leander Morf, Roberto Outumuro, Rafael Schmid, Karin Schultze *Execution*: Stefan Thommen, Christian Maggioni, Pieter Rabijns (Project Managers since 11/2007), Armin Baumann, Raffaela Bisceglia, Urs Meyer, Karin Schultze, Alex Zeller
Landscape Architect	Schweingruber Zulauf Landschaftsarchitekten, Zurich
Interior Design	Hannes Wettstein, Zurich
Structural Engineer	Dr. Schwartz Consulting AG, Zug Dr. Lüchinger+Meyer Bauingenieure AG, Zurich Walt + Galmarini AG, Zurich
Mechanical Engineer	Peter Berchtold Ingenieurbüro für Energie & Haustechnik, Sarnen Waldhauser Haustechnik AG, Münchenstein Hans Abicht AG, Zurich GRP Ingenieure, Luzern
Façade Engineer	GKP Fassadentechnik AG, Aadorf REBA Fassadentechnik AG, Chur
Electrical Engineer	IBG B. Graf AG Engineering, St. Gallen Hefti Hess Martignoni, Zurich
Signs	Integral Ruedi Baur, Zurich
Photographs	Hisao Suzuki

STATE MUSEUM OF ART IN MÜNSTER

Location	Münster, Germany
Architects	Annette Gigon / Mike Guyer, Architects
Collaborators	Pieter Rabijns, Caspar Bresch, Gilbert Isermann, Leander Morf, Raul Mera, Hyung-Sup Sch
Quantity Surveying	Bosshard + Partner Baurealisation AG, Zurich
Structural Engineer	Aerni + Aerni Ingenieure AG, Zurich

DETACHED HOUSE IN KÜSNACHT

Location	Küsnacht, Switzerland
Architects	Annette Gigon / Mike Guyer, Architects
Collaborators	Marjana Sigrist (Project Manager), Caspar Bresch, Florian Isler
General Management	Ruoss Witzig Architekten, Koni Witzig, Zurich
Colours	Harald F. Müller, Oehningen, D
Landscape Architect	Robin Winogrond, Zurich
Structural Engineer	Dr. Lüchinger + Meyer Bauingenieure AG, Zurich
Electrical Engineer	Elkom Partner AG, Chur
Mechanical Engineer	3-Plan Haustechnik AG, Winterthur
Structural Physics	H.Wichser Akustik & Bauphysik AG, Zurich
Photographs	Hisao Suzuki

ONE-FAMILY HOME IN THE CANTON OF GRAUBÜNDEN

Location	Canton of Graubünden, Switzerland
Architects	Annette Gigon / Mike Guyer, Architects
Collaborator	Christian Maggioni (Project + Site Manager)
Structural Engineer	Bruno Patt, Zürich
Electrical Engineer	Elkom Partner AG, Chur
Sanitary Engineer	Marco Felix, Chur
Heating Engineer	Remo Collenberg, Chur
Photographs	Hisao Suzuki

EXTENSION TO THE STÄDEL MUSEUM, FRANKFURT

Location	Schaumainkai 63, Frankfurt am Main, Germany
Architects	Annette Gigon / Mike Guyer, Architects
Collaborators	Ivana Vukoja, Nicolai Rünzi, Karsten Buchholz, Christian Maggioni
Landscape Architect	Vogt Landschaftsarchitekten, Zurich
Structural Engineer	Dr. Lüchinger + Meyer Bauingenieure AG, Zurich
Mechanical Engineer	Waldhauser Haustechnik AG, Basel
Light Engineer	LICHTDESIGN Ingenieurges.m.b.H., Frechen Königsdorf (D)

KUNSTHAUS EXTENSION, ZURICH

Location	Heimplatz, Zurich, Switzerland
Architects	Annette Gigon / Mike Guyer, Architects
Collaborators	Ivana Vukoja, Nicolai Rünzi, Christian Maggioni, Karsten Buchholz, Damien Andenmatten
Landscape Architect	Schweingruber Zulauf Landschaftsarchitekten, Zurich
Quantity Surveying	Ghisleni Planen Bauen GmbH, Rapperswil
Structural Engineer	Dr. Schwartz Consulting AG, Zug
Mechanical Engineer	Waldhauser Haustechnik AG, Basel
Structural Physics	BAKUS / Bauphysik & Akustik GmbH

SWISS MUSEUM OF TRANSPORT

Location	Lidostrasse 5, Lucerne, Switzerland
Architects	Annette Gigon / Mike Guyer, Architects
Collaborators	Caspar Bresch (Project Architect), Mark Ziörjen, Damien Andenmatten, Gaby Kägi, Gilbert Isermann
Landscape Architect	Schweingruber Zulauf Landschaftsarchitekten, Zurich
Photographs	Hisao Suzuki / Lukas Peters

S-BAHN RAILWAY STATION

Location	Lidostrasse 5, Lucerne, Switzerland
Architects	Annette Gigon / Mike Guyer, Architects
Collaborators	Mark Ziörjen (Project Manager), Elise Camus, Andreas Rothen, Julia Sagorodny
Landscape Architect	Schweingruber, Zulauf, Zurich
Civil Engineers	Jürg Conzett, Conzett Bronzini Gartmann AG, Chur Emch und Berger WSB AG, Emmenbrücke

With special thanks to:
Katja Mencke, **Ilka Tegeler** and **Katja Fröhlich** for their help and support

GIGON / GUYER ARCHITECTS
Carmenstrasse 28, CH-8032 Zurich

oferta de lanzamiento
launch offer
9 €

Consiga su revista
en cuanto salga al mercado
y leála en su terminal
cuando quiera,
incluso sin conexión a internet.
Podrá pasar las páginas con
solo pulsar el ratón, aumentar
el tamaño de los planos,
del texto y de las fotografías.
Guarde los números
anteriores en su ordenador
y podrá disponer
de una consulta rápida
y de un sistema
de almacenamiento sencillo.

Get tour copy
as soon as it is released,
then read it any time,
even off-line
With a touch of your mouse,
you can turn the pages,
zoom the plans,
the texts and the photos.
Keep back issues on your
computer
for quick reference
and easy storage.

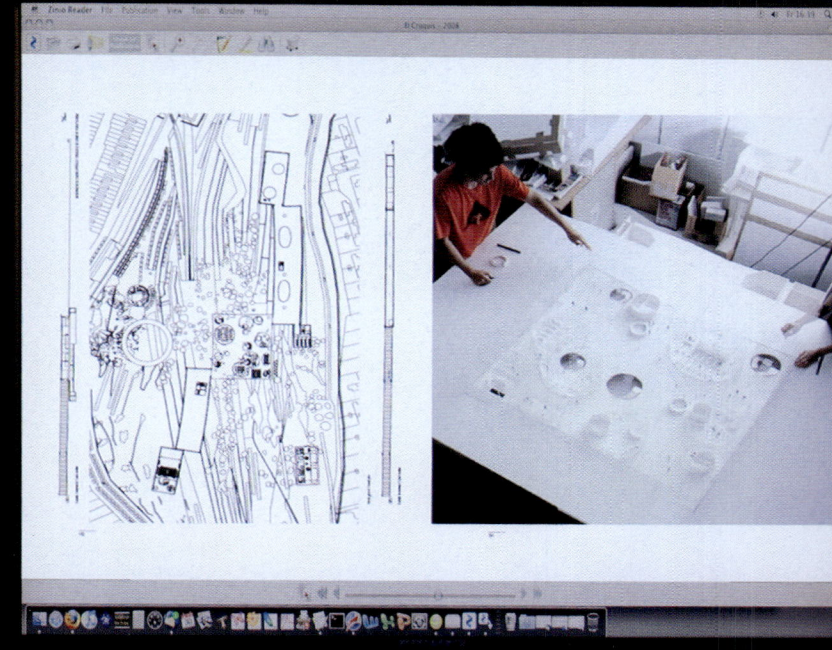

www.elcroquis.es
edición digital/digital edition